U0916136

中国水利水电建设集团公司志

中国水利水电第六工程局卷

（1958～2006）

中国水利水电建设集团公司史志编辑委员会

中国电力出版社
www.cepp.com.cn

2006年11月23日，中共中央总书记、国家主席胡锦涛亲切接见中国水电建设集团公司总经理范集湘

2005 年 2 月 10 日，中共中央总书记、国家主席胡锦涛（右二）视察由水电六局参建的索风营电站，高兴地与水电六局员工亲切握手

2005 年 2 月 10 日，中共中央总书记、国家主席胡锦涛（左二）视察由水电六局参建的索风营电站，与水电六局员工合影留念

1992年9月11日，国务院总理李鹏（左三）视察由水电六局参建的十三陵抽水蓄能电站工地，与水电六局局长郑应显（前右二，时任副局长）亲切握手

1992年10月29日，全国人大常委会委员长万里（右二）视察水电六局参建的北京十三陵抽水蓄能电站工地

1997年5月31日，全国人大常委会委员长乔石（前右二）在水电六局领导陪同下视察由水电六局参建的万家寨水利枢纽工程

1991年6月12日，国务院副总理朱镕基(右三)视察由水电六局参建的丰满水电站工程

1999年5月14日，国务院副总理邹家华（右二）视察由水电六局参建的万家寨水利枢纽工程

1982年4月29日，中共中央政治局委员、沈阳军区司令员李德生(前左三)在水电六局局长高连志(前左四)陪同下，视察太平湾水电站工程

1996年9月12日，全国政协副主席钱正英（左三）视察由水电六局参建的万家寨水利枢纽工程

2006年11月6日，国务院副总理回良玉（左三）、水利部部长汪恕诚（右一）为水电六局参建的临淮岗洪水控制工程建成剪彩

1992年7月4日，能源部部长黄毅诚（左三）视察水电六局参建的北京十三陵抽水蓄能电站工程

2004年6月20日，水利部部长汪恕诚（左四）在水电六局局长孙洪水（左五）等领导的陪同下，视察水电六局参建的尼尔基水利枢纽工程，并亲切接见水电六局员工

1998年2月5日，山西省省委书记胡富国（左四）视察由水电六局参建的万家寨水利枢纽工程，与水电六局领导合影留念

1998年5月31日，水利部副部长张基尧（右一）视察由水电六局参建的万家寨水利枢纽工程，与水电六局员工亲切交谈

2003年9月10日，水利部副部长陈雷（右二）视察由水电六局参建的尼尔基水利枢纽工程，亲切接见水电六局员工

1982年10月27日，水电总公司总经理陈庚仪在太平湾电站开工仪式上讲话

1996年10月10日，水电总公司总经理周大兵（左一）到水电六局视察工作，与水电六局领导亲切交谈

2003年9月3日，水电集团公司总经理郭建堂（前右一）在水电六局党委书记林玉杰（中右二）的陪同下，视察由水电六局参建的尼尔基水利枢纽工程，并亲切接见水电六局员工

2006年7月12日，水电集团公司党委书记、副总经理刘起涛（右二）到水电六局检查工作，与水电六局党委书记、局长林玉杰（右一）在一起

1985年4月18日，在中朝太平湾水电站施工高潮时，朝鲜民主主义人民共和国主席金日成（前左五）亲切接见中国政府电力代表团，并合影留念

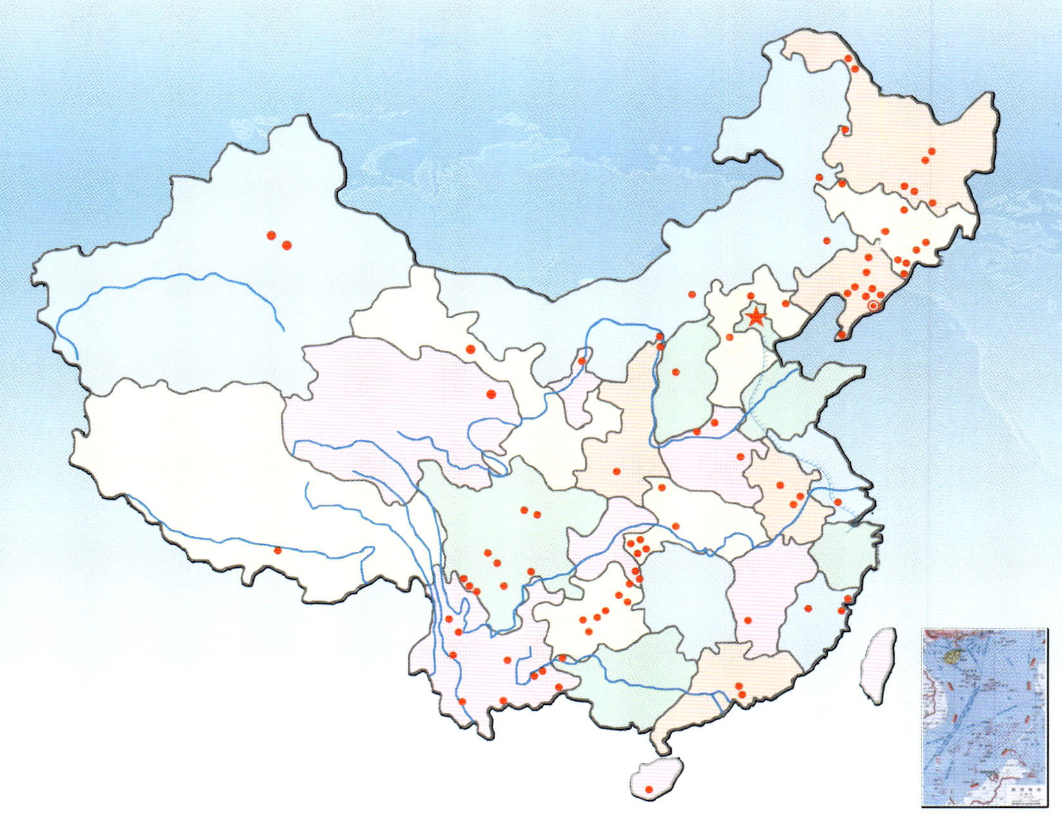

水电六局国内已建、在建工程分布示意图(1958～2006年)

吉林云峰水电站(1959～1967年，独立完成)

四川渔子溪水电站(1966～1975年，独立完成)

辽宁太平哨水电站(1976～1982年，独立完成)

辽宁太平湾水电站(1982～1990年，独立完成)

辽宁长甸水丰水电站扩建工程（图为水丰水电站扩建工程厂房）(1985～1990年，独立完成)

内蒙古察尔森水库除险加固工程(1987～1990年)

北京十三陵抽水蓄能电站地下厂房工程(1990～1995年)

黑龙江莲花水电站溢洪道工程(1994～1999年)

吉林丰满水电站三期工程(1994～2000年)

河南小浪底水利枢纽主体工程（1994～2000年）

山西万家寨水利枢纽工程之厂房工程二标段（1996～2001年）

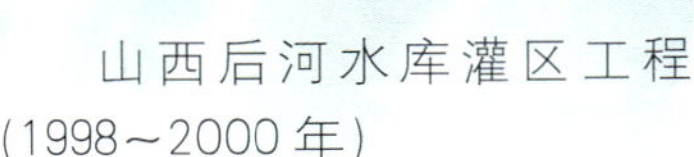

山西后河水库灌区工程（1998～2000年）

山西万家寨水利枢纽机电安装工程（1999～2003年）

宁波地下储气库工程（2000～2002年）

内蒙古尼尔基水利枢纽筛分拌和系统工程（2001～2005年）

内蒙古尼尔基水利枢纽发电厂房及变电站土建工程（2002～2005年）

贵州索风营水电站引水发电系统闸门及启闭机设备安装工程（2002～2006年）

内蒙古尼尔基水利枢纽机电安装工程（2002～2006年）

内蒙古尼尔基水利枢纽金属结构制造安装工程（2002～2006年）

吉林江湾大桥工程（2003年）

江苏宜兴抽水蓄能电站地下厂房工程（2003年开工）

黑龙江磨盘山水库供水工程之溢洪道及土建工程（2003～2006年）

黑龙江大顶子山航电水利枢纽发电厂房、泄洪闸及船闸等土建、机电安装工程（2004 年开工）

云南溪洛渡水电站导流洞工程（2004 年开工）

辽宁蒲石河抽水蓄能电站地下厂房系统及输水系统土建、厂房交通洞及厂房通风洞、混凝土骨料筛分系统建设及运营、1 号施工支洞至 2 号和 4 号施工支洞交叉处通道工程（2004 年开工）

云南戈兰滩水电站右岸导流洞土建及金属结构安装工程Ⅰ标(2004～2006年)

福建街面水电站引水发电系统工程(2004年开工)

南水北调中线京石段应急供水唐河倒虹吸工程(2004年开工)

贵州思林水电站引水发电系统土建工程（2005 年开工）

安徽临淮岗洪水控制工程之主坝姜南段工程和主坝坝顶道路及防浪墙工程（2005～2006 年）

吉林云峰水电站大坝补强工程（2005 年开工）

贵州构皮滩水电站发电系统建筑与金属结构设备安装工程(2005 年开工)

吉林省长岭风力发电塔筒制造及风电安装工程(2006 年)

尼泊尔马相迪电站引水隧洞工程(1985～1989 年)

伊拉克巴士拉 1 号船闸工程(1987～1991 年)

基地建设

水电六局丹东市总部及基地

水电六局丹东宽甸基地

水电六局丹东太平湾基地

国庆、局庆文艺汇演

春节东北大秧歌表演

水电六局局办报刊

欢庆中标江苏宜兴铜官山抽水蓄能电站地下厂房和引水系统工程

共产党员工程突击队

奖状

0008552

为表扬在我国科学技术工作中作出重大贡献者，特颁发此奖状，以资鼓励。

受奖者：水利电力部第六工程局

合作完成的成果：1.水工隧洞及大跨度地下洞室的光爆喷锚支护和衬砌技术

2.混凝土防渗墙技术

3.高扬程、大流量砂石泵

全国科学大会

一九七八年

中国建筑工程鲁班奖

（国家优质工程）

工程名称：黑龙江省莲花水电站

参建单位：中国水利水电第六工程局

中华人民共和国建设部

中国建筑业协会

二〇〇一年十二月

中国企业新纪录(第十一批)证书

中国水利水电第六工程局

贵单位申报的第十一批中国企业新纪录第 454 项新纪录，2006年9月29日经我会中国企业新纪录审定委员会审定通过。

特颁此证

颁证日期：二〇〇六年十一月

中国企业新纪录(第十一批)

454　中国水利水电第六工程局2005年在金沙江溪洛渡水电站左岸导流洞闸室竖井段施工中，在Ⅲ-Ⅳ类围岩中同时进行三个相邻的最大跨度达 34 米的特大断面洞室开挖与支护施工，创国内水电站地下洞挖跨度新纪录。

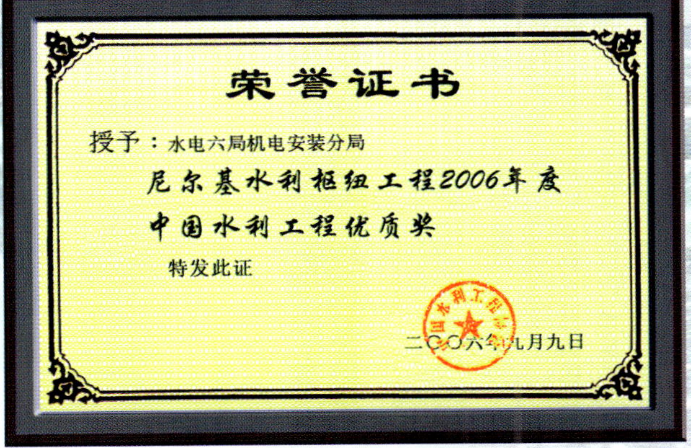

荣誉证书

授予：水电六局机电安装分局

尼尔基水利枢纽工程2006年度

中国水利工程优质奖

特发此证

二〇〇六年九月九日

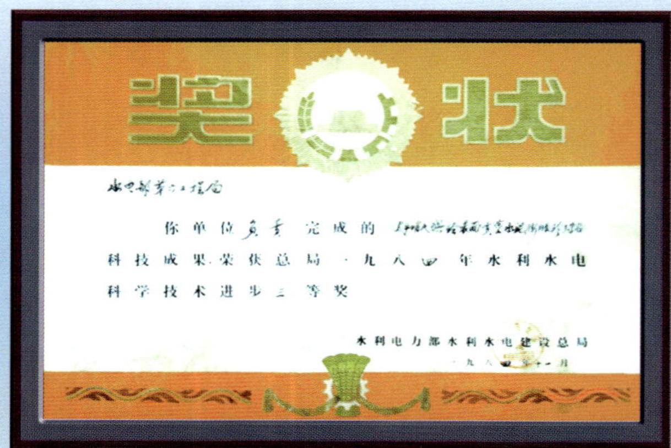
奖状
你单位负责完成的
科技成果荣获总局一九八四年水利水电
科学技术进步三等奖
水利电力部水利水电建设总局
一九八四年十一月

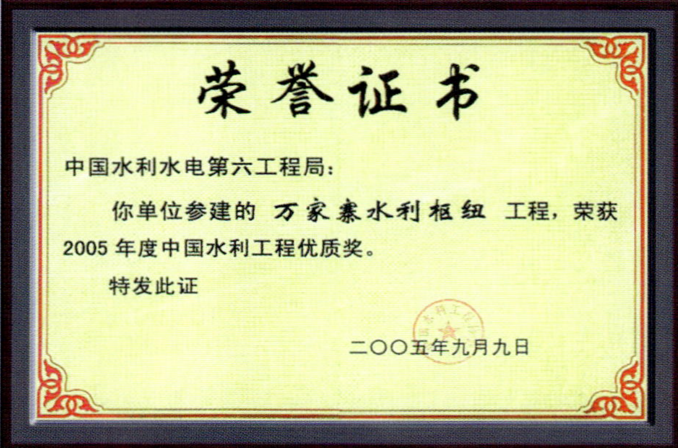
荣誉证书
中国水利水电第六工程局：
你单位参建的 万家寨水利枢纽 工程，荣获
2005年度中国水利工程优质奖。
特发此证
二〇〇五年九月九日

省振兴杯竞赛先进集体
辽宁五一奖状
辽宁省总工会
二〇〇一年四月

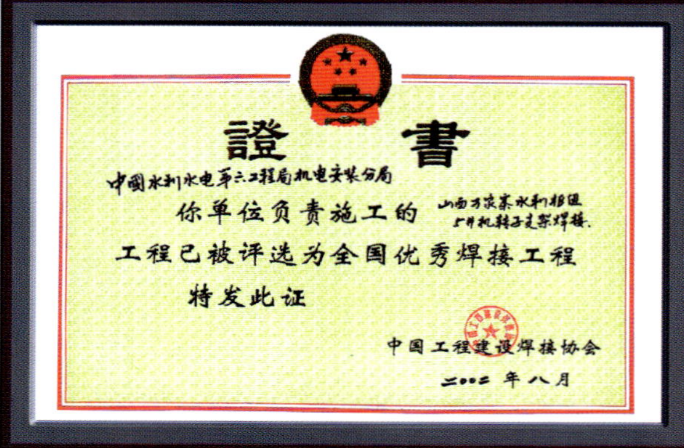
證 書
中国水利水电第六工程局机电安装分局
你单位负责施工的
工程已被评选为全国优秀焊接工程
特发此证
中国工程建设焊接协会
二〇〇二 年八月

證 書
中国水利水电第六工程局机电安装分局：
你单位负责施工的 江苏省宜兴抽水蓄能电站
压力钢管制作焊接工程
已被评选为全国优秀焊接工程壹等奖
特发此证
中国工程建设焊接协会
2007 年 8 月

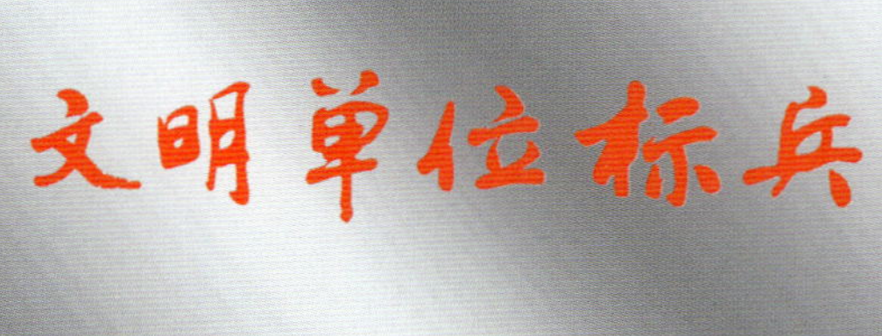
文明单位标兵
中共辽宁省委员会
辽宁省人民政府

一九八五年度五百万千瓦投产

功臣单位

水利电力部
水利电力工会全国委员会
一九八六年三月

全国水利电力系统

先進企業

中华人民共和国水利电力部
水利电力工会全国委员会

辽宁省企业信誉评级

AAA级单位

辽宁省信誉评级委员会
有效期一年　一九九八年四月

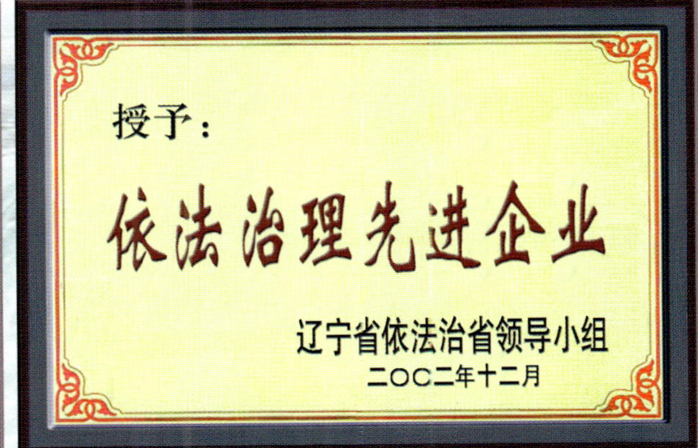

资质证书

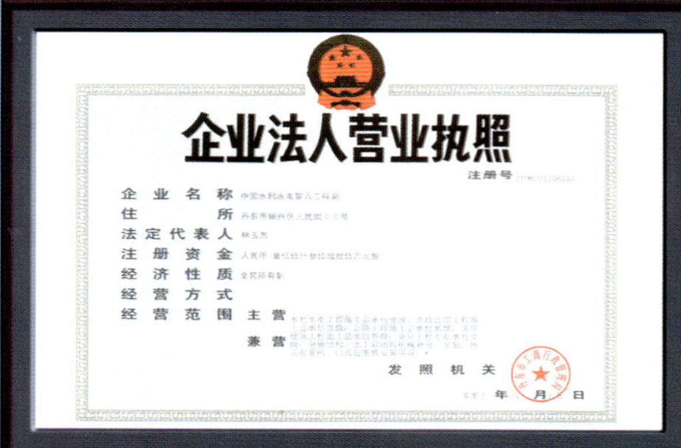

企业法人营业执照

注册号

企 业 名 称

住 所

法 定 代 表 人

注 册 资 金

经 济 性 质

经 营 方 式

经 营 范 围 主 营

兼 营

发 照 机 关

年 月 日

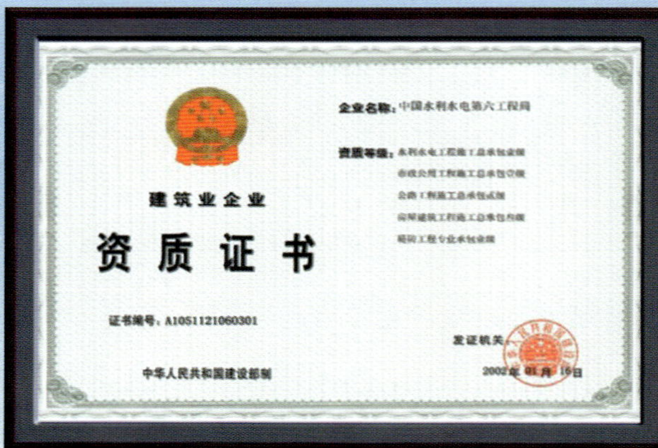

建筑业企业

资 质 证 书

企业名称：中国水利水电第六工程局

资质等级：水利水电工程施工总承包壹级

市政公用工程施工总承包贰级

公路工程施工总承包贰级

房屋建筑工程施工总承包叁级

堤防工程专业承包壹级

证书编号：A1051121060301

发证机关

中华人民共和国建设部制

2002年01月16日

QAC®

中质协质量保证中心

质量管理体系认证证书

注册号：00606Q11193R3L

兹证明

中国水利水电第六工程局

中国·辽宁省·丹东市人民街60号

邮 编：118002

质量管理体系符合

GB/T 19001-2000 idt ISO 9001:2000

该质量管理体系适用于

水利水电工程施工、市政公用工程施工、公路工程施工、房屋建筑工程施工、堤防工程施工及工程测绘

（删减 7.3）

本证书有效期：2006年10月25日至2009年10月24日

获证组织在证书有效期内需接期接受监督审核，并在监督审核合格标识后此证书方为有效。

中质协质量保证中心

代表签字：黄今夫

颁证日期：2006年10月25日

认可注册号：CNAB006–Q

国际互认标志

QAC®

中质协质量保证中心

环境管理体系认证证书

注册号：00604E10130R0L

兹证明

中国水利水电第六工程局

中国·辽宁省·丹东市人民街60号

邮 编：118002

环境管理体系符合

GB/T 24001-2004 idt ISO 14001: 2004

该环境管理体系适用于

位于辽宁省丹东市人民街60号的中国水利水电第六工程局从事的水利水电工程施工、市政公用工程施工、公路工程施工、房屋建筑工程施工、堤防工程施工及工程测绘。

本证书有效期：2004年12月10日至2007年12月9日

中质协质量保证中心

代表签字：黄今夫

换证日期：2005年12月14日

认可注册号：CNAB006–E

国际互认标志

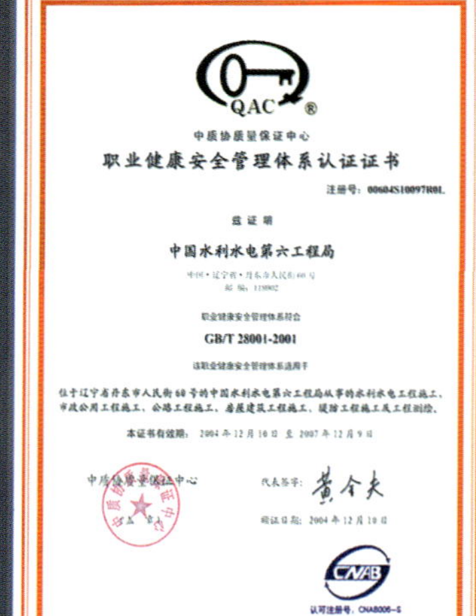

QAC®

中质协质量保证中心

职业健康安全管理体系认证证书

注册号：00604S10097R0L

兹证明

中国水利水电第六工程局

中国·辽宁省·丹东市人民街60号

邮 编：118002

职业健康安全管理体系符合

GB/T 28001-2001

该职业健康安全管理体系适用于

位于辽宁省丹东市人民街60号的中国水利水电第六工程局从事的水利水电工程施工、市政公用工程施工、公路工程施工、房屋建筑工程施工、堤防工程施工及工程测绘。

本证书有效期：2004年12月10日至2007年12月9日

中质协质量保证中心

代表签字：黄今夫

颁证日期：2004年12月10日

认可注册号：CNAB006–S

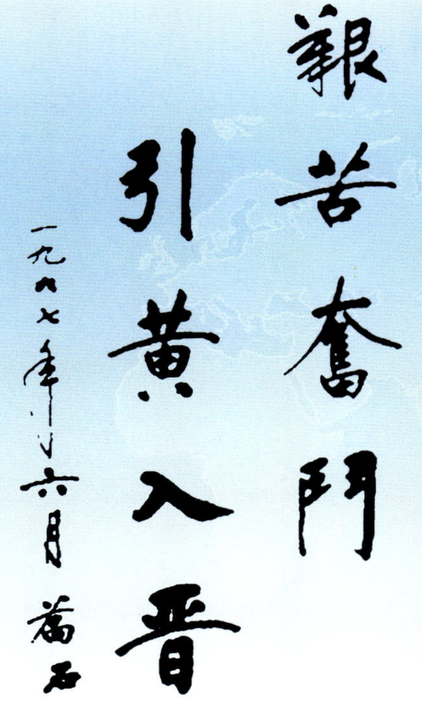

1997年6月，全国人大常委会委员长乔石为山西引黄工程水电六局的建设者们题词

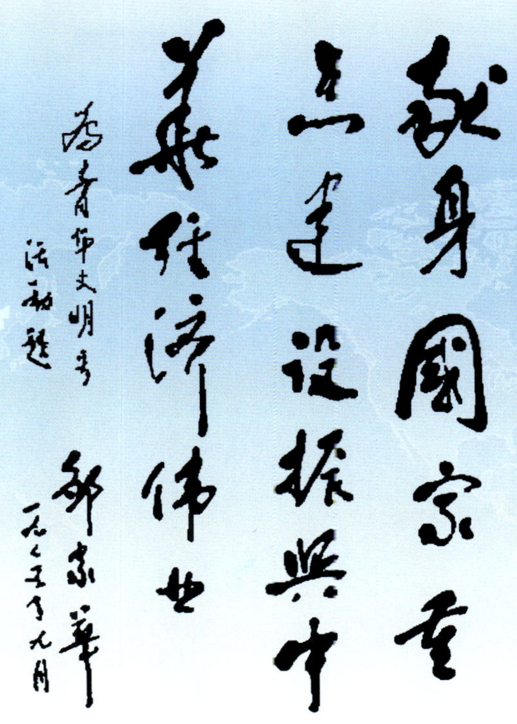

1995年9月，国务院副总理邹家华为水电六局青年文明号活动题词

参预市场竞争
再创世纪佳绩
汪恕诚
2000年6月6日

2000年6月6日，水利部部长汪恕诚为水电六局题词

中国水电
SINOHYDRO

中国水利水电建设集团公司公司史志

编 辑 委 员 会

（2004 年 5 月～2008 年 4 月）

主任委员　郭建堂

副主任委员　刘起涛　刘经迪　付元初　袁柏松　唐苏军

委　　员　（按姓氏笔画为序）

丁永泉　王志平　王岩峰　王宗敏　王维斌　王振南
车治中　邓孟元　文端超　冯觉林　孙　越　孙玉民
孙宝田　孙洪水　安兰廷　刘伟民　刘均宏　许贺龙
吕瑞翔　张长源　张治源　张源智　陈正平　陈庆和
陈纯鹏　杨则珂　杨南安　李良顺　李跃平　佘其年
周　宇　周六义　林玉杰　林修建　苟达平　季晓勇
宗敦峰　范集湘　姜戌年　段尚毅　郭　志　郭志强
高　翔　谈玉富　唐定乾　徐洪兴　徐鹿元　黄保东
童劲松　楚跃先　解登发　樊建平　潘承东

编 委 会 编 辑 部

主　　编　解登发

编　　辑　杜永昌　冯有维　李霞林　李翔凌

中国水利水电建设集团公司史志

编 辑 委 员 会

（2008 年 4 月～　　　）

编 委 会 编 辑 部

总　　序

中国的水利水电建设事业已经走过了五十多年的光辉历程，取得了举世瞩目的伟大成就，走在了世界的前列。中国水利水电建设集团公司作为中国治理江河和水电资源开发的主力军，为中国的水利水电建设走在世界前列、为中国水电走向世界作出了卓越的贡献。1950 年 8 月，燃料工业部正式成立水力发电工程局，揭开了中国水利水电建设集团公司发展历史的第一页。在 50 多年的历史中，伴随着共和国的成长和水电事业的发展，从初创的水电工程局，到以后的水电建设局、水电建设总局、水电工程总公司，发展成为今天的中国水利水电建设集团公司，在中国特色社会主义大道上一路攀升，在雄居国内水利水电及相关产业市场制高点的同时，已全方位融入国际市场，成为由中央管理的、具有国际竞争力的大型跨国企业集团。

50 多年来，特别是改革开放以来，中国水利水电建设集团公司始终站在中国水利水电建设的最前沿，站在中国水利水电建设技术创新的最前沿，站在中国水利水电建设体制改革的最前沿，站在中国建筑业市场的最前沿，站在中国水利水电建设与国际接轨的最前沿。一代代水电人持续发扬特别能吃苦，特别能战斗，特别能忍耐，特别能奉献的精神，承担了国内 70%以上的大中型水电站和水利枢纽工程建设任务，集团公司整体建设实力和水平已经处于世界同行业先进水平，为中国水电开发建设规模跃居世界第一作出了突出贡献。与此同时，成功地走出国门，昂首进入国际市场，在世界数十个国家和地区进行工程承包建设、经济技术合作和投资经营活动，在国际上树立起了“中国水电建设第一品牌”的良好形象，“中国水电”在国际上已经成为中国水电建设行业的第一品牌和行业代表。

集团公司在全面从事国内外水电建设的同时，全面开拓非水电建筑市场，积极稳健地开展投融资业务，房地产开发经营业务，进出口贸易业务等，集团公司四大主业协同发展，建筑工程承包、资产经营两条主线稳健延伸，国际国内两大市场双向拓展，各项事业健康、持续、蓬勃发展。公司已由当初单一的水利水电施工企业发展成为今天集工程总承包、投资开发、国际经营等多元发展为一体的综合性大型企业集团。成为中国企业 100 强和全球最大国际承包企业中的重要成员。

中国水利水电建设集团的发展历程，就像长江黄河，从源头奔流向前，一路吸纳了支流河川的水量，也接受了这些河川带来的许多成分，汇聚成滚滚向前的时代洪流，培育了与时俱进的企业精神，形成了独具特色的水电企业文化。江河行地，海纳百川，水电企业文化之引以为荣，在于有容纳之量、消化之功和融合之美。每每看到共和国的大地上一座座大型水电站傲然屹立、一个个重点基础项目落成典礼；每每回顾水电建设的先辈们纵横江河、奋斗不息的往昔；每每在激情燃烧的工地上相聚风雨同舟、共成事业的战友；每每在异国他乡，紧紧握住征战国际工程的勇士们一双双长满老茧的手；置身于患难与共、朝夕相处的数十万水电职工之中；就会被水电人所创造的历史所震撼，为他们所铸就的辉煌而呐喊。喜看近年集团公司欣欣向荣的发展新面貌；展望任重道远、灿烂辉煌的未来；内心激情久久不能平静，历史负重感时时催人奋进。亲历峥嵘岁月，见证发展历程，一代代水电人数十年所承担的诸多历史重任、经历的诸多艰难曲折、经受的诸多历史磨炼和可歌可泣的奋斗生涯就在眼前，一代代水电人所具有的特别闪光的精神和深厚的水电文化内涵，正在世人面前展现着独特的魅力。

一代代水电人无愧于祖国和民族的重托，用智慧、心血和双手已经和正在创造出经得起时代和历史检验的物质财富，已经和正在创造出经得起时代和历史检验的精神财富。为铭记这波澜壮阔的创业史和发展史，为不忘曾经为发展中国水电事业奋斗终身的一代代建设者的历史功绩，传承和光大这宝贵的历史经验和精神财富，集团公司站在时代和历史的高度，以神圣的使命感决定开展集团公司的史志编研工作。通过各方不懈的努力，将集团公司的光辉历程编辑成鉴、编修成志、编著成史，形成集团公司史志鉴系列编著，载入史册，以便前有所稽，后有所鉴，承前启后，继往开来，服务当代，有益后世。做到对前人负责，对今人负责，对后人负责，对历史负责。

集团公司的史志编著，是企业文化的组成部分，具有突出的水电企业特色。史志编著要实事求是、与时俱进，坚持辩证唯物主义和历史唯物主义的观点和方法，坚持科学严谨的工作态度，求真务实，以生产力发展为主线，以经济建设为中心，注重突出集团公司企业特点，充分反映时代特征，体现与时俱进的精神，深刻总结发展经验，完整、准确地记载集团公司艰苦卓绝的创业史和发展史。编著中抓住重点，充分反映集团公司形成、发展的过程，体现企业创业发展的历史和坚持创新的成就；充分反映工程建设发展的轨迹、成就、经验和特点；充分把握企业改革的现状，体现企业改革的成果；充分把握对外开放的步伐，展现企业实施国际化发展战略的业绩；充分体现企业科技进步和管理创新的成果；充分把握精神文明建设的作用，体现集团公司的先进文化特色，传记贡献突出的水电建设者。

集团公司史志编著工作，是一项编纂浩繁的文化工程，也是一个系统工程。由于时间跨度太长，资料收集难度较大，编纂工作遇到了许多困难。几年来，经过集团及所属企业各级领导和广大史志工作者的不懈努力，史志编著工作已经取得阶段性成果，在《年鉴》公开出版发行的同时，按照史志编著工作《实施方案》的要求，周密规划了编著卷目，明确各卷编著的篇目框架，明确编著的具体质量要求、进度安排和工作责任。集团公司史志编著工作，由集团公司《年鉴》，集团公司《组织机构志》、《大事记》、《光辉历程》历史画册、《人物志》和成员企业18个工程局(厂)《分志》等22卷一整套系列编著组成。《年鉴》从集团公司组建开始，一年一卷，逐年编纂，连续出版。集团公司《志》的编修时段为1950年至2006年。22卷史志系列编著是一个有机的整体，总体上卷目架构系统合理，篇目框架设置科学，体现时代要求，突出企业特色，展现企业文化融合，体现全集团共有价值观。目前《年鉴》已出版三卷，受到有关方面的认可和好评；《志》书的编修工作正在全面开展，有的《分志》已成书付印，有的《志》书正在编修成稿，各卷志书将先后如期付梓问世。

质量是《年鉴》和《志》书的生命，是《年鉴》和《志》书的价值所在。集团公司从事史志鉴工作的同志们，在史志编著工作中坚持正确的指导思想，反映时代的特点，树立精品意识，编著精品工程，把好编著的政治质量标准、体例质量标准、资料质量标准、著述质量标准、入选照片质量标准、编排设计与印刷出版质量标准，学习贯彻《地方志工作条例》精神，按照质量要求，做到存真求实，确保质量，全面、客观地记述企业的历史和现状，使史志编著具有长效服务的生命力，起着“资治、教化、存史、致用”和启迪未来的重要作用。我愿在此向参与集团公司史志系列编著的所有同志们表示衷心感谢，向22卷史志系列编著将先后如期付梓出版表示热烈祝贺，向开创集团公司历史的先辈们和正在铸就集团公司灿烂辉煌的战友们表示崇高敬意！我相信，集团公司22卷史志系列编著，将以自己的鲜明特色，成为佳作良志，在众多的企业志鉴中占有一席之地。

历史是不能忘记的，而铭记历史是为了更好地面向现在和未来。当前，中国水电集团正以科学发展观为统领，努力建设具有较强国际竞争力的质量效益型跨国企业集团。这一目标催人奋进，必将鼓舞水电人开创更加美好的未来，谱写更加光辉的篇章！

中国水利水电建设集团公司
原党组书记、总经理 郭建堂

2008年6月30日

《中国水利水电建设集团公司志》系列编著总目录

一、中国水利水电建设集团公司组织机构志(1950～2006)

二、中国水利水电建设集团公司大事记(1950～2006)

三、中国水利水电建设集团公司光辉历程(1950～2006)

四、中国水利水电建设集团公司人物志(1950～2006)

五、中国水利水电建设集团公司志《中国水利水电第一工程局卷》(1958～2006)

六、中国水利水电建设集团公司志《中国水利水电第二工程局卷》(1958～2006)

七、中国水利水电建设集团公司志《中国水利水电第三工程局卷》(1955～2006)

八、中国水利水电建设集团公司志《中国水利水电第四工程局卷》(1958～2006)

九、中国水利水电建设集团公司志《中国水利水电第五工程局卷》(1954～2006)

十、中国水利水电建设集团公司志《中国水利水电第六工程局卷》(1958～2006)

十一、中国水利水电建设集团公司志《中国水利水电第七工程局卷》(1965～2006)

十二、中国水利水电建设集团公司志《中国水利水电第八工程局卷》(1952～2006)

十三、中国水利水电建设集团公司志《中国水利水电第九工程局卷》(1958～2006)

十四、中国水利水电建设集团公司志《中国水利水电第十工程局卷》(1981～2006)

十五、中国水利水电建设集团公司志《中国水利水电第十一工程局卷》(1955～2006)

十六、中国水利水电建设集团公司志《中国水利水电第十二工程局卷》(1956～2006)

十七、中国水利水电建设集团公司志《中国水利水电第十三工程局卷》(1962～2006)

十八、中国水利水电建设集团公司志《中国水利水电第十四工程局卷》(1954～2006)

十九、中国水利水电建设集团公司志《中国水电建设集团十五工程局有限公司卷》(1952～2006)

二十、中国水利水电建设集团公司志《中国水利水电闽江工程局卷》(1955～2006)

二十一、中国水利水电建设集团公司志《中国水电基础局有限公司卷》(1959～2006)

二十二、中国水利水电建设集团公司志《夹江水工机械厂卷》(1966～2006)

中国水利水电建设集团公司志
中国水利水电第六工程局卷

编纂机构及人员名单

一、编 辑 委 员 会

二、史 志 办 公 室

序

沧桑砺洗，春华秋实。中国水电六局历经近48年征程，见证了祖国近半个世纪的水利水电事业发展新成就。水电六局职工为水利水电事业的发展，呕心沥血，功绩卓著，应载入史册，志载于世。

盛世修志励后人，秉笔直书方可为。中国水利水电建设集团公司志《中国水利水电第六工程局卷》(1958～2006)运用辩证唯物主义和历史唯物主义的观点，以翔实的历史资料、严谨的科学态度、纯朴的语言风格，真实记述了企业发展的历史变迁及水电六局职工为水电建设创造的不朽业绩和作出的不懈努力。中国水利水电建设集团公司志《中国水利水电第六工程局卷》(1958～2006)的编写，经数年酝酿，两年伏案，六易其稿，终于出版了。这是重要的局志资料，它不仅是水电六局48年创业历程的结晶，更是水电六局精神文明建设所取得的又一项丰硕成果。同时也包含了水电六局职工和各级领导、各界同仁对水电六局的悉心关怀和大力支持。

作为中国水电事业的见证者和建设者，几代水电人情牵水电，魂系江河，不懈努力与执著追求着水电事业的辉煌，中国水电六局伴随着祖国水电事业的发展、昌盛而不断发展壮大。建局之初，万余名水电建设者御风逐浪、集聚鸭绿江畔。背扛肩挑、锹镐背篓，日日安步当车；风餐露宿、转战南北，处处为家。克服种种难以想象的困难，独立建设完成了吉林云峰水电站、四川渔子溪水电站、辽宁太平哨水电站和太平湾水电站，奠定了水电六局在全国水电建设行业中的应有地位。改革开放以来，水电六局应时求新，与时俱进，借改革潮涌之势，走向水电建筑市场，戮力攻坚，破浪前行。如今，国内工程遍及26个省、市(自治区)，国际项目远至中非，先后承建、参建70余座大中型水电站。施工技术竞争力不断攀升，市场营销能力显著增强，企业可持续发展后劲十足。形成以地下工程为核心优势，广泛开拓了储油储气库、大坝补强、金属结构制作安装、风电、高速铁路、公路等水电、非水电市场领域，成为一支驰骋国内、饮誉海外的水电建设劲旅。

48年奋斗和发展，48载创新和积淀，水电六局职工以国家水电建设为己任，以艰苦奋斗、醇厚博大的精神，体现了秉承传统与追求卓越的有机结合，凝聚成了“以人为本，利益共享”的企业价值观和“以信誉求市场，以管理求效益，以人和求兴旺，以创新求发展”的经营理念，这将促使中国水电六局稳步走出一条既专又精又强的特色之路，屹立于中国建筑企业之林。

“以史为镜，可以知兴替”，只有勇于变革、勇于创新，才能使企业永不僵化、永不停滞。水电六局已于2008年4月改制更名为中国水利水电第六工程局有限公司。水电六局有限公司将继续坚持励精图治、改革创新、锐意进取，满怀激情地为祖国的稳定和水利水电事业发展与繁荣作出新的更大的贡献。

中国水利水电第六工程局有限公司执行董事、总经理 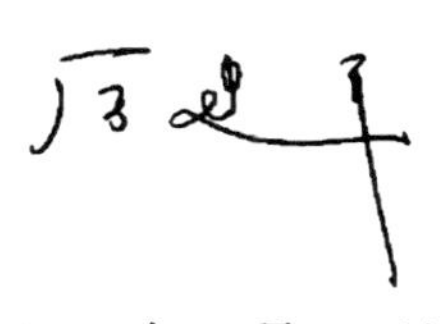

2009年7月15日

编辑说明

一、中国水利水电建设集团公司志《中国水利水电第六工程局卷》(1958～2006)以马列主义、毛泽东思想、邓小平理论、“三个代表”重要思想为指导，以科学发展观为统领，以地方志工作条例为依据，坚持辩证唯物主义和历史唯物主义观点，坚持解放思想、实事求是、与时俱进、开拓创新的思想路线，按照中国水利水电建设集团公司编修史志的要求，比较全面、完整、真实、客观地记述了中国水利水电第六工程局成立48年来创业和发展的历史。

二、本志上限从1958年11月云峰水力发电工程局成立起，下限至2006年12月末止。

三、本志编纂所用资料来源于档案、报刊等文字资料及调查采访实录，经过编修者整理、核实，去粗取精、去伪存真，力求全面、系统、准确反映事物的真实面貌。

四、本志采用语体文记述，大事记采用编年体为主。体例为横排门类，纵按时序记述。

五、本志主体(正篇)共十三篇，采用篇、章、节三级编次。

目　　录

第三篇　建筑　安装工程

第四篇 开拓国际市场

第五篇 多种经营

第六篇 企业改革

第七篇　企业管理

第八篇　科技　教育

第九篇　后　勤　工　作

第十篇　党　群　工　作

第十一篇　精神文明与企业文化建设

第十二篇　企　业　监　督

第十三篇　人　　物

概　述

中国水利水电第六工程局(简称水电六局)始建于1958年11月，现隶属于中国水利水电建设集团公司(简称水电集团公司)，地处鸭绿江畔中国最大的边境城市——丹东市。水电六局是以大中型水利水电工程建设施工、机电设备安装为主，兼营工业民用、道路桥梁、市政建设、引水供电等土木工程建筑和安装的综合性国家一级施工企业，注册资本1.5365亿元。具有水利水电工程总承包一级、市政公用工程施工总承包一级、公路工程施工总承包二级、房屋建筑工程施工总承包三级、堤防工程专业承包一级、工程设计乙级、工程测量甲级、金属结构、水工启闭机械制造安装、起重机安装改造维修、供暖等资质和资信，并具有对国内外承包商独立实施工程建设监理的能力。曾多次荣获电力工业部、辽宁省政府先进企业和文明企业标兵的命名和表彰。1992～1994年均名列《中国500家最大经营规模和500家最佳经济效益建筑企业》行列；在《堤坝、电站、码头建筑行业100家最大经营规模企业》中居第23位；1994～2006年连续被辽宁省企业信誉评级委员会评为特等“AAA”级信誉企业单位。于1999年7月通过了ISO 9002质量认证，并于2004年12月分别通过了环境管理体系认证和职业健康安全管理体系认证。

水电六局总部行政管理部门：局长办公室、财务部、人力资源部、工程开发部、国际工程部、工程管理科技部、资产管理部、安全部、审计部；党群部门：党委工作部、纪检监察部、工会；归口管理部门：史志办公室、新闻中心；驻外办事处：北京、成都、贵阳、昆明、新疆。下设二级单位：一分局、二分局、三分局、机电安装分局、溪洛渡施工局、工程公司、监理公司、太平湾基地管理处、宽甸基地管理处、太平湾职工中心医院、职工培训中心、保卫处(武装部)、离退休职工管理处。

截止到2006年底，水电六局有职工6230人，其中各类专业技术干部和高级工及以上工人4782人；具有高、中级职称的人员1442人；拥有施工设备4000台套，设备净值39600万元，人均技术装备率4.52万元/人。具备每年土石方挖填1200万米^3、混凝土浇筑300万米^3、金属结构制作安装3万吨、砂石料生产品200万吨、基础处理及灌浆10万米、安装大中型水轮发电机组和500千伏等级及以下的送变电工程的施工能力。

1958年11月1日～2006年12月31日的48年间，水电六局伴随着共和国政治经济的发展和水电事业的昌盛不断发展壮大。48年的江河春秋，水电六局见证了祖国近半个世纪的水利水电事业发展新成就。水电六局职工为水利水电事业的发展呕心沥血，无私奉献，成绩卓著，志载于世。

一

48年来，水电六局的名称及组织机构发生多次变化，以不同时期水电六局总部所在地区划分，可分为云峰、渔子溪、太平哨、太平湾和丹东五个时期。

云峰时期。水电六局建局初期行政隶属于吉林省，始称云峰水力发电工程局(以下简称云峰局)，1959 年 6 月起隶属于水利电力部；党组织归通化地委领导。云峰局下设的二级单位，在施工前期中有隧洞、厂房、土建三个工区和机电修配厂；至 1964 年 8 月，云峰局二级生产单位和附属单位有：第一施工队、厂房工程队、开挖队、土建队、砂石料队、机械化站、联合加工厂、大栗子工程处、机械修配厂、交通运输队、动力队，以及职工医院、职工子弟学校和技工学校等；云峰局机关职能部门 11 个：办公室、人事处、保卫处、行政处、器材处、计划处、施工技术处、组织部、宣传部、工会、团委。

渔子溪时期。1969 年 4 月 1 日，经水利电力部军管会批准，废除云峰水力发电工程局名称，改称 516 工程指挥部；1969 年 12 月 18 日，更名为水利电力部第六工程局。水电六局行政组织隶属于水利电力部，而党组织则先后由中共成都市委、阿坝州委和温江地委领导。水电六局所属二级单位，初期有：第一工程队、第二工程队、第三工程队、第四工程队、土建队、动力队、机械队，钢木加工厂、修配厂、砂石料加工厂、成都办事处、云峰办事处、保卫处、设计室、职工子弟学校；后期有：一大队、二大队、三大队、四大队、安装大队、修配厂、砂石料厂、加工厂、机械队、动力队、职工子弟学校、保卫处、映秀湾电厂、渔子溪电厂、基础队、设计队等。水电六局机关职能部室设置为：生产办公室、行政办公室、管理办公室、政治部、监委会、武装部、工会、团委。

太平哨时期。1979 年 9 月，水利电力部划分为水利部和电力工业部后，水电六局隶属于电力工业部，其名称由水电部第六工程局改称为电力工业部第六水电工程局。此后，党组织一直归中共丹东市委领导。水电六局二级单位设置为：一大队、二大队、三大队、四大队(到后期，将四个大队合并为一工区和二工区)、汽车队、修配厂、砂石料厂、动力队、土建队、加工厂、安装队、技工学校、子弟学校(南营子弟校和北营子弟校)、职工医院。水电六局机关职能部室设置为：办公室(行政)、技术处、调度室、机电处、供应处、财务处、劳资处、行政处、教育处、保卫处、干部处、五七办公室；党群部门有：党委办公室、组织部、宣传部、武装部、工会、团委。

太平湾时期。1982 年 4 月，水利部与电力部合并为水利电力部，电力部第六水电工程局改名为水电部第六工程局，行政隶属于水电部水利水电建设总公司。1988 年 9 月，水利电力部水利、电力职能分开，水利职能设立水利部，电力职能并入新组建的能源部，水电六局划归能源部领导，水利部共管，保留其原名称，行政隶属于中国水利水电工程总公司。1992 年 8 月，水电六局更名为中国水利水电第六工程局延续至今。1993 年 3 月，能源部更名为电力工业部，水电六局归电力工业部领导。1996 年 12 月，电力工业部撤销，组建国家电力公司，水电六局归国家电力公司领导，行政仍然隶属于中国水利水电工程总公司。在电站建设高峰期，水电六局二级单位有：第一工程处、第二工程处、第三工程处(原机电安装处)、第四工程处、第五工程处(原汽车运输处)、第六工程处、建筑工程公司、工贸公司(在太平湾电站建设的后期组建)、机电管理处、材料供应处(后期机电处与供应处合并为物资管理处)、宽甸基地管理处、太平湾基地管理处、太平湾医院、宽甸水电医院、党校(20 世纪 90 年代党校并入党委宣传部)、技工学校、子弟第一小学、子弟一中、子弟二校、六局高中。水电六局机关职能部室设置为：办公室(行政)、干部处、财务处、劳资处、技术处、质安处、调度室、计划处、外经办公室、教育处、公安处、武装部、离退休职工管理处、审计监察处、企业管理办公室、法律顾问处、行政处、总工办公室；党群部门有：党委办公室、组织部、宣传部、纪委、机关党委、工会、团委。

丹东时期。1997年初，水电六局机关迁入丹东市。2002年12月，国务院国有资产监督管理委员会成立，中国水利水电工程总公司改制为中国水利水电建设集团公司，隶属国资委管理，水电六局为集团公司的子公司。水电六局在丹东地区的30多年时间里，行政隶属关系虽然频繁变更，但党组织一直归丹东市委领导。水电六局所属二级单位，在2005年和2006年进行了合并重组，最终设置为：溪洛渡施工局、一分局、二分局、三分局、机电安装分局、工程公司、职工中心医院(包括太平湾、宽甸两所医院)、离退休职工管理处、太平湾基地管理处、宽甸基地管理处。水电六局机关党政职能部室设置为：局长办公室、财务部、工程开发部、国际工程开发部、工程管理科技部、人力资源部、资产管理部、审计部、安全部、党委工作部、纪检监察部和工会。水电六局发展的五个时期如下表所示。

<table>
<tr><th>经济阶段</th><th>五个发展时期</th><th>备　注</th></tr>
<tr><td rowspan="4">计划经济
(1958～1985)</td><td>云峰时期
(1958－11～1966－08)</td><td>总部和家属基地设在云峰工地</td></tr>
<tr><td>渔子溪时期
(1966－09～1975－04)</td><td>总部和家属基地设在渔子溪映秀工地</td></tr>
<tr><td>太平哨时期
(1975－05～1981－04)</td><td>总部在太平哨工地；家属基地设在太平哨工地和宽甸县</td></tr>
<tr><td>太平湾时期
(1981－05～1996－12)</td><td>总部在太平湾工地；家属基地设在太平湾工地和宽甸县</td></tr>
<tr><td>市场经济
(1986～2006)</td><td>丹东时期
(1997－01～2006－12)</td><td>总部迁入丹东市振兴区</td></tr>
</table>

二

1958年11月1日，吉林省云峰水力发电工程局正式成立。12月，云峰局办公机关由长春迁入云峰水电工地。1958年年底，云峰局有职工278人；1959年末，职工人数增至4558人；至1965年云峰水电站第一台机组投产时，云峰局职工人数增至6006人。经过近8年的艰苦奋斗，云峰局职工圆满完成云峰水电站引水系统(两条引水洞及调压井等)、发电厂房、变电站等土建工程、机电和金属结构安装工程，以及电厂生活区等附属工程的建设任务。

1966年初，水电部决定建设四川省岷江支流渔子溪水电站。6月25日，水电部水电建设总局指令渔子溪水电站由云峰水电工程局承担施工任务。1966年8月，施工队伍开始向四川渔子溪水电站工地转移。至1975年12月，圆满完成了渔子溪水电站建设任务。

1973年9月～1987年，水电六局施工队伍陆续转移到辽宁省丹东地区，相继承担太平哨、太平湾和长甸水电站(即水丰水电站扩建工程)的建设任务。

从1958年11月～1989年12月的30多年间，水电六局在长白山麓、川西山区、辽东大地，先后独立完成了云峰、渔子溪、太平哨、太平湾、长甸5座大中型水电站建设任务的同时，还先后派出施工队伍和工程技术人员，参加了四川映秀湾水电站、陕西石泉电站、西藏羊八井电站、辽宁清河电厂、吉林红石水电站等工程建设。

经过30多年的锻炼成长，水电六局的职工队伍建设和施工能力，企业施工设备装备和机械化水平，都有了长足的进步。至太平湾和长甸水电站工程后期的1988年，水电六局职工队伍增加到10065人(高峰期的1982年为10234人)。水电六局拥有施工设备：在云峰水电站工程施工中的1963年，有一类至四类设备86种2003台件；到太平湾水电站竣工时的1988年，水电六局拥有多臂钻、反铲、潜孔钻、锚杆台车、混凝土搅拌车、塔机及大中型吊车、自卸车、混凝土泵等施工设备2500多台套。全员劳动生产率：1963年为3442元/(人·年)，1988年提高到8975元/(人·年)。

20世纪80年代，辽宁长甸水电站建设的竣工，标志着水电六局已结束计划经济阶段，要想生存、发展，必须靠自身的实力投入市场竞争。1985年1月23日与大连经济技术开发区签订的凤凰山净水厂土建工程合同，是水电六局进入市场经济后签订的第一份工程承包合同，意义非凡。因为从这一刻起，标志着水电六局已正式进入市场经济阶段。在80年代，水电六局又先后签订了庄河海洋红虾场、锦西化工总厂热电厂和水源工程、察尔森水库、辽宁观音阁水库大坝基础开挖和砂石骨料生产、丰满水电站大坝补强等工程。

80年代末，水电六局制定了“一业为主，多种经营”的战略方针，在积极承揽建筑工程项目的同时，下大力气开展养殖、工业、商业等多种经营项目。90年代初，水电六局开始全力投入建筑市场竞争。水电六局在全国各地先后中标(议标)承揽了黄河小浪底水利枢纽，北京的十三陵抽水蓄能电站，吉林的丰满水电站二期和三期扩建、聚宝电站、松山引水、云峰水电站大坝加固，河北的桃林口水库骨料生产和大黑汀水库大坝除险加固，黑龙江的莲花水电站，山西的万家寨水利枢纽和引黄工程，三峡水利枢纽对外交通公路等大中型水利水电工程项目。这些支柱型工程项目，为水电六局的生存和发展奠定了经济基础，也为水电六局创造了具有一定优势的品牌和良好的社会信誉。

跨入21世纪，水电建设的春天为水电施工企业的跨越式发展提供了契机。在水电建设大发展的新形势下，水电六局确定了“立足东北，主攻西南，面向全国，走向世界”的发展战略。在承揽工程方面，水电六局改变了过去以二级单位为主到处“找米下锅”的承揽工程方式，成立了投标处(后改名为工程开发部)，加大了承揽工程的力度，使水电六局在市场开发方面形成一个拳头的强势，取得了良好的效果。同时，在承揽路桥、工民建、风电等非水电项目和国际工程方面，都有了可喜的进展。在21世纪的7年时间里，水电六局先后承揽了内蒙古尼尔基水利枢纽，重庆江口水电站，江苏宜兴抽水蓄能电站，福建街面水电站，贵州的索风营、构皮滩、思林、鱼塘和董箐水电站，云南的马鹿塘、小湾和糯扎渡水电站，金沙江溪洛渡水电站，四川的紫坪铺、过军渡，辽宁的金哨水电站、蒲石河抽水蓄能电站和大伙房水库输水(一期、二期)工程，吉林的白山抽水泵站和双沟水电站，黑龙江的富地营子电站等水利水电工程。同时，在开拓非水电工程方面也取得了可喜的进展，先后中标承揽浙江省宁波华东BP石油储气基地站、吉林市江湾立交桥、黑龙江大顶子山航电枢纽和吉林长岭风电塔筒制作安装工程等项目。

水电六局在市场经济环境下，顺应市场经济规律，勇于探索，拼搏前行。在工程建设实践中，开拓进取，诚信履约，取得了一定的经济效益，创造了良好的社会信誉，提升了企业生产经营的资质。

三

水电六局在48年工程建设的历程中，通过自身的艰苦努力，取得了突出业绩。在施工能力、施工技术、施工资质等方面，都取得了突破性进展。在水电工程施工企业中，水电六局从云峰水电站建设起，就开始了地下工程施工(引水洞、竖井的钻爆开挖和混凝土衬砌作业)。在“文化大革命”期间，圆满完成了当时全国最长的渔子溪电站引水隧洞(8249米)的施工；太平哨电站施工中，在地下隧洞大跨度地下洞室光面爆破锚喷支护和混凝土衬砌、混凝土防渗墙技术、高吸程和大流道砂石泵等科技攻关方面作出了重要贡献，受到了1978年全国科学大会的奖励；在太平哨电站施工中，其真空激光测坝变形观测系统的安装、大坝溢流面滑拉模施工、大坝水泥珍珠岩保温小结等施工技术获水电部科技成果三等奖和四等奖；在太平湾水电站施工中，低水围堰防渗体采用反铲挖槽填筑黏土施工方法获水电部科技成果四等奖；在丰满水电站二期扩建工程施工中，率先在水电工程中采用钢木围囹填筑尾水围堰的施工技术达到国内先进水平，荣获水电总公司科技三等奖；由水电六局承担主体(或参建)工程施工的察尔森水库等一批工程被评为省部级优质工程；参与建设的黑龙江省莲花水电站工程和安徽临淮岗洪水控制工程荣获鲁班奖；参与建设的万家寨水利枢纽工程和尼尔基水利枢纽机电安装工程获中国水利工程优质奖；莲花水电站和万家寨水利枢纽金属结构制作安装工程获中国工程焊接协会一等奖，并被评为“全国优秀焊接工程”；在溪洛渡水电站导流洞工程施工中，创造了水电站月石方洞挖27.1万米^3、导流洞闸室竖井开挖支护断面最大跨度34米2个“中国企业新纪录”，荣获集团公司科技进步一等奖；中国工程建设与管理委员会评选水电六局为全国机电安装50强企业。

经过48年的施工生产实践，水电六局在地下厂房及洞室群的开挖衬砌工程、机电安装和金属结构制作安装工程等领域，逐步形成了自身独特的专长和优势，为企业在市场经济环境下的生存发展奠定了稳固的基础。

四

20世纪60年代和70年代，水电六局派出工程技术干部和施工人员前往阿尔巴尼亚、突尼斯、索马里等国家参与水电站建设。80年代，水电六局积极与国际、国内知名公司合作，承担了尼泊尔马相迪水电站和伊拉克巴士拉船闸等土建工程的建设任务。21世纪初，水电六局确定了“立足东北，主攻西南，面向全国，走向世界”的发展战略。2005年，水电六局制定了“巩固东北，立足西南，面向全国，走向国际”市场开发的战略方针，成立了国际工程部，正式开始国际业务的开拓，积极参与国际市场投标竞争。2006年底，水电六局发展战略定位调整为“优先发展国际，巩固国内水电市场，大力开拓非水电”。2006年，中标承揽缅甸 YEWA 水电站机电安装工程(合同额 3526 万元人民币)，使水电六局承揽国际工程实现零的突破。随后，水电六局又开始参与赤道几内亚吉布洛水电站委托建设协议的谈判。

五

1978～2006 年改革开放的 28 年间，水电六局为了生存和发展，在多种经营方面进行了艰难的探索。从其经营规模和发展过程来看，大致分为起步、发展、整顿和衰退四个阶段。

1978～1986 年为起步阶段。在这一阶段，水电六局先后组建五七服务大队和集体经济管理处，同时成立了劳动服务公司。在此阶段，水电六局及相关二级单位只是在服务业、餐饮业、商业、农业、养殖业和临时装卸等方面开办了一些较小的项目，没有形成规模，也未创造多少经济效益。

1987～1995 年为发展阶段。在此阶段，水电六局确立了“一业为主，多种经营”的发展战略，坚持“承揽工程和多种经营”两条腿走路的方针。相继成立、组建了工贸总公司、多种经营管理处、勘测设计院和北方咨询公司；劳动服务公司更名为综合企业公司。随着太平湾和长甸水电站工程的竣工，指令性计划时代彻底结束，水电六局及局属各单位，都想方设法寻找创收项目，大力开展多种经营，先后开办了许多多种经营产业：如第四工程处最早成立的黑河四兴有限责任公司和机制木炭厂，综合企业公司的金属硅厂，工贸总公司的仿古钟厂，第一工程处的宽甸北市场，第二工程处的工业用布厂，机电安装处的编织厂，物资管理处的辽东电器厂，工会的服装加工厂等。据初步统计，在这一时期，全局上下开办的生产、加工、冶炼、养殖、商贸和服务等多种经营项目，大大小小多达 100 余家。多种经营产值由 1986 年的 20.05 万元，逐步增加到 1995 年的 3161 万元。1995 年 8 月 8～13 日，持续近一周的鸭绿江特大洪水，将水电六局在太平湾地区开办的大部分多种经营项目几乎被彻底冲垮，给水电六局的多种经营事业造成近乎毁灭性的损失。值得肯定的是，上述多种经营项目的开办，虽然未创造多少经济效益，有的项目甚至一直处于亏损局面。但却安置了 2000 多人(包括全民工、集体工、待业青年和望江村部分农民工)就业，在一定程度上缓解了水电六局工程任务不足、下岗职工较多的压力，起到了稳定职工队伍的作用。

1995 年 9 月～1997 年为整顿阶段。在这一时期，水电六局对多种经营管理处进行了重组，制定了《水电六局多种经营五年发展规划》，并提出“清理整顿，规模经营，集中管理、转换机制”的发展方针。经过这次清理整顿，水电六局的多种经营项目，由过去的 100 余家缩减为 60 家，其中，法人单位 39 家，非法人单位 21 家。由于工贸总公司、综合企业公司、北方咨询公司、勘测设计院等单位，在这一时期承揽了相当规模的工程项目和工程监理、建筑设计项目，使得水电六局在这一时期的多种经营产值有了明显提高，连续 3 年(1995～1997 年)产值超过 3000 万元。其中，1996 年实现产值 4017 万元，首次实现赢利近 200 万元。

1997～2006年为衰退阶段。这一时期，由于水电六局创办的大部分多种经营项目没有发展前景，也由于鸭绿江1995年8月洪水的袭击而元气大伤，加之国家水电工程上马的项目逐步增多，水电六局及所属各单位开始集中全力将人员、资金、设备投入到工程项目上来，导致过去由搞工程改行搞多种经营的一些管理人员、技术人员和一线生产人员，逐渐回流到水电工程项目。原来以多种经营作为发展重点的工贸总公司和综合企业公司，也开始向水电工程倾斜。对于恢复、发展多种经营项目，在人员、设备、资金投入方面，水电六局及所属各单位，都处于“无力顾及，逐步放弃”的状态。加上水电六局在过去几十年里，都是和水电工程打交道，对生产加工、商贸服务、市场行情、市场营销等各个环节比较陌生，对“下海经商”还很不适应。因此，在水电建设迅速发展的可喜形势下，水电六局的多元化经营事业呈逐渐衰退趋势，是客观形势发展的必然结果。2001年，水电六局撤销多种经营管理处，全局的多种经营项目逐步萎缩。在这一时期，水电六局宽甸、太平湾、丹东三个基地的多种经营事业，除一些服装加工、餐饮、商贸服务等项目，逐步转为个体经营或承包经营外，其他生产、加工的厂点、项目先后停产倒闭。在这一阶段，水电六局的多种经营产值，年年都在1000万元上下波动，其中2000年完成产值173万元，是水电六局多种经营历史上最低的，完成产值最高年份是2001年(1041万元)。

六

随着中国城市、工业经济体制改革的不断深化发展，水电六局从20世纪80年代起，遵照中共中央和上级组织领导的战略部署，在企业领导体制、企业经营方式、企业管理体制、企业劳动、人事和工资分配制度、项目管理、主辅分离改制分流、基地管理、住房制度和医疗卫生制度等方面，进行了一系列的改革。

1984年7月，水电六局拉开了企业领导体制改革的序幕，其主要改革内容是将水电六局机关及局属二级单位的行政、专业技术领导干部的选拔任免权、生产和行政事务，由过去的党委负责，改为由局长(处长)负责。这种新的企业领导体制——局长负责制，从1986年开始试行，到1988年1月正式推行，至今仍然延续着。

在建筑工程领域，随着国家指令性计划时代的结束，建筑工程开始全面实行招投标，水电六局从领导干部到普通工人，逐步克服过去在旧管理体制下形成的“等、靠、要”思想，在承揽工程方面，积极参与投标竞争，争取拿到更多的项目；在工程经营管理上，逐步推行经营承包责任制和分包经营制，推行项目法施工，实行新的工资、奖金分配制度，充分利用社会资源，努力降低生产成本，提高生产效率和经济效益，提高社会信誉。对水电六局机关职能部门、二级生产单位及后勤管理服务单位，从20世纪80年代至今，进行过多次改革、调整、合并、重组，使其更大限度地适应变化了的新形势。

1983年10月，水电六局对下属各生产单位进行合并重组，为发展集体经济、安置待业青年和当地农民工，这一年水电六局组建、成立了劳动服务公司，兴建了一些多种经营产业；1988年，为适应局长负责制和对外经营工作的需要，水电六局对机关职能处室进行调整、重组，成立了对外经营办公室；20世纪90年代初，水电六局成立工贸总公司，选干部，拨资金，上项目，进一步加大了开展多种经营的力度；1993年4月，水电六局再次对机关职能处室进行调整重组，新成立多种经营管理处。这次调整，水电六局机关处室由过去的25个精减到20个，机关管理人员和挂靠局机关的人员有68人被安置到工贸总公司或二级单位，机关管理职能人员减少到146人；2001年，水电六局对局机关职能处室作出重大调整，将原来的23个职能处室调整合并为11个；2006年10月，水电六局对局属二级生产单位进行了合并重组，合并重组后水电六局下属二级生产单位由过去的8个减少到6个。

从1994年8月下旬开始，水电六局在人事、劳动和分配制度改革上进行了大胆尝试。一是取消“干部”、“工人”称谓，统称“企业职工”；二是将竞争机制引入岗位竞聘中，实行双向选择、竞争上岗。与此同时，水电六局出台新的《劳务管理办法》，并建立了劳务管理系统，对局内职工取消单位、专业和干部、工人界限，真正实行动态管理。从1995年起，水电六局在局内推行新的岗位技能工资制度。

从1991年6月起，水电六局以承担北京十三陵抽水蓄能电站工程的十三陵工程项目部为试点，在各个对外施工项目中逐步推行项目法施工，直至全面铺开。2002年年初，水电六局根据十多年推行项目法施工的实践经验，制定了《水电六局工程项目管理办法》。这一新的项目管理办法，更加规范、具体，可操作性强，对进一步提高工程项目管理水平起到了积极促进作用。

从20世纪90年代起，水电六局在主辅分离、改制分流方面做了大量工作。在基地、后勤管理和社会服务等方面，其资金投入每年都核定指标，逐年缩减，并逐步推行物业化管理；同时积极与地方政府及有关部门沟通，将企业中的社会职能机构移交给地方。2001年4月～2006年12月，水电六局将子弟二校(包括初中、小学)、太平湾基地供用电管理、宽甸基地有线电视转播和街道家属委员会、公安分局、子弟一中、子弟一小，先后移交给了丹东市、宽甸县地方政府和有关单位。

从20世纪90年代初起，水电六局开始逐步推行职工(家属)医疗制度改革，这项改革，不仅使职工在8大病种(2001年11月前为11大病种)的治疗上得到了基本保障，同时对降低水电六局非生产性支出，减少资金、医药的浪费，发挥了积极作用。

1994年～1998年6月，水电六局对住房制度进行了多次改革，从最初的“集资建房”，到以“售房为主，提高房租，租买自愿”，再到“按成本价售房，出售全部产权，购房自愿”，最终实现住房商品化。从2003年5月起，水电六局(全民职工)开始正式推行住房公积金制度。

七

48年来，水电六局企业管理得到逐步加强、提高和改善。“文化大革命”结束后，水电六局紧跟中共中央和国家的战略部署，在拨乱反正、清理整顿、改革开放中，认真抓企业管理工作。20世纪80年代初，水电六局成立企业管理办公室，负责企业管理的建章建制和检查监督工作，取得了一定的效果。20多年来，水电六局在生产计划、招投标、工程的开发和管理、企业人事、劳动工资、财务、施工设备材料及各类物资、工程质量和安全生产，以及基地管理、后勤服务等方面，先后制订、出台了一系列规章制度和改革措施，为进一步规范企业的经营管理提供了操作性较强的政策依据。21世纪初，水电六局将近年来颁发的企业管理规章制度结集成《企业管理手册》刊印下发，对进一步完善、强化企业经营管理发挥了重要作用。

八

从1958～1996年的近40年时间里，水电六局常年远离城市，为解决职工子女入学难的问题，企业只好自办教育。1960年2月，云峰水力发电工程局开始创办职工子弟学校；“文化大革命”中，在渔子溪水电站建设前期，职工子弟借读于当地中小学，后来脱离当地学校开办复式班，工程建设后期，开办了职工子弟中心学校，实行技校、初中、小学一贯制。在渔子溪时期，中心学校共招收3000子弟就学。1976～2006年，水电六局先后在太平哨、宽甸、太平湾开办职工子弟一校、二校、三校、一小、一中、高中和技工学校，办学质量逐步提高。水电六局子弟小学、初中的学生在全国、省、市、县级各类考试、中考、竞赛中，有多人获奖；水电六局子弟高中毕业生(包括水电六局子弟在地方高中就读的)在高考中取得令人瞩目的好成绩，1984～2004年，林晓红等6名同学先后摘取了丹东市、宽甸县高考(文科、理科)状元桂冠。

水电六局技工学校在1964～2000年的30多年时间里，为水电六局培养技术工人、管理人员2905人(其中，1996～1999年4届毕业生共241人未分配)。2000年1月，技工学校停办，水电六局以原有的教职员工和校区为基础，开办了职工培训中心和辽宁省水电建设国家职业技能(40多个职种)鉴定站及丹东市国家职业技能鉴定所。2001～2006年，培训中心、职业技能鉴定站举办了多期职工技术培训，进行了9个批次的职业技能鉴定，累计鉴定中级工、高级工、技师、高级技师1854人。

为提高职工队伍的文化业务素质，从20世纪80年代起，水电六局制定了优惠政策，鼓励青年职工参加高校的函授学习，如函授学员取得高校函授毕业证书，水电六局对其学费给予报销，并承认其学历，在工作上给予适当安排和相应的待遇。同时，水电六局还举办各种文化补习班和培训班，提高职工的文化技术水平。据初步统计，从1980～1988年的9年时间里，水电六局在职工文化、技术培训方面投资额达346万多元，有2231名职工参加文化补习班，1393人参加技术补课，866人参加中级培训，择优选送527人到全国各类院校深造。有161名职工不脱产参加函授、电大和自学考试，并取得相应的学历文凭。上述措施，为水电六局的生存发展储备了大量的后备人才。

九

水电六局作为一家大型水电工程施工企业，从建局时起，常年与深山为伴，与江河为伍，远离城市重镇，客观形势使水电六局必然成为集工、学、商、医、生活设施、社会服务等社会功能于一身的小社会。在计划经济时代，国家指令水电六局建设哪一座电站，全局职工就必须携妻带子，男女老少从“故地”迁向“新居”。“新居”刚刚建设得“初具规模”，又接受新的电站建设指令，作为下一座电站的拓荒者，奔向新的居住地。因此，在1959～1988年的30年间，水电六局人常年居无定所，屡迁新居，“哪里艰苦哪安家”，安的“家”

都是临时住所，简易房、板房等，干打垒的泥坯房成了水电建设者们的“安乐窝”。其生活之艰苦，设施之简陋，令人难以想象。到20世纪80年代末，指令性计划时代彻底结束，随着改革开放的逐步深入和市场经济的进一步发展，水电六局人再也不用举家“东奔西走”了。经过30年的建设和经营，水电六局先后在宽甸县镇、太平湾(现隶属于丹东市振安区，建制为太平湾街道办事处)和丹东市内建起了三个基地(占地总面积2366亩，包括长甸转运站87亩)。先后在三个基地修建住宅楼、办公楼百余座，近5000户职工家属住进楼房(均办理产权证)。在基地内，学校、医院、浴池、商店、饭店、农贸市场、娱乐场所、体育器材、液化气站等生活、文体设施齐全，为职工家属的生活、就医、入学、购物等提供了便利条件。

经过水电六局职工、家属的共同努力，从20世纪70年代至今，水电六局在计划生育方面取得了突出成绩，多次被评为辽宁省、丹东市、宽甸县计划生育工作先进单位。

1983年3月，水电六局成立了离退休老干部管理服务处，1984年12月改名为离退休职工管理处，1986年10月成立离退休职工管理委员会。从此，水电六局对离退休职工的管理、服务工作逐步走向正规化。截至2006年年底，水电六局有离退休职工5127人，其中，太平湾、宽甸、丹东三基地有离退休职工2593人，其余2524人散居在四川、北京、河北、吉林等24个省、自治区、直辖市。离退休职工均参加了辽宁省的养老保险统筹，其家庭经济生活均有保障。离退休职工管理处及宽甸基地管理处离退休科的工作人员，对离退休老干部、老职工及家属生老病死的热心照顾和周到服务，受到了水电六局、丹东市的表彰。水电六局在三个基地开办了4个总面积近1000米^{2}的离退休职工活动室，活动室内设置的各种休闲、体育、游艺设施，丰富了离退休职工及家属的业余文化生活。

十

水电六局党委于1959年2月组建(始称云峰水电工程局党委)，48年以来一直为党委建制，除“文化大革命”时期企业党委工作由革委会代管外，其余时间水电六局党委一直坚持正常工作。按照企业党组织归地方领导的原则，水电六局党委先后由吉林省委、通化地委、成都市委、温江地委和丹东市委领导。1962年1月～2006年底，水电六局先后召开九届党员代表大会。1964～1980年，水电六局党委下设政治部，政治部下设办公室、组织、宣传教育、干部、保卫等职能部室；1980年后，水电六局党委下设办公室、组织部、宣传部、纪检监察部、工会、团委；2001年末，在水电六局机关职能处室调整中，水电六局党委将办公室、组织部、宣传部、团委合并，组建党委工作部。水电六局下属各单位及局机关，组建二级党委、总支部或直属党支部。1959年水电六局有共产党员291人，到1971年发展到1355人，1992年发展到1837人，到2006年年底已发展到1865人。

在48年的历程中，水电六局各级党组织，在中共中央和上级党组织的领导下，重点搞好支部建设，抓好党员队伍建设，取得了良好的效果，涌现了一大批先进党委、先进党支部、党小组和优秀党员、优秀党务工作者。水电六局党委多次被评为丹东市先进党委。形势任务教育、理论教育、思想政治工作、普法工作、统战工作，也取得了良好的效果。水电六局党委及局属二级单位党组织，认真抓企业文化建设，扎实开展文明单位创建活动，1988～1991年，在全局建成省级文明单位1个，市级文明单位4个；1993年以来，水电六局连续四届(8年)荣获辽宁省“文明单位”称号；2002～2006年，水电六局连续5年保持省级“文明单位标兵”称号。

1959～1978年，水电六局未设立专门、独立的党的纪律检查工作机构。1979年水电六局党委成立纪律检查委员会筹备组；1980年在水电六局第四届党员代表大会上，选举产生了纪律检查委员会，组建党的纪律检查专门机构——纪委；1993年，纪委和局监察处合署办公，成立纪检监察部。20多年来，水电六局党委及纪检监察部门相继开展了“党纪党风党性”、“党规党法”、“反腐倡廉”和“反腐败警示”等教育，制定了一系列廉洁从业、加强党政干部队伍党风廉政建设的措施、规章制度，坚持从严治党、从严治企，1981～2006年，纪检监察机构共受理或协助办理各种经济、违纪、刑事案件91件，对44名党员、干部分别给予警告、严重警告、留党察看、开除党籍等不同的党纪行政处分，有的受到刑事处罚。纪检监察机构的工作对党风廉政建设起到了促进作用。

水电六局工会成立于1959年8月，当时称为云峰水力发电工程局工会委员会。前期，工会组织下设组宣部和女工部；1979～1998年期间，设立宣传部、生产部、劳保福利部(后期为生活部)和办公室(后期设立)；1998年至今，水电六局工会职能部室缩减为组织宣传部、劳动生活部和办公室。1959年5月～2006年3月，水电六局共召开14届职工代表大会、9届工会会员代表大会。48年来，工会组织认真做好组织建设工作，积极开展工会建家、劳动竞赛和合理化建议、做好为职工群众维权和劳动保护、参政议政、民主管理、文体宣传、职工教育、生活福利和女工等工作并取得了突出成绩。在工会的积极组织、参与下，水电六局连续3届在全国安全生产竞赛中荣获“安康杯”。1986年，水电六局工会被丹东市总工会授予“先进职工之家”称号。在2003年全国总工会十四大会议上，水电六局工会荣获“全国模范职工之家”称号。2006年，水电六局工会被评为全国能源化学工会系统先进工会。

1959年4月17日，水电六局(当时称为云峰水力发电工程局)共青团委员会成立，1960年全局有共青团员500人，截至2006年年底有团员530人。从1960年6月～2006年1月，水电六局共青团组织共召开11届团员代表大会。团委下设二级团委5个，直属总支部4个，直属团支部1个，基层团支部39个，专兼职共青团干部102人。共青团组织开展的“向雷锋同志学习”、“五好青年”、青年突击队、青年突击手、“号手”(即青年文明号、青年岗位能手)、“艰苦创业，岗位建功”、“创优创效优秀成果”、“青工技术大比武”等项活动，取得了令人瞩目的成绩。其中，承担三峡水利枢纽对外交通公路施工任务的孙金龙青年突击队，于1995年入选全国青年文明号示范单位；高泗忠青年突击队在小浪底水利枢纽工程施工中，作为首批国家重点工程青年文明号，1997年受到团中央的表彰。

20世纪80年代，水电六局先后成立科学技术协会、思想政治研究会和文学艺术协会。1983年8月18日，水电六局科学技术协会成立，于1980年创刊的《施工技术》(20世纪90年代改名为《水电工程技术》)作为协会会刊。至2006年末，《水电工程技术》已出版45期，共发表局内外科技人员专业技术论文近800篇。科学技术协会组织科技工作者积极开展技术交流活动和科技论文评奖表彰活动，这一活动，极大地推动了水电六局的科技发展。1978～2006年，水电六局有27项科技成果(论文)获国家、省部级和集团公司级奖励；1985年7月20日，水电六局思想政治研究会成立。20多年来，思想政治研究会多次组织研讨会、座谈会和成果发布会，对水电六局的思想政治工作和企业文化建设起到了促进作用；水电六局文学艺术协会于1987年4月18日成立。协会下设文学、摄影、书画、文艺4个部。20年来，水电六局文学艺术协会多次组织举办(参与)演唱会、文艺汇演、秧歌比赛、歌咏比赛、征文、摄影书画比赛等活动，培养了一大批文学艺术人才，丰富了职工家属的文化、业余生活。

十一

从云峰水电站施工时的1960年3月起，水电六局正式出版报纸《云峰工地》，该报在“文化大革命”时期停刊。从1980年12月31日起，试刊8期《水电工地》；作为水电六局党委机关报，作为水电六局党政组织和职工群众的喉舌，作为上传下达的沟通桥梁，《鸭绿江水电》(后改为《鸭绿江水电报》，为周报、四开四版)于1981年7月1日正式创刊。至2006年年底，《鸭绿江水电报》共出版1213期。1984年，水电六局电视台成立，电视台的主要任务是负责水电六局电视新闻、专题节目的采、录、制作、播放和中央、地方电视节目差转，向上级组织和地方电视台投送电视新闻和专题稿件，丰富基地职工家属的业余文化生活。随着水电六局职工思想政治工作研究会和文学艺术协会的相继成立，其会刊《鸭绿江之声》于1987年11月正式创刊，刊物的主要任务是宣传水电六局，为水电六局职工发表专业论文、文学作品提供园地。1997年丹东市报刊压缩减编，《鸭绿江之声》停刊。在10年时间内，《鸭绿江之声》共出版33期。2005年6月，水电六局网站正式建成开通，网站刊载的主要内容有水电六局概况、工程开发和管理、科技进步、党群工作、六局新闻、离退休职工情况、局属各施工单位情况及人才招聘、物资设备采购等。上述媒体的开办，对宣传六局、服务职工家属、做好上传下达、丰富职工文化生活、鼓舞职工斗志、提高队伍素质，发挥了积极的促进作用。

十二

从1985年起，水电六局成立了独立的企业经济、财务审计机构——审计处(现称审计部)。20多年来，除1988～2002年期间，水电六局审计处曾与监察处、纪检监察部合署办公外，其余时间均是独立开展工作。1985～2006年，审计部对水电六局属各单位、项目部的财务收支、领导干部离任、经济效益状况、内部控制、单位专项、群众反映的问题、购置固定资产情况等，进行了300多个项目的审计，对水电六局的财务收支、经济往来和经营管理起到了良好的内部监控作用。48年来，水电六局采取多种形式加强内部监督工作，有效地遏制了集团或职务违纪、犯罪，确保水电六局能有序健康地发展。水电六局从2001年开始进行效能监察工作，建立健全了各项规章制度，采取了多种监察形式，收到了较好的效果。

十三

48年来，水电六局奉献了近200个优质、璀璨的水利水电、公路桥梁和工民建工程（项目）。在48年的艰苦奋斗历程中，水电六局涌现了一大批先进、楷模人物，如全国劳动模范姜洪飞、全国五一劳动奖章获得者杨生敏等。还有一大批省部级劳动模范、优秀共产党员和先进工作者，如李春、张西杰、韩志家、聂勤、彭文斗、何义、张长生、刘元甫、包兴文、陈宝贵、刘进才、任全锡、郭东林、张建峰、杨成文……据不完全统计，48年来，先后被评为国家级、省部级、地市级和集团公司级的劳动模范和先进工作者总计达205人（人次）。

48年来，水电六局逐步打造提炼了自身特有的企业精神、经营理念和企业价值观，即："秉承传统，追求卓越"的企业精神；"以信誉求市场，以管理求效益，以人和求兴旺，以创新求发展"的企业经营理念；"以人为本，利益共享"的企业价值观。

48年的艰苦奋斗，水电六局的施工能力和施工技术水平不断得到加强和提高，从全局不能独立承担一个大中型水利水电工程，发展到可独立承担一个乃至多个大中型水利水电工程，即使是水电六局所属的二级单位，也能同时承担多个水电及非水电工程项目。

48年的南征北战，使水电六局享誉大江南北、长城内外，创造了水电六局独有的优势和品牌。先后荣获辽宁省"大庆式企业"、全国水利电力系统"先进企业"、水利电力部"优秀施工企业"、"企业管理优秀单位"、"安全生产先进单位"、辽宁省"文明企业标兵"等荣誉称号。

大　　事　　记

（1958 年 8 月～2006 年 12 月）

1958 年

8 月 29 日～9 月 20 日　中朝鸭绿江云峰发电厂建设筹备委员会会议在北京召开，会议决定中朝双方共同建设中朝鸭绿江云峰发电厂，中方负责引水系统、发电厂房和附属工程的设计和施工。

11 月 1 日　经吉林省委、省政府批准，成立吉林省云峰水力发电工程局，隶属吉林省委、省政府管辖。涂国林为第一任局长。

12 月　云峰局从长春市迁入云峰水电站工地，暂住朝鲜三江里。

1959 年

1 月　云峰局机关职能部门和直属施工单位正式成立。局机关职能部门 11 个：局办公室、人事处、保卫处、行政处、器材处、计划财务处、施工技术处、组织部、宣传部、工会、团委；直属施工单位 4 个：隧洞工区、厂房工区、土建工区、机电修配厂。

2 月 16 日　吉林省委工业部批准，成立中共云峰局委员会，钟鼎兴任党委书记，孔祥林任党委副书记。

3 月 7 日　中共通化地委通知：经省委决定，中共云峰局党委由通化地委领导。

6 月 1 日　云峰局归水利电力部领导，称水利电力部云峰水力发电工程局。

7 月　社会主义国家驻朝鲜使馆人员到云峰水电站工地参观。

9 月 9 日　云峰水电站工程正式开工。

9 月　云峰局成立职工医院。

10 月　云峰局从朝鲜迁到吉林省集安县上套村。

12 月 1 日　朝鲜最高人民会议常任委员会委员长崔庸健携同内阁副首相郑俊沃到云峰水电站工地视察。

1960 年

2 月 4 日　云峰局决定创办《云峰工地报》，3 月 1 日，第一期发行。

2 月 25 日　云峰局职工子弟小学正式开学，共有学生 113 名，分为 6 个班。

2 月　云峰局成立调度室，集中统一全局生产调度工作。

3 月 26～28 日　云峰局召开第四次职工代表大会，党委副书记孔祥林作报告，局长涂国林布置二季度生产任务。

4 月　云峰局成立监察委员会，孔祥林任书记。云峰局撤销土建工区，成立土木建筑工程队。

5月24～31日 水电部职工教育检查团到云峰局检查工作。

6月7～9日 云峰局召开共青团第一次代表大会，刘庆生当选团委副书记。

6月11日 水电部决定调局长涂国林到部另行分配工作，由副局长王湘代理局长工作。

7～8月 鸭绿江发生特大洪水，云峰局被冲毁房屋1.1万米^2、照明线路11千米、通信线路28千米、动力线路3千米，冲断公路36处，直接损失19.9万元。

9月29日 云峰局撤销厂房工区，成立第一、第二开挖队。

10月6日 云峰局决定成立运输公司。

是年 云峰局职工刘志忠、童伯洲、王世友、张淑琴、宋振生、李明被吉林省政府授予劳动模范。

1961年

5月14日 朝鲜内阁副首相南日等25人到云峰水电站工地视察。

6月26日 云峰局成立砂石料队。

是年 云峰局职工张西杰、李春、朱继林、张坤被吉林省政府授予先进生产者。

1962年

1月22～24日 云峰局召开中共第一次代表大会，钟鼎兴当选为党委书记。

2月 云峰局召开共青团第二次代表大会，刘庆生当选团委副书记。

3月6日 水电部[62]人字22号文决定，从永定河工程局抽调支援云峰局的1600多人划归云峰局。

4月16日 中共通化地委地工22号文决定，刘振山任云峰局监委书记。

4月27日 水电部[62]水电水办21号文决定，云峰局交由水利水电建设总局领导。

4月 水电部[62]16号文，任命李铮为云峰局局长，张履恒、俞紫珊、赵华中为副局长。通化地委工业部[21]号文通知，省委决定，邢俊良任云峰局党委书记。

5月11日 云峰局成立开挖队、汽车队、灌浆队、机械化站。

5月25日 水电部[62]水电劳183号文决定，白山工程留守处由云峰局领导。

6月14日 水电部[62]号文，任命陈庚仪为云峰局副局长，代理局长工作。

8～9月 云峰局连受两次洪水袭击，冲毁房屋1.5万米^2，直接损失14万元。

12月20日 云峰局成立第三衬砌队。

1963年

1月24日 云峰水电站中副厂房施工现场发生火灾，直接损失34万元。

4月5～7日 云峰局召开中共第二次代表大会，邢俊良当选为党委书记，孙英当选为副书记。

5月12～14日 云峰局召开共青团第三次代表大会，刘庆生当选为团委副书记。

12月4日 云峰局成立厂房工程队。

是年 云峰局韩志家、李春被吉林省政府授予劳动模范。

1964 年

2 月 吉林省委第一书记吴德到云峰水电站工地视察。

6 月 根据水电建设总局要求，云峰局成立政治部，政治部下设办公室、组织处、宣教处、干部处、保卫处。

7 月 17 日 云峰局成立大栗子工程处。

7 月 27 日 云峰局成立联合加工厂。

7 月 云峰局成立技工学校。

8 月 27 日 云峰局成立机械修配厂、交通运输队、动力队。

10 月 22 日 云峰局召开共青团第四次代表大会，刘庆生当选团委副书记。

1965 年

3 月 25 日 云峰局建设的云峰水电站开始截流蓄水。

6 月 28 日 通化地委[65]24 号文通知，省委决定，云峰局党委书记邢俊良调省任职。党委副书记孙英主持党委工作。

9 月 9 日 云峰局承建的云峰水电站第一台机组发电，水电部副部长程明升、朝鲜电力部副部长金丙三参加了庆典仪式。

10 月 水电建设总局决定，云峰局组织 900 人支援四川汶川映秀湾水电站建设。12 月 7 日，第一批人员出发，月底，全部人员到达映秀湾工地。

12 月 11 日 水电建设总局[65]228 号文，于宽代理云峰局局长。

12 月 水电建设总局决定，云峰局组织人员支援下马岭水电站。云峰局组织了 162 人进入工地，1966 年 9 月 5 日完成任务回局。

1966 年

4 月 26 日 云峰局成立第一、第二施工队。

6 月 15 日 水电部西南电力指挥部同意，云峰局成立渔子溪水电工程筹备处。

6 月 23 日 云峰水电站第二台机组发电。8 月 18 日第三台机组发电。

6 月 25 日 水电建设总局[66]计字 85 号文决定，云峰局承建渔子溪水电站。

7 月 13 日 中共水电部委员会决定，孙英代理云峰局党委书记。

8 月 5 日 经四川省委决定，云峰局党委由成都市委领导。

9 月 云峰局机关迁到四川省汶川县渔子溪水电站。

1967 年

2 月 3 日 四川省灌县“革命造反兵团”冲击云峰局机关，部分领导和职工遭受迫害。

4 月 18 日 云峰水电站第四台机组发电。

5 月 成立云峰局军事管制委员会。各任军管会主任分别为程鹏(1967－09～1967－

12)、梁文华(1968－01～1970－10)、牛广义(1970－10～1973－10)。

1968 年

7 月 24 日　重庆“反到底造反派”抢劫云峰局军管会枪支和广播器材，在逃离时，与云峰局围堵的职工群众发生冲突，当场造成三死多伤的重大事故。

9 月 3 日　四川省革命委员会[68]128 号文，同意成立水利电力部云峰水力发电工程局革命委员会。梁文华任革委会主任，尚仁、高连志、秦平、张志诚任副主任。

1969 年

2 月 1 日　水电部军管会决定，北京勘测设计院渔子溪勘测设计人员归云峰局军管会、革委会领导。

3 月 21 日　水电部军管会[69]水电军综字 128 号文决定，自 4 月 1 日起废除云峰水力发电工程局名称，改为 516 工程指挥部。

4 月 12 日　水电部军管会决定，四川红卫水电厂归 516 工程指挥部革委会领导。

4 月 29 日　水电部军管会决定基础二队归 516 工程指挥部革委会领导。

8 月　516 工程指挥部技工学校停办。

11 月 5 日　水电部军管会决定，第五安装工程处归 516 工程指挥部革委会领导。

11 月 25 日　阿坝州革命委员会核心领导小组[69]党字 5 号文批准，成立 516 工程指挥部核心领导小组，组长为梁文华。

12 月 13 日　516 工程指挥部施工的渔子溪电站闸首进水口发生坍塌，造成死亡 6 人的重大事故。

12 月 18 日　水电部军管会[69]水电军生办字 151 号文决定，516 工程指挥部改名为水利电力部第六工程局。

1970 年

7 月 2 日　四川三线建设领导小组成都地区分组，川三蓉发[70]10 号文通知，水电六局党的组织由阿坝州革委会领导。

10 月 20 日　四川省革委会党的核心领导小组批准，调整水电六局革委会党的核心领导小组，牛广义任组长，黎明、孙英、高连志任副组长。四川省革命委员会同意，增补牛广义为革委会主任，孙英为第一副主任，黎明、王秉选、韩志家为副主任。

1971 年

10 月 25～28 日　水电六局召开中共第三次代表大会，牛广义当选为党委书记，孙英、高连志当选为党委副书记。

1972 年

11 月 12 日　水电六局召开共青团第五次代表大会，秦平当选为团委书记。

12月 水电六局承建的渔子溪水电站第一台机组发电。

1973年

3月 水电六局召开工会第二次会员代表大会，宋青山当选为工会主席。

4月1日 根据水电部指示，水电六局先后派出100人支援石泉水电站建设，到12月31日完成任务全部撤回。

7月 渔子溪水电站第二台机组发电。

8月31日 水电部[73]计字254号文决定，由水电六局承建辽宁省宽甸县太平哨水电站。10月 水电六局成立浑江太平哨电站工程筹备处。

9月 水电六局技工学校恢复办学。

10月25日 中共温江地委[1973]92号文通知，经省委批准，孙英任水电六局党委书记、革委会主任，宋青山、于宽任党委副书记，赵麟、王宝基、朴齐元、魏一忠任革委会副主任。

同日 根据水电部指示，水电六局军管会撤销，军代表全部回到部队。

12月 四川省电力局决定，自1974年1月1日起映秀湾电厂由水电六局划出归省电力局领导。

1974年

10月 渔子溪水电站第三台机组发电。

1975年

4月 水电六局机关迁到辽宁省宽甸县太平哨水电站工地。

5月 水电六局发生了已调入太平哨电站工地的川籍职工返川事件，在水电部、辽宁省党政军的领导下，经过多方工作，得到了平稳解决。

10月 水电六局党委由丹东市委领导。

12月 渔子溪水电站第四台机组发电。

1976年

1月25日 水电六局机械队改为汽车队。

1月 水电部决定，将水电六局勘测大队划出，改为水电部四川勘测设计院。

10月25日 水电六局承建的太平哨水电站主体工程开工。

1977年

3月17日 水电部[77]水电计字44号文决定，由水电六局承建太平湾水电站。

3月 水电六局职工聂勤被辽宁省政府授予先进生产者。

11月 水电六局职工郭云昌被辽宁省政府授予先进科技工作者。

1978 年

3 月 水电六局职工聂勤被辽宁省政府授予劳动模范。

5 月 12 日 水电六局成立太平湾电站筹备处。

11 月 15 日 水电六局成立第三子弟学校。

12 月 14 日 水电部决定，撤销水电六局革命委员会，改称水利电力部第六工程局。于宽任水电六局局长，高连志、朴齐元、秦平、韩志家、张兴臣、刘云祥任副局长。

是年 水电六局职工钟富被水电部授予先进生产工作者。

1979 年

3 月 24 日 水电六局成立宽甸家属基地管理处。

6 月 18 日 水电六局成立纪律检查筹备组，朴齐元任组长。

6 月 25 日 水电部决定，于宽任水电六局党委书记。

7 月 16 日 电力部[79]209 号文决定，任命王秉禄为水电六局总工程师。

9 月 水电部于年初被分为水利部和电力工业部后，水电六局隶属电力工业部，称电力工业部第六水电工程局。

12 月 3 日 水电六局承建的太平哨水电站第一台机组发电。

是年 水电六局职工聂勤被水电部授予劳动模范。

1980 年

1 月 水电六局被辽宁省政府评为先进集体。

3 月 水电六局被辽宁省政府授予“大庆式企业”称号。

6 月 25 日 太平哨水电站第二台机组发电。

6 月 水电六局职工聂勤被辽宁省政府授予劳动模范，任赤峰被授予先进生产(工作)者。

8 月 28～29 日 水电六局召开中共第四次代表大会，于宽当选为党委书记，朴齐元、高连志、张兴臣当选为党委副书记，朴齐元当选为纪律检查委员会书记。

10 月 24 日 太平哨水电站第三台机组发电。

12 月 5 日 太平哨水电站第四台机组发电。

12 月 31 日 水电六局《水电工地》报试刊号发行。

1981 年

1 月 5 日 水电六局召开共青团第六次代表大会，贺安铁当选为团委书记。

3 月 12～14 日 水电六局召开五届一次职工代表大会、工会第三次会员代表大会。局长于宽作了行政工作报告，张兴臣当选为工会主席。

5 月 水电六局机关搬迁到太平湾水电站工地。

7 月 1 日 水电六局《鸭绿江水电》正式创刊，1984 年 5 月 1 日更名为《鸭绿江水电报》。

7月14日 电力部副部长李锐到水电六局检查工作。

9月2日 水电部[81]电计字187号文决定，由水电六局承建水丰电站扩建工程。

1982年

2月 水电六局成立水丰电站工程筹备处。

3月1～3日 水电六局召开五届二次职工代表大会、工会三届二次代表大会暨1981年度奖励大会。局长高连志作了工作报告，大会表彰了1981年度先进集体和先进个人。

3月19日 水电六局召开1981年度计划生育工作经验交流暨先进集体、先进工作者和先进个人表彰会。

3月27日 水电六局党委召开1981年度先进党支部、先进党小组和优秀党员表彰大会。

4月29日 中共中央政治局委员、沈阳军区司令员李德生到水电六局视察工作。

4月30日 水电部决定，第六水电工程局改为水利水电第六工程局。

4月 水电六局被水电部授予“优秀施工企业”称号。

5月5日 水电六局党委和水电六局召开全民文明礼貌月活动总结表彰大会。

5月20日 中组部通知，中央同意高连志任水电六局局长。

6月 水电六局职工聂勤被辽宁省政府授予劳动模范。

7月1～3日 水电六局党委召开四届四次全委(扩大)会议，传达总公司召开的水利水电会议精神，研究了工程局下半年生产任务和企业全面整顿工作规划。

9月25日 水电六局组织以钢木加工厂为主的170人队伍，前赴红石水电站，参加水电总公司组织的红石电站大会战，由于超额完成任务，被红石水电站工程会战总指挥刘书田同志誉为“一个170人顶四个170人”。

10月1日 水电六局投资843.39万元的长甸至太平湾公路建成通车。

10月27日 水电六局承建、中朝两国共同投资的太平湾水电站主体工程开工。

11月9日 中国水利水电工会副主席刘沛行到水电六局检查工会工作。

11月17～22日 水电总公司教育检查团到水电六局检查教育工作。

1983年

2月28日 水电六局成立水丰分局。水电六局成立三工区，撤销安装队、修配厂、动力队。

3月3～4日 水电六局召开五届三次职工代表大会、工会三届三次代表大会暨1982年度奖励大会。局长高连志作了行政工作报告，大会表彰了1982年度先进集体和先进个人。

3月 水电六局成立离退休老干部管理服务处(1984年12月改为离退休职工管理处)、党校、劳动服务公司。

4月13日 水电总公司安全工作检查组到水电六局检查工作。

4 月 15～16 日　水电六局召开共青团第七次代表大会，陈兵当选为团委书记。

5 月 6 日　水电建设总局转发水电部党组决定，金起河代理水电六局党委书记，汪恕诚任党委副书记；高连志为水电六局局长，刘云祥、周玉文、秦平、孙霭人任副局长，李岩任总工程师。

6 月 20 日　水电系统华北、东北地区职工篮球赛在水电六局举行，共有 6 个单位的男、女篮球代表队参加了比赛。

7 月　水电六局成立生活服务公司。

8 月 5 日　中组部[83]干任字 734 号文通知，中央同意金起河任水电六局党委书记。

8 月 18～19 日　水电六局召开科学技术协会成立暨第一次会员大会。大会选举产生水电六局科学技术协会第一届委员会，副局长孙霭人当选为主席。水电六局召开五届四次职工代表大会，局长高连志作了行政工作报告。

8 月　经水电总公司批准，水电六局将一、二、三工区改为第一、第二、第三工程处，砂石料厂改为第四工程处，汽车队改为汽车运输处。

9 月 29 日　水电六局分担投资 500 万元的丹东至太平湾公路建成通车。

10 月 6 日　水电六局承建的太平湾水电站举行大江截流庆祝大会，水利电力部副部长李代耕、朝鲜电力工业部副部长李忠诚、辽宁省副省长彭祥松、水电总公司党委书记兼总经理刘书田、丹东市副市长郑斯林等参加庆祝大会。

10 月 26 日　经水电总公司、丹东市人民政府联合验收，水电六局企业全面整顿验收合格。

12 月 2～3 日　水电六局党委召开教育工作会议，这次会议是工程局有史以来规模最大、人数最多、时间最长的一次教育工作会议。

1984 年

1 月 24～25 日　水电六局召开中共第五次代表大会，金起河当选为党委书记，汪恕诚当选为党委副书记兼纪律检查委员会书记。

2 月 22 日　丹东市党政干部电视进修大学水电六局分校正式开学。

2 月 28～29 日　水电六局召开六届一次职工代表大会暨 1983 年度奖励大会，局长高连志作行政工作报告，大会表彰了 1983 年度先进集体和先进个人。

3 月 5～10 日　全国水电系统施工水文预报技术经验交流会在水电六局召开。

5 月 26 日　水电总公司向水电六局颁发了“企业全面整顿”合格证书。

5 月 30 日　以朝鲜电力工业部发电厂指导局局长权东卓为团长的朝鲜电力友好代表团一行 8 人到水电六局参观访问。

7 月 3 日　水电六局党委作出《关于大力发展集体企业的决定》。

8 月 10～20 日　水利水电建设系统东北、华北地区职工业余文艺调演在水电六局举行。

8 月　水电六局成立集体经济管理处(1987 年 3 月改为综合企业公司)。

10月26日～11月2日 水电总公司教育工作组到水电六局检查教育工作。

11月15～16日 水电六局召开六届二次职工代表大会，局长高连志作了行政工作报告。

11月29～30日 水电六局召开工会第四次会员代表大会，张西杰当选为工会主席。

12月12日 水电六局被水利电力部评为全国水利电力系统先进企业，刘元甫、彭文斗被评为全国水利电力系统劳动模范。

12月 水电六局职工何义被辽宁省政府授予劳动模范。

1985年

1月12日 水电六局党委、水电六局召开命名表彰大会，有41个单位(部门)被命名为文明单位，有73名职工被命名为读书活动积极分子。

1月23日 水电六局四处与大连经济开发区开发建设公司签订凤凰山净水厂土建工程合同，工程总投资1000多万元。

1月28～31日 水电六局党委召开五届三次全委(扩大)会议，确定了全年奋斗目标：抓改革，抓整党，保发电，保开工，保效益，实现“双一五”。

1月 水电六局被丹东市政府授予计划生育工作“红旗单位”称号。

2月18日 丹东市市长郑平、副市长赵华等率丹东市歌舞团到水电六局慰问并演出了精彩的文艺节目。

3月4～5日 水电六局召开六届三次职工代表大会暨1984年度奖励大会，局长高连志作了行政工作报告，大会表彰了1984年度先进集体和先进个人。

3月11日 水电部召开“为重点建设献青春，争当新长征突击手”竞赛表彰大会，授予水电六局团委特别奖，授予岳立新、郭东林“新长征突击手”称号。

3月14日 国家经济委员会副主任袁宝华、张彦宁，国家经委企业管理研究所所长王继勃、副所长李隽兴，辽宁省经委主任李树楷、副主任章焕文等14人，在丹东市市委书记刘仲文、市长郑平等陪同下到水电六局检查指导工作。

3月22日 水电六局党委召开整党动员大会，党委书记金起河作了整党动员报告。

3月25日 水电六局工会被辽宁省总工会授予先进职工之家。

3月30日 水电六局被丹东市政府评为1984年度职工教育先进单位。

3月 水电六局被水利电力部命名为水利电力系统企业管理优秀单位。

4月5日 水电总公司整党巡视小组到水电六局检查指导整党工作。

5月 水电六局与中国水电对外工程公司和日本大成公司联合中标尼泊尔马相迪水电站工程，水电六局占中方工程总量的20％。

6月20日 水电总公司总经理朱尔明到水电六局检查工作。

6月29日 国务院东北工作组到水电六局视察工作。

7月20日 水电六局思想政治工作研究会成立，党委书记金起河任会长，宣传部长刘荣波任秘书长。

7月23日 中国水电工会主席董蕴琦到水电六局检查工作。

8月24～30日 全国水电建设系统职工篮球邀请赛在水电六局举行，水电六局男、女篮球队分获第一名。

8月 水电六局成立审计处。

9月3日 由朝鲜平安北道社劳青委员长张日宣（分团长）率领的朝鲜青年友好代表团丹东分团，在团中央统战部部长覃志刚、团省委副书记金东、团市委书记高世军等陪同下，到太平湾水电站工地参观和进行友好联欢活动。

9月10日 水电六局召开首届教师节暨优秀教职工表彰大会。

9月25日 水电六局承建的水丰水电站扩建工程主体工程开工。

9月 在全国第二届工人运动会上，水电六局被全国总工会、中华体育运动委员会授予全国职工体育先进单位。

12月15日 水电六局承建的太平湾水电站第一台机组并网发电。

12月27日 太平湾水电站第一台机组并网发电庆祝大会在水电六局太平湾工地隆重举行，朝鲜电力工业委员会副主任李忠诚、水电部副部长张凤祥、辽宁省政府秘书长程金相、丹东市市长郑平、中国驻朝鲜大使馆经济参赞曾庆超、水电总公司党委副书记汪恕诚等参加了庆祝大会。

12月 水电六局撤销第三子弟学校。

是年 水电六局被电力部授予保五百万千瓦先进单位，被评为全国、辽宁省计划生育先进单位。

1986年

3月13～16日 水电六局党委召开五届五次全委会，会议中心议题是：传达贯彻水电总公司工作会议和丹东市委六届二次全会精神，总结去年的工作和经验，确定安排今年的各项工作任务。

3月25～26日 水电六局召开七届一次职工代表大会暨1985年度表彰大会，局长高连志作了行政工作报告，大会表彰了1985年度先进集体和先进个人。

4月11日 辽宁省委书记李贵鲜、省委办公厅副主任唐铁汉，丹东市市委书记刘仲文、市委秘书长陈明月等到水电六局视察工作。

4月23～26日 东北水力发电工程学会首届年会暨第一届理事会第二次全体会议在水电六局召开。

4月 水电六局四处与加工厂合并，仍称第四工程处。

6月1日 水电六局举行庆祝“六一”儿童节暨第三届师生田径运动会。

6月17日 水电六局原党委副书记朴齐元被中共辽宁省委主办的《共产党员》杂志评为全省党风端正的优秀党员领导干部。

8月15～17日 水电六局党委召开五届六次全委会，会议通过了《关于划小内部经营核算单位试行办法》和《关于励精图治、加快步伐，开创多种经营新局面的决定》。

9月1日 水电六局电视中专第一届土木工程班举行开学典礼。

9月12～13日 水电六局召开共青团第八次代表大会，林玉杰、李维科当选为团委副书记。

9月27～28日 水电六局第四届职工田径运动会隆重举行。

11月14日 太平湾水电站2号机组并网发电。

12月23日 太平湾水电站3号机组并网发电。

1987年

1月17～18日 水电六局召开工会第五次会员代表大会，张西杰当选为工会主席。

2月 水电六局被丹东市委、市政府评为文明单位，第三工程处被辽宁省委、省政府评为省文明单位。

2月25日～3月2日 水电六局党委召开五届七次全委会，会议确定的精神是：团结拼搏、艰苦创业、勤俭求实、爱局如家、开创进取、争创一流。

3月3日 原水电部副部长，现任中国水电建设对外工程公司董事长赵庆夫到水电六局视察工作。

3月8日 水电六局承建的察尔森水库复建工程合同签订仪式在长春市举行，合同总价3922.33万元。

3月12～13日 水电六局召开七届二次职工代表大会暨1986年度表奖大会，局长高连志作了行政工作报告，大会表彰了1986年度先进集体和先进个人。

3月17日 水电六局承建的伊拉克巴士拉1号船闸工程合同在北京签订。

3月27日 水电六局将汽车运输处改称为第五工程处(简称五处)。

3月 水电六局三处被辽宁省委、省政府命名为1986年治安综合治理工作先进单位。

4月9日 水电六局职工何义被辽宁省政府授予劳动模范。

4月18日 水电六局召开文学艺术协会成立大会，大会通过了《水利电力部第六工程局文学艺术学会章程》。

4月20日 水电六局职工杨生敏获得全国总工会颁发的五一劳动奖章，并被授予全国优秀科技工作者。

5月 水电六局机电处、供应处合并，成立物资管理处。

6月30日 水电六局工会举行纪念中国共产党诞生66周年歌咏比赛。

7月11～12日 水电六局召开中共第六次代表大会，金起河当选为党委书记，贺安钛当选为副书记，陈保明当选为纪律检查委员会书记。

7月12日 水电六局承建的水丰电站扩建工程引水隧洞全线贯通。

7月 水电六局被水电部授予1986年电力建设投产功臣单位，第二工程处、第三工程处、机电处被授予功臣集体，李文元、高根柱被授予功臣个人。

8月25日 水电六局召开专业技术职务聘任工作会议，水电六局作为水电总公司第二批试点单位，开始进行此项工作。

9月11日 水电六局发生一起重大交通事故，造成1人死亡、3人重伤、5人轻伤。

10月13～14日 水电六局召开全面推行局(处)长负责制领导干部会议。

10月14日 水电六局南营造纸厂试生产。

10月19日 水电六局银光歌舞团成立。

10 月 28 日　水电六局安装的太平湾水电站 4 号机并网发电。

11 月 15 日　水电六局举行太平湾水电站 4 号机并网发电仪式，水电部副部长张凤祥，朝鲜电力工业委员会副委员长李忠诚、平安北道行政经济指导委员会副委员长白万寿，辽宁省副省长彭祥松，中国驻朝鲜大使馆经济参赞曾庆超，丹东市代市长王文谦、市委副书记王唯众等领导参加了并网发电仪式。

11 月 24 日　水电六局四处承建的黑岛大于屯虾场举行开工典礼，该工程总投资 414 万元。

11 月　水电六局思想政治工作研究会、文学艺术协会会刊《鸭绿江之声》创刊号出版。我国地下建筑物情报网第三次全网大会在福州召开，水电六局被评为优秀网员单位，马岚被评为积极分子。

12 月 12 日　水电六局水丰分局召开职工代表大会，首次通过了《分局长任期目标责任制》。

12 月 23 日　水电六局子弟二校高二班学生马靖海获得了 1987 年全国中小学生科技模型设计、制作通信二等奖。

1988 年

1 月 7 日　水电六局水丰分局承建的水丰电站扩建工程，引水隧洞开挖全部完成。

1 月 10 日　水电六局职工、全国五一劳动奖章获得者杨生敏，在丹东市第十届一次人大会议上当选为辽宁省第七届人大代表。

1 月 18～19 日　中国驻尼泊尔大使李德彪到水电六局承建的马相迪水电站工地视察工作。

1 月底　水电六局首次进行的民主评议干部工作全部结束。

1 月　水电六局被丹东市评为保密工作先进单位。

2 月 7～8 日　水电六局党委召开六届二次全委(扩大)会议。会议主题是：总结 1987 年工作，确定 1988 年生产经营任务和改革工作，以改革精神加强党的建设，提高水电六局在商品经济下的竞争能力。

2 月 14 日　水电六局综合企业公司与三处联办的电熔镁厂开炉试生产。

3 月 23～24 日　水电六局召开八届一次职工代表大会暨 1987 年度表彰大会，局长高连志作了行政工作报告，大会表彰了 1987 年度先进集体和先进个人。

3 月 26 日　水电六局购买的丹东市迎宾大楼办完交接，正式改称为水电六局迎宾大楼。

4 月 1 日　水电六局水丰分局承建的丰满水电站大坝加固、新扩建的 9 号机组、10 号机组、中央控制室土建工程开工，工程总投资 5750 万元。

4 月 4 日　水电六局下发了《关于 1988 年公费医疗实施方案具体规定的通知》。新方案的最主要特点是：实行医疗费包干，发放药费按户结算，超支部分报销 90%，节约归己。

4 月 9 日　水电六局四处尼龙梭厂开始生产。

4月29日 水电六局中标观音阁水库砂石筛分系统，合同价款4147万元。

5月4日 水电六局水丰分局开办养鸡场、养猪场。

5月16日 水电六局签订了长春市大东桥伊通河第一期排污工程合同。

5月 水电六局对机关职能部门进行调整。调整后行政部门为18个，党群部门为7个。

6月1日 水电六局综合企业公司与丹东袜厂联办的织袜厂开始生产。

6月 水电六局正式运用微机管理人事档案。

7月22日 水电六局水丰分局承建的水丰水电站扩建工程1号机组试运行一次启动成功。

8月2日 水电六局承建的尼泊尔马相迪水电站引水隧洞全线贯通。

8月6日 水电六局中标观音阁水库主体开挖工程。

8月10日 水电六局举行庆祝建局30周年大会，应邀回局的40多名老领导、老同志参加了庆祝大会。原水电六局党委副书记、时任能源部水电开发司司长汪恕诚在大会上代表能源部水电开发司、中国水利水电工程总公司筹备处讲话，祝贺水电六局成立30周年。

8月 水电六局成立第一中学、第一小学。

9月15日 水电六局综合企业公司金属硅厂建成投产。

9月 水电六局划归能源部领导，仍称水利电力部第六工程局。

12月17日 水电六局水丰分局承建的丰满扩机工程厂房钢木围囹围堰安装完成，这是我国水电建设史上的第一座钢木围囹围堰工程。

12月24日 水电六局四处承建的大连净水厂工程全部竣工。

12月26日 水电六局和北京市水利局联合中标的十三陵抽水蓄能电站勘探试验排风洞工程合同在北京签订。

1989年

2月28日 水电六局水丰分局改称第一工程处。成立宽甸职工医院。

2月 水电六局被评为辽宁省1988年计划生育先进集体。

3月1日 水电六局三处制造的25吨龙门吊车试验成功，这是水电六局对外机械加工制造的最大机械设备。

3月2～3日 水电六局召开八届二次职工代表大会暨1988年度表彰大会，局长高连志作了行政工作报告，大会表彰了1988年度先进集体和先进个人。

3月23日 水电六局尼泊尔马相迪水电站工程发生特大事故，有3人死亡、3人重伤。

3月25日 水电六局推出机关精简机构方案，定岗定员，打破“铁交椅，铁饭碗，铁工资”，大力发展多种经营，从机关抽调51名干部、44名工人开展多种经营工作。

4月14日 水电六局下发《劳动制度改革的具体实施方案》、《关于安置富余人员有关政策问题的具体规定》等文件。

4月 水电六局三处承建的吉林辉南热电厂工程合同签订。

5月 水电六局综合企业公司被评为辽宁省1988年度治安综合治理先进单位。

6月27日 水电六局党委被丹东市委命名为先进党委，三处机械二队党支部书记陈宝贵被辽宁省委命名为优秀共产党员。

7月21～22日 水电六局党委召开六届五次全委会，金起河作了工作报告。

7月 水电六局职工何义、包兴文被能源部授予劳动模范。

8月25日 中国电力企业联合会授予金起河、管延忠为重视教育的领寻干部，蹇令琦为优秀教育工作者，王玉芳、包敏为优秀教师。

12月11日 水电六局三处安装的长甸水电站1号、2号机组通过检查验收。

12月18日 水电六局聘任314名专业技术干部高、中级专业技术职务。

12月23日、30日 水电六局三处安装的察尔森水库电站1号、2号机组相继并网发电。

12月 水电六局被丹东市政府命名为档案工作先进单位。水电六局成立丹东工贸总公司，该公司实行独立核算、自负盈亏。

1990年

1月24日 能源部副部长陆佑楣、全国水电工会主席董蕴琦、能源部开发司司长汪恕诚等到水电六局进行节日慰问。

2月19～20日 水电六局党委召开六届六次全委(扩大)会议，党委书记金起河作了工作报告。

2月28日 水电六局党委被丹东市委授予1989年党建工作先进局。

3月5～8日 水电建设中层领导干部和科级干部岗位规范审定会在水电六局召开。

3月13～14日 水电六局召开九届一次职工代表大会暨1989年度表彰大会，局长高连志作了行政工作报告，大会表彰了1989年度先进集体和先进个人。

3月 水电六局三处、四处分别与黑河市西沟水电站签订了引水三洞衬砌和机电安装、厂房二期混凝土工程合同；在中宣部和国家计委主持的全国十大重点工程评比中，水电六局五处承建的察尔森水库工程名列榜首；水电六局被丹东市评为1989年度计划生育先进单位，至此，水电六局已连续8年获市级及市级以上“计划生育先进单位”称号；水电六局职工吴积华被评为能源部1989年优秀监察干部；水电六局成立公证室，作为丹东市公证处的派出机构办理经济合同和民事法律关系的公证事宜。

4月18日 水电总公司对水电六局领导班子进行调整，任命陈保明为党委书记、周玉文为局长、张鸿飞为纪律检查委员会书记。

4月 水电六局职工任全锡、李文被丹东市授予1989年度劳动模范。

5月14日 水电六局工人运动学会成立，工会主席刘荣波任会长。

7月20日 水电六局党委召开知识分子座谈会。

8月10日 水电六局建立局领导接待日制度，接待日的第一天接待了6名来访者。

9月上旬 水电六局一处承建的云峰大坝溢流面补强主体工程完工。

9月28日 水电六局五处承建的察尔森水库复建工程全部竣工。

10月18日 水电六局文协举办首次文学创作笔会，全会共收到各类作品40多篇。

1991年

3月21日 水电六局五处与水电十三局元宝山露天煤矿工程指挥部签订了承包煤矿二采区覆盖层剥离工程合同。

3月 全国企业报在北京展出，共有十几个行业、近400家企业报参展，水电六局《鸭绿江水电报》获得三等奖。

4月1～2日 水电六局召开九届二次职工代表大会暨1990年度表彰大会，局长周玉文作了行政工作报告，大会通过了《关于财务管理工作的若干规定》、《关于改进劳动工资管理工作的意见》、《关于设备管理的若干意见》，表彰了1990年度先进集体和先进个人。

4月 水电六局成立供水供电通讯管理处。

6月3日 水电六局举办第四届师生运动会。

8月4日 能源部总工程师陆延昌到水电六局承建的丰满电站二期扩建工程工地检查工作。

9月1日 黄河小浪底水利枢纽前期工程开工，水电六局五处点响了231枚开山炮。

9月23日 水利部副部长张春元到水电六局黄河小浪底水利枢纽工程项目部检查工作。

9月 水电六局职工李春洪行程114万千米无事故，被辽宁省评为1991年度公路客运百万千米安全标兵。

10月18日 水电六局一处质安科、观音阁水库工程指挥部被能源部授予1991年质量、品种、效益年水电优质工程、质量管理先进集体；宋清莲、赵亮起、韩永祥被授予先进工作(生产)者。

11月13～14日 水电六局召开共青团第九次代表大会，陈雷当选为团委书记。

11月17日 水电六局三处安装的西沟水电站1号机并网发电。

11月18日 国务院副总理田纪云视察水电六局黄河小浪底水利枢纽施工工地。

11月19日 国务院副总理邹家华视察水电六局黄河小浪底水利枢纽施工工地。

12月14日 水利部副部长严克强视察水电六局黄河小浪底水利枢纽施工工地。

12月18日 水电六局三处安装的丰满水电站9号机并网发电。

1992年

1月21日 水电六局职工朱振宇、任全锡、宋清莲被授予丹东市劳动模范。

1月22～23日 水电六局召开工会第六次会员代表大会，刘荣波当选为工会主席。

1月25～27日 水电六局党委召开六届七次全委会，党委书记陈保明作了工作报告。

1月 水电六局职工任全锡被辽宁省政府授予劳动模范。

2月29日～3月1日 水电六局召开九届三次职工代表大会暨1991年度表彰大会。局长周玉文作了行政工作报告，大会通过《房改工作方案》，表彰了1991年度先进集体和先进个人。

3月 水电六局四处与黑龙江省黑河市计委、审计局、建设银行等成立黑河市四兴经济贸易股份有限公司，在黑河市兴建“四兴大厦”。

4月1日 水电六局中标黑龙江省莲花水电站混凝土拌和系统，合同价款约6000万元。

7月4日 能源部部长黄毅诚视察水电六局十三陵抽水蓄能电站工地。

7月14日 水电六局承建的丰满二期扩建工程竣工，能源部副部长史大桢参加了庆祝大会。

7月 水电六局被评为“1992年度中国500家最大建筑企业及500家最佳经济效益建筑企业”第240名。

8月3日 水电总公司通知，水电六局名称由“水利电力部第六工程局”更名为“中国水利水电第六工程局”。

8月4日 水利部副部长张春元视察水电六局承建的黄河小浪底水利枢纽导流洞1号支洞工程。

8月6日 水利部部长杨振怀视察水电六局承建的黄河小浪底水利枢纽施工工地。

8月25日 水电六局承建的十三陵抽水蓄能电站1、2号尾水洞开挖工程全部完成。

9月5日 水电六局成立太平湾基地管理处。

9月11日 十三陵抽水蓄能电站举行揭幕奠基仪式，国务院总理李鹏，国务委员、北京市市委书记李锡铭等党和国家领导人参加了仪式。

9月16日 水电六局三处与黑河市象山水电站工程处签订了电站引水系统、厂房尾水渠道、开关站土建工程和机电安装工程合同。

9月19日 水电总公司决定，郑应显同志任水电六局局长。

10月29日 全国人大常委会委员长万里到水电六局承建的十三陵抽水蓄能电站地下厂房视察工作。

11月19日 水电六局承建施工的黄河小浪底水利枢纽导流洞1号支洞全线贯通。

11月25～26日 水电六局召开中共第七次代表大会，陈保明作了工作报告。陈保明当选为党委书记，张鸿飞当选为副书记，祁万恒当选为纪律检查委员会书记。

11月 水电六局太平湾基地管理处率先在全局推行干部聘任制，有10名工人被选拔到科(队)长岗位上，5名科级干部落聘。

12月30日 1992年水电六局施工产值首次突破亿元。

1993年

1月13日 水电六局四处中标河北省桃林口水库砂石骨料筛分系统工程，合同价款5283万元。

2月9～10日 水电六局召开十届一次职工代表大会，局长郑应显作了工作报告。大会通过《关于加快我局多种经营发展的暂行规定》、《水电六局干部制度改革方案》、《承包工程划块费用核算办法》、《民主管理工作五项制度》4个管理制度，表彰了1992年度局先进生产(工作)者标兵。

2月17日 在丹东市召开的人大十一届一次会议上，水电六局职工、全国“五一”劳动奖章获得者、省七届人大代表杨生敏当选为省八届人大代表。

2月 水电六局三处中标呼玛11万伏线路架设工程，线路全长70千米。

3月 水电六局四处投资百万元建设玻璃纤维厂、机制木炭厂、塑料袋编织厂。

4月25日 水利部副部长张春元、河南省副省长李成玉视察了水电六局承建的黄河小浪底水利枢纽导流洞一期工程2号主导流洞。

4月 水电六局机关调整工作结束，职能部门由25个减少到20个，人员由336人减少到281人，管理人员为139人。水电六局中标万家寨水利枢纽引黄入晋渠首供水系统工程，合同价款5000万元；吉林省安图县两江电站导流洞工程，合同价款1200多万元。

5月27日 水电六局三处中标两江电站机电安装和部分金属结构制造安装工程。

6月8日 水电六局六处承建的十三陵抽水蓄能电站地下厂房开挖工程全部完工并通过验收。

7月22日 水电六局四处中标万家寨水利枢纽水处理厂工程，合同价款1418万元。

9月 水电六局高级中学成立。

10月16日 1993年全国500家最大建筑企业评选揭晓，水电六局名列第358位。

1994年

1月17日 水电六局与水电四局、五局、九局组成的“四达公司”，中标三峡电站对外交通专用公路工程。水电六局承担1.6千米的隧洞工程，合同价款3000万元。

2月25～26日 水电六局党委召开七届三次全委(扩大)会议，党委书记陈保明作了工作报告。

2月28日～3月1日 水电六局召开十届二次职工代表大会，局长郑应显作行政工作报告。会议审议通过《承包工程费用和利润核算办法》、《缴纳费用和利润的奖罚办法》，表彰了1993年度局先进生产者标兵。

3月30日 水电六局承揽黑龙江省莲花电站1号机组、金属结构安装、溢洪道进口开挖、溢洪道闸墩混凝土等工程，合同价款4000万元。

3月31日 水电六局与法国杜美斯联合中标黄河小浪底水利枢纽厂房工程，合同价款约11亿元。

4月27日 水电六局职工刘进才、郭东林和水电六局十三陵项目部第一开挖队，在全国电力工业劳动模范先进集体表彰大会上，分别荣获全国电力工业劳动模范和先进集体。

4月 水电六局被丹东市评为1993年度社会治安综合治理先进单位。

5月18日 水电六局中标万家寨水利枢纽右坝肩开挖工程，合同价款1899万元。

6月9日 全国政协副主席钱正英到十三陵抽水蓄能电站水电六局承建的地下厂房工程工地视察。

7月6日 水电六局荣获辽宁省国家安全工作先进集体，陈兵、梁玉才荣获辽宁省国家安全先进个人。

7 月 14 日 水电六局与山西省万家寨引黄工程指挥部签订了引黄总干线 6、7、8 号输水隧洞的施工、竣工及维护阶段工程施工监理合同。

8 月 18 日 水电六局召开教育工作会议，会议通过《关于普教改革若干问题的规定》、《关于成人教育工作若干问题的规定》。

8 月 25～27 日 水电总公司系统北方片领导班子建设座谈会在水电六局召开。

9 月 9 日 水电六局召开第十个教师节暨表彰大会，局长郑应显，党委书记陈保明参加会议并讲话。大会表彰了 31 名优秀教师，向从教 20、30 年的老教师颁发了奖品和证书。

9 月 10 日 水电六局四处承建的万家寨水利枢纽水处理厂试运行一次成功。

9 月 22～24 日 水电总公司总经理、党组书记张基尧到水电六局检查指导工作。

9 月 28 日 电力工业部副部长赵希正到水电六局十三陵抽水蓄能电站建设工地视察工作。

10 月 24 日 水电总公司总经理张基尧到水电六局莲花电站工地检查工作。

11 月 9 日 九三学社太平湾支社成立大会在水电六局召开，水电六局职工李文元当选为主任委员。

12 月 水电六局被丹东市评为计划生育先进集体。

1995 年

1 月 水电六局被辽宁省信誉评级委员会评为“AAA”级信誉等级。

2 月 19～20 日 水电六局党委召开七届四次全委(扩大)会议，党委书记陈保明作了工作报告，大会通过《关于贯彻〈中共中央关于加强党的建设几个重大问题的决定〉的实施意见》，选举产生出席丹东市第八次党代会的代表。

3 月 23～24 日 水电六局召开十届三次职工代表大会，局长郑应显作了行政工作报告，大会通过《水电六局住房制度改革方案》，表彰了 1994 年度先进集体和先进个人。

4 月 27 日 电力工业部副部长汪恕诚到水电六局承建的十三陵抽水蓄能电站地下厂房工地检查工作。

5 月 在全国电力后勤协会第一届二次理事会暨后勤改革交流会上，水电六局被评为电力系统生活后勤工作先进单位。

6 月 16 日 水电六局中标黑龙江省荒沟抽水蓄能电站进水口工程，合同价款 2391 万元。

7 月 19 日 水电总公司总经理张基尧到水电六局十三陵抽水蓄能电站工地检查工作。

8 月 8 日 水电六局太平湾基地遭受历史罕见洪水袭击，有 241 栋平房倒塌、44 栋楼房进水，生活用水、用电、对外交通全部中断，公私财产损失巨大。

8 月 10 日 沈阳军区副政委易广顺，丹东市市委副书记陈明月，军分区政委刘大囤、副司令员侯现爽到水电六局太平湾基地视察灾情，慰问受灾职工和家属。

8 月 12 日 水电总公司总经理、党组书记张基尧受电力工业部部长史大桢委托，到水电六局太平湾基地视察灾情，慰问受灾职工和家属。

8 月 14 日 辽宁省省委书记顾金池、副书记王怀远、副省长张蓉明、省委常委组织部长于钧波、省委常委秘书长王占德，省水利厅副厅长及丹东市市委书记王唯众、市长刘延耀等领导到水电六局太平湾基地视察灾情，慰问受灾职工和家属。

12 月 17 日 水电六局中标山西省万家寨水利枢纽厂房工程，合同价款 2.5 亿元。

12 月 20 日 十三陵抽水蓄能电站 1 号机组发电。水电六局先后承担了十三陵抽水蓄能电站排风洞、交通洞等 36 条支洞、8 条竖井和地下厂房等工程。

1996 年

1 月 12 日 水电六局宽甸水电医院举行开业典礼。

1 月 29 日 水电六局六处承建的三峡仙人溪 2 号公路洞(右线)全线贯通。

1 月 水电六局四处承建太平湾电厂护堤工程，合同价款 1500 万元；水电六局成立万家寨施工局；在庆祝中华全国总工会成立七十周年、全国书画摄影艺术展上，水电六局吴传岳的篆刻、书法作品双双获得一等奖，其作品被邓小平故乡收藏。

3 月 11～12 日 水电六局党委召开七届五次全委(扩大)会，党委书记陈保明作了工作报告，会议通过《水电六局精神文明建设四年规划》。

3 月 14～15 日 水电六局召开十届四次职代会，局长郑应显作了行政工作报告。大会通过《水电六局四年发展规划》、《水电六局多种经营五年发展规划》、《全员劳动合同制实施方案》、《关于加强财务管理若干问题的规定》，大会决定水电六局机关迁址丹东、建立内部银行。

3 月 25 日 水电六局承建的万家寨水利枢纽厂房主体工程开工。

3 月 水电六局太平湾基地管理处被电力部授予 1995 年度先进集体，郑应显、毛毅被授予先进个人。

4 月 水电六局职工吕福文、毛丽英被丹东市政府授予 1994～1995 年度劳动模范。水电六局中标吉林省临江市聚宝水电站大坝和溢洪道工程，合同价款 2320 万元。

7 月 4～8 日 中国电力文协在水电六局举办文学创作研讨班。

8 月 26～28 日 水电六局召开年中工作会议，首次将生产经营和精神文明建设一起规划、一起布置、一起落实。

8 月 27 日 水电六局全员劳动合同签订工作全面开展，从此，职工将由全民固定工、全民合同工身份转变为劳动合同制职工。

9 月 12 日 全国政协副主席钱正英到万家寨水利枢纽水电六局工地视察工作。

10 月 1 日 水电六局六处承建的三峡水电站仙人溪隧洞公路工程全部竣工。

10 月 10 日 水电总公司总经理周大兵、总经理助理袁柏松、武警水电支队原副指挥崔军少将等到水电六局检查指导工作。

10 月 24 日 水电六局六处承建的桓仁西江电站开工。

12 月 水电六局六处分别被电力部、辽宁省政府、水电总公司授予“文明单位”称号。

1997 年

1 月 水电六局机关迁入丹东市振兴区人民广场。

2 月 26 日 水电六局连续 3 年被辽宁省信誉等级评定委员会评定为“AAA”级信誉等级单位。

3 月 5 日 电力部决定，水电六局归国家电力公司管理，称中国水利水电第六工程局。

3 月 7 日 水电六局职工宋庆运出席辽宁省公安交警系统表彰大会，并被授予模范警嫂。

3 月 14 日 水电六局第一至第六工程处更名为一至六分局，机电安装处更名为机电安装分局。

3 月 27～28 日 水电六局黄河小浪底项目部高泗忠青年突击队和三峡项目部孙金龙青年突击队被团中央授予为全国青年文明号。

4 月 3～4 日 水电六局党委召开七届六次全委(扩大)会，党委书记陈保明作了工作报告。

4 月 5～6 日 水电六局召开十一届一次职工代表大会暨工会第七次会员代表大会，局长郑应显作了行政工作报告，王学庆当选为工会主席。大会表彰了 1996 年度文明集体、先进生产(工作)者标兵、优秀专业技术标兵和同业务排头兵。

4 月 14 日 水电六局综合企业公司承揽的双河水电站工程举行合同签订仪式，合同价款 1400 多万元。

4 月 18 日 水电六局在丹东总部举行总部迁入丹东市内仪式。

5 月 19 日 水电六局一分局承建的丰满水电站三期扩建工程发生山体滑坡，造成 4 名工人死亡的重大事故。

5 月 31 日 全国人大常委会委员长乔石及夫人郁文，山西省省委书记胡富国、政协主席郭裕怀等到水电六局万家寨水利枢纽工地视察工作。

6 月 25 日 黑龙江省省委书记岳岐峰、省委秘书长王东华到水电六局莲花工地视察工作。

7 月 20 日 水电六局四分局承建的内蒙古小沙湾一级取水泵站工程开工，合同价款 1500 万元。

8 月 25 日 水电六局成立旅游服务公司。

9 月 9～10 日 水电总公司资金管理研讨会在水电六局召开，水电总公司总经理孙玉才到会作了重要讲话。

12 月 6 日 水电六局安装的丰满电站三期工程 12 号机组并网发电。

12 月 22～23 日 水电六局召开中共第八次代表大会，陈保明作了工作报告。陈保明当选为党委书记，张鸿飞、李维科当选为党委副书记，张鸿飞当选为纪律检查委员会书记。

1998年

2月9日 山西省省委书记胡富国、省长孙文盛到水电六局万家寨水利枢纽和引黄工地看望职工。

2月20日 水电六局首次召开签订集体合同平等协商会。

2月26日 水电六局党委召开八届二次全委会，党委书记陈保明作了工作报告。

2月27日～3月1日 水电六局召开十一届二次职工代表大会，局长郑应显作了行政工作报告，大会表彰了1997年度先进集体和先进个人。

3月 水电六局工会被评为全国水利电力系统1997年度工会工作优秀单位。

4月2日 水电六局被辽宁省委、省政府授予为省级文明单位。

4月23日 水电六局与松江河建设管理处签订了松山引水溢洪道土建工程合同，合同价款2795万元。

5月31日 水利部副部长张基尧、水电建设司司长刘松深，山西省政协主席郭裕怀到水电六局承建的万家寨水利枢纽厂房工地视察工作。

6月14日 水利部部长钮茂生，山西省省长孙文盛、政协主席郭裕怀到水电六局万家寨水利枢纽厂房工地视察工作。

7月9日 全国人大常委会委员长李鹏、中共吉林省省委书记张德江到水电六局承建的丰满电站三期工程工地视察。

8月7日 九三学社丹东第二综合支部成立大会在水电六局召开，水电六局职工沈遂林当选为主任委员。

9月14～18日 全国水电施工企业工会主席第八次联席会在水电六局召开。

9月18日 水电六局四分局与黄委设计院签订了中条山供水工程合同，合同价款1320万元。

9月26日 水电六局机电安装分局安装的莲花电站1号机组投产发电。

9月28日 水电六局四分局与山西省运城地区签订了浪店水源工程合同，合同价款1078万元。

12月14日 水电六局被授予辽宁省思想政治工作先进企业。

12月18日 ISO 9000质量标准体系在水电六局正式运行。

1999年

2月3日 水电六局机电安装分局莲花项目部被黑龙江省政府重大项目协调办、省建委、省总工会授予为1998年度全省重点优质工程竞赛先进单位，项目部安装的1号机组被评为省优质工程。

3月 水电六局工会被中国水利电力工会全国委员会授予“1998年度全国水利电力系统工会先进单位”称号。

4月21日 水电总公司对水电六局领导班子进行调整，任命李维科为水电六局局长、林玉杰为党委书记、马英怀为党委副书记兼纪律检查委员会书记。

5月4日 水电六局成立投标处。

5月12日 水电六局召开1999年工作会议暨职代会代表团团长会议，局长李维科作了工作报告，会议表彰了1998年度先进集体和先进个人。

5月14日 全国人大副委员长邹家华到水电六局万家寨水利枢纽和引黄国际一标一级泵站工地视察工作。

5月31日 水电总公司离退休职工管理工作座谈会在水电六局召开。

5月 水电六局职工张建峰被国家电力公司授予国家电力系统劳动模范、姜明廷被授予全心全意依靠职工办企业优秀领导干部、水电六局二分局莲花项目部被授予国家电力公司系统先进集体。

6月8日 中共丹东市市委书记关永光，市委常委、市总工会主席刘励威到水电六局指导工作。

7月28日 水电六局通过ISO 9000质量体系认证，中质协质量保证中心向工程局颁发GB/T 19002—1994 idt ISO 9002：1994质量认证证书。

9月15日 水电六局中标大黑汀水库除险加固工程，合同价款1208万元。

9月23日 水电六局四分局承建的山西省垣曲后河倒虹吸工程通水。

12月14～15日 水电六局共青团第十次代表大会召开，魏立军当选为团委书记。

12月25日 水电六局承建的山西引黄总干线一、二级泵站地下开挖全部结束。该洞群总长8983米，有123条，最大井深197.8米，最大洞长1699米。

12月27日 水电六局机电安装分局安装的吉林省两江电站1号机组发电。

2000年

1月17日 水电六局被中共辽宁省委、辽宁省政府授予"依法治理先进企业"称号。

1月28日 水电六局工程公司中标盘锦市城市防洪南堤北移工程。

2月22日 水电六局党委召开八届三次全委(扩大)会议，党委书记林玉杰作了行政工作报告。

2月23～24日 水电六局召开十二届一次职工代表大会，局长李维科作了工作报告，大会表彰了1999年度先进集体和先进个人。

2月 水电六局工会被中国水利电力工会全国委员会授予1999年全国水利电力系统工会工作先进单位。

3月20日 水电六局召开纪检监察工作会议，首次由党委书记同二级单位党政主要负责人签订《党风廉政建设责任书》。

3月29日 水电六局退休职工董振姝被辽宁省授予模范退休职工。

3月30日 水电六局中标宁波华东地下储气库工程，并与瑞典NCC公司签订了承包合同。

4月14日 水电六局职工陈兵、刘宝、张天其被丹东市政府授予劳动模范。

6月6日 水利部部长汪恕诚到水电六局万家寨水利枢纽工地检查工作，并为水电六局题词："参与市场竞争，再创世纪佳绩"。

7月13日 山西省省委书记田成平、副省长范堆相到水电六局承建的万家寨水利枢纽和引黄入晋工程工地视察工作。

7月26日 国家发改委副主任刘江，山西省省长刘振华、副省长杜五安到水电六局承建的引黄入晋总干线一、二级地下泵站视察。

8月20日 水电六局第二子弟中学正式移交给宽甸满族自治县。

8月 水电六局一分局被国家电力公司授予1998～1999年度双文明单位，马玉生被授予先进思想政治工作者。

9月28日 全国总工会副主席唐志祥到水电六局承建的山西省引黄一、二级泵站工地视察。

10月17日 水电六局六分局中标重庆江口水电站尾水工程。

10月 水电六局被辽宁省委、省政府命名为1998～1999年度文明单位。

12月4日 水电六局四分局承建的山西中条山有色金属公司取水口迁建工程首部土建、机电设备安装及金属结构设备制造安装工程一次试水成功，并被评为优质工程。

12月11日 水电六局机电安装分局安装完成的万家寨水利枢纽最后一台机组发电，从而实现了半年内三台机组并网发电的目标。

2001年

1月1日 《水电六局局属医院改制方案》正式实施，局属两所医院与水电六局分立，实行两年过渡，先分立后分离。逐步改造成为自主经营、自我发展，自负盈亏、独立承担民事责任的法人单位。

1月20日 水电六局中标辽宁省桓仁县金哨水利枢纽引水发电系统土建工程，合同价款7759万元。

1月 水电六局被水电总公司授予"三五"普法先进单位。

2月14日 水电六局党委召开八届四次全委(扩大)会，党委书记林玉杰作了工作报告，会议选出4名党员为丹东市第九次党员代表大会代表。

2月15～16日 水电六局召开十二届二次职工代表大会，局长李维科作了行政工作报告，大会表彰了2000年度先进集体和先进个人。

3月13日 水电六局中标长春市石头口门水库兴利增容围堤工程，合同价款1178万元。

3月30日 水电六局被丹东市授予"九五"创业立功活动先进单位，获丹东市五一劳动奖状；汪振君、刘宝被授予优秀创业者，获五一劳动奖章。

3月 水电六局中标引黄总干线一、二级泵站地下厂房装饰工程，合同价款1155万元。

4月28日 水电六局机电安装分局被辽宁省总工会授予"振兴杯"竞赛先进集体，获辽宁省五一劳动奖状。

5月27日 水电六局六分局中标重庆市鱼剑口水电站引水系统二标段工程，合同价款2517万元。

6月25日 水电总公司对水电六局领导班子进行调整，聘任孙洪水为局长，陈贵如为常务副局长。

7月15日 水电六局西南办事处成立，并举行了新闻发布会和授牌仪式。

8月5日 水电总公司纪律检查组组长唐苏军到水电六局检查工作。

8月9日 水电六局调整机关机构，由23个部门调整为11个部门。

8月29日 水电六局中标尼尔基水利枢纽砂石料开采加工及混凝土拌和工程，合同价款1.77亿元。

8月31日 水利部副部长张基尧到水电六局承建的大黑汀水库除险加固工地检查工作。

9月 水电六局中标察尔森水库加固遗留工程，合同价款1107万元；中标丹东市鸭绿江防洪护岸工程，合同价款1479万元。

10月20日 水电六局中标云南省马鹿塘前期工程，合同价款1540万元。

10月 水电六局技工学校撤销，成立职工培训中心和国家职业技能鉴定站。

11月8日 水利部副部长张基尧、水电总公司总经理郭建堂到水电六局承建的尼尔基水利枢纽三大系统工程视察工作。

11月27日 水电六局中标重庆市黔江城市防洪1号分洪隧洞工程，合同价款5334万元。

11月 水电六局中标四川省天龙湖水电站地下厂房工程，合同价款2394万元。

12月1日 水电六局参加丹东市城镇职工医疗保险统筹。

12月17日 水电六局中标云峰水电站大坝补强工程，合同价款4019万元。

12月26日 水电六局被丹东市委、市政府评为“三五”普法及依法治理先进单位，尤俊梅被评为辽宁省和丹东市普法及依法治理先进个人。

12月28日 水电六局中标尼尔基水利枢纽厂房和变电站土建工程，合同价款2.12亿元。

12月28～29日 水电六局召开中共第九次代表大会，林玉杰作了工作报告。林玉杰当选为党委书记，马英怀当选为副书记兼纪律检查委员会书记。

12月29日 水电六局中标重庆市大溪河电站引水洞工程，合同价款2179万元。

2002年

2月25日 水电六局中标尼尔基水利枢纽溢洪道部分土建工程，合同价款1.16亿元。

2月27日 水电六局党委召开九届二次全委会，党委书记林玉杰作了工作报告。

2月28日～3月1日 水电六局召开十二届三次职工代表大会，局长孙洪水作了行政工作报告，大会表彰了2001年度先进集体和先进个人。

3月4日 水电六局召开工会第八次会员代表大会，陈兵当选为工会主席。

3月22日 水电六局成立七分局，撤销物资公司和工程公司。

3月31日 水电六局六分局承建的重庆市藤子沟水电站导流洞全线贯通。

3 月 水电六局在小湾电站的联营体中标右岸坝基地下排水系统开挖工程，合同价款4883 万元。水电六局中标漫水湾邛海支渠工程，合同价款 5249 万元。

4 月 30 日 水电总公司副总经理付元初到水电六局尼尔基水利枢纽工地检查工作。

5 月 24 日 水利部党组成员、驻部纪律检查组组长刘光和到水电六局尼尔基工地视察。

5 月 水电六局职工周明滋、郑长富被评为丹东市 2000～2001 年度劳动模范。

6 月 1 日 水电六局机电安装分局中标尼尔基水利枢纽机电安装工程，合同价款 1878 万元。

7 月 2 日 水电六局机电安装分局中标双岭水利枢纽金属结构制作安装工程，合同价款 1200 万元。

7 月 11 日 水电六局四分局中标安徽省临淮岗洪水控制工程主坝姜南坝段工程，合同价款 4750 万元。水电六局一分局中标云南省马鹿塘水电站一期大坝工程，合同价款1296 万元。

7 月 水电六局五分局中标贵州省乌江索风营水电站引水发电系统工程，合同价款1.82 亿元

8 月 3 日 国家电力公司副总经理贺恭到水电六局指导工作。

8 月 7 日 水利部副部长张基尧到水电六局尼尔基水利枢纽工地视察工作。

8 月 9 日 黑龙江省省长宋法棠到水电六局尼尔基水利枢纽厂房工地视察工作。

8 月 14 日 水电六局七分局中标朝阳市大凌河城区防洪一期工程，合同价款 4250 万元。

8 月 水电六局一分局被国家电力公司评为 2000～2001 年度双文明单位；一分局、二分局、机电安装分局、四分局、太平湾基地处、宽甸医院获水电总公司 2001 年“双文明单位”称号。

9 月 3 日 水电六局一分局中标丰满三期扩建土建工程，合同价款 4781 万元。

9 月 9 日 水电六局中标大伙房水库输水工程 7、8 号施工支洞土建工程，合同价款1062 万元。

9 月 17 日 辽宁省总工会副主席张振熙、丹东市总工会主席唐淑琴到水电六局检查指导厂务公开工作。

9 月 29 日 水电六局四分局中标吉林省白山抽水蓄能电站进水口土建工程，合同价款 3300 万元。

10 月 20 日 辽宁省省长薄熙来到水电六局朝阳大凌河整治工程工地视察工作。

10 月 26 日 水电六局中标尼尔基水利枢纽金属结构安装一标、三标，合同价款 1560 万元。

12 月 水电六局五分局中标宁波白溪水库引水输水隧洞十标工程，合同价款 1734 万元。

2003 年

1 月 21 日 水电六局中标江苏省宜兴抽水蓄能电站引水系统和地下厂房工程，合同

价款3亿元。

2月19日 水电六局党委召开九届三次全委会暨2003年纪检监察工作会议，党委书记林玉杰作了工作报告。

2月20～21日 水电六局召开十三届一次职工代表大会，局长孙洪水作了行政工作报告，大会表彰了2002年度先进集体和先进个人。

3月25日 水电六局公安处正式移交丹东市政府。

4月16日 水电六局建筑公司中标黑龙江省磨盘山水库溢洪道工程，合同价款4852万元。

4月18日 水电六局五分局中标吉林市江湾大桥南连接段工程，合同价款2275万元。

4月21日 水电六局被授予全国厂务公开工作先进单位称号。

5月14日 贵州省省委书记钱运录到水电六局承建的索风营水电站地下厂房工地视察工作。

6月 水电六局职工姜鸿飞被水电集团公司授予劳动模范，张德江、赵永芳被授予先进生产(工作)者；水电六局党委被丹东市委授予先进党委；水电六局五分局在小湾电站承揽出线场清坡和开挖工程，合同价款3500万元。

7月15日 水电六局七分局中标西藏通古、尼土增、格朗水电站第一标段，合同价款1538万元。

8月4～5日 水电集团公司纪检监察案件工作会议在水电六局召开。

8月6日 水电六局、水电九局、江南公司联营体中标小湾开关楼土建工程，合同价款3050万元。

9月3日 水电集团公司总经理郭建堂到水电六局尼尔基工地检查工作。

9月10日 水利部副部长陈雷到水电六局尼尔基工地视察工作。

9月11～13日 水电集团公司新闻工作会议在水电六局召开，水电六局记者站被评为集团公司2002年度先进记者站，董英、韩庆福、韦淑英被评为优秀记者。

9月27日 水电六局工会被全国总工会授予全国模范职工之家。

9月 水电六局中标四川省溪洛渡水电站2号公路工程，合同价款1.1亿元；水电六局中标辽宁省大伙房水库输水二标工程，合同价款1.075亿元。

10月29日 水电六局二分局中标引黄北干线1号隧洞前期准备工程三标，合同价款1416万元。

10月 水电六局四分局中标白山水电站泄洪消能雾化防护工程碎石加工及混凝土生产工程。

11月6日 水电六局获ISO 9001：2000质量管理体系认证证书。

11月9日 水电六局机电安装分局安装的重庆市江口电站1号机组发电。

11月20日 水电六局七分局中标云南省富瑞化工有限公司磷石膏堆场初始坝和水工坝工程，合同价款1999万元。

12月28日 水电六局五分局承建的索风营水电站地下厂房开挖提前5个月完工。

12月 水电六局机电安装分局中标贵州省索风营水电站机电安装工程，合同价款1586万元；水电六局七分局中标云南省李仙江戈兰滩水电站右岸导流隧洞土建及金属结构安装第一标段工程，合同价款2620万元；水电六局中标云南省景谷威远水电站土建工程，合同价款2.43亿元。

2004年

2月16日 水电六局党委召开九届四次全委会暨2004年纪检监察工作会议，党委书记林玉杰作了工作报告。

2月17～18日 水电六局召开十三届二次职工代表大会，局长孙洪水作了行政工作报告。

3月16日 水电六局中标福建省街面水电站引水发电系统工程，合同价款1.05亿元；同日，中标辽宁省丹东市蒲石河抽水蓄能电站对外交通隧道工程，合同价款2920万元。

3月17日 水电六局11名工作人员乘面包车前往黑龙江省大顶子山航电枢纽工地考察，途中被一辆大货车追尾相撞，造成7人死亡、2人重伤、2人轻伤的特大交通事故。

3月18日 水电六局被中华全国总工会、国家安全生产监督管理局授予2003年度全国“安康杯”竞赛优胜企业。

4月9日 水电六局被辽宁省委、省政府授予“文明企业标兵”称号。

4月10日 水电六局七分局中标云南省硕多河冲江河水电站厂区枢纽及高压引水隧洞工程，合同价款2479万元。

4月 水电六局职工刘海军、裴立民被丹东市政府授予“劳动模范”称号。

5月 水电六局一分局中标蒲石河电站厂房交通洞及通风洞工程，合同价款2882万元。

6月6日 黑龙江省省长张左己到水电六局承建的磨盘山水库工程视察工作。

6月10日 水电六局中标溪洛渡水电站导流洞和电站出水口开挖一标段、三标段工程，合同价款8.3亿元。

6月20日 水利部部长汪恕诚到水电六局尼尔基水利枢纽工地视察工作。

6月24日 水电六局党委、水电六局召开企业文化成果发布会，发布水电六局的企业精神、经营理念、价值观。

7月15日 水电六局中标黑龙江省大顶子山航电枢纽土建A标段工程，合同价款4.81亿元；同日 中标云南省糯扎渡电站火烧沟排风洞工程，合同价款4293万元。

7月21日 水电六局中标南水北调中线干线京石段应急供水工程唐河倒虹吸一标段工程，合同价款6710万元。

7月23日 水电六局中标云南省金安桥水电站美河渣土场防护及排水设施工程，合同价款4809万元。

7月29日 水电六局溪洛渡施工局举行溪洛渡水电站导流洞与电站出水口开挖工程开工典礼。

8月3日 中共吉林省省委书记王云坤到水电六局承建的丰满电站三期永庆反调节水

库工地视察。

8月30日 水电六局中标辽宁省大伙房水库输水六河段工程，合同价款2263万元。

9月9日 水电六局职工陈兵被辽宁省总工会评为模范工会干部，并获辽宁省“五一”劳动奖章。

9月21日 水电集团公司2004年党建工作暨思研会一届五次理事会在水电六局召开，集团公司党组书记兼总经理郭建堂、副总经理刘经迪、纪律检查组组长唐苏军出席会议。

10月2日 水电六局中标蒲石河电站混凝土骨料筛分系统工程，合同价款2784万元。

10月18日 水电集团公司任命水电六局党委书记林玉杰兼任水电六局局长。

10月28日 水电六局承建的黑龙江省大顶子山航电枢纽一期围堰截流成功。

10月30日 水电六局一分局中标吉林省双沟水电站压力管道及厂房系统土建工程，合同价款6388万元。

12月10日 水电六局通过中质协质保中心的ISO 14001：1996环境管理体系和OHSMS 18001：2001职业健康安全管理体系审核认证，并领取了认证证书。

2005年

1月25日 水电六局四、七分局合并，重新组建四分局。

2月10日 中共中央总书记、国家主席胡锦涛视察贵州省索风营水电站水电六局工程建设工地，并同水电六局职工合影留念。

2月19日 水电六局党委召开九届五次全委会暨2005年纪检监察工作会议，党委书记林玉杰作了工作报告。

2月20～21日 水电六局召开十三届三次职工代表大会，局长林玉杰作了行政工作报告，大会表彰了2004年度先进集体和先进个人。

2月28日 中国大坝委员会主席陆佑楣、中国工程院院士张超然等专家到水电六局承建的溪洛渡水电站导流洞工程工地视察。

3月21日 水电六局中标松花江洪水管理工程，合同价款1699万元。

3月25日 水电六局承建的溪洛渡水电站左岸3条导流洞上层中寻洞全部贯通。

3月28日 水电六局中标广州市南沙黄阁镇农民安置区河用整治工程，合同价款3249万元。

4月12日 水电六局五分局中标贵州省团坡水电站发电厂房和引水隧洞土建工程，合同价款6843万元。

4月30日 水电六局职工姜洪飞荣获“全国劳动模范”称号，并参加全国劳动模范表彰大会。

5月11日 水电六局中标云峰水电站大坝下游面补强工程，合同价款6500万元。

5月17日 水电六局六分局中标重庆市马岩洞水电站引水发电系统三标段工程，合同价款2953万元。

5月26日 河北省副省长宋恩华到水电六局南水北调工程唐河工地视察。

6月6日 水电六局网站建成开通。

6月21日 丹东市市委书记朱绍毅、副市长曲仁田到水电六局承建的鸭绿江防洪护岸工程工地视察。

6月29～30日 水电集团公司信息化建设业务工作会在水电六局召开，集团公司副总经理孙洪水到会并讲话。

6月 水电六局获得全国总工会、国家安全生产监督管理局开展的2004年全国“安康杯”竞赛优胜企业。水电六局编印并下发《中国水利水电第六工程局制度汇编》。

7月1日 黑龙江省省长张左己、副省长刘海生到水电六局承建的大顶子山航电枢纽工程工地视察。

7月10日 水利部副部长矫勇，黑龙江省副省长申立国到水电六局承建的尼尔基水利枢纽工程工地视察。

7月14日 水电六局机电安装分局中标重庆市石堤水电站闸门和埋件制作及金属结构安装工程，合同价款1869万元。水电六局五分局承建的福建省街面水电站引水发电系统厂房工程开挖全部完成。

7月17日 水电六局党委召开保持共产党员先进性教育活动动员大会，党委书记林玉杰作了动员报告，丹东市督导组组长潘洪华，水电集团公司巡回检查组组长曹保华参加会议并讲话。

7月19日 水电六局成立国际工程开发部。

7月31日 水电六局承建的宜兴抽水蓄能电站地下厂房开挖全部完成。

8月2～3日 水电集团公司2005年国有资产产权登记工作布置培训会议在水电六局召开。

8月9日 水电六局中标四川省过军渡水利枢纽二期一标工程，合同价款3950万元。

8月15日 水电六局退休干部吴传岳的篆书作品在“纪念抗日战争胜利60周年中华书画作品联展”颁奖大会上获一等奖，吴传岳被主办单位授予“中华爱国艺术家”称号。

8月18日 水电六局机电安装分局安装的贵州省索风营水电站首台机组发电。

8月26日 水利部副部长周英到水电六局尼尔基水利枢纽机电安装工地视察。

8月 水电六局参加过抗日战争的吴海、樊玉成、张宝金、李挹、魏之银、孙友成、范维洲、刘长海、李玉和、于宽10人，获得了由中共中央总书记、国家主席、军委主席胡锦涛同志题写章名的纪念章。

10月12日 中国著名水电专家、中国工程院院士潘家铮、罗绍基、谭靖夷以及美国、新西兰、哥伦比亚等国的中外专家到水电六局宜兴电站金属结构制作工地视察。

10月 水电六局中标贵州省思林水电站引水发电系统工程，合同价款4.52亿元。

11月8日 丹东市市长陈铁新、副市长曲仁田等领导到水电六局蒲石河抽水蓄能电站工地视察。

11月29日 水电六局中标蒲石河抽水蓄能电站地下厂房系统及输水系统土建工程，合同价款3.01亿元。

12月1日 水电六局机关搬入新建办公楼(位于丹东市振兴区人民广场西北侧)。

12月10日 水电集团公司东北片法治工作现场会在水电六局召开。

2006年

1月14～15日 水电六局召开共青团第十一次代表大会，高天山当选为团委副书记。

1月21日 水电六局召开科技年会暨知识分子座谈会，会上表彰了2005年科技进步先进单位、优秀科技进步项目、优秀科技论文。

3月1日 水电六局中标辽宁省大伙房水库输水(二期)工程取水头部及输水隧洞(二标段)工程，合同价款2.1亿元。

3月18日 水电六局机电安装分局中标重庆市马岩洞水电站机电安装工程，合同价款1155万元。

3月27日 水电六局党委召开九届六次全委会暨2006年纪检监察工作会议，党委书记林玉杰作工作报告。

3月28日 水电六局召开十四届一次职工代表大会，局长林玉杰作了行政工作报告，大会表彰了2005年度先进集体和先进个人。

3月29日 水电六局承建溪洛渡水电站雾化区边坡处理工程，合同价款2798万元。

3月31日～4月1日 水电六局首次召开设备管理工作会议。

4月28日 水电六局职工杨成文被辽宁省委、省政府授予辽宁省劳动模范。水电六局机电安装分局签订了吉林省长岭风电厂一期工程塔筒制造、安装与风机安装分包合同。

4月 水电六局职工何宏伟被中国能源化学工会全国委员会授予能源化学系统优秀女工工作者。

5月19日 水电六局连续3年获得全国“安康杯”竞赛优胜企业称号，丹东市总工会副主席杨全友专程到工程局颁发牌匾。

5月27日 水电六局首次被评为水电集团公司标兵记者站。

5月 水电六局获2005年辽宁省电力行业实施用户满意服务工程先进单位。

6月11日 水电六局承建的溪洛渡水电站左岸导流洞开挖全部结束。

6月12日 水电集团公司审计工作座谈会在水电六局召开。

6月13日 水电集团公司副总经理袁柏松到水电六局宽甸基地走访考察。

6月16日 水电六局中标云南省澜沧江糯扎渡水电站进场公路改造工程，合同价款2238万元。

6月26日 水电六局机电安装分局安装的宜兴抽水蓄能电站1、2号高强钢岔管通过验收。

6月 水电六局党委被中共丹东市委授予2003～2006年度先进党委；水电六局再次被辽宁省委、省政府命名为2004～2005年文明企业标兵。

7月6日 水电六局中标辽宁省姚家山水利枢纽大坝、电站建筑和安装工程，合同价款5145万元。

7月12日 中央国家机关第十二计划生育协作组向水电六局帮困扶助基金会捐款6.5

万元，用于捐助贫困学生。水电集团公司临时党委书记、副总经理刘起涛到水电六局检查工作。

7月16日 水电六局机电安装分局安装的尼尔基水利枢纽首台机组发电，水利部副部长矫勇，内蒙古自治区副主席雷·额尔德尔，黑龙江省政府副秘书长金济滨，集团公司临时党委书记、副总经理刘起涛等出席了庆典仪式。

7月30日 水电六局中标的蒲石河抽水蓄能电站地下厂房系统及输水系统工程合同签字仪式在北京举行，合同价款3.02亿元。

8月 水电六局职工赵海涛被中央企业团工委授予中央企业优秀共青团员。

9月8日 水电六局中标黑龙江省大顶子山航电枢纽工程二期土建C2标，合同价款7277万元。

9月22日 水电六局中标缅甸YEYWA机电安装工程，合同价款3500万元(人民币)。

9月24～25日 水电集团公司工会工作会暨工会主席联席会议在水电六局召开，水电集团公司临时党委书记、副总经理刘起涛，全国能源化工工会副主席张萌萌，辽宁省总工会秘书长闫万达，丹东市总工会主席唐淑琴等出席会议并分别讲话。

9月25日 水电六局中标贵州省北盘江董箐水电站引水系统工程，合同价款1.7亿元。

9月 水电六局职工孔庆峰被国资委授予中央企业知识型先进职工标兵。

10月9～10日 水电集团公司总经理范集湘，副总经理孙洪水、王彤宙到水电六局检查工作。

10月18日 水电六局召开处级干部会议，布置内部管理体制改革工作，会议公布了《水电六局内部管理体制改革实施方案》，以及人力资源、财务资金整合方案，工程管理及资产管理的有关规定等，并重组6个分局为4个分局。

10月 水电六局成立史志办公室，归口局长办公室管理。

10月28日～11月20日 水电六局生产经营单位领导班子副职公开竞聘工作完成，此次应聘62人，竞聘岗位43个。

11月1日 水电六局承建的黑龙江省大顶子山航电枢纽工程二期截流圆满成功，中共黑龙江省省委书记、人大主任钱运录，省委副书记、常务副省长栗战书，副省长刘海生出席了截流仪式。

11月17日 水电六局承建的溪洛渡水电站左岸进水口开挖工程全部完成。

11月18日 国家发改委副主任陈德铭到水电六局承建的宜兴抽水蓄能电站工地考察。

11月 水电六局溪洛渡施工局拌和楼操作班被中国电力企业联合会、中国能源化学工会全国委员会授予全国电力行业优秀班组。同月，水电六局承建的金沙江溪洛渡水电站导流洞工程有两项施工经中国企业联合会、中国企业家协会审定为中国企业新纪录：①2005年8月在左岸导流洞施工中，月石方洞挖27.1万米^3，创国内同类工程施工速度新纪录；②2005年在左岸导流洞闸室竖井段施工中，在Ⅲ-Ⅳ类围岩中同时进行3个相邻的最大跨度达34米的特大断面洞室开挖与支护施工，创国内水电站地下洞挖跨度新纪录。

12月11～15日 水电集团公司专家考评组和干部考察组到水电六局公开选聘企业负责人。

12月25日 水电六局视频会议系统开通。

12月26日 水电六局第一小学、第一中学移交丹东市振安区政府，结束了水电六局长达40多年的办学历史。

12月 水电六局被辽宁省银行协会评为2006年信贷诚信企业。

第一篇　体　制

第一篇　体　　制

第一章　组　织　沿　革

第一节　企　业　组　建

1955年4月，中朝鸭绿江水丰水力发电公司成立后，为了中朝两国经济建设的需要，1958年6月23～28日在北京召开了中朝鸭绿江水丰水力发电公司第一届理事会第六次会议，会议决定：中朝双方共同建设云峰水电站。根据决议，经中朝两国政府批准，1958年8月28日～9月20日在北京召开了中朝鸭绿江云峰发电厂建设筹备委员会会议，决定按平权合股原则，共同建设总容量60万千瓦的云峰发电厂，为中朝两国共同经营。建设工程由中朝双方负责，中方负责引水系统、发电厂房和全部附属工程的施工。1958年11月，经吉林省委和省政府批准，成立了吉林省云峰水力发电工程局（简称云峰局）。云峰局为全民所有制企业，承担云峰水电站引水系统、发电厂房和附属工程的建设。建局时隶属吉林省委和省政府领导。1959年6月1日开始，归为水利电力部的直属单位，称水利电力部云峰水力发电工程局。1962年4月27日，水电部以[62]水电水办字21号文决定：……云峰水力发电工程局等单位的业务工作交由水利水电建设总局领导。

第二节　易　名　迁　址

由于水电六局上级主管部门的管理体制多次变化，因此水电六局多次易名；由于工程建设需要，水电六局多次转战南北，造成水电六局多次迁址。

一、水电六局易名

1958年11月，经吉林省委和省政府批准，成立吉林省云峰水力发电工程局。

1959年6月1日开始，归为水利电力部的直属单位，称水利电力部云峰水力发电工程局。

1968年9月3日，四川省革命委员会以川革发[68]128号文，同意成立水利电力部云峰水力发电工程局革命委员会。

1969年3月21日，水利电力部军管会生产指挥部以[69]水电军综字128号文批准，自4月1日起废除水利电力部云峰水力发电工程局名称，启用516工程指挥部。

1969年12月18日，水利电力部军管会以[69]水电军生办字第151号《关于改变水利电力部直属水利水电工程单位名称的通知》决定，将516工程指挥部改名为水利电力部第六工程局。

1978年12月24日，水电部通知，撤销水电六局革命委员会。1979年9月，水利电力部分为水利部和电力工业部，水电六局隶属电力工业部，称电力工业部第六水电工程局。

1982年4月30日，水利部、电力工业部两部合并后，水电部以[82]水电劳字12号文通知：……电力工业部第六水电工程局改称水利电力部第六工程局，隶属水利水电建设总公司。

1988年9月，水电六局受能源部、水利部共同管理，挂靠能源部，仍称水利电力部第六工程局。

1992年8月3日，中国水利水电工程总公司以中水电劳[1992]60号文通知，原水利电力部第六工程局更名为中国水利水电第六工程局，该名称一直沿用至今。

二、水电六局迁址

1958年11月云峰局成立后，临时在长春市办公。

1958年12月，从长春市迁入云峰水电站工地，大多数人员暂住在朝鲜民主主义人民共和国三江里。1959年10月，云峰局迁到了我国的吉林省集安县上套村。

1966年6月，水电建设总局指令云峰局承建渔子溪水电站。云峰局于1966年8月开始转移，9月末，云峰局机关迁到四川省汶川县映秀湾渔子溪水电站工地。

1973年8月，水电部决定水电六局承建太平哨水电站。1973年10月，水电六局成立水电六局浑江太平哨电站工程筹备处。1975年4月，水电六局机关迁到辽宁省宽甸县太平哨公社太平哨水电站工地。

1977年3月，根据中朝鸭绿江水力发电公司理事会第29次例会决定建设太平湾水电站，水电部决定由水电六局承建太平湾水电站。1978年5月12日，水电六局决定成立太平湾水电站筹备处。1981年5月，水电六局机关搬迁到辽宁省宽甸县古楼子公社太平湾电站工地。

1997年1月，水电六局总部由宽甸县古楼子乡太平湾电站工地迁入丹东市振兴区；4月18日，水电六局在丹东举行了总部迁入仪式。

水电六局总部迁址情况详见表1-1-1。

表1-1-1　　水电六局总部迁址情况

总部所在地	起止时间	迁址原因	备　注
吉林省集安县上套村	1958-11～1966-8	建设云峰水电站	建局，基地在云峰工地
四川省汶川县映秀湾	1966-09～1975-04	建设渔子溪水电站	基地在渔子溪工地
辽宁省宽甸县太平哨公社	1975-04～1981-04	建设太平哨水电站	基地在宽甸、太平哨工地
辽宁省宽甸县古楼子公社	1981-05～1996-12	建设太平湾水电站	基地在宽甸、太平湾工地
辽宁省丹东市振兴区	1997-01～2006-12	水电六局总部迁入	基地在丹东、宽甸、太平湾

第三节　管　理　体　制

从建局至今的48年内，水电六局的隶属关系和上级管理单位，亦因上级主管部门的管理体制变化而多次变化。

隶属关系：建局初期水电六局隶属吉林省(及水利电力部)(1958 年 11 月～1959 年 5 月)，继之分别隶属于水利电力部(1959 年 6 月～1979 年 1 月)、电力工业部(1979 年 2 月～1982 年 2 月)、水利电力部(1982 年 3 月～1988 年 3 月)、能源部(及水利部)(1988 年 4 月～1993 年 2 月)、电力工业部(1993 年 3 月～1996 年 11 月)、国家电力公司(1996 年 12 月～2002 年 11 月)、国务院国有资产监督管理委员会(2002 年 12 月～2006 年 12 月)。

上级管理单位：先后是水利电力部直属(1958 年 11 月～1962 年 3 月)、水利水电建设总局(1962 年 4 月～1979 年 6 月)、水利发电建设总局(1979 年 7 月～1982 年 3 月)、水利水电建设总公司(1982 年 4 月～1986 年 9 月)、水利水电建设局(1986 年 10 月～1988 年 9 月)、中国水利水电工程总公司(1988 年 10 月～2002 年 11 月)、中国水利水电建设集团公司(2002 年 12 月～2006 年 12 月)。

单位全称、隶属关系及上级管理单位变化情况见表 1－1－2。

表 1－1－2　　　单位全称、隶属关系及上级管理单位变化情况

<table>
<tr><th>单位全称</th><th>隶属单位名称</th><th>上级管理单位名称</th><th>备　注</th></tr>
<tr><td>水利电力部
云峰水力发电工程局
(516 工程指挥部)
(1959－06～1969－12)</td><td>吉林省(及水利电力部)
(1958－11～1959－05)</td><td>水利电力部直属
(1959－06～1962－03)</td><td rowspan="2"></td></tr>
<tr><td>水利电力部
第六工程局
(1969－12～1979－09)</td><td>水利电力部
(1959－06～1979－01)</td><td>水利水电建设总局
(1962－04～1979－06)</td></tr>
<tr><td>电力工业部
第六水电工程局
(1979－09～1982－04)</td><td>电力工业部
(1979－02～1982－02)</td><td>水利发电建设总局
(1979－07～1982－03)</td><td>水利与电力分开</td></tr>
<tr><td rowspan="3">水利电力部
第六工程局
(1982－04～1992－07)</td><td rowspan="2">水利电力部
(1982－03～1988－03)</td><td>水利水电建设总公司
(1982－04～1986－09)</td><td rowspan="2">水利与电力合并</td></tr>
<tr><td>水利水电建设局
(1986－10～1988－09)</td></tr>
<tr><td>能源部
(及水利部)
(1988－04～1993－02)</td><td rowspan="3">中国水利水电
工程总公司
(1988－10～2002－11)</td><td>水利与电力分开，两部合管</td></tr>
<tr><td rowspan="3">中国水利水电
第六工程局
(1992－08～2006－12)</td><td>电力工业部
(1993－03～1996－11)</td><td></td></tr>
<tr><td>国家电力公司
(1996－12～2002－11)</td><td>电力工业部被撤销</td></tr>
<tr><td>国务院国有资产
监督管理委员会
(2002－12～2006－12)</td><td>中国水利水电
建设集团公司
(2002－12～2006－12)</td><td>国家电力公司被撤销</td></tr>
</table>

第四节　党委隶属关系

1958年12月，建立中共云峰局党委，由吉林省委领导；1959年3月～1966年6月，云峰局党委由通化地委领导；1966年7月～1970年12月，云峰局党委由成都市委领导；1971年1月2日～1975年9月，水电六局党委归温江地委领导；1975年10月～2006年12月，水电六局党委归中共丹东市委领导。

水电六局党委隶属（地方党委）关系变化情况详见表1-1-3。

表1-1-3　　水电六局党委隶属（地方党委）关系变化情况

<table>
<tr><th>单位名称</th><th>隶属地方党委名称</th></tr>
<tr><td>水利电力部
云峰水力发电工程局
（1959-06～1969-12）</td><td>中共吉林省委（1958-11～1959-02）
中共通化地委（1959-03～1966-06）</td></tr>
<tr><td>水利电力部第六工程局
（1969-12～1979-09）</td><td>中共成都市委（1966-07～1970-12）
中共温江地委（1971-01～1975-09）</td></tr>
<tr><td>电力工业部第六水电工程局
（1979-09～1982-04）</td><td rowspan="3">中共丹东市委
（1975-10～2006-12）</td></tr>
<tr><td>水利电力部第六工程局
（1982-04～1992-07）</td></tr>
<tr><td>中国水利水电第六工程局
（1992-08～2006-12）</td></tr>
</table>

第五节　历届行政、党委、工会、团委领导人

一、云峰时期（1958-11～1966-08）

云峰局建局时隶属吉林省委和省政府领导；1959年2月16日，中共云峰水电工程局委员会成立；1959年3月7日，云峰局党委由通化地委领导；1959年6月1日，云峰局归为水利电力部的直属单位，称水利电力部云峰水力发电工程局；1962年4月27日，水电部决定云峰水电工程局业务工作由水利水电建设总局领导。

本时期中共云峰局委员会共召开两次党员代表大会，选举产生第一届（1962年1月～1963年4月）、第二届（1963年4月～1970年10月）委员会。涂国林为云峰局第一任局长，李铮担任过局长，先后有王湘、陈庚仪、于宽担任过代理局长；钟鼎兴为第一任党委书记，先后有邢俊良担任过党委书记，孙英担任过代理党委书记。此期间担任过副局职领导的有：俞紫珊、赵庆夫、张履恒、赵华中、朴齐元、高连志、李晴天、孔祥林、刘振山、赵景云等人。殷光林、高金山、刘庆生分别担任过主持工会工作的工会副主席；金起河、

刘庆生分别担任过主持团委工作的团委副书记。

云峰时期行政、党委、工会、团委领导人情况详见表1-1-4。

表1-1-4　　云峰时期行政、党委、工会、团委领导人情况

(1958-11～1966-08)

姓　　名	职　　务	任职时间	备　　注
涂国林	局　长	1958-11～1960-06	
王　湘	代理局长	1960-06～1962-04	
李　铮	局　长	1962-04～1962-06	
陈庚仪	代理局长	1962-06～1965-11	
于　宽	代理局长	1965-11～1966-08	
钟鼎兴	书　记	1958-11～1962-04	
邢俊良	书　记	1962-04～1965-06	
王　湘	副局长	1958-11～1962-04	
俞紫珊	副局长	1958-11～1966-08	
赵庆夫	副局长	1961-05～1962-03	
张履恒	副局长	1962-04～1962-06	
赵华中	副局长	1962-04～1966-08	
朴齐元	副局长	1966-02～1966-08	
高连志	副局长	1966-02～1966-08	
李晴天	副局长	1966-06～1966-08	
孔祥林	副书记	1958-11～1961-01	
孙　英	代理副书记	1962-03～1963-04	
赵庆夫	副书记	1962-03～1962-04	
孙　英	副书记	1963-04～1966-07	
孔祥林	监委书记	1960-04～1961-01	
刘振山	监委书记	1962-04～1966-04	
赵庆夫	总工程师	1961-05～1962-04	
赵景云	工会主席	1959-01～1960-04	
殷光林	工会副主席	1960-05～1962-04	主持工作
高金山	工会副主席	1962-04～1966-04	主持工作
刘庆生	工会副主席	1966-06～1966-08	主持工作
金起河	团委副书记	1959-04～1959-10	主持工作
刘庆生	团委副书记	1962-02～1966-06	主持工作

二、渔子溪时期(1966-09～1975-04)

1966年7月13日,云峰局党的关系由吉林省委转往四川省委;1966年8月5日,云峰局党委由中共成都市委领导;1966年9月,云峰局完成总部迁移至四川省汶川县映秀湾(渔子溪电站);1969年12月18日,云峰局改名为水利电力部第六工程局;1970年7

月 2 日，水电六局党委改由阿坝州革委会领导；1971 年初，水电六局党委归中共温江地委领导。

本时期中共水电六局委员会召开过一次党员代表大会，选举产生了第三届委员会(1971 年 10 月～1980 年 9 月)。于宽担任过代理局长，梁文华、牛广义、孙英担任过革命委员会主任；孙英担任过代理党委书记，牛广义担任过党的核心小组组长，牛广义、孙英担任过党委书记。同期担任过副局职领导的有：俞紫珊、赵华中、黎明、高连志、尚仁、秦平、张志诚、王秉选、韩志家、赵麟、王宝基、朴齐元、李晴天、魏一忠、宋青山等人。秦平担任过团委书记；王兴臣担任过主持团委工作的团委副书记。

渔子溪时期行政、党委、工会、团委领导人情况详见表 1-1-5。

表 1-1-5　渔子溪时期行政、党委、工会、团委领导人情况

(1966-09～1975-04)

姓　名	职　务	任职时间	备　注
于　宽	代理局长	1966-09～1967-09	
梁文华	革委会主任	1967-10～1970-10	
牛广义	革委会主任	1970-10～1973-10	书记兼
孙　英	革委会主任	1973-10～1975-04	书记兼
孙　英	代理书记	1966-09～1970-10	
牛广义	书　记	1970-10～1973-05	
孙　英	书　记	1973-05～1975-04	
俞紫珊	副局长	1966-09～1968-09	
赵华中	副局长	1966-09～1967-10	
朴齐元	副局长	1966-09～1967-10	
高连志	副局长	1966-09～1967-10	
李晴天	副局长	1966-09～1967-10	
孙　英	革委会第一副主任	1970-10～1973-10	副书记兼
尚　仁	革委会副主任	1968-10～1973-10	
高连志	革委会副主任	1968-10～1975-04	副书记兼
秦　平	革委会副主任	1968-10～1975-04	
张志诚	革委会副主任	1968-10～1975-04	
黎　明	革委会副主任	1970-10～1973-10	副书记兼
王秉选	革委会副主任	1970-10～1975-04	
韩志家	革委会副主任	1970-10～1975-04	
于　宽	革委会副主任	1972-11～1975-04	副书记兼
赵　麟	革委会副主任	1973-10～1975-04	
王宝基	革委会副主任	1973-10～1975-04	
朴齐元	革委会副主任	1973-10～1975-04	
魏一忠	革委会副主任	1973-10～1975-04	

续表

姓　名	职　　务	任职时间	备　注
孙　英	副书记	1970－10～1973－05	
黎　明	副书记	1970－10～1971－10	
高连志	副书记	1970－10～1973－05	
宋青山	副书记	1973－05～1975－04	
于　宽	副书记	1973－05～1975－04	
宋青山	工会主席	1973－06～1975－04	副书记兼
王兴臣	团委副书记	1966－09～1972－11	主持工作
秦　平	团委书记	1972－11～1975－04	

三、太平哨时期（1975－05～1981－04）

1975年4月，水电六局总部迁移至辽宁省宽甸县太平哨电站工地；1975年10月，水电六局党委隶属中共丹东市委领导；1978年12月，取消水电六局革命委员会，恢复水电六局局长、副局长称谓；1979年9月，水电六局改称电力工业部第六水电工程局。

本时期中共水电六局委员会召开过一次党员代表大会（1980年8月23～29日），选举产生了第四届委员会。孙英担任过水电六局革命委员会主任，于宽担任过局长；孙英、于宽分别担任过党委书记。同期担任过副局职领导的有：宋青山、高连志、朴齐元、秦平、张志诚、王秉选、韩志家、赵麟、王宝基、魏一忠、李晴天、张兴臣、张西杰、刘云祥、王秉禄等人。秦平、贺安铁分别担任过团委书记；王兴臣担任过主持团委工作的团委副书记。

太平哨时期行政、党委、工会、团委领导人情况详见表1－1－6。

表1－1－6　　太平哨时期行政、党委、工会、团委领导人情况（1975－05～1981－04）

姓　名	职　　务	任职时间	备　注
孙　英	革委会主任	1975－05～1978－12	书记兼
于　宽	局　长	1978－12～1981－04	书记兼
孙　英	书　记	1975－05～1979－06	
于　宽	书　记	1979－06～1981－04	
高连志	革委会副主任	1975－05～1978－12	
秦　平	革委会副主任	1975－05～1978－12	
张志诚	革委会副主任	1975－05～1978－12	
王秉选	革委会副主任	1975－05～1978－12	
韩志家	革委会副主任	1975－05～1978－12	
于　宽	革委会副主任	1975－05～1978－12	副书记兼

续表

姓　名	职　　务	任职时间	备　注
赵　麟	革委会副主任	1975-05～1978-12	
王宝基	革委会副主任	1975-05～1978-12	
朴齐元	革委会副主任	1975-05～1978-12	
魏一忠	革委会副主任	1975-05～1978-12	
高连志	副局长	1978-12～1981-04	副书记兼
朴齐元	副局长	1978-12～1980-08	
秦　平	副局长	1978-12～1981-04	
韩志家	副局长	1978-12～1981-04	
李晴天	副局长	1978-05～1981-04	
张兴臣	副局长	1978-12～1980-08	
张西杰	副局长	1978-12～1981-04	
刘云祥	副局长	1978-12～1981-04	
宋青山	副书记	1975-05～1978-07	
于　宽	副书记	1975-05～1979-06	
高连志	副书记	1979-06～1981-04	
朴齐元	副书记	1979-06～1981-04	
张兴臣	副书记	1980-08～1981-04	
朴齐元	纪委书记	1979-06～1981-04	副书记兼
王秉禄	总工程师	1979-07～1981-04	
宋青山	工会主席	1975-05～1978-07	副书记兼
张兴臣	工会主席	1980-03～1981-05	副书记兼
秦　平	团委书记	1975-05～1980-08	
贺安钛	团委书记	1980-08～1981-04	

四、太平湾时期（1981-05～1996-12）

1981年5月，水电六局总部迁移至辽宁省宽甸县太平湾电站工地；1982年4月，水电六局改称水利电力部第六工程局；1992年8月，水电六局改称中国水利水电第六工程局。

在太平湾时期的15年间，中共水电六局委员会共召开三次党员代表大会，分别选举出中共水电六局第五届（1984年1月～1987年7月）、第六届（1987年7月～1992年11月）和第七届（1992年11月～1997年11月）共三届委员会。于宽、高连志、周玉文、郑应显分别担任过水电六局局长；于宽、金起河、陈保明分别担任过党委书记，金起河还担任过党委代理书记。同期担任过副局职领导的有：朴齐元、张兴臣、汪恕诚、张再新、陈保明、贺安铁、张鸿飞、祁万恒、秦平、韩志家、李晴天、刘云祥、孙霭人、王秉禄、甄志强、张西杰、陈兵、陈贵如、林玉杰、梁宇轲、李岩、李秀卿、刘荣波、王学庆等人。贺安铁、陈兵、陈雷分别担任过团委书记；周朝敏担任过代理团委书记；林玉杰、李维科、徐达分别担任过主持团委工作的团委副书记。

太平湾时期行政、党委、工会、团委领导人情况详见表1-1-7。

表1-1-7　　太平湾时期行政、党委、工会、团委领导人情况

(1981-05～1996-12)

姓　名	职　务	任职时间	备　注
于　宽	局　长	1981-05～1982-06	书记兼
高连志	局　长	1982-06～1990-04	
周玉文	局　长	1990-04～1992-09	
郑应显	局　长	1992-09～1996-12	
于　宽	书　记	1981-05～1983-05	
金起河	代理书记	1983-05～1983-08	
金起河	书　记	1983-08～1990-04	
陈保明	书　记	1990-04～1996-12	
高连志	副局长	1981-05～1982-06	
秦　平	副局长	1981-05～1987-05	
韩志家	副局长	1981-05～1983-05	
李晴天	副局长	1981-05～1983-05	
张西杰	副局长	1981-05～1983-05	
刘云祥	副局长	1981-05～1996-12	
周玉文	副局长	1981-07～1990-04	
孙霭人	副局长	1983-05～1986-10	
张再新	副局长	1984-11～1985-03 1992-12～1996-12	
甄志强	副局长	1985-03～1995-06	
郑应显	副局长	1986-10～1992-09	
祁万恒	副局长	1987-05～1992-09	
陈　兵	副局长	1992-10～1996-12	
陈贵如	副局长	1992-12～1996-12	
林玉杰	副局长	1995-07～1996-12	
朴齐元	副书记	1981-05～1982-12	

续表

姓　名	职　务	任职时间	备　注
汪恕诚	副书记	1982-12～1985-03	
张再新	副书记	1985-03～1987-05	
贺安钛	副书记	1987-07～1992-03	
张鸿飞	副书记	1992-03～1996-12	
朴齐元	纪委书记	1981-05～1983-05	副书记兼
汪恕诚	纪委书记	1984-01～1985-03	副书记兼
陈保明	纪委书记	1987-07～1990-04	
张鸿飞	纪委书记	1990-04～1992-03 1994-12～1996-12	副书记兼
祁万恒	纪委书记	1992-09～1994-11	
王秉禄	总工程师	1981-05～1981-07	
李　岩	总工程师	1981-07～1987-05	
梁宇轲	总工程师	1988-03～1990-04	
李秀卿	总工程师	1990-04～1996-12	
张再新	总经济师	1987-05～1992-12	
王克友	总会计师	1988-08～1995-07	
雷耀华	总会计师	1995-07～1996-12	
张兴臣	工会主席	1981-05～1983-04	副书记兼
张西杰	工会主席	1983-05～1987-05	
刘荣波	工会主席	1987-05～1993-07	
王学庆	工会主席	1995-07～1996-12	
贺安钛	团委书记	1981-05～1982-11	
陈　兵	团委书记	1982-11～1983-08	
周朝敏	代理书记	1983-08～1986-09	
林玉杰	团委副书记	1986-09～1988-06	主持工作
李维科	团委副书记	1986-09～1988-06 1988-06～1989-06	 主持工作
陈　雷	团委书记	1991-11～1994-09	
徐　达	团委副书记	1995-04～1996-12	主持工作

五、丹东时期（1997－01～2006－12）

1997年1月，水电六局总部迁入丹东市振兴区。

在此时期，中共水电六局委员会共召开两次党员代表大会，分别选举出第八届（1997年11月～2001年12月）、第九届（2001年12月～2006年12月）委员会。郑应显、李维科、孙洪水、林玉杰分别担任过水电六局局长，陈贵如担任过常务副局长；陈保明、林玉杰分别担任过党委书记。同期担任过副局职领导的有：张再新、张鸿飞、刘云祥、李秀卿、陈兵、王学庆、雷耀华、马英怀、姜明廷、白英贵、刘宝、厉建平、戴占强、李国、于庆波等人。魏立军担任过团委书记；徐达、高天山、徐杰等人分别担任过主持团委工作的团委副书记。

丹东时期行政、党委、工会、团委领导人员情况详见表1－1－8。

表1－1－8　　丹东时期行政、党委、工会、团委领导人情况（1997－01～2006－12）

姓名	职务	任职时间	备注
郑应显	局长	1997－01～1999－04	
李维科	局长	1999－04～2001－06	
孙洪水	局长	2001－06～2004－11	
林玉杰	局长	2004－11～2006－12	书记兼
陈保明	书记	1997－01～1999－04	
林玉杰	书记	1999－04～2006－12	
张再新	副局长	1997－01～1998－11	
陈贵如	副局长 常务副局长	1997－01～2001－06 2001－06～2004－07	
陈兵	副局长	1997－01～1999－04	
林玉杰	副局长	1997－01～1999－04	
白英贵	副局长	1997－12～2006－12	
王学庆	副局长	1999－04～2006－12	
孙洪水	副局长	1999－04～2001－06	
姜明廷	副局长	1999－12～2006－12	
刘宝	副局长	2002－08～2006－12	
戴占强	副局长	2004－02～2006－12	
厉建平	副局长	2004－02～2006－12	

续表

姓　名	职　务	任职时间	备　注
李　国	副局长	2004-02～2006-12	
张鸿飞	副书记	1997-01～1999-04	
李维科	副书记	1997-11～1999-04	
马英怀	副书记	1999-04～2006-12	
张鸿飞	纪委书记	1997-01～1999-04	副书记兼
马英怀	纪委书记	1999-04～2006-12	副书记兼
李秀卿	总工程师	1997-01～1997-12	
孙洪水	总工程师	1999-04～2001-06	副局长兼
戴占强	总工程师	2002-08～2006-12	副局长兼
雷耀华	总会计师	1997-01～2004-02	
于庆波	总会计师	2005-10～2006-12	
王学兵	工会主席	1997-01～1999-04	
陈　兵	工会主席	1999-04～2006-12	
徐　达	团委副书记	1997-01～1999-09	主持工作
魏立军	团委书记	1999-09～2004-05	
高天山	团委副书记	2006-01～2006-05	主持工作
徐　杰	团委副书记	2006-11～2006-12	主持工作

第二章　机　构　设　置

第一节　机关职能机构

一、云峰时期（1958-11～1966-08）

云峰局成立后，于1959年1月确定云峰局机关职能部门共有11个：办公室、人事处、计划财务处（设工程计划科、定额站、财务科）、器材处（设计划财务组、器材科、运输科、机械管理站、长春办事处、北京办事处）、保卫处（设现场保卫科、治安侦查科、警察队、消防队）、施工技术处（设施工技术科、质量检查科、试验室、资料室、安全科）、行政处（设行政科、福利科、房产科）、组织部、宣传部、工会和团委；同年6月，撤销计划财务处，成立财务科；撤销人事处，保留劳动工资科；原教育科、干部科合为人事科；施工技术科改为工程计划科。

1960 年 2 月，成立生产调度室、机电处；4 月成立监察委员会；7 月撤销机电处，成立机电科。1962 年 5 月，撤销办公室，成立秘书科。1963 年 2 月，成立安全质量检查科。1964 年 1 月，云峰局机关职能部门有：秘书科、干部科、教育科、劳动工资科、质量安全科、调度室、技术处、机电处、计划财务处、供应处、行政处、保卫处、党委办公室、组织部、宣传部、武装部、监察委员会、党训班、工会、团委等。1964 年 6 月，成立政治部，下设 1 室 4 处：办公室、组织处、宣教处、干部处、保卫处。同年 4 月，撤销教育科。

云峰时期（1959 年 3 月）组织机构详见图 1-2-1。

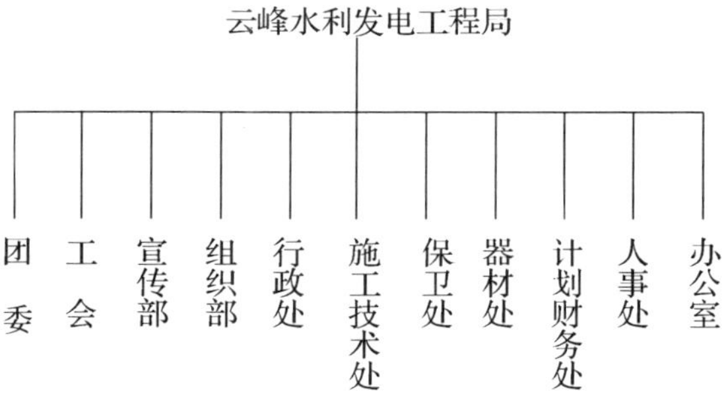

云峰水利发电工程局

团委　工会　宣传部　组织部　行政处　施工技术处　保卫处　器材处　计划财务处　人事处　办公室

图 1-2-1　云峰时期（1959 年 3 月）组织机构

二、渔子溪时期（1966-09～1975-04）

1966 年 9 月搬迁到四川渔子溪电站工地后，云峰局机关职能部门有：生产办公室、行政办公室、管理办公室、政治部、武装部、监委会、工会、团委。1968 年，水电六局成立革委会，机关部门设立办事组、政工组、生产组、武装部、监委会、工会、团委。1969 年 1 月，改为 1 室 3 组，即办公室、政工组、生产组、后勤组，仍保留监委会、武装部、工会、团委。1974 年 5 月，水电六局机关管理部门有革委会办公室、政治部、生产部、后勤部、行政处、人武部。

渔子溪时期（1969 年 1 月）组织机构详见图 1-2-2。

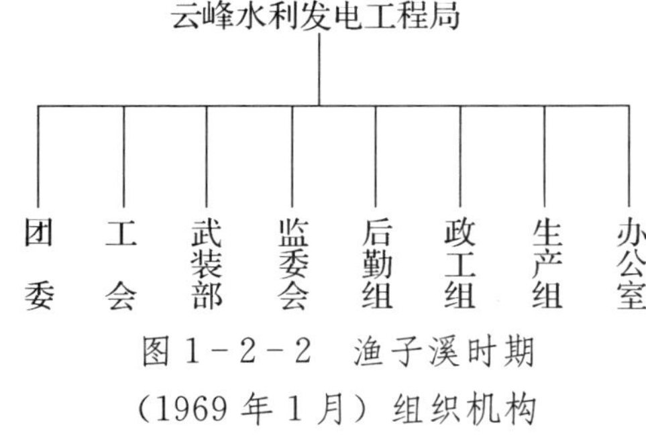

图 1-2-2　渔子溪时期（1969 年 1 月）组织机构

三、太平哨时期（1975-05～1981-04）

1976 年 2 月，水电六局对机关行政管理部门进行了调整，设立了施工技术处、生产调度室、材料供应处、机电设备处、劳动工资科、安全检查科、财务科。1979 年 10 月，水电六局对机关职能部门进行了较大的调整，设置为：行政办公室、技术处、调度室、机电处、供应处、财务处、劳资处、行政处、教育处、保卫处、“五七”办公室、干部处、党委办公室、组织部、宣传部、人民武装部、工会、团委。

1980 年 8 月，增设了质量检查处、卫生处、纪委，撤销了干部处和“五七”办公室。1981 年 1 月，成立了计划处。

太平哨时期（1979 年 10 月）组织机构详见图 1-2-3。

四、太平湾时期（1981-05～1996-12）

1981 年 4 月，水电六局机关搬迁到太平湾。1981 年 9 月，水电六局成立经济警察中

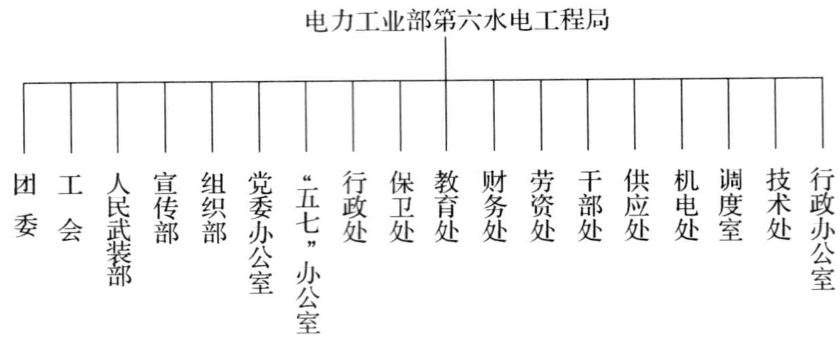

图 1-2-3 太平哨时期（1979 年 10 月）组织机构

队。1982 年 10 月，成立总工程师办公室。1983 年 1 月，成立外事处（同水电六局办公室合署办公）。1983 年 3 月，成立了离退休老干部管理服务处，同年 8 月改为老干部处。1983 年 7 月，成立生活服务公司，撤销行政处；1985 年 2 月，将生活服务公司改回为行政处。1984 年 12 月，成立了离退休职工管理处，老干部处并入离退休职工管理处。1984 年 6 月，保卫处改建为公安处。1984 年 7 月，职工医院和卫生处合并，作为医疗卫生单位称职工医院，作为行政职能机构称卫生处。1984 年 8 月，成立集体经济管理处，与劳动服务公司一套人员，两块牌子；1987 年 3 月，撤销集体经济管理处和劳动服务公司，成立综合企业公司。1984 年 12 月成立水电六局施工研究所、对外经营办公室、企业管理办公室；1986 年 9 月，撤销施工研究所。1987 年 5 月，撤销了企业管理办公室。1985 年 8 月，成立审计处。1986 年 8 月，成立法律顾问处。1987 年 4 月，成立北京办事处。1987 年 5 月，机电处、供应处合并，成立物资管理处。

1988 年 5 月，为适应实行局长负责制的要求，水电六局对机关职能部门进行了较大的调整。调整后的机关行政管理部门设置为：办公室、干部处、财务处、劳资处、技术处、质安处、调度室、计划处、对外经营办公室、教育处、公安处、武装部、离退休职工管理处、审计监察处、企业管理办公室、法律顾问处、行政处、总工程师办公室 18 个部门；机关党群部门设置为党委办公室、组织部、宣传部（下设宣传科、编辑部、电视台）、纪律检查委员会、机关党委、工会（下设办公室、宣传部、生产部、生活部）、团委 7 个部门。

1991 年 4 月，成立了供水供电通讯管理处。

1993 年 4 月，根据水利水电工程总公司的要求，水电六局对机关机构进行了调整，调整后的机关管理部门设置为：水电六局办公室（党委办公室和行政办公室合署办公）、组织部、宣传部、纪检监察处、武装部、机关党委、工会、团委、工程管理处、质量安全处、经营处、总工办、多种经营处、劳动人事处、财务处、审计处、法律顾问处、离退休职工管理处、教育处、档案处 20 个部门。1994 年 12 月，将工程管理处和多种经营处合并，成立工程部。

太平湾时期（1988 年 5 月）组织机构详见图 1-2-4。

五、丹东时期（1997-01～2006-12）

1999 年 5 月，水电六局成立了投标处。

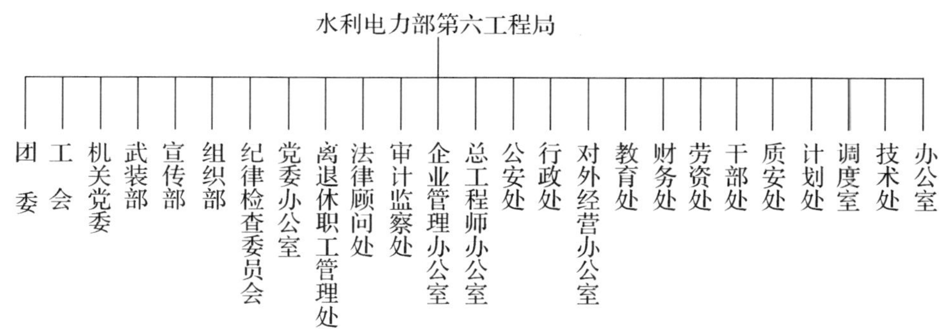

图1-2-4 太平湾时期（1988年5月）组织机构

2001年8月，水电六局对机关机构进行调整，由原来的23个调整为11个，调整后的设置为：局长办公室、财务部、人力资源部、工程开发部、工程管理部、技术开发部、设备管理部、综合管理部、党委工作部、纪检监察审计部、工会。为便于工作，对外保留审计处、安全处、组织部、宣传部称呼。2002年5月，成立安全部、审计部，原纪检监察审计部更名为纪检监察部。2004年，组建新闻中心，归口党委工作部管理。2005年7月，成立国际工程部。2005年12月，撤销综合管理部。2006年11月，组建史志办公室，归口局长办公室管理。

丹东时期2001年8月、2006年12月组织机构分别见图1-2-5、图1-2-6。

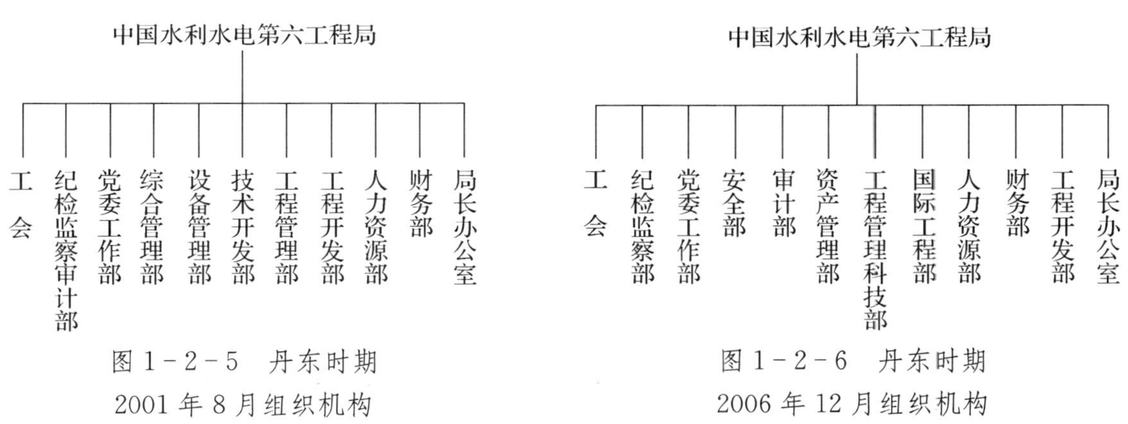

图1-2-5 丹东时期2001年8月组织机构

图1-2-6 丹东时期2006年12月组织机构

第二节 施工单位建制

一、云峰时期（1958-11～1966-08）

1959年1月，云峰局设立4个直属单位：隧洞工区、厂房工区、土建工区和机电修配厂。

1960年2月，撤销机电修配厂，成立机电处；同年8月，将机电处改称为机电厂。1961年7月，将机电厂改回机电处。1960年4月，撤销土建工区，成立土木建筑工程队。1960年9月，撤销厂房工区，成立第一、第二开挖队，撤销直属工程队，与第一开挖队合并。材料供应处运输科改为运输公司，直属工程局。1961年6月，成立砂石料队。

1962 年 5 月，撤销第一、第二开挖队，成立开挖队；撤销机电处，成立机械化站；成立汽车队，6 月，划为机械化站领导；成立灌浆队。1962 年 12 月，成立第三衬砌队；1963 年 12 月，将第二、第三衬砌队合并，成立厂房工程队。1964 年 1 月，云峰局生产单位有第一衬砌队、厂房工程队、开挖队、土建队、砂石料队、机械化站。1964 年 7 月，成立联合加工厂、大粟子工程处；8 月，成立机械修配厂、交通运输队、动力队。1966 年 4 月，第一衬砌队改为第一施工队、厂房工程队改为第二施工队、砂石料队和开挖队合并成立灌浆队。

云峰时期（1959 年 9 月）施工单位组织机构详见图1－2－7。

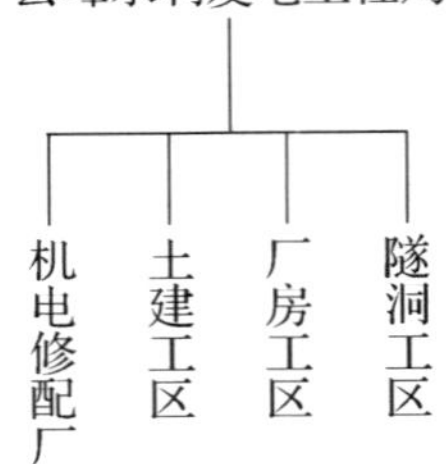

图 1－2－7 云峰时期（1959 年 9 月）施工单位组织机构

二、渔子溪时期（1966－09～1975－04）

1966 年 9 月，云峰局根据工程施工需要设置的施工单位有：第一、第二、第三、第四工程队，土建队，动力队，机械队，钢木加工厂，修配厂，砂石料加工厂。1969 年 4 月，四川红卫电厂归水电六局领导；4 月，基础处理总队二队归水电六局领导；9 月，第五安装工程处归水电六局领导。

1973 年 5 月，水电六局施工单位设置为一大队、二大队、三大队、四大队、安装大队、修配厂、砂石料厂、加工厂、机械队、动力队、映秀湾电厂、渔子溪电厂。1974 年 5 月，成立了基础队、设计队。

渔子溪时期（1966 年 9 月）施工单位组织机构详见图 1－2－8。

三、太平哨时期（1975－05～1981－04）

1976 年 1 月，机械队改为汽车队。1977 年 5 月，水电六局施工单位设置为一大队、二大队、三大队、四大队、汽车队、修配厂、砂石料厂、动力队、土建队、加工厂、安装队。1979 年 10 月，水电六局施工单位设置为：一工区、二工区、修配厂、汽车队、砂石料厂、加工厂、安装队。

太平哨时期（1977 年 5 月）施工单位组织机构详见图 1－2－9。

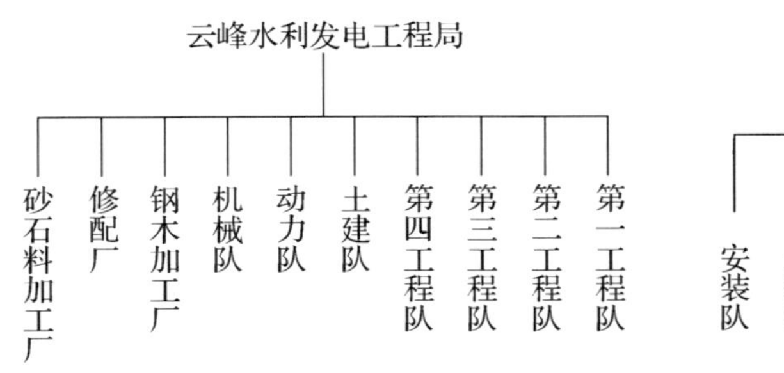

图 1－2－8 渔子溪时期（1966 年 9 月）施工单位组织机构

水利电力部第六工程局

安装队 土建队 砂石料厂 修配厂 加工厂 汽车队 动力队 四大队 三大队 二大队 一大队

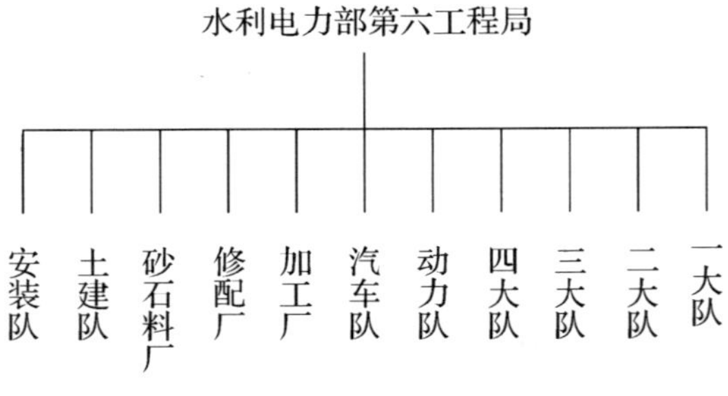

图 1－2－9 太平哨时期（1977 年 5 月）施工单位组织机构

四、太平湾时期（1981－05～1996－12）

1982 年 2 月，水电六局成立水丰电站工程筹备处。1983 年 2 月，成立水丰分局，撤销水丰电站筹备处；将安装队、修配厂、动力队三个单位合并，组建成三工区。1983年8月，部分施工单位改变名称，一工区改称为第一工程处、二工区改称为第二工程处、三工区改称为第三工程处、砂石料厂改称为第四工程处、汽车队改称为汽车运输处。1986年4月，第四工程处与加工厂合并，仍称第四工程处。1987年3月，汽车运输处改称为第五工程处，成立察尔森水库工程指挥部；4月，成立伊拉克巴士拉运河船闸工程指挥部。1989年2月，水丰分局改称为第一工程处。

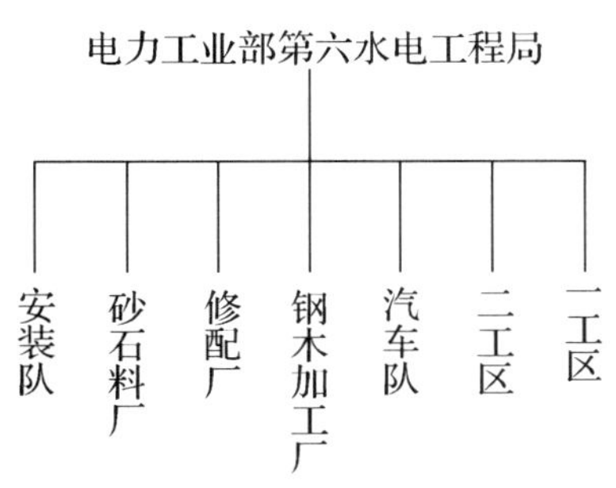

图1-2-10　太平湾时期（1981年5月）施工单位组织机构

1991年6月，水电六局成立十三陵工程项目部，十三陵工程处改称为第六工程处，丰满工程处改称为第一工程处。1994年2月，第三工程处改称为机电安装处。1996年1月，成立万家寨施工局。

太平湾时期（1981年5月）施工单位组织机构详见图1-2-10。

五、丹东时期（1997-01～2006-12）

1997年3月，水电六局将第一、第二、第四、第五、第六工程处，改称为一、二、四、五、六分局，机电安装处改称为机电安装分局。

2002年3月，撤销物资公司和工程公司，成立七分局。2005年1月，将四分局和七分局合并，合并后仍称四分局。2006年10月，水电六局进行内部体制改革，将一、二分局合并，五、六分局合并，直属生产单位为一、二、三分局，机电安装分局，工程公司（建筑工程公司），溪洛渡施工局。

丹东时期（1997年3月、2006年12月）施工单位组织机构分别见图1-2-11、图1-2-12。

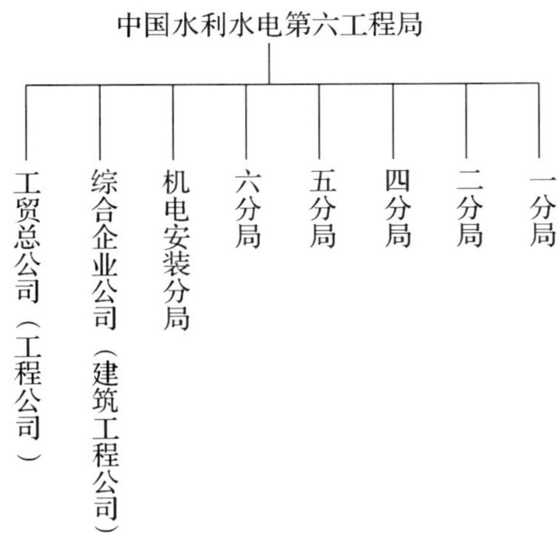

图1-2-11　丹东时期（1997年3月）施工单位组织机构

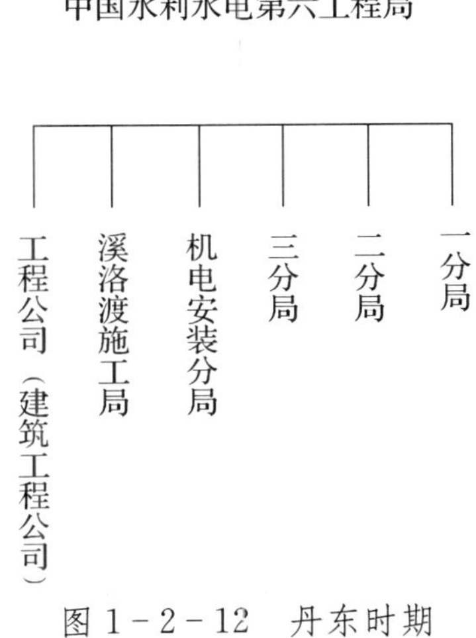

图1-2-12　丹东时期（2006年12月）施工单位组织机构

第三节 其 他 机 构

1959年9月，成立云峰局职工医院。

1960年春，成立云峰局职工子弟学校。1964年7月，成立云峰局技工学校。1966年9月，云峰局迁入渔子溪水电站工地后，根据工程施工的需要，设置成都办事处、云峰办事处。

1973年10月，成立水电六局浑江太平哨电站筹备处。1975年4月，水电六局搬迁到太平哨水电站工地。1976年1月，将职工子弟学校改为第一职工子弟学校、第二职工子弟学校。1978年11月15日，成立第三职工子弟学校。1979年3月，撤销了宽甸办事处，成立了宽甸家属基地管理处。

1981年1月，成立职业中学，1982年4月撤销。1983年3月，成立水电六局党校、劳动服务公司；同年7月，成立生活服务公司，撤销行政处，1985年2月又改称行政处。1984年12月，水电六局成立宽甸县人民法院太平湾法庭，1987年9月撤销。1984年7月，水电六局中心职工医院和卫生处合并，作为医疗卫生单位称职工医院，作为行政职能机构称卫生处。1985年1月，成立太丰实业公司，12月撤销第三职工子弟学校。1987年3月，成立综合企业公司，撤销集体经济管理处。1988年5月，水电六局将卫生处、物资管理处、太平湾家属基地管理处、丹东办事处确定为二级单位，不属于水电六局机关序列。1988年8月，将第一职工子弟学校分离，成立第一中学、第一小学。1989年2月，成立宽甸职工医院。同年12月，成立丹东工贸总公司。

1992年9月，水电六局将行政处、供水供电通讯管理处合并成立太平湾基地管理处。1993年9月，成立高级中学。1995年2月，成立工程建设监理公司。1996年1月，宽甸职工医院更名为宽甸水电医院。1997年8月，成立旅游公司，1999年撤销。1998年8月，成立太平湾医院、宽甸水电医院。

2000年1月，水电六局技工学校转制为职工培训中心，建立丹东市第十四国家职业技能鉴定所；8月，第二中学（含小学）正式移交给宽甸县政府。2001年8月，武装部并入公安处，公安处、离退休职工管理处纳入局直属事业单位管理，不在水电六局机关序列。2001年10月，公安处正式移交给丹东市公安局，武装部分离回水电六局，结束了水电六局的公安编制。2006年10月，水电六局进行内部体制改革，直属其他单位确定为太平湾基地管理处、宽甸基地管理处、丹东基地管理部、保卫处（武装部）、中心医院（含太平湾医院和宽甸水电医院）、离退休职工管理处、职工培训中心、第一小学、第一中学、北方监理公司；12月，水电六局第一小学、第一中学移交丹东市振安区政府，结束了水电六局长达40多年的办学历史。

丹东时期1997年1月、2006年12月其他组织机构分别见图1-2-13、图1-2-14。

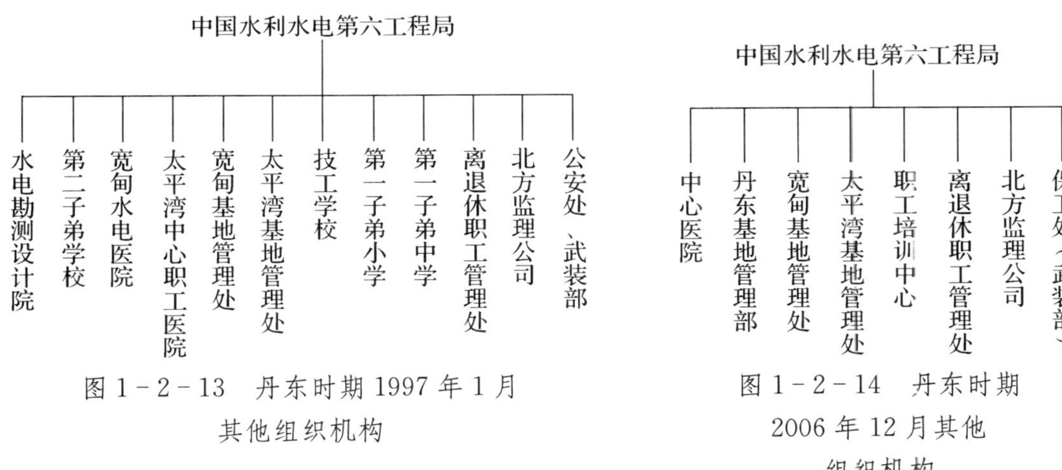

图 1－2－13 丹东时期 1997 年 1 月其他组织机构

图 1－2－14 丹东时期 2006 年 12 月其他组织机构

第三章 职 工 队 伍

第一节 创建时期（1958～1966 年）

1958 年建局时，云峰局有职工 278 人。随后，吉林省政府从全省各行各业调入大批干部和工人。到 1959 年底，全局职工已达 4558 人。1962 年 3 月，水电部决定将 1961 年从永定河工程局抽调支援云峰电站建设的 1600 多人划归云峰水电工程局。1962 年 5 月，又决定将白山工程留守处的 200 人划归云峰水电工程局。大批有施工经验的党、政、技术干部和工人调到云峰局，使云峰局的施工能力和施工水平得到了很大提高。到 1965 年云峰水电站第一台机组并网发电时，云峰局职工已达 6006 人，其中工人 5377 人、干部 629 人（干部中工程技术人员有 222 人）。工种基本配套，工人中有建筑工 4068 人，机械运转工 429 人，机械检修工 569 人。劳动生产率已达 3584 元/人。

1958～1966 年创建时期水电六局人员编制情况详见表 1－3－1。

表 1－3－1　　1958～1966 年创建时期水电六局人员编制情况

年份	人员编制（人）			年份	人员编制（人）		
	工　人	管理人员	合　计		工　人	管理人员	合　计
1958	211	67	278	1963	5677	614	6291
1959	4144	414	4558	1964	6237	659	6896
1960	5529	534	6063	1965	5377	629	6006
1961	4542	546	5088	1966	6922	370	7292
1962	4731	555	5286				

第二节 调整和恢复时期（1967～1985年）

1966年6月25日，水电部水电建设总局指令渔子溪水电站由云峰水电工程局承担施工任务。1966年8月，云峰局施工队伍开始向四川渔子溪水电站工地转移。期间，云峰局更名为水利电力部第六工程局。1975年12月，水电六局圆满完成了渔子溪水电站建设任务。同时，水电六局还派出队伍参加了四川汶川映秀湾水电站、陕西石泉电站、西藏羊八井电站建设。1963年起，云峰局（水电六局）开始招收子弟参加工作，据不完全统计，先后共有3000多名子弟被充实到水电六局各个岗位。

在20世纪的60年代和70年代，水电六局还派出工程技术和施工人员前往阿尔巴尼亚、突尼斯、索马里等国家，参与承建了国外的水电站建设。1970年，职工人数达到11759人，为历史职工人数最高时期。

1973年9月～1985年，水电六局施工队伍陆续转战辽宁省丹东地区，在辽东大地上，先后承担了太平哨、太平湾和长甸水电站（水丰水电站扩建工程）的建设任务。与此同时，水电六局还先后派出工程技术人员和施工队伍参加了辽宁清河电厂、吉林红石电站等工程建设。太平哨水电站工程后期（1980年底），水电六局职工队伍为9539人。1983年、1984年两年，水电六局选送405名优秀青年职工到大中专院校学习，后来这些毕业生基本都成为水电六局的局、处两级骨干力量。

1967～1985年调整和恢复时期水电六局人员编制情况详见表1-3-2。

表1-3-2　　1967～1985年调整和恢复时期水电六局人员编制情况

年份	人员编制（人）			年份	人员编制（人）		
	工　人	管理人员	合　计		工　人	管理人员	合　计
1967	6756	401	7157	1977	8402	1113	9515
1968	6631	585	7216	1978	9301	1004	10305
1969	9215	895	10110	1979	8788	1312	10100
1970	10259	1500	11759	1980	8254	1285	9539
1971	9867	1568	11435	1981	8679	1280	9959
1972	9693	1901	11594	1982	8947	1287	10234
1973	8756	1743	10499	1983	8877	1318	10195
1974	8649	1698	10347	1984	8304	1717	10021
1975	7849	1152	9001	1985	8232	1770	10002
1976	8683	1030	9713				

第三节 经济体制改革时期（1986～2006年）

在经济体制改革时期，水电六局职工队伍有了长足的进步。1988年，水电六局职工队伍为10065人，劳动生产率已达8975元/（人·年）。

2000年后，水电六局每年招聘大中专毕业生从100多人增加到300多人。2005年，水电六局实施人才战略发展规划（2005～2008年）。实施人才发展“3312”工程，即培养30名局级决策层管理人员，300名部门主任、分局长及项目经理、高级工程师等高级管理人员；1000名业务主任、专业技术骨干、技术带头人和2000名包括高级技师在内的技术操作能手。2006年，水电六局完成26个工种546人的职业培训与技能鉴定工作；水电六局与三峡大学签约实施工程硕士培养计划，录用工作业绩突出的优秀工程技术管理骨干17人，采取“进校不离岗”的方式，接受水利工程、管理工程专业教育；2006年招收录用大中专毕业生179人。

随着国家停止招工和自然减员，2006年，水电六局职工人数锐减到6230人，其中工人4315人、管理人员有1915人。拥有各类专业技术人员1630人，其中教授级高级工程师11人、高级工程师101人、工程师295人、助理工程师和技术员451人。拥有一级建造师和一级项目经理近百人。拥有各类技能人才4253人，其中高级技师53人、技师400人、高级工970人、中级工2812人。学历结构：本科及以上学历的323人，占专业技术人员的20%；专科学历848人，占专业技术人员的52%；中专及高中学历的占28%。劳动生产率已达223600元/（人·年）。

1986～2006年经济体制改革时期水电六局人员编制情况详见表1-3-3。

表1-3-3 1986～2006年经济体制改革时期水电六局人员编制情况

年份	人员编制（人）			年份	人员编制（人）		
	工 人	管理人员	合 计		工 人	管理人员	合 计
1986	8214	1799	10013	1997	6149	1477	7626
1987	8219	1789	10008	1998	5296	1703	6999
1988	8342	1723	10065	1999	5372	1599	6971
1989	8247	1653	9900	2000	5135	1692	6827
1990	8224	1626	9850	2001	5150	1470	6620
1991	8184	1614	9798	2002	4908	1568	6476
1992	7868	1572	9440	2003	4695	1653	6348
1993	7278	1869	9147	2004	4754	1630	6384
1994	7173	1821	8994	2005	4418	1983	6401
1995	6803	1819	8622	2006	4253	1977	6230
1996	6200	1745	7945				

第二篇　水利水电工程

第二篇　水利水电工程

第一章　概　　况

水电六局是在“大跃进”时代诞生的。1958年11月1日，水电六局正式成立（云峰局)。云峰局职工来自于中央国家机关、吉林省机关事业单位、吉林省厂矿企业，以及密云、官厅、海河、永定河等水利水电工地，这些来自祖国四面八方的建设者们，云集云峰水电站建设工地，从此踏上了共和国的水电建设之路。

根据中朝两国协议，云峰水电站由两国共同兴建，电站大坝由朝方施工，电站引水系统和发电厂房由中方的云峰局施工，水电六局成为国内较早地进行水电工程地下隧洞施工的企业。当时的施工和生活条件相当艰苦：总长1534.4米、洞径8.6米的2条引水洞，是建设者用风镐一点点开挖下来的；30多万米^{3}的洞挖石渣，是建设者用矿斗车一车车推出来的。云峰水电站，是中朝两国在界河鸭绿江上合作（合资）建设水电站的第一个成功范例，是水电六局向伟大祖国奉献的第一颗璀璨明珠。

“文化大革命”时期，云峰局的建设者千里迢迢挺进大西南，在巴山蜀水承担四川省渔子溪水电站建设。在动乱的年代，水电六局经受了严峻的考验，广大干部、工人坚持“抓革命，促生产”，将当时我国最长的引水隧洞（8249米）打通，显示了水电六局施工队伍在地下工程施工中的优势和特长。从此，水电六局地下工程施工威名远扬。在此期间，水电六局还抽调精干队伍，前往四川映秀湾水电站工地支援兄弟单位的电站建设。

20世纪70年代，水电六局又回师东北，相继承担辽宁的太平哨水电站、太平湾水电站和长甸水电站建设。在这3座电站施工中，建设者们艰苦奋斗，再接再厉，连续创造了“开工三年，电站首台机组投产发电”的骄人战绩，为我国水电建设队伍如何加快水电工程建设速度，缩短电站建设工期，走出了一条成功之路。在太平湾水电站工程施工过程中，水电六局加工厂等单位，曾组织施工队伍前往吉林省红石水电站（由水电一局承建）工地，支援红石水电站建设。

随着太平湾水电站和长甸水电站工程建设的先后竣工，水电六局步入了改革开放时代。经过世纪之交的阵痛，水电六局在经营管理体制改革、参与市场竞争的道路上，进行了大胆的探索，不断地完善自身，不断地发展壮大，施工能力不断增强。水电六局施工队伍的足迹遍布祖国大江南北。在内陆，在边陲，在东北、华北、华东、中南、西南等各省区，水电六局向祖国人民奉献了200多个各种规模的水利水电工程、市政工程、路桥工程和工民建工程。

在48年的奋斗历程中，由水电六局参加主体工程建设的莲花水电站工程荣获鲁班奖；太平哨水电站、溪洛渡水电站、宜兴抽水蓄能电站等工程荣获国家和省部级科技进步奖；察尔森水库、万家寨水利枢纽（发电厂房）等工程，被评为省部级优质工程。

改革开放和市场经济逐步深化，建筑市场实行投标竞争，在给水电六局带来巨大压力的同时，也给水电六局锻炼施工队伍、提高管理水平、加强施工能力，提供了广阔的发展空间和难得的机遇。

水电六局经过48年的锻炼成长，特别是经过改革开放近30年的洗礼，在承揽工程和工程管理方面，都取得了一定的成绩和进步，逐步实现了历史性的转变。从最初的只能承担1个工程的部分主体工程（如云峰水电站），到可以独立完成1个工程（如渔子溪水电站、太平哨水电站），再到可以同时承担2个工程（如太平湾和长甸2座水电站）或更多工程项目（20世纪90年代）。进入21世纪，水电六局又有了进一步发展，不仅是水电六局，就是水电六局的二级施工单位（各分局），也能做到同时承担2个或更多的工程项目。

经过48年的打拼，水电六局在地下工程施工、地下储油和储气库工程施工、机电安装和金属结构制作安装工程、风电工程建设中，均创出了具有专业特长和独特优势的品牌。

第二章　工　程　录

从1958年水电六局建局开始，到1990年长甸水电站（水丰水电站扩建工程）竣工，水电六局先后独立承建了5座水电站，分别是云峰水电站、渔子溪水电站、太平哨水电站、太平湾水电站和长甸水电站。

1985年1月23日，水电六局与大连经济技术开发区签订的凤凰山净水厂土建工程合同，是水电六局进入市场经济后签订的第一份工程承包合同。从这一刻起，标志着水电六局已正式进入市场经济阶段。在此后的20年间，水电六局独自承担或参加主体工程建设的大中型并具有一定代表性的已建和在建工程项目（其施工产值均在2000万元以上）主要有：东北地区的大连净水厂土建工程、锦西化工总厂热电站厂房和水源工程、丰满水电站扩建工程（二期、三期扩建工程，反调节水库工程）、本溪观音阁水库工程、察尔森水库工程、防洪护堤工程（盘锦、丹东和朝阳三城市）、松山引水溢洪道工程、莲花水电站工程、白山抽水蓄能泵站工程、大伙房水库输水（一期、二期）工程、大顶子山航电枢纽工程、蒲石河抽水蓄能电站工程、云峰水电站大坝加固工程、富地营子水库工程、金哨水利枢纽工程、磨盘山水库供水工程、双沟水电站工程；华北地区的十三陵抽水蓄能电站工程、万家寨水利枢纽工程、山西省引黄总干线国际Ⅰ标土建工程、尼尔基水利枢纽工程、桃林口水库工程（骨料生产）、大黑汀水库大坝加固工程；中南地区的黄河小浪底水利枢纽工程、长江三峡水利枢纽对外交通公路工程；华东地区的宁波石油液化储气库工程、宜兴抽水蓄能电站工程、临淮岗（主坝姜南段）洪水控制工程、合（肥）芜（湖）高速公路立交桥工程、街面水电站工程；西南地区的溪洛渡水电站工程、小湾水电站工程、紫坪铺水电站工程、索风营水电站工程、构皮滩水电站工程、思林水电站工程、团坡水电站工程、江口水电站工程、鱼剑口水电站工程、马岩洞水电站工程、漫水湾邛海支渠工程、天龙湖水电站工程、冲江河水电站工程、过军渡水电站工程、糯扎渡水电站工程、马鹿塘水电站工程、戈兰滩水电站工程、鱼塘水电站工程等。

1958～2006年水电六局已建和在建的大中型和小型水电工程、水利工程、抽水蓄能电站工程及水电工程装机容量情况分别见表2-2-1～表2-2-5。

表2-2-1　　1958～2006年水电六局已建和在建的大中型水电站工程情况

序号	工程项目	开工时间	竣工时间	施工总产值（万元）	装机台数	总装机容量（万千瓦）	年平均发电量（亿千瓦时）	获奖评优情况	备注
1	云峰水电站	1959-09	1967-04	32353.00	4	40	17.5		已建
2	渔子溪水电站	1966-09	1975-12	17300.00	4	16	9.6		已建
3	太平哨水电站	1976-10	1982-12	23123.00	4	16.1	4.30		已建
4	太平湾水电站	1982-10	1990-12	51489.54	4	19	7.7	1号机组安装获水利电力部二级优质工程奖	已建
5	长甸水电站（水丰扩建）	1985-09	1990-12	18557.00	2	7.5			已建
6	丰满电站二期工程	1988-03	1993-12	8107.69	2	17			已建
7	小浪底前期工程	1991-09	1995-12	10469.24	6	180			已建
8	莲花电站混凝土拌和系统及其他	1992-04	1993-09	1226.30	4	55			已建
9	两江泄洪洞工程	1993-07	1995-11	1062.27	3	6			已建
10	莲花电站混凝土生产工程	1993-12	1999	9640.77	4	55			已建
11	小浪底主体工程	1994	2000-01	6861.04	6	180			已建
12	丰满电站三期扩建工程（土建）	1994-04	2000-11	23341.45	2	28			已建
13	莲花溢洪道工程	1994-05	1999-08	14400.26	4	55		2001年鲁班奖	已建
14	万家寨水利枢纽发电厂房工程（二标）	1996-06	2001-03	28580.17	6	108		2005年中国水利工程优质奖	已建
15	金哨水利枢纽引水发电系统土建工程	2001-04	2002-10	3322.65	2	8.4	2.29		已建

续表

序号	工程项目	开工时间	竣工时间	施工总产值（万元）	装机台数	总装机容量（万千瓦）	年平均发电量（亿千瓦时）	获奖评优情况	备注
16	江口水电站引水发电系统主体工程	2000-11	2004-08	4588.73	3	30			已建
17	四川岷江紫坪铺水利枢纽导流隧洞土建工程	2001-04	2002-10	3175.82	4	76	34.17		已建
18	重庆鱼剑口输水洞二标段工程	2001-09	2004-09	2975.26	3	6			已建
19	尼尔基水利枢纽砂石料及混凝土拌和工程	2001-09	2005-09	27452.97	4	25			已建
20	马鹿塘水电站一期工程首部枢纽取水闸、冲沙闸、右岸非溢流坝土建工程	2001-11	2004-03	1099.56	2	5			已建
21	天龙湖水电站厂区枢纽工程三标地下厂房工程	2001-11	2004-05	4155.07	3	18			已建
22	重庆藤子沟水电站导流洞工程	2001-12	2002-10	700.55	2	7			已建
23	尼尔基水利枢纽发电厂房及变电站土建工程	2002-01	2005-12	29740.76	4	25		水电集团公司2006年度优质工程	已建
24	马鹿塘水电站一期工程引水隧洞(0+24.77～3+435.43段）土建工程	2002-03	2004-08	1630.14	2	5			已建
25	云峰水电站挡水坝下游面及坝顶加固工程	2002-03	2004-08	5388.55	4	40			已建
26	小湾水电站右岸缆机基础及1000米高程以上坝基开挖、支护地下排水系统工程	2002-03	2005-08	3352.07	6	420			已建

续表

序号	工程项目	开工时间	竣工时间	施工总产值（万元）	装机台数	总装机容量（万千瓦）	年平均发电量（亿千瓦时）	获奖评优情况	备注
27	尼尔基水利枢纽溢洪道土建工程	2002－04	2004－11	12800.10	4	25			已建
28	文山马鹿塘水电站一期（100兆瓦）工程首部枢纽大坝土建工程（1～7号坝段及导、截流工程）	2002－09	2004－06	1123.20	2	5			已建
29	乌江索风营电站引水发电系统土建工程	2002－09	2006－04	23523.60	3	60			已建
30	小湾电站右岸500千伏开关楼交通洞及出线场边坡清理工程	2003－03	2004	3116.61					已建
31	尼尔基水利枢纽副坝土建工程（右副坝Ⅰ标）	2003－05	2006－11	1404.19	4	25			已建
32	（四川）三棵树水电站引水工程	2003－07	2005－01	2411.66	3	4.95			已建
33	尼尔基金结安装工程第二标段进水口、导流系统和尾水闸门及启闭机安装工程	2003－07	2006－09	562.73	4	25			已建
34	小湾电站右岸500千伏地面开关楼土建工程	2003－09	2004	3734.15					已建
35	贵州芙蓉江鱼塘水电站导流隧洞工程	2003－11	2004－08	3178.13	2	7.5			已建
36	贵州芙蓉江鱼塘水电站导流隧洞工程	2003－11	2004－08	3864.07	2	7.5			已建
37	贵州芙蓉江鱼塘水电站引水发电系统土建工程	2003－12	2006－01	1659.66	2	7.5			已建

续表

序号	工程项目	开工时间	竣工时间	施工总产值(万元)	装机台数	总装机容量(万千瓦)	年平均发电量(亿千瓦时)	获奖评优情况	备注
38	戈兰滩水电站工程右岸导流洞土建及金属结构安装工程Ⅰ标段	2004-02	2006-01	3256.50	3	45			已建
39	重庆鱼剑口水电站引水系统工程Ⅰ标段主洞剩余工程	2004-03	2004-09	1056.55	3	6			已建
40	云南金沙江金安桥水电站3号渣场防护及排水工程	2004-03	2005-04	511.89					已建
41	四川凉山州美姑河柳洪水电站引水隧洞工程一标段	2004-03	2006-10	1863.63	3	18			已建
42	贵州乌江索风营水电站引水发电系统闸门及启闭机设备安装工程	2004-03	2006-06	344.88	3	60			已建
43	溪洛渡场内交通工程右岸围堰支线部分工程	2004-05	2004-09	549.65	18	1260			已建
44	云南澜沧江糯扎渡水电站火烧寨沟排水洞工程	2004-08	2006-04	3899.64	9	585	239		已建
45	鱼塘电站厂房工程	2005-04	2006-07	545.63	2	7.5			已建
46	云南糯扎渡水电站火烧寨沟右侧存渣公路	2005-05	2006-04	1464.27	9	585	239		已建
47	鱼塘电站厂房尾水渠河道疏浚工程	2005-09	2006-07	564.95	2	7.5			已建
48	鱼塘电站溢洪道海漫工程	2005-11	2006-05	422.45	2	7.5			已建
49	鱼塘电站溢洪道处理及其他工程	2006-07	2006-08	467.05	2	7.5			已建
50	黑河富地营子水库工程	1999-08	2002-10	3871.66	2	1.26			已建

续表

序号	工程项目	开工时间	竣工时间	施工总产值（万元）	装机台数	总装机容量（万千瓦）	年平均发电量（亿千瓦时）	获奖评优情况	备注
51	福建街面水电站引水发电系统工程	2004－04		11381.81	2	30			在建
52	云南硕多岗河冲江河（扩容）水电站厂区枢纽及高压引水隧洞土建工程	2004－05	2006－09	3040.99	2	4.8	1.7475		已建
53	溪洛渡导流洞工程与电站进水口开挖工程CⅠ标	2004－07		33030.31	18	1260	571.2		在建
54	溪洛渡导流洞工程与电站进水口开挖工程CⅢ标	2004－07		30923.68	18	1260	571.2		在建
55	（海南省三亚）大隆水利枢纽右岸三通一平工程	2004－08	2005－03	1231.36					已建
56	松花江大顶子山航电枢纽工程土建A标段工程	2004－09		44390.62	6	1.1			在建
57	松江河梯级电站双沟水电站压力管道及发电厂房系统土建工程	2004－10		4096.40	2	14	3.868		在建
58	重庆市郁江马岩洞水电站临建工程施工支洞及相应出渣路工程	2004－11	2005－12	561.78	3	6.6			已建
59	乌江构皮滩水电站发电系统建筑与金属结构设备安装工程	2005－02		5665.18	5	300			在建
60	团坡水电站厂房土建工程	2005－04		2631.46	3	8			在建
61	团坡水电站引水隧洞1＋595.00～3＋285.00桩号段土建工程	2005－07		1977.13	3	8			在建

续表

序号	工程项目	开工时间	竣工时间	施工总产值（万元）	装机台数	总装机容量（万千瓦）	年平均发电量（亿千瓦时）	获奖评优情况	备注
62	马岩洞水电站引水发电系统土建工程（Ⅲ标段厂房）	2005－07		1817.00	3	6.6			在建
63	马岩洞水电站引水发电系统土建工程（Ⅱ标段引水隧洞）	2005－08		2159.00	3	6.6			在建
64	乌江思林水电站引水发电系统土建工程	2005－12		3652.74	4	105	40.64		在建
65	溪洛渡右岸地下电站1号尾水洞下段建安工程	2006－06		707.91	18	1260	571.20		在建
66	溪洛渡右岸地下电站6号尾水洞下段建安工程	2006－06		53.11	18	1260	571.20		在建
67	糯扎渡水电站进场公路改建工程	2006－08		506.89	9	585	239.00		在建
68	松花江大顶子山航电枢纽工程CⅡ标段	2006－09		715.78	6	6.6			在建
69	松江河梯级电站石龙水电站大坝及施工导流土建工程	2006－09		222.66	2	3.5			在建
70	北盘江董箐水电站引水系统工程	2006－11		230.00	4	88	30.26		在建

表2－2－2　1958～2006年水电六局已建和在建小型水电站工程情况

序号	工程项目	开工时间	竣工时间	施工总产值（万元）	装机台数	总装机容量（万千瓦）	年平均发电量（亿千瓦时）	获奖评优情况	备注
1	临江聚宝溢洪道工程	1996－05	2002－10	1720.94	2	2			已建
2	临江聚宝电站大坝工程	1996－05	2000－02	762.80	2	2			已建
3	桓仁西江电站土建工程	1997－07	1999	2284.46					已建

续表

序号	工程项目	开工时间	竣工时间	施工总产值（万元）	装机台数	总装机容量（万千瓦）	年平均发电量（亿千瓦时）	获奖评优情况	备注
4	桓仁西江电站5号机扩建工程	1997-11	1999-08	976.39					已建
5	重庆武隆大溪河三级水电站土建工程	2002-01	2003-04	2222.39	2	2			已建
6	云南南汀河工程引水洞	2003-01	2004-06	650.20					已建
7	四川省凉山州苏家湾水电站工程Ⅱ标（引水系统工程）	2004-02	2005-11	1125.43	2	0.5			已建
8	凤城市边沟电站工程	2004-11	2005-11	613.22	4	0.252			已建
9	吉林双河电站大坝、进水塔工程	2000-04	2002	2006.43	3	1.2			已建
10	吉林双河电站厂房及压力管道工程	2001-05	2002	322.23	3	1.2			已建
11	西藏日喀则地区岗巴县昌龙电站工程	2002-10	2004-10	662.32	2	0.036			已建
12	西藏洛隆县加玉桥水电站工程	2003-07	2005-05	422.01	2	0.064			已建
13	西藏芒康县格朗西水电站工程	2003-09	2005-12	476.72	2	0.04	0.021		已建
14	西藏昌都地区芒康县通古水电站工程	2003-09	2005-12	258.92	2	0.015			已建
15	西藏昌都地区芒康县尼增水电站工程	2003-09	2005-12	405.78	2	0.032			已建

表 2-2-3　　1958～2006 年水电六局已建和在建水利工程情况

序号	工程项目	开工时间	竣工时间	施工总产值（万元）	装机台数	总装机容量（万千瓦）	年平均发电量（亿千瓦时）	获奖评优情况	备注
1	察尔森水库工程	1987-05	1990-12	3922.33	4	1.28	0.27	当年全国十大优质工程之一	已建
2	观音阁水库工程	1987-06	1995-12	14319.20					已建
3	国哈水利枢纽工程	1991-05	1991-10	483.67					已建
4	桃林口骨料生产工程	1993-02	1997-12	4631.84	2	2	0.6275		已建
5	太平湾水电站沿江防护堤工程	1996-01	1996-10	1373.00					已建
6	山西省万家寨引黄总干线国际工程Ⅰ标（土建工程）	1997-09	2001-04	25075.31					已建
7	松山引水溢洪道工程	1998-06	2000-08	4597.46					已建
8	垣曲后河水库工程	1998-07	2000-05	699.57					已建
9	引黄工程 1～3 号隧洞遗留工程	1998-07	2001-09	1351.87					已建
10	河北迁西大黑汀水库溢流面修补一期工程	1999-10	2001-12	1702.43					已建
11	盘锦城市防洪工程	2000-03	2003-09	1894.96					已建
12	嫩江都尔本新防洪工程（原 552.02）	2000-04	2000-07	310.08					已建
13	哈尔滨市城区堤防消险加固截渗工程	2000-05	2000-07	472.89					已建
14	引黄工程总干沙茆东、西沟渡槽及相关土建工程	2000-07	2002-10	1862.53					已建
15	丹东市五道河—二潮沟防洪墙工程二标段	2000-09	2001-06	311.93					已建

续表

序号	工程项目	开工时间	竣工时间	施工总产值（万元）	装机台数	总装机容量（万千瓦）	年平均发电量（亿千瓦时）	获奖评优情况	备注
16	北京市永定河滞洪水库工程	2000-12	2001-07	1683.80					已建
17	哈尔滨市城区段上坞外滩清淤疏浚工程	2001-01	2001-03	429.62					已建
18	安徽省铜陵县东联圩江堤堤防加固工程Ⅰ标	2001-03	2003-08	437.38					已建
19	金哨水利枢纽引水发电系统土建工程	2001-04	2002-10	3322.65					已建
20	引黄总干一、二级泵站地下厂房装饰工程及主厂房顶拱吊钢架工程	2001-04	2002-12	1253.97					已建
21	安徽铜陵县西联圩堤防加固工程	2001-05	2003-08	434.74					已建
22	大连英那河工程	2001-05	2002-12	346.89					已建
23	乌兰浩特市城市防洪工程	2001-06	2003-10	557.25					已建
24	河北迁西大黑汀水库闸墩裂缝应急加固工程	2001-06	2002-06	550.40					已建
25	河北迁西大黑汀水库溢流面修补二期工程	2001-08	2002-07	863.86					已建
26	引黄工程总干一、二级泵站厂外清水系统土建、通风机房及4号洞相关工程	2001-08	2002-12	851.45					已建
27	丹东市东坎子防洪墙工程	2001-09	2002-07	1280.78					已建
28	长春市东排洪沟防洪工程	2001-09	2001-11	1963.00					已建
29	察尔森水库除险加固遗留工程	2001-10	2002-10	1134.70					已建

续表

序号	工程项目	开工时间	竣工时间	施工总产值(万元)	装机台数	总装机容量(万千瓦)	年平均发电量(亿千瓦时)	获奖评优情况	备注
30	山西省万家寨引黄工程总干线一级泵站主交通洞口高边坡处理工程	2001－12	2002－10	502.05					已建
31	山西省万家寨引黄工程总干线二级泵站主交通洞建筑物工程	2001－12	2004－12	1151.03					已建
32	福州市闽江北港南岸建新防洪堤工程	2002－03	2002－07	415.14					已建
33	松江河水电站导流洞封堵工程	2002－03	2002－07	647.66					已建
34	四川漫水湾邛海支渠工程	2002－06		8245.12					在建
35	朝阳大凌河防护堤工程	2002－09	2003－12	4604.22					已建
36	大伙房输水工程7、8号施工支洞土建工程	2002－09	2003－12	691.35					已建
37	丰满三期扩建永庆反调节水库右岸土建工程	2002－09	2005－10	7886.57				水电集团公司2006年度优质工程	已建
38	呼伦贝尔市国际界河护岸续建工程	2002－11	2003－06	448.69					已建
39	临淮岗洪水控制工程主坝姜南段工程	2002－12	2006－05	4514.96				水电集团公司2006年度优质工程	已建
40	嫩江堤防白沙滩险工护岸续建工程	2002－12	2004－09	985.24					已建
41	通辽市吐尔基山水库除险加固工程(Ⅰ标)	2002－12	2003－12	1092.13					已建
42	哈尔滨市磨盘山水库导流洞、溢洪道、输水洞、取水塔和金属结构工程	2003－03	2005－10	467.63					已建

续表

序号	工程项目	开工时间	竣工时间	施工总产值（万元）	装机台数	总装机容量（万千瓦）	年平均发电量（亿千瓦时）	获奖评优情况	备注
43	嫩江右岸省界堤防工程泰来县胜利排水闸工程	2003-05	2004-06	494.99					已建
44	磨盘山水库供水工程	2003-05	2006-11	4491.89					已建
45	江西省滨田水库主坝防渗工程	2004-05	2004-12	647.18					已建
46	鄱阳湖区二期防洪工程（混凝土护坡、抛石固脚、堤肩线）	2004-05	2005-10	686.69					已建
47	鸭绿江干流（中国侧）丹东地区防洪护岸花园河回水堤工程	2004-09	2006-11	769.60					已建
48	四川省遂宁市过军渡水利枢纽（电站）工程（一期）	2004-09	2005-12	2696.50					已建
49	临淮岗洪水控制工程坝顶路及防浪墙工程	2005-09	2006-05	1598.98					已建
50	沈阳东陵浑北拦河坝修复工程Ⅱ标段	2005-09	2006-06	621.96					已建
51	临淮岗洪水控制工程南副坝坝顶防汛道路工程	2006-10	2006-11	301.06					已建
52	宁波市白溪水库引水工程隧洞十标（白岩支洞）工程	2003-06		1828.25					在建
53	云南通海县杞麓湖综合治理调蓄水隧洞工程	2003-08		508.58					在建
54	辽宁省大伙房水库输水工程 D&B3 施工段	2003-09		7177.36					在建
55	万家寨引黄工程北干线1号隧洞前期准备工程	2003-12		1242.75					在建

续表

序号	工程项目	开工时间	竣工时间	施工总产值（万元）	装机台数	总装机容量（万千瓦）	年平均发电量（亿千瓦时）	获奖评优情况	备注
56	云南省弥勒县虹溪排洪隧洞第一标段工程	2004-01		920.34					在建
57	南水北调中线京石段应急供水工程唐河倒虹吸项目施工第一标段工程	2004-09		5175.49					在建
58	辽宁省大伙房水库输水工程六河段工程	2004-09		2148.48					在建
59	慈溪市汤浦水库引水工程输水隧洞工程（Ⅱ标）	2004-11		1631.21					在建
60	云峰发电厂大坝上游面加固补强工程	2005-05		3351.10					在建
61	（丹东市）东坎子二期防洪护岸工程	2005-05		719.89					在建
62	四川省遂宁市过军渡水利枢纽（电站）工程左岸冲砂闸土建及金属结构安装等工程（二期）	2005-08		2559.28					在建
63	安徽省涡河蒙城枢纽土建、金属结构及电气设备安装工程	2005-11		950.02					在建
64	亚行贷款吉林市城市防洪工程第五合同段	2006-04		480.12					在建
65	亚行贷款吉林市城市防洪工程第二合同段	2006-04		445.26					在建
66	大伙房水库输水（二期）工程取水头部及输水隧洞工程	2006-08		350.51					在建
67	大伙房水库输水（二期）工程取水头部及输水隧洞工程第二标段合同	2006-08		136.85					在建

表 2-2-4　　1958～2006 年水电六局已建和在建抽水蓄能电站工程情况

序号	工程项目	开工时间	竣工时间	施工总产值（万元）	装机台数	总装机容量（万千瓦）	年平均发电量（亿千瓦时）	获奖评优情况	备注
1	十三陵抽水蓄能电站地下厂房及尾水系统	1990-12	1995-09	24735.77	4	80			已建
2	白山抽水蓄能泵站砂石筛分和拌和系统工程	1999-04	2006-05	2364.17	2	30			已建
3	白山抽水蓄能泵站进水口土建工程	2002-10	2005-11	3559.09	2	30			已建
4	白山抽水蓄能泵站工程进水口左岸山体防护工程	2003-09	2005-06	511.11	2	30			已建
5	江苏宜兴抽水蓄能电站引水系统及地下厂房工程	2003-07		34893.46	4	100		全国焊接协会 2007 年度优秀焊接一等奖	在建
6	蒲石河抽水蓄能电站混凝土骨料筛分系统建设及运营	2004-10		618.47	4	120			在建
7	蒲石河抽水蓄能电站厂房交通洞及厂房通风洞工程	2004-10		1844.12	4	120			在建
8	蒲石河抽水蓄能电站 1 号施工支洞至 2 号和 4 号施工支洞交叉处通道工程	2005-10		624.27	4	120			在建
9	蒲石河抽水蓄能电站地下厂房系统及输水系统土建工程	2006-08		1129.56	4	120			在建

表 2-2-5　　1958～2006年水电六局已建和在建水电工程装机容量情况

序号	工程项目	开工时间	竣工时间	施工总产值（万元）	装机台数	总装机容量（万千瓦）	年平均发电量（亿千瓦时）	获奖评优情况	实际装机		备注
									台数	总容量（万千瓦）	
一	合计								69	315.34	
1	云峰水电站	1959-09	1967-04	32353.00	4	40	17.5				已建
2	渔子溪水电站	1966-09	1975-12	17300	4	16	9.6		4	16	已建
3	太平哨水电站	1976-10	1982-01	23123	4	16.1	4.30		4	16.1	已建
4	太平湾水电站	1982-10	1987-10	51489.54	4	19	7.7		4	19	已建
5	长甸水电站（水丰扩建）	1985-09	1990-12	18557	2	7.5			2	7.5	已建
6	察尔森水库工程	1987-05	1990-12	3922.33	4	1.28			4	1.28	已建
7	象山电站机电安装工程	1992-10	1997-09	1751.85	3	1.8			3	1.8	已建
8	丰满电站三期扩建机电安装工程	1994-03	1998-07	2784.61	2	28			2	28	已建
9	两江电站机电安装工程	1994-05	2001-07	2046.96	3	6			3	6	已建
10	莲花电站（1号机）机电及金属结构安装工程	1995-10	1998-10	1289.04	4	55			1	13.75	已建
11	临江聚宝电站机电安装工程	1996-05	2000-02	762.80	2	2			2	2	已建

续表

序号	工程项目	开工时间	竣工时间	施工总产值（万元）	装机台数	总装机容量（万千瓦）	年平均发电量（亿千瓦时）	获奖评优情况	实际装机		备注
									台数	总容量（万千瓦）	
12	桓仁西江电站机电安装工程	1997-08	1999	282.60	3	0.9			3	0.9	已建
13	靖宇海岛电站扩建机电安装工程	1998-05	2002-07	349.68	3	0.625			3	0.625	已建
14	白山曲家营电站机电安装工程	1998-08	1999	392.69	5	0.3825			5	0.3825	已建
15	万家寨水利枢纽机电安装工程	1999-03	2003-10	4836.49	6	108		3台水轮发电机组安装、5号机转子支架焊接获全国优秀焊接工程称号	3	54	已建
16	重庆江口水电站机电安装工程（1号机）	2001-10	2003-11	577.72	3	30			1	10	已建
17	尼尔基水利枢纽机电安装工程	2002-06	2006-09	3194.70	4	25			4	25	已建
18	重庆梯子洞水电站机电设备安装工程	2002-07	2004-02	501.43	3	3.6	1.84		3	3.6	已建
19	藤子沟水电站机电安装工程	2003-07	2006-06	693.92	2	7			2	7	已建
20	索风营水电站机电安装工程	2004-03	2006-06	2582.74	3	60			3	60	已建

续表

序号	工程项目	开工时间	竣工时间	施工总产值（万元）	装机台数	总装机容量（万千瓦）	年平均发电量（亿千瓦时）	获奖评优情况	实际装机		备注
									台数	总容量（万千瓦）	
21	渔滩电站机电安装工程	2005－02	2006－05	364.53	2	1.6			2	1.6	已建
22	甘肃张掖小孤山水电站机电安装工程	2005－04	2006－11	96.04	3	9.8			1	4	已建
23	大花水电站机电安装工程	2005－10		402.62	2	20			2	20	在建
24	大顶子山航电枢纽机电安装工程	2005－05		0	6	6.6			2	2.2	在建
25	团坡电站机电安装工程	2006－03		168.38	3	8			3	8	在建
26	马岩洞电站机电安装工程	2006－05		156.17	3	6.6			3	6.6	在建

第三章　工　程　选　介

第一节　云 峰 水 电 站

云峰水电站是水电六局建局初期建设的第一座水电站。

云峰水电站是中朝界河鸭绿江中游干流上的一座梯级电站。该电站位于吉林省集安市的青石镇（朝方一侧为慈江道慈城郡云峰里）。1945年初日伪曾筹建此电站，后因日伪投降而搁置。新中国成立后，中朝两国决定共同投资兴建云峰水电站。该水电站功能主要发挥发电调峰、蓄水拦洪、水上运输、水产养殖和风景旅游等作用。电站枢纽由大坝（混凝土宽缝重力坝）、引水系统、发电厂房和开关站组成，其中，大坝坝顶长度为828米（共分55个坝段），坝底宽度为84.66～88.4米，最大坝高为113.75米，水库总库容为38.95亿米^3；引水系统由进水口、两条引水隧洞、调压井和压力管道组成，两条引水隧洞长度分别为775.1米和759.32米，隧洞直径为8.6米；发电厂房为地面式，厂房长为109.5米、宽为21米，厂房内安装4台单机容量10万千瓦水轮发电机组（50周波和60周波各2台，其中1台50周波和1台60周波可以互相转换周波），分别向中朝两国输送电力，多年平均发电量为17.5亿千瓦时。

云峰水电站是1958年9月中朝鸭绿江水力发电公司二届二次理事会协议而兴建的，是由中朝两国合资、分工建设的第一座大型水电站，其中水库大坝由朝鲜重工业委员会第一设计事业所负责设计、施工，厂房、引水系统、开关站和大栗子防护工程由东北勘测设计院设计，由云峰局负责施工（其中，灌浆工程由原基础处理总队第五工程队施工，安装工程由安装总局第一安装工程处施工）。1958年11月1日，云峰局组建；1959年9月9日，云峰水电站工程正式开工。在施工过程中，生产、生活条件相当艰苦，特别是1958年冬季，大多数施工人员借住在朝方三江里人民军曾用过的一所医院和当地老百姓的棚厦、玉米仓里，许多施工人员被冻伤。生活用品和施工材料全靠人抬肩扛、翻山越岭运到工地、营区。由于机械化水平很低，电站施工基本上靠人工，开挖靠风镐，运渣靠人力推斗车，洞内浇筑混凝土靠“倒三锹”。到施工后期才逐步采用电瓶推斗车和混凝土泵等机械，减轻了施工人员的劳动强度。在进水口削坡开挖的艰苦施工中，涌现了以“飞山虎”李春为代表的一大批先进人物。

经过云峰局和兄弟单位的密切合作，施工人员克服了生活条件简陋、机械化水平较低、引水隧洞洞径大、岩石条件差（隧洞沿线有9条较大的断层和破碎带）、施工技术复杂等不利条件，确保了工程进展顺利。1959年9月开挖进水口和出水口两端的施工支洞，1965年2月引水系统开挖工程全部完工。期间，施工技术人员群策群力，成功地克服了洞内衬砌混凝土裂缝等技术难题，确保了工程质量。

经过中朝两国建设者的紧密协作，云峰水电站工程于1967年下半年顺利竣工。该水电站4台机组相继于1965年9月8日、1966年6月23日、1966年8月18日、1967年4月18日并网发电。整个主体工程，完成土石方开挖316.4万米^3（石方暗挖31万米^3），混凝土浇筑305.5万米^3，砌石1.9万米^3，回填土石方39.4万米^3，回填灌浆15.94万米^2，纵缝灌浆48.63万米^2，固结灌浆12.22万米，帷幕灌浆9725米。整个工程，总投资为32352.8万元，单位千瓦投资为808.80元。

第二节　渔子溪水电站

渔子溪（一级）水电站位于四川省阿坝藏族自治州汶川县境内的渔子溪河口处（渔子溪系岷江中上游右岸的一条支流，该河流水能资源约60万千瓦，原规划为四级开发），距四川省省会成都市（电站在成都市的西北部）89千米。该水电站为高水头引水式地下电站，电站枢纽由拦河闸、引水隧洞、地下厂房和变电站组成。拦河闸为钢筋混凝土胸墙底孔式，闸长为78米，从右岸起相继为长20.5米的非溢流坝段、长39米的3孔泄洪闸、1孔6.5米宽的排沙闸和1孔12米宽的沉沙池引渠闸，闸高为22.5米，总库容为40万米^3，为日调节水库，引水系统由进水口、隧洞、调压井和压力管道组成。其中引水隧洞从进水口至调压井中心长8249米，深埋地下200米以上，为当时我国最长的引水隧洞。隧洞共分5种断面，其中不衬砌断面长为2324.5米，喷混凝土断面长为589.5米，内径为4.7米的圆形衬砌断面长为4283米，内径为4.85米的圆形衬砌断面长为184米；压力管道为地下竖井式，分1条主管和4条分管，总长为528.12米。发电厂房位于岷江右岸地下250多米深的山体内，厂房长为75.82米、高为33.3米、宽为14米，厂房内安装4台单机容量为4万千瓦的水轮发电机组，设计水头270米，多年平均发电量为9.6亿千瓦时。

渔子溪一级水电站是根据水电部［66］水计年字第307号文件兴建的，当时，云峰局以参加三线建设的紧张姿态进川，队伍调遣比较顺利，施工准备也比较快。1966年8月，施工队伍开始从云峰工地转移，同年9月至年末即进入“大准备，小开工”，1967年全面动工。由于开展“文化大革命”，使该水电站的勘探、设计和施工受到严重干扰：如电站的设计单位是清华大学，由于师生回校闹“革命”，改由北京院承担；而北京勘测设计院由于“下放”，又改由云峰局承担。至此，在电站工程建设程序上，云峰局不得不在“边施工、边设计、边勘测”的混乱状态下进行。而此时，云峰局的“文革”也搞得轰轰烈烈，“工改兵”停止执行，云峰局的组织、领导关系全部搞乱，使工程施工处于“停停打打、打打停停”的状态。直至1969年中国共产党第九次代表大会召开后，云峰局生产才逐步转入正常状态。此时云峰局改名为516工程指挥部，又改名为水电六局。

在渔子溪电站施工中，水电六局努力排除“文革”干扰，克服生产、生活方面的许多困难，处理施工生产中的诸多复杂问题，确保了电站施工在“文革”后期阶段的正常进行。如工程施工，主要是地下施工，有许多疑难问题，厂房区域有多个洞室交叉，42个地下建筑物结构相当复杂，特别是47.8米高的岩柱，为9个洞室所穿插，使厂房与尾调的高边墙及岩柱的稳定成为突出问题；在开挖引水隧洞的过程中，遇到248条宽0.2～5米不等的断层，而且地下水丰富，加上深埋大，开挖后岩体原始应力重新分布，引起多次岩爆，给施工带来了相当大的危险和障碍；工地地处深山峡谷之中，给施工、生活造成许多不便；调压井上室底板比成阿（成都—阿坝）公路高出304米，使调压井施工的设备、材料，只能靠一条300多米高610多米长的空中固定缆索吊运；在砂石料生产方面，由于月亮地和耿达两处的砂石料生产量远远达不到原设计要求，所以先后开辟了月亮地、古溪沟、百花园、九公里、耿达、白沙6个料场，才满足施工生产需要。经过全局施工人员的艰苦施工，渔子溪一级水电站的4台发电机组先后于1972年12月、1973年7月、1974年10月、1975年12月并网发电。

在渔子溪电站主体工程施工中，完成的主要工程量为：土石方开挖18.32万米^3，石方暗挖58.61万米^3，浇筑混凝土23.97万米^3，土石方回填7800米^3，砌石2600米^3，回填灌浆41819米^2，固结灌浆7082米，帷幕灌浆2080米。整个工程总投资为17309万元，单位千瓦投资为1081.80元。

第三节 太平哨水电站

太平哨水电站是鸭绿江支流浑江上的第三座梯级电站，位于辽宁省宽甸县太平哨镇。

该水电站主要担负东北电网的调峰、调频、调相和事故备用，并为附近村镇输送工农业用电。

太平哨水电站枢纽主要由大坝、引水系统、发电厂房和变电站组成。大坝为混凝土重力坝，全长 555.6 米，最大坝高 44.2 米，由于其下游天然垭口两侧水边线相距仅 70 米，垭口最低处高程 192.4 米，与坝顶高程（196.5 米）仅差 4.1 米，为安全起见，在天然垭口处修建一座长 308 米、最大坝高 11.8 米、坝顶高程 193.3 米的副坝，兼做非常溢洪道。水库为日调节，总库容为 2.09 亿$米^3$。引水系统有 2 条有压隧洞，2 条隧洞内径宽 10 米、高 10.2 米，呈城门洞型，分别长 498.73 米和 552.36 米；厂房为钢筋混凝土结构，长、宽、高分别为 99 米、19 米、40 米。厂房内安装 4 台单机容量为 4.025 万千瓦水轮发电机组，多年平均发电量 4.3 亿千瓦时。

太平哨水电站由东北勘测设计院设计。水电六局于 1973 年 8 月 31 日奉水电部［73］计字第 254 号文件之命，从四川省调回东北承建太平哨电站。电站主体工程于 1976 年 10 月 25 日开工。为实现开工 3 年 1 台机组发电的奋斗目标，水电六局广大职工群众、管理干部和工程技术人员，在施工技术、方法、工艺等方面，既遵守规范，又敢于大胆突破，加快了施工进度，保证了工程质量。如引水隧洞按原设计为钢筋混凝土圆形洞，工程技术人员根据施工生产的实际情况，在洞挖中采用了光面爆破技术，全断面一次开挖成形，取得了相当理想的效果，洞内开挖面起伏差控制在 12～16 厘米。这一施工技术，荣获 1978 年全国科技大会奖。将部分主洞改为喷锚支护和混凝土底板，节约投资 240 万元，缩短工期 3 个月；压力管道的斜管和下平段按原设计为钢衬，水电六局根据作业面实际地质情况经设计同意改为少量混凝土衬砌，节约钢材 1000 吨。

1977 年 5 月，水电六局独立设计、独立施工完成 320 米（共 16 孔）长的坦甸子施工交通用桥。在进行发电机组安装中，1 号机组安装在宁夏水电局的支援配合下顺利完成；在 2 号、3 号、4 号 3 台机组的安装作业中，除外单位的几个调试人员配合作业外，全部由本局职工承担。培养、锻炼了机电安装队伍，为以后独立承担机电安装工程储备了技术骨干人才。

经过水电六局全体职工的艰苦努力，太平哨水电站 4 台机组先后于 1979 年 12 月 3 日、1980 年 6 月 15 日、1980 年 10 月 24 日、1980 年 12 月 5 日并网发电，做到了 3 年 1 台机组发电、4 年建成、5 年竣工并撤退完毕。在主体工程施工中，共完成土石方开挖 79.2 万$米^3$，石方暗挖 19.21 万$米^3$，浇筑混凝土 47.3 万$米^3$。主体工程的开挖、混凝土、机电和金属结构安装和灌浆施工，工程质量合格率均为 100%，质量优良率分别为 81.5%、66.1%、87.2%和 92.9%。整个工程总投资为 23123 万元，单位千瓦投资为 1436 元。

在加快水电施工进度，缩短工期方面，水电六局作出了应有的贡献。为此，水电六局荣获 1980 年度辽宁省“先进集体”和辽宁省“大庆式企业”称号；1982 年，水电部授予水电六局“优秀施工企业”称号。

第四节 太平湾水电站

由中朝两国共同投资兴建的太平湾水电站，位于中朝界河鸭绿江下游的丹东市宽甸县古楼子乡境内（电站左岸为朝鲜平安北道朔州郡方山里），距下游丹东市40千米。该水电站由水利部东北勘测设计院勘测设计，水电六局负责施工。

太平湾水电站为低水头、大流量、径流河床式水电站，电站枢纽由挡水坝、溢流坝、河床式厂房和变电站组成。大坝为混凝土重力坝，坝顶总长1185米，共有62个坝段（其中厂房坝段159米、溢流坝段28个、挡水坝段33个），最大坝高31.5米。河床式坝后厂房全长159米，其中主机间116米，安装间43米。厂房内共安装50周波和60周波水轮发电机组各2台，总装机容量为19万千瓦（单机容量为4.75万千瓦），分别向中朝两国输送电力，多年平均发电量7.2亿千瓦时。

太平湾水电站工程于1982年10月27日开工。电站枢纽土建工程按两期三段方案施工。1982年10月～1983年6月，左右两岸同时填筑低水土石围堰，中部河床过流，左右围堰内同时进行大坝和厂房的基础开挖和混凝土施工。1983年汛期过后，施工队伍在中间河床段基坑上下游填筑332米长、总方量为16.5万米^{3}的土石围堰，于1983年10月6日实现二期导截流，电站工程进入全面施工阶段。

为确保电站开工3年1台机组投产发电目标，水电六局在1983～1984年和1984～1985年2个冬季，采取保温措施，进行厂房混凝土施工。经过3年的紧张施工，到1985年11月28日，溢流坝段（28孔）闸门正式下闸蓄水，1985年12月15日第一台机组投入72小时试运行，18日正式并网发电，比原施工计划整整提前了一年时间，实现了工程开工3年1台机组并网发电的奋斗目标。1986年11月17日和12月26日，第二台、第三台机组先后并网发电；第四台机组于1987年10月29日发电。1990年年底，电站枢纽工程全部竣工。1985～1986年，水电六局先后两次被评为全国电力投产功臣单位。

1982年3月，即在太平湾水电站工程正式开工之年，水电六局便抽调队伍前往电站上游的水丰水电站工地，进行水丰水电站扩建工程——长甸水电站工程的施工筹备工作。1985年9月，长甸水电站工程正式开工，水电六局从太平湾电站工地抽调近2000名施工人员参加长甸电站工程建设。水电六局（1982～1985年全局职工1万人左右）在同一时期独立承担2座水电站工程建设，在水电六局发展史上还是第一次。

在太平湾水电站主体工程施工中，水电六局施工队伍完成的主要工程量分别为：土方填挖478万米^3，石方开挖94万米^3，浇筑混凝土79万米^3，帷幕灌浆11500米，固结灌浆6230米，金属结构安装5785吨，机电设备安装8829吨，完成施工产值5亿多元。

为确保工程质量，水电六局建立健全质量监督检查机构，制定并认真执行各项质量管理规章制度，在质量监督检查中严格执行“三级检查制”，严把材料关，水电六局和工程处成立两级全面质量管理小组，把质量管理与经济责任制挂钩，取得了良好效果：电站主体工程的基础开挖施工，质量合格率为100%，质量优良率为84.1%；混凝土工程，质量合格率为100%，质量优良率为80%。1986年，太平湾水电站大坝被中国水利水电建设总局评为三级优质工程。电站大坝经过20多年的蓄水运行，坝体的倾斜、位移、沉陷等指标均满足了设计要求。特别是1995年8月，太平湾水电站在汛期遭受了鸭绿江特大洪水袭击，大坝的质量安全监测经受了考验。机电和金属结构安装工程，经全面检查、试验与运行，各项质量均符合设计要求，满足实际运行需要，安全可靠。

第五节　长甸水电站

长甸水电站（即水丰水电站扩建工程）位于辽宁省宽甸县长甸镇境内，距下游的丹东市70千米。1971年中朝鸭绿江水力发电公司理事会四届六次会议决定，中朝双方利用水丰水库库水，在本国境内各自修建一座装机容量为15万千瓦的地面水电站，作为战时用电、检修备用、事故备用以及汛期利用弃水发电。1973～1980年，东北勘测设计院对长甸水电站工程进行初步设计。1981年9月28日，电力工业部下达了长甸水电站工程设计任务书（引入1982年国家建设计划），指令由水电六局负责施工。

水丰水电站工程建于抗日战争时期，1937年动工，1941年投产发电。该电站枢纽由混凝土重力坝、坝后式发电厂房和变电站组成。水库大坝长899.5米、坝高104米，正常高水位库容为119.3亿米^3，设计水头77.8米，最大水头96.8米；厂房（位于朝鲜平安北道朔州郡境内的水丰镇）内安装7台单机容量为9万千瓦的水轮发电机组，总装机容量63万千瓦，年平均发电量43.1亿千瓦时。

长甸水电站枢纽由地下引水建筑物和地面厂房、开关站组成，引水建筑物包括进水口、引水隧洞、调压井和压力管道，其中引水隧洞长1499.29米，洞径为8.6米×8.6米（衬砌段）和10.3米×9.45米（喷混凝土段）；调压井高58.8米，直径为20米；两条压力管道分别长257.48米和249.31米，洞径5.4米；发电厂房规模为64米×20.5米×44米（长×宽×高），厂房内安装单机容量7.5万千瓦水轮发电机组2台，增加年发电量为0.85亿千瓦时。机组投产发电后，主要担任调峰任务，进一步增强了东北电网的调峰能力，改善了电网调峰条件，改变了原水丰水电站现有容量大部分带基本负荷的状况。

1982年3月，水电六局在太平湾水电站逐步进入施工高峰时，抽调队伍组建水丰分局，进行长甸水电站工程的筹备工作。1984年9月1日，开始进行引水洞开挖。1985年9月25日，电站主体工程正式开工。这一年的5月22日，主洞上游段发生大塌方，塌方地段达21米，塌方方量达11568米^3，经过15个月的施工清理，终于将塌方全部处理完。1988年7月和10月，厂房内2台机组安装完毕，具备并网发电条件，但由于库区水位较低，未能投入试运行。1989年10月14日和31日，2台机组顺利通过72小时试运行。1990年12月，长甸水电站主体工程全部竣工。1991年1月23日，水电六局正式将该水电站工程整体移交给太平湾电厂投产使用。

在长甸水电站工程施工中，水电六局坚持按设计图纸和规范要求施工，实行质量三级检查验收制度，从施工工艺检查、外形观测、充水及放空检查、机组运行等各个施工环节看，未发现异常现象，不论是土建工程，还是机电设备和金属结构制作安装工程，均能满足各项设计技术指标，质量良好，能满足生产安全与稳定的要求。1989年12月8日，在长甸水电站1、2号机组启动验收委员会会议上，设计单位、太平湾水电厂和水电六局三方以及有关专家，根据厂房、引水系统等土建工程和机组的运行情况，对整个工程的质量给予了很高的评价，一致认为长甸水电站的工程质量是优良的。

长甸水电站主体工程施工工期为5年零3个月，在5年多的时间里，水电六局水丰分局、机电安装分局等单位的2000余名职工，共完成土方开挖95.14万米^3，石方开挖68.45万米^3，浇筑混凝土12.83万米^3，固结灌浆552米，回填灌浆8061米，接缝灌浆4705米，金属结构安装235吨，机电设备安装3800吨，共完成施工产值（概算投资）1.992亿元，单位千瓦投资为1327.76元。

第六节 察尔森水库工程

察尔森水库位于内蒙古自治区兴安盟科右前旗察尔森镇北1.7千米处，是嫩江支流洮儿河中游的一座大型水利枢纽。水库建成后，具有拦蓄洪水、灌溉、水产养殖和旅游等功能。

察尔森水库枢纽由土坝、输水隧洞、水电站、溢洪道组成。其土坝为壤土心墙坝，最大坝高40米（坝顶高程371.5米），坝顶长1712米；输水隧洞为圆形断面，洞径为6米（钢筋混凝土衬砌段）、6.7米（喷锚衬砌段）；水电站由输水隧洞分岔引水，厂房内安装4台小型水轮发电机组（单机容量3200千瓦）；溢洪道为岸边陡槽式，堰顶高程353米，堰上设4扇9米×13米弧形钢闸门。水库总库容13.65亿米^3。该水库工程是松花江支流洮儿河上的唯一控制性工程，控制流域面积为7800千米^2。水库建成后，使洮儿河下游河道的防洪达到了五十年一遇的标准，解决了两岸的洪涝问题。

察尔森水库工程由松辽水利委员会（东北勘测设计院）勘测设计，于1973年9月由水利部和国家计委批准动工兴建，1981年开始缓建，至1984年全部停工时，共完成投资15816万元，完成土石方工程量596万米^3。1987年3月，水电部和国家计委下文重新兴建，追加概算投资为11850万元。

察尔森水库复建工程由水电六局承担施工任务。1987年3月底，水电六局选派第五工程处进驻察尔森工地做筹建工作，修复场内公路、桥梁，修建风、水、电和混凝土配料等临时设施，进行坝基处理。1988年上半年完成坝基处理后，开始进行马槽段坝体填筑、溢洪道的土建和金属结构安装工作。1988年9月18日实现龙口段截流，比原计划提前一年。1988年10月24日，龙口段坝体填筑到340米高程，马槽段坝体填筑到360.2米高程。1989年重点进行龙口段坝体填筑。1989年6月25日，大坝全线在359.5米高程以上，达到百年一遇防洪标准。1989年7月1日，溢洪道4扇弧门及启闭机安装顺利完成；9月6日，导流洞正式下闸蓄水，提前一年拦洪。1990年，水库工程达到竣工条件，拦河坝、溢洪道、输水洞等土建分项工程均通过验收鉴定。

在察尔森水库土坝施工中，主要采取的是一条龙式的综合机械化施工，施工高峰期投入的主要机械设备达147台，投入的主要设备有：反铲4台、装载机7台、推土机18台、各类振动碾13台、蛙式打夯机10台、自卸汽车73台、板车18台、移动式空压机2台……

施工中，常年投入劳动力700～800人，施工高峰期投入1000多人。在主体工程施工中，完成土方填筑188万米^3，干砌石8.5万米^3、浆砌石2400多米^3、垫层5.3万米^3、混凝土12329米^3，绑扎钢筋210吨、金属结构安装577.4吨；土石方开挖30万米^3、土石方回填11.32万米^3；截流工程：块石回填7891米^3、土石方回填21万米^3、灌浆10294米。在施工过程中，水电六局施工队伍创造了土坝日填筑2万米^3、月填筑35.2万米^{3}的全国高产纪录。

水电六局施工队伍在察尔森水库工程施工中，以“精心组织，精心施工”为宗旨，全面加强经营管理，高速度、高质量、圆满地完成了各项施工任务，坝体基础处理、坝体填筑、溢洪道施工和机电、金属结构安装等各个单项工程施工，均达到了设计标准，工程质量优良，受到了水利部、内蒙古自治区和当地人民群众的高度评价。察尔森水库工程被评为水利部优质工程，创造了良好的经济效益和社会信誉。

第七节 丰满水电站三期扩建工程

丰满水电站位于吉林省吉林市境内的松花江第二干流上，距下游吉林市14千米。该电站是伪满时期修建的，其中水库大坝为混凝土重力坝，大坝全长1080米，最大坝高90.5米；最大库容108亿米^3；电站原装机8台，总装机容量为55.4万千瓦，设计年平均发电量为78.9亿千瓦时。

由水电六局承担施工，于20世纪90年代初完成的丰满电站二期扩建工程（9、10号2台机组装机容量共17万千瓦）竣工投产后，电站装机容量增加到72.4万千瓦。为增加东北电网的调峰能力，东北电业管理局决定，在大坝左岸利用老泄洪洞分岔成2条引水发电洞，增加2台机组（即11、12号机组共装机容量为28万千瓦），使丰满电站的总装机容量达到100.4万千瓦，从而进入百万装机大厂的行列。

丰满水电站三期扩建工程由东北勘测设计院设计，由水电六局一分局和机电安装分局施工，其中土建工程施工任务由水电六局一分局承担。土建工程的主要施工项目有泄洪洞、引水洞及11号和12号发电洞、发电厂房和副厂房、开关站等。

1993年7月，丰满水电站三期扩建工程（土建部分）开始施工，到1998年8月竣工，工期为5年。1993年，完成临建房屋和南山桥桥台和厂房围堰填筑等项目；1994年，围堰高喷灌浆、厂房基坑开挖、临建房屋设施、风水电系统及三期工程道路等项目均如期完成；1995～1996年，主要进行厂房、安装间和开关站等主体工程的混凝土施工。1995年7月31日（汛期），当厂房混凝土浇筑到188米高程时，丰满电厂开闸泄洪，围堰被冲毁，厂房及基坑被淹。1995年9月2日，施工队伍进行第二次围堰填筑，至10月7日围堰填筑结束，厂房基坑恢复施工。到1996年年底，厂房一期混凝土、开关站事故油池底板混凝土工程全面完成，尾水闸门安装等工程全部完成，安装间侧钢屋架和厂房尾水闸门安装完；1997年，厂房二期混凝土、厂房和安装间屋面板、开关站等工程项目均如期完成；1997年10月15日，围堰拆除全部结束。

由于利用原泄洪洞作为发电洞，因此需在原泄洪洞0＋285米桩号处分岔新凿一条直径 9.2 米长的泄洪洞。泄洪洞工程从 1994 年 11 月 29 日开挖，到 1995 年 11 月 5 日结束；1997 年 9 月 22 日，泄洪洞土建工程全部完成。引水洞和 2 条发电洞（包括 1 个调压井和 2 个闸门井）工程于 1997 年 9 月 23 日全部结束；全长 416 米的井洞，异形段占 50%以上，因此洞内混凝土衬砌施工只能采取传统的满堂支撑施工方法，增加了施工难度，影响了施工速度；在施工中，洞口发生滑坡灾害，也给施工带来不利影响。施工人员迎难而上，想方设法赶工期，使整个隧洞（井）工程土建施工于 1997 年 9 月 23 日全部结束。1997 年 12 月 8 日，12 号机组正式投产发电。1998 年 8 月 8 日，11 号机组并网发电。

在丰满扩机工程施工中，年平均投入劳动力 550 人，其中在 1994～1997 年的施工高峰期，年平均投入劳动力 700 人左右。投入的各类大中型施工设备主要有门机、起重机、混凝土拌和楼、混凝土搅拌车、反铲、装载机、载重汽车、空压机、潜孔钻机等 70 多台（套）。

1998 年 8 月 21 日，丰满水电站三期扩建工程竣工，交付建设单位管理使用。经质量验收小组评定：整个扩机工程土建部分，共检查验收 250 个单元工程，其合格率为 100%，水上部分优良率为 89%，水下部分优良率为 83.5%；开关站工程，共检查验收 31 个单元工程，其合格率为 100%，优良率为 93.5%。

第八节　莲花水电站溢洪道土建工程

莲花水电站位于黑龙江省海林市三道河乡木兰集村的莲花泡，是牡丹江下游的一座大型梯级水电站。该电站枢纽工程由拦河坝（大坝、二坝 2 座）、引水系统（引水隧洞、调压井、压力管道）、发电厂房、溢洪道和变电站等组成。其中大坝为钢筋混凝土面板堆石坝，二坝为黏土心墙堆石坝，最大坝高 71.8 米，相应坝顶长度 902 米，坝顶宽 8 米，坝体填筑 81.58 万米^3；水库总库容 41.8 亿米^3；两条圆形断面、直径 13.7 米的引水隧洞分别长 663 米和 541 米，两条直径 8.4 米的压力管道均长 164 米，长、宽、高为 162.5 米、29.4 米、55.98 米的引水地面式厂房内，安装 4 台单机容量为 13.75 万千瓦的水轮发电机组，总装机容量 55 万千瓦，多年平均发电量为 7.97 亿千瓦时。

莲花水电站的勘测设计工作开展较早，早在 1960 年东北勘测设计院就提出了《莲花泡水电站选址报告》，但因国内形势变化，该工作并未继续进行。改革开放后，根据社会主义建设的需要，莲花水电站设计重新起步，1981 年 9 月完成《莲花水电站初步设计报告》，1992 年 7 月国家批准立项。该水电站主体工程于 1992 年 11 月 13 日开工，1994 年 10 月 25 日实现截流，1996 年 8 月 22 日下闸蓄水，同年 12 月 28 日首台机组并网发电，1998 年 9 月 26 日最后一台机组投产发电。

莲花水电站溢洪道位于库区右岸的低分水岭处，为敞开式岸坡溢洪道，溢洪道总长 990 米，由引水渠、溢流堰体、检修门工作桥、弧门启闭机室工作桥、泄槽、挑流鼻坎和出水渠等组成。水电六局主要承担了溢洪道桩号 0－236.0～0＋300.0 段的土石方开挖，溢洪道引水渠两侧导墙和底板、溢流堰体及其闸墩、检修门机工作桥、弧门启闭机工作桥等混凝土，溢洪道 0＋24.0～0＋300.0 段的泄槽两侧边墙和底板的混凝土、接地埋设、观测仪器埋设和施工期观测施工及高边坡处理，溢洪道右侧回车公路、溢流堰的基础帷幕灌浆和堰体横缝灌浆以及溢洪道检修门工作桥、启闭机工作桥、闸墩栏杆、格栅盖板等金属结构制作安装等15个施工项目。

由水电六局莲花水电站溢洪道工程项目部承担的莲花水电站溢洪道工程于1994年5月1日正式开工，到1998年8月15日达到竣工条件，在4年零4个月的时间里，完成的主要工程量为：土石方开挖66.9万米^3，浇筑混凝土93424米^3，钢筋制安2215吨，锚杆施工5882根，钢结构制作安装67.62吨，止水带埋设5022米，接地扁铁埋设2100米，工作桥梁预制42根，排水钻孔2821米，帷幕灌浆2529米，接缝灌浆416米。

水电六局莲花水电站溢洪道工程项目部在施工过程中，对溢洪道基础的开挖、钻爆、清理和地质缺陷处理，对混凝土施工的仓号准备、混凝土拌制、浇筑和养护，对灌浆施工中的钻孔、灌浆等生产环节，均以单元工程为单位进行作业，严格实行生产班组、施工队、项目部的工程部三级检查制，经监理工程师终检合格后，再进行下一道工序生产。为确保工程质量，项目部制定了严密的生产责任制和奖惩制度。据统计，由水电六局莲花工程项目经理部承担的溢洪道工程，在土石方开挖、混凝土浇筑、灌浆、钢结构制作安装以及各种仪器埋设等各个生产工序中，其所有单元工程全部验收合格，质量优良率均在75%以上，项目施工质量总体评价为优良。

由于水电六局莲花水电站溢洪道项目部在溢洪道工程施工中创出了良好信誉，所以在后期施工中，工程业主又分包给莲花项目部溢洪道0+90.0～0+553.0桩号的泄槽段部分岩脉开挖、底板混凝土、接缝混凝土、挑坎混凝土和边墙混凝土以及接地埋设工程等施工项目。经过项目部420名职工3个半月（1999年5月1日～8月15日）的紧张施工，出色地完成了上述各项施工任务。完成的主要工程量为：岩脉土方开挖3148米^3，混凝土浇筑32489米^3，钢筋制安582.5吨，锚杆制作安装7738根，无砂排水管和透水管埋设6419米，止水带和止水条埋设7610米，排水钻孔6322.6米，接地扁铁埋设1110米。对水电六局莲花项目部在后期分包工程施工中的生产进度和工程质量，工程监理和业主单位均给予高度评价。

莲花水电站工程，经水电六局、水电一局等施工队伍近7年的密切配合、紧张施工，于1999年下半年胜利竣工。莲花水电站工程施工进度快、工程质量好，受到了国家有关部委和黑龙江省省委、省政府、水利水电专家的高度评价。该工程荣获国家建设工程最高荣誉奖——鲁班奖。

第九节　万家寨水利枢纽厂房土建工程

万家寨水利枢纽工程位于山西省和内蒙古自治区交界处的黄河北干流托克托到龙口河段的峡谷内，其主要功能是供水结合发电调峰，同时兼有防洪、防凌作用。该枢纽水库库容8.96亿米^3，年供水量14亿米^3，电站装机6台，总装机容量为108万千瓦，年平均发电量为27.5亿千瓦时。枢纽由拦河大坝、发电厂房和开关站等建筑物组成。枢纽工程总投资60.57亿元（由水利部、山西省和内蒙古自治区三家共同投资）。整个工程由天津水利水电勘测设计院设计；由东北勘测设计院负责工程监理；大坝由水电四局施工；发电厂房和开关站由水电六局施工，6台水轮发电机组，水电六局和水电四局各安装3台。

1995年12月28日，水电六局接到万家寨水利枢纽厂房土建工程的中标通知书（合同额2.3亿元）后，于1996年1月成立万家寨工程施工局，立即组织施工队伍进驻施工现场进行筹备工作。工程合同协议书于1996年7月31日签订。

1996年6月，一标承包商（水电四局）将厂房施工的工作面移交水电六局后，施工局积极组织施工生产，于7月25日开始浇筑厂房基础第一块混凝土。到1996年11月底，厂房基础混凝土全部浇筑完。这一年，施工局仅仅用半年时间，完成了以往要2年时间完成的所有生产、生活筹建任务，实现了当年队伍进场、当年开始筹建、当年主体开工、当年所有厂房基础混凝土覆盖完毕的目标，创造了水电建设史上少有的纪录。对此，工程业主、工程监理单位及社会各界人士、水电建设专家等均给予高度评价。

1997年，主厂房1、2号机组段、主安装间封顶，3～6号机组段和副安装间的混凝土浇筑到桥机梁，尾水平台全部形成，副厂房框架混凝土全部完成。经过水电六局万家寨工程施工局近千名职工11个月的艰苦奋战，不仅抢回了以往耽误的8个月工期，而且提前1个月超额完成年生产计划，当年施工产值超亿元。

1998年，厂房内土建和机电、电气工程全面展开，万家寨工程施工局精心施工抢工期，提前46天完成1号机组二期混凝土交付工作面，尾水渠形成，为1号机提前发电创造了有利条件。这一年，主副厂房和主副安装间全部盖顶。

2000年上半年，万家寨水利枢纽厂房土建工程全部结束。该工程累计完成混凝土浇筑22.2万米^3，钢筋制安8606吨，土石方开挖19.9万米^3，金属结构制作安装862吨，基础灌浆6915米，施工产值完成2.76亿元。枢纽厂房工程共分20个分部工程，计1937个单元工程，万家寨工程施工局在生产中坚持高标准、严要求，严把工程质量关，认真执行“三检制”和“三不放过”原则，工程质量优良（单元工程合格率100%，优良率达76%）。

在厂房混凝土施工中，根据厂房结构特点、温控要求和施工现场条件，主厂房混凝土浇筑，按原设计为单个机组段横向分两块，纵向设两缝，下薄上厚先底洼后平面的方式施工。在实际施工中，万家寨工程施工局对原设计分层高度进行了修改，采取了两层排架柱一次浇筑的方式，加快了施工进度，缩短了工期。在尾水肘管模板（木制结构）施工中，改变以往先整体立排架再上模板的支模方式，而是先按设计断面将排架与面板分成几块先行制作，施工时像搭积木一样在现场进行组装，这样，既省时省事又便于周转，创造了一种先进的施工工艺。

在枢纽厂房上下游墙立柱施工中，万家寨工程施工局采取了按设计断面预先在附近平台上组装成柱形模板整体（最大高度6.2米），当钢筋绑扎后，用吊车一次吊装就位。这种施工方法，可以使钢筋绑扎和模板组装同时进行，不仅降低了在模板内绑钢筋的难度，还加快了生产进度。

在进行尾水闸墩“牛腿”钢筋绑扎时，采取了预先在模板外绑扎、在模板支好后将绑扎好的钢筋整体吊装就位的方法，提高功效2～3倍。

为了确保夏季混凝土施工的质量，防止混凝土产生裂缝，万家寨施工局在拌和系统专门设置制冷厂1座，当混凝土出机温度高于规定的25摄氏度时，则生产低温水拌和混凝土。同时，万家寨施工局还采取了在料仓及输送皮带顶部加防晒篷、利用夜班多浇筑混凝土、块体浇筑间隔时间7天以上、浇筑后加强洒水养护、混凝土配比中掺25%粉煤灰等措施，上述措施取得了良好的效果，使万家寨施工局浇筑的混凝土未出现裂缝。

在枢纽厂房施工过程中，万家寨施工局为确保工程质量和生产安全，做到文明施工，建立健全了质量、安全检查监督机构，制定了一系列规章制度和奖罚条例，严格执行“三不放过”，施工现场做到工完料净场地清，后方做到窗明几净东西摆放整齐，安全生产文明施工做得到位，万家寨施工局多次被黄河万家寨水利枢纽有限公司评为文明施工单位并得到嘉奖。

在万家寨水利枢纽主体工程施工期间，水电六局第四工程处还先后承揽了枢纽附属工程——万家寨生产、生活供水厂和小沙湾提水泵站等工程施工任务。

第十节　盘锦市城市防洪南堤北移工程

盘锦市城市防洪左岸南堤北移（第二标段）工程位于盘锦市区内，该工程东起梁家村，西至李家，防洪堤长2598米，堤顶宽8米，堤顶高程7.94～10.14米。防洪堤堤身结构为土堤、迎水面齿墙、堤面面板、堤肩封顶梁混凝土、堤顶砂石路面。防洪堤主要工程量为：填筑土方60.57万米^3，浇筑混凝土8130米^3，开挖土方14.94万米^3，迎水面修坡土方10652米^3，堤顶路面土方开挖2475米^3，沙砾石填路基4272米^3，山皮砂路面1800米^3。

2000年1月27日，水电六局以1806.63万元的投标报价，中标盘锦市城市防洪堤左岸南堤北移工程。在春寒料峭的2月26日，水电六局工程公司（原工业贸易总公司）盘锦工程项目部施工队伍进驻施工现场进行前期准备工作，3月中旬即进入施工现场进行截流沟开挖。在土堤填筑施工中，项目部将2638.5延长米的施工作业面划分为3个作业区，其中一区646延长米，二区1045.5延长米，三区947延长米，并选取了3处取料场，其中2号取料场在双台河左岸滩地，距土堤填筑作业面2.34千米。

在前期施工中，项目部首先对防洪堤基础内的15个水坑进行排水、清淤，然后回填土方、碾压，形成防洪堤基础面。为确保防洪堤质量，项目部对整个防洪堤的基础面进行了全面清理、碾压。在堤防填筑作业中，载重车从取料厂拉土上堤，然后利用东方红推土机，按40厘米厚度摊铺土料，至少反复碾压3遍，直到压实达标后，再进行上层土料填筑作业。经过紧张的4个多月施工，到2000年7月10日，土堤填筑作业圆满结束。完成的主要工程量为：修筑道路2.34千米，基础水坑处理（开挖、回填）57991米^3，土堤填筑450913米^3，植树台填筑土方80580米^3。

由于工程资金不到位，盘锦市城市防洪堤工程于2000年7月停工缓建，直到2003年4月复工。2003年4月21日，七分局项目部（工程公司改称）再次组织施工队伍进入施工现场，进行护坡的坡面修整、齿槽的开挖和浇筑、坡面的无纺布铺设、面板混凝土浇筑、堤肩封顶梁浇筑和堤顶的沙砾路面施工，到2003年9月10日，整个工程全面完工。在2003年的4个多月施工期内，项目部完成主要工程量为：土方开挖25047米^3，土方回填22172米^3，浇筑混凝土8130米^3，基层沙砾料铺设4272米^3，表层山皮砂铺设1800米^3。

盘锦市城市防洪堤工程施工质量：土方填筑和混凝土工程，按单元工程质量验收结果，质量合格率均为100%；工程质量总体评价为优良，受到了工程监理单位和盘锦市政府的好评，被评为盘锦市优质工程。

第十一节　小湾水电站右岸排水及开关站工程

水电六局和水电九局、江南水利水电工程公司（即水电武警一总队）组成中国水利水电六九江联营体，于2002年3月中标云南小湾水电站右岸坝基地下排水系统工程。该工程合同金额为4883.229万元，合同工期为2002年3月15日～2005年8月30日。其中，右岸地下排水系统由22条长度为23.94～792.90米，洞径为2.5米×3.5米和3.5米×3.5米的6层地下排水洞（排水洞分别设置在1060、1100、1125、1127、1150、1190、1250、1275、1315、1405、1445米等高程上）组成。

中标小湾水电站右岸排水系统工程后，六九江联营体一行9人于2002年3月2日进入小湾工地进行施工筹备工作。3月24日，排水系统A、B排水洞工程开始施工。在RSB1、RSC1、ASD1、RSD2等EL1245米高程及以上的排水洞开挖施工中，生产进度为月进尺100米；在EL1245米高程以下的各条排水洞，开挖Ⅱ、Ⅲ类围岩时平均月进尺为100米，开挖Ⅳ、Ⅴ类围岩时平均月进尺为75米；综合考虑排水洞开挖平均月进尺为90米。经过34个月的艰苦施工，右岸排水系统工程于2005年3月9日顺利完工，比合同工期提前近6个月。

在小湾水电站右岸排水系统主体工程施工中，实际完成工程量为：石方明挖11411米^3，洞挖77890.88米^3，混凝土衬砌5184.26米^3，网喷微纤维混凝土3127.16米^3，挂钢筋网19.376吨，各类砂浆锚杆3204根，钢筋制作安装274.106吨，栅格钢支撑107.368吨，砂浆抹面1443.27米^2，回填灌浆2817.59米^2，排水孔完成75047.6米，盲沟管完成58723.6米。右岸排水系统工程质量为优良，在土石方开挖、锚喷支护、混凝土衬砌和排水孔等665个单元工程中，经监理工程师现场验收评定，单元工程合格率为100%；优良单元工程581个，单元工程优良率为87.37%。施工中，六九江联营体在施工进度、工程质量、安全文明施工等方面创出了良好的信誉，得到了工程业主、监理单位的高度评价和信任。

2003年7月31日，六九江联营体与工程业主又签订了合同金额为3039.539万元的电站升压变电工程（小湾电站右岸500千伏地面开关楼及对外交通洞土建工程）协议书。

500千伏地面开关楼位于小湾电站右岸上坝公路与原凤小公路之间紧邻修山大沟上游侧的边坡上，开关楼对外交通洞位于小湾电站右岸上坝公路与500千伏地面开关楼之间，交通洞全长164米（水平投影），圆拱直墙式衬砌断面的交通隧道洞径为8.5米×7.024

米（衬砌成形后的宽×高）。由于500千伏地面开关楼施工需进行边坡开挖处理，整个开挖施工区最大开挖边坡高度约60米，开挖宽度约270米，并在边坡面上修建复合式混凝土高挡墙；加上边坡地形陡峭，自然植被较差，大量岩体裸露，开挖后的边坡坡面及基础平台主要为弱风化岩体，围岩具有微等至中等以上的透水性；交通洞隧道穿过的岩石为黑云花岗片麻岩，其进出口部位分布有风化、卸荷岩体，而深埋在20～80米处的隧道围岩主要为弱风化岩体，也具有微等至中等以上透水性。

如此地质条件，给开关楼边坡和对外交通洞的开挖施工带来了相当大的难度，如2003年3月21日，由于当地降雨，交通洞进口段边坡出现塌方，洞口堵塞，使洞内开挖停工49小时；2004年2月10日，交通洞出口顶部及左侧岩体发生崩塌，给施工造成了相当的影响。

六九江联营体施工队伍经过两年多的紧张作业，开关楼对外交通洞工程和开关楼土建工程相继于2004年7月和11月30日完成。在主体工程施工中，六九江联营体完成的主要工程量为：土方明挖138005.38米^3，石方明挖531684.45米^3，石方洞挖12194.48米^3，石方槽挖4576.18米^3，网喷微纤维混凝土11781.38米^3，挂钢筋网198.429吨，各类砂浆锚杆（包括自进式锚杆）15936根，各类钢筋柱3163根，排水孔完成13492米，各类1000千牛黏结、无黏结及监测锚索277根，浇筑（衬砌）混凝土61777米^3，钢筋制作安装914.912吨，各类无缝钢管84.80米，栅格钢架支撑57榀，浆砌石2178.38米^3，砂浆抹面512.66米^2，回填灌浆218.40米^2，橡胶止水405.27米，PVC防水板2805.81米^2，UPVC管13741.73米，盲沟管669.20米。

在工程质量方面，地面开关楼及对外交通洞土建工程中，土石方开挖、锚喷支护、混凝土和锚索施工等689个单元工程，经监理工程师现场验收评定，单元工程合格率为100%；优良单元工程610个，单元工程优良率为88.53%。

在小湾电站右岸排水系统、地面开关楼及对外交通洞工程施工中，六九江联营体建立健全安全生产和质量控制的领导、执行、监督检查的保证体系、组织机构，制定了严密的安全生产和质量控制的方针目标、责任制和监督检查等管理制度，如质量控制制度、安全生产责任制度、教育考核制度、监督检查制度、会议制度、奖惩制度、台账制度，认真搞好各项宣传、竞赛、评比等活动，在整个工程施工过程中，从未发生工程质量事故和生产、交通、设备及人员的安全事故。

第十二节　桃林口水库砂石骨料筛分工程

1993年1月，水电六局中标河北省桃林口水库砂石骨料筛分工程，合同协议书于1月13日签订。该项目合同价款5283万元，其中自营工程价款约3400万元（扣除自然骨料的开采运输和成品骨料的运输产值）。

桃林口水库位于河北省青龙县境内的三道河村，水库坝址在滦河支流青龙河下游。该水库工程是一座发挥防洪、灌溉、发电等多种功能的国家、省属重点建设工程。其主要目的是为了向秦皇岛市供水、滦河中下游农田灌溉和冀东钢铁基地（唐山）供应工业用水。

水利枢纽的工程规模为：水库大坝坝顶长 500 米，最大坝高 98.3 米，大坝为碾压混凝土重力坝；发电厂房为坝后式厂房，厂房内安装 2 台单机容量 1 万千瓦水轮发电机组。

桃林口水库工程业主单位为河北省水利厅，承担工程施工任务的有三家施工企业：水电武警总队承担大坝挡水坝段（为碾压混凝土大坝，大坝表面浇筑约 1 米厚的常规混凝土）施工任务；河北省水利工程局承担坝后河床式厂房和溢流坝段施工任务；水电六局第四工程处（后改称四分局）承担骨料生产任务，其主要工程量为生产骨料 139 万米^3（其中自然骨料开采和运输、成品骨料运输任务，分别由河北省卢龙县、河北省水利工程局两家施工单位承担）。按合同要求，该工程施工工期为 4 年，1993 年 10 月 15 日筛分系统投产。

1993 年 2 月 10 日，水电六局第四工程处桃林口水库骨料筛分工程项目部首批施工人员 10 人及部分施工设备进驻现场进行施工筹备，到 2 月底施工人员达到 30 多人，开始修建营区、仓库食堂，平整筛分场地、安装筛分系统。到 1993 年 9 月 15 日，筛分系统提前 1 个月投入生产。施工过程中，项目部投入预筛楼、筛分楼、皮带输送机、堆取料机、反铲、推土机、装载机、自卸汽车、泵车等大中型施工设备 30 多台（套）。在施工高峰期（前期设备安装阶段），投入劳动力 230 多人；骨料生产期间，投入劳动力 170 余人。

经过工程项目部全体施工人员 4 年零 10 个月的艰苦施工，该项工程于 1997 年 12 月中旬全面竣工。施工中，项目部共生产供应骨料 123 万米^3，实现施工产值 3491.94 万元（竣工时自营项目的实际结算量），其中包括设计更改后增加的 100 多万元工程量。1998 年调概算后施工产值增加到 4631.84 万元（为四分局桃林口骨料筛分工程项目部的自营工程量，加上协作单位开采运输自然料和运输成品骨料的工程量，施工总产值近 1 亿元）。

第十三节　十三陵抽水蓄能电站厂房土建工程

1988 年 12 月中旬，水电六局与北京市水利局联合中标承揽北京十三陵抽水蓄能电站勘探试验排风洞工程，该工程标价为 340 万元，主要施工项目为长 697.6 米、洞径 7.5 米×7 米的勘探试验洞开挖和电站尾水洞口围堰戗堤填筑作业。其中，水电六局承担勘探试验洞开挖项目。1988 年 12 月下旬，水电六局第一工程处调派一支队伍前往十三陵工地施工。勘探试验洞开挖工程施工进展顺利，工程质量优良，为水电六局中标承揽十三陵抽水蓄能电站主体工程——地下厂房和尾水系统工程，创造了有利条件。

1991 年 1 月 18 日，水电六局以议标的形式与工程业主华北电业管理局十三陵抽水蓄能电站工程筹备处签署了《委托水电六局承担十三陵抽水蓄能电站厂房土建工程意向书》。1991 年 12 月 19 日，在北京正式签订工程合同协议书。该标段工程合同价款为 1.0537 亿元，施工工期为 38 个月。

十三陵抽水蓄能电站工程位于北京市驰名中外的十三陵风景区，距北京市区仅 50 千米。该电站主体工程由上池、水道系统（包括引水系统和尾水系统）地下厂房洞室群和下池（下池为原有的十三陵水库）组成。电站安装 4 台单机容量 20 万千瓦的单转速混流可逆式水轮发电机组，总装机容量为 80 万千瓦。电站抽水（填谷）容量 81.6 万千瓦，年抽水用电量16.5亿千瓦时，年发电量12亿千瓦时，综合效率约为73%。电站建成后联入华北电网，供电范围为京津唐地区，主要为北京地区提供可靠的调峰和紧急事故备用电源，改善首都供电质量，并具有填谷作用和调频、调相等功能，以保证电网安全稳定运行。

十三陵抽水蓄能电站是当时我国第二座大型抽水蓄能电站（第一座为广州抽水蓄能电站），是北京市乃至全国的重点建设工程。该电站工程业主单位为华北电管局，设计单位为北京勘测设计院，监理单位为三峡经济开发公司。主体工程主要由水电六局、水电五局（上池）、水电一局（引水洞及高压管道）和北京市水利局（下池）施工。其中水电六局承担电站地下厂房和尾水系统土建工程，主要施工项目有：地下抽水发电厂房（建成后规模为长149米，宽20.7米，高44.6米）；主变压器室（长117米，宽15.3米，高24.5米）；出线洞（长180米，宽3.2米，高2.8米）；尾水洞及岔管（1、2号2条尾水洞，其中1号尾水洞长821.62米，洞径5.2米；2号尾水洞长866.04米，洞径5.2米）；尾水调压井（直径8米，高85.8米）；以及其他附属项目如厂房排水廊道、厂房及主变压器室的排风洞等。

1990年12月和1991年3月，分别开始施工的总长达2015米（加上岔管部分）的2条尾水洞开挖工程于1992年8月25日结束，比合同工期要求提前6天。

1991年4月25日，水电六局开始率先在十三陵工地推行项目法施工。经过2个月的紧张工作，项目法施工这一新的经营管理模式终于在十三陵工地推行：施工队伍实行动态组合，精干施工队伍；新组建的项目部设四个部室（施工部、经营部、物资部、综合部），下设6个施工队；推行承包责任制，按个人贡献大小拉开奖金档次，初步打破了分配的“大锅饭”。上述改革措施，取得了令人满意的效果。当时，整个项目一线作业人员和管理人员虽然减少了，但生产效率却明显提高。从1991年8月起，施工生产形势日益好转，生产效率一步步提高。1991年1～6月，整个项目完成施工产值533.5万元；而7～12月，完成施工产值1482.1万元，是上半年的277.8%。这一年，项目部提前10天超额完成年生产计划，完成施工产值2000万元，为年计划的133%。这一年，项目部先后顺利完成了主体工程施工的配套施工项目——通风、排水和混凝土拌和楼改建等临建工程，为主体工程施工创造了有利条件。

1991年7月11日，地下厂房工程打响了开挖的第一炮。其主要施工方法及措施是分顶拱、中部、下部三部分施工，施工时先挖顶拱，再逐层下挖，逐层喷锚支护。其中顶拱开挖，采取先开挖中导洞领先，再对两侧进行分块扩挖的方法。其他洞挖作业，则全部采取光面爆破法。经项目部职工21个月的艰苦奋战，完成石方开挖13万米^3，锚杆8350根，喷（浇筑）混凝土1.4万米^3，钢筋制安360吨。1993年4月8日，厂房开挖结束并顺利通过验收，这一高边墙（44.6米）、大跨度（顶拱部位最大跨度27.6米）地下厂房的建成，为水电六局赢得了很高的信誉，受到了工程业主、设计、监理单位、社会各界和水利水电权威专家的好评。

随着地下厂房工程的开工，施工作业面全面展开，施工进入高峰期，生产效率进一步提高，1992年4月和5月，项目部完成洞挖进尺分别为427米和415米；5月，项目部完成施工产值409万元，创工程开工以来最好水平。

在十三陵抽水蓄能电站地下洞室群工程的混凝土施工中，水电六局十三陵工程项目部大胆创新，创造了不凡的业绩。由水电六局自行设计、自行制作的长32米、钢模板长12米、衬砌洞径5.2米、一次衬砌成型可达6米、9米和12米3种规格的针梁模板，于1992年12月下旬在电站尾水洞全断面混凝土衬砌作业中获得成功，衬砌效果良好。在混凝土施工高峰期的1993年，十三陵工程项目部创造了水电六局施工史上一个个高产纪录：3月6日，施工三队创单班（白班）衬砌混凝土171米^{3}纪录；4月（3月26日～4月25日），在1号尾水洞混凝土衬砌作业中，创造了月衬砌混凝土10块、120米进尺的高产纪录。

1995年9月，由水电六局承担施工的十三陵抽水蓄能电站地下厂房和尾水系统工程全部完工，工程质量优良。在施工高峰期，水电六局投入劳动力近1200人，投入多臂钻（6台）、反铲（5台）、装载机（5台）、推土机（3台）、装载汽车（20台）、混凝土搅拌车（5台）、喷锚机（7台）等各类型施工设备近200台（套），施工设备总值6000多万元。

第十四节　观音阁水库公路桥和大坝基础开挖工程

观音阁水库位于太子河中上游的辽宁省本溪满族自治县境内，距本溪市42千米，水库大坝坝址位于本溪县县城小市东北约4千米处。该水库库区水面61～81.4千米^2（正常水位至最高水位），最大库容量21.68亿米^3，控制流域面积2795千米^2。水库具有供水、发电和防洪等综合效益。水库建成后，水库防洪可控制洪水流量从50年提高到500年；电站安装3台1.94万千瓦机组，总装机容量5.82万千瓦；每年可向鞍山、本溪、辽阳提供工业用水7.9亿米^3，为农业提供用水3.8亿米^3。

1987年9月，水电六局承揽了观音阁水库前期工程——太子河临时施工桥和北线公路工程。观音阁北线公路工程位于本溪小市北侧的太子河两岸，公路总长6.15千米，其中水电六局二处承担的路段总长3.55千米（位于太子河右岸处3千米，左岸0.55千米）。在3.55千米的路段中，位于右岸处有一段423米的过水路面，北线公路路面混凝土浇筑量7000米^3。工程承包合同签订后，水电六局第二工程处及时选派一支200多人的施工队伍，于当月进驻现场施工。经过施工人员紧张作业，太子河左岸550米路段的6万米^{3}路基填筑作业，于1988年8月完成。从9月开始，集中力量进行右岸路段施工。太子河临时施工桥工程总长240米，该桥需浇筑桥墩9个，混凝土浇筑量为1200多米^3。1988年6月1日，9个桥墩全部浇筑完毕，开始进行桥面施工。北线公路路面混凝土施工采用真空作业施工方法，路面平整光滑，光洁度很高。到1989年上半年，观音阁水库北线公路和临时施工桥工程全部竣工，工程质量优良。

1988年8月，水电六局中标观音阁水库大坝基础开挖工程，合同价款1170万元，合同工期为20个月，到1990年3月末竣工。该工程主要工程量（设计量）为：土石方开挖33.5万米^3，混凝土浇筑2.4万米^3。大坝基础开挖工程由水电六局第二工程处承担施工任务。第二工程处观音阁水库工程指挥部及时进驻现场，坝基覆盖层开挖作业率先进行。为确保大坝基础开挖工程按合同工期完成，水电六局水丰分局派出一支25人的支援观音阁水库工程突击小分队，投入10台自卸汽车、2台装载机，分担水库大坝16～28号坝段（整个大坝共分29个坝段）的坝基覆盖层开挖及石渣运输任务。小分队10月10日出发，10月12日开始投入施工。在施工高峰期，二分局投入施工人员300余人，投入潜孔钻、自卸汽车、装载机、反铲、空压机等大中型施工设备近40台（套）。

工程指挥部在承担水库大坝基础开挖工程的同时，还承担了水库大坝施工土石围堰的填筑、水库工程混凝土拌和系统和混凝土碾压试验等工程项目。到1990年3月，观音阁水库大坝基础开挖工程，按合同工期如期完成。大坝基础开挖质量优良。

第十五节　观音阁水库骨料筛分系统工程

观音阁水库位于辽宁省本溪市的小市（本溪县）地区，水库建成后，主要承担向本溪市、鞍山市和辽阳市提供生产生活用水，兼顾发电。水库大坝为碾压混凝土坝。

1988年初，水电六局以322万元的低价中标辽宁本溪观音阁水库骨料筛分系统工程（筛分系统建厂项目）。合同协议书于1988年4月签订。根据合同规定，承担建厂和骨料供应任务的水电六局第四工程处，要在1990年4月建厂结束并开始供应骨料，骨料生产、供应能力要达到月生产10万米^{3}混凝土。

1988年6月16日，水电六局第四工程处选派队伍进驻观音阁工地筹备建厂。9月完成房屋建设面积2000米^2。9月初，筛分系统主体工程开工。到12月，主体工程土建项目基本完成，开始钢结构安装。1989年5月1日，第一期工程顺利结束，达到筛分生产条件；1989年9月26日，整个筛分系统全部竣工，开始供应第二次碾压混凝土试验所需骨料。观音阁水库骨料筛分系统，从开始施工到试生产骨料，不到10个月时间，比原计划工期提前了5个月。而且，该项目在前期施工中，又增加了375万元的新工程项目。在这种情况下，建厂工程全部竣工和供应骨料的时间，均比合同工期提前了6个半月。

在骨料筛分系统的建厂施工中，第四工程处施工队伍共完成混凝土浇筑6400米^3，钢结构安装790吨，安装各种施工、生产、实验设备筛分机、碎石机、堆料机、洗沙机等共55台（套），房屋建造4067米^2。

水电六局第四工程处承建的观音阁水库骨料筛分系统工程，从1989年9月开始向水库大坝工程供应骨料到1992年4月的31个月时间里，共向水库大坝施工提供77万米^{3}优质骨料。在施工高峰期，筛分系统最高月供应骨料13.7万米^3，满足了主体工程施工的要求。在整个工程施工中，第四工程处共生产、供应骨料140多万米^3，完成施工产值5700多万元。

观音阁水库骨料筛分系统工程于1995年秋季竣工。

第十六节　黄河小浪底水利枢纽地下厂房发电系统工程

黄河小浪底水利枢纽工程，是国家“八五”计划重点工程。该工程建设在河南省洛阳市以北40千米的黄河干流上，位于黄河中游最后一个峡谷出口，大坝坝址设在河南省济源市境内，地下厂房设在黄河左岸的山体中。黄河小浪底水利枢纽工程静态投资100亿元，动态投资150亿元。枢纽主体工程有：拦河大坝（土石坝）、地下引水系统、地下发电厂房、尾水系统和地面开关站等。其中地下厂房长251.50米，宽26.20米（最大跨度），高61.89米（开挖高度）。发电厂房内安装6台水轮发电机组，单机容量为30万千瓦，总装机容量为180万千瓦，年发电量为51亿千瓦时。枢纽建成后，主要发挥拦洪、调沙、发电及城市供水等综合效益。

在黄河小浪底水利枢纽工程建设中，水电六局施工队伍承担了地下厂房（国际Ⅲ标）及枢纽前期工程施工任务。

1991年夏季，水电六局承揽了黄河小浪底水利枢纽前期工程，施工的主要项目有：3条导流洞及施工支洞（总长3780米）；枢纽尾水渠（160米高程以上）的土石方开挖；7、8、12、14号等二级矿山公路（7750米）；承包商营区房屋建设（10327米^2）等。其主要工程量为：尾水渠等部位土石方明挖303万米^3；隧洞开挖3780延长米，石方开挖量14万米^3；混凝土浇筑（衬砌）7.7万米^3。前期工程合同价款为7751.6万元。

水电六局第五工程处抽调精干人员和施工设备进驻施工现场。前期工程于1991年9月1日开工。为日后中标承揽主体工程打好基础，水电六局在1991～1992年的1年多时间里，投资600多万元购置了多臂钻、装载机、潜孔钻、机械手等施工设备投入前期工程施工。

隧洞开挖作业面展开后，水电六局第二工程处也派出队伍进行施工支洞和导流洞开挖作业。经过3年艰苦施工，到1994年9月12日枢纽主体工程开工时，枢纽尾水渠、导流洞、7号和8号公路以及房建等前期工程项目已基本完成。其中，总长2055.04米、开挖断面为8.5米×7.5米的3条导流洞，于1994年3月21日全线贯通。在此期间，项目部又承担了8号施工支洞（总长400米）的施工。在1、2号施工支洞等工程施工中，水电六局项目部开展了一条龙竞赛，取得了较好的效果：1992年10月9日，由水电六局第二工程处施工、总长577米的2号施工支洞开挖贯通；1992年11月19日，由水电六局第五工程处施工、总长500米的1号施工支洞开挖贯通。至此，水电六局成为整个工程15家施工单位中第一个完成前期工程单个项目的单位，受到业主方（黄河小浪水利枢纽建设管理局）的表扬。

在前期工程施工中，水电六局小浪底工程项目部开挖二队在2号施工支洞施工中创造了开挖、支护月进尺（单向）91.1米，即一天一个循环，平均一个循环进尺3.25米的好成绩。在导流洞开挖作业中，施工二队创造了综合进尺180.9米的好成绩。

小浪底水利枢纽主体工程实施国际招标，水电六局与法国杜美斯公司、德国霍尔斯曼公司组成联营体，于1994年3月下旬中标该枢纽工程三标段——引水发电工程（即地下厂房及引水、尾水系统工程），工程合同价款为11亿元。主要工程量为：石方开挖1071163米^3，混凝土浇筑（衬砌）167045米^3，喷混凝土70871米^3，锚杆459631米，钢筋制作安装12843.8吨，预应力锚索8435米，压力钢管总长890米。其主要建筑物有：地下发电厂房及主变室，6条引水洞（总长1920米，开挖洞径9.6米，衬砌洞径8.4

米），3条尾水洞（总长1920米，洞径为13米×19.8米）及尾水闸门室，另有4条竖井，13条交通洞等。

按联营体协议规定，这一工程项目以法国杜美斯公司为责任方，水电六局在整个工程施工中所占股份为12%，并负责派出600多人的劳务。至此，水电六局将小浪底工程项目部施工人员一分为二：一部分人进入联营体，称为“标里施工人员”；一部分人则仍留在项目部，承担标外工程项目和分包部分标里工程项目，对留在项目部工作的人员，则称为“标外人”。在小浪底水利枢纽工程施工中，由施工队长高泗忠率领的洞挖青年突击队，在施工中作出了突出贡献，成为首批国家重点工程青年文明号创建单位，受到共青团中央的表彰。

在小浪底水利枢纽地下厂房及引水、尾水系统土建工程施工中，水电六局投入的施工人员（包括管理、技术人员和一线作业人员）近700人。在地下厂房的施工中，水电六局施工队伍首次采用了先进的施工技术——地下厂房岩锚吊车梁施工技术。在以往的地下厂房开挖中，是将吊车梁设置在开挖好的岩台上。这一开挖方式，无疑会加大地下厂房顶拱层开挖跨度。而为了缩小厂房（顶拱部位）的开挖跨度和减少厂房石方开挖量，建筑工程技术人员发明了将吊车梁直接锚在岩壁上的新技术，即通过利用较长的、密集的普通沙浆锚杆（或预应力锚杆）作为支撑，将现浇混凝土吊车梁直接锚固在岩壁上，故称为岩锚吊车梁。在小浪底水利枢纽工程施工之前，我国在鲁布革、广州抽水蓄能、东风、太平驿等水电工程中，曾先后采用岩锚吊车梁施工技术。但小浪底水利枢纽地下厂房中的岩锚吊车梁，其吊车荷载量为当时国内最大（吊车梁上安装2台额定起重重量为5000千牛的吊车，吊车轨距为23.5米，最大轮压800千牛，单位长度荷载685千牛/米）。因此，这一施工技术能在小浪底水利枢纽工程中获得成功，在我国当时也具有其独特的意义。

从1996年2月25日，岩锚吊车梁的中槽开挖，经过15米长的预应力锚杆和7.5米普通锚杆的制作安装，最终到1996年8月15日最后一仓混凝土浇筑完毕，经水电六局施工队伍近半年努力和精心施工，小浪底地下厂房的岩锚吊车梁施工获圆满成功。这一施工技术的成功运用，为水电六局在其以后的山西引黄一级和二级泵站、贵州索风营和思林水电站、宜兴抽水蓄能电站等地下厂房的施工中，对岩锚吊车梁施工技术的应月提供了成功的范例。

在小浪底水利枢纽地下厂房、引水、尾水等工程施工中，不论是经营管理体制、还是在分配机制等方面，与国内其他工程相比，都有许多不同之处。在联营体内，与国际工程建设接轨的企业管理体制、经营理念、分配制度、运行机制，对水电六局施工队伍（包括管理干部、一线作业人员）是一场严峻的考验和锻炼。如严格的生产纪律，在用人方面不论资排辈、重在能力和业务技术水平，在收入分配上按贡献大小给予相应报酬等方面，都显示出其独特的优势和魅力。这种新的管理体制和经营方式，锻炼了水电六局施工队伍，培养了一大批宝贵的人才，为水电六局的进步发展和推进企业内部改革起到了积极的促进作用。

小浪底水利枢纽引水、发电及尾水系统等土建工程于1999年10月竣工。

第十七节　云峰水电站大坝加固工程

云峰水电站位于吉林省集安市青石镇，1958～1967年由中国和朝鲜两国合资建成。该电站安装4台单机容量10万千瓦水轮发电机组，首台机组于1965年9月投产，工程于1967年4月竣工。

由朝方施工的云峰水电站大坝，长828米，最大坝高113.75米，坝顶宽7米，坝底宽88.40米，整个大坝从左岸（朝方）起分为左岸挡水坝段、过木坝段、溢流坝段、中孔坝段和右岸挡水坝段共55个坝段。经过20多年的风雨侵蚀，到20世纪80年代末，水库大坝坝面已风化破损。1990～1992年，水电六局承担了水库大坝下游面部分溢流坝段及挑坎的补强加固施工。

2001年2月22日，水电六局以4019万元的标价中标了云峰水电站大坝整个下游面的坝面补强加固工程，该工程交由二分局施工。二分局接到中标通知后立即组建项目部，及时组织施工队伍、施工设备进场。工程于2002年3月19日开工，2004年10月30日基本结束。

云峰水电站大坝加固工程，其主要施工工序为，施工人员利用吊绳和操作平台高空作业，将大坝下游面的坝面（垂直坡度为1∶0.63，总面积为45200米^2）老混凝土（厚60厘米）开挖清除掉（利用无声破碎剂破碎），再利用风镐清理基础面，然后钻孔、灌浆插锚筋、绑扎钢筋，最后利用自升式液压滑模浇筑坝面混凝土。混凝土收仓后，利用长流水及时进行保湿养生（28天），冬季覆盖塑料薄膜和两层草帘子防冻保温。

云峰工程项目部月平均投入施工人员200人，施工高峰期投入250人。投入的主要施工设备有：手风钻120台，风镐150台，运输汽车和装载机12台，空压机5台，拌和站1套，自爬自升式液压滑模3套。完成的主要工程量：开挖混凝土27043米^3，锚杆安装18500根，钢筋制作安装616吨，混凝土浇筑27598米^3。完成施工产值5211万元。

云峰工程项目部在大坝下游面加固工程中，以如期完成施工任务、混凝土施工质量优良的圆满结果，赢得了工程业主和监理单位的信赖。2005年5月11日，水电六局又以6500万元的标价，承揽了大坝上游面加固工程的施工任务。该工程项目主要工程量（设计）：老混凝土开挖清除和新混凝土浇筑各29665米^3，锚筋安装27183根，钢筋制安983吨，混凝土界面黏结剂喷洒71113米^2，止水铜片2485米，化学灌浆1500米^2，GB止水材料25.2吨。施工工期为2005年6月～2008年10月。

2005年5月29日，云峰大坝上游面加固工程开工。云峰大坝上游施工作业面极为复杂：一是大坝坡度为1∶0.2，接近于垂直，整个作业面高程为280.75～321.75米（总面积为3.2万米^2），下面是水深五六十米的库区，给施工作业带来了相当大的困难；同时，库区水位的变化也给施工作业带来了很大的制约因素。

在大坝上游面的老混凝土开挖作业中，开挖钻孔、锚筋钻灌、钢筋绑扎、钢模板支立和混凝土浇筑等作业，全部是高空、水上作业，不仅难度大，而且十分危险。项目部积极采取措施，科学组织生产，勇克技术难关，狠抓工程质量，认真落实各项安全措施，确保施工生产安全顺利进行，使各个施工项目均按节点控制工期提前或如期实现。为确保混凝土的施工质量，云峰工程项目部采取了一系列措施，如在拌和料里掺进一定量的粉煤灰和高效引气减水剂，以降低混凝土的水化热问题，较好地解决了混凝土裂缝缺陷；在新、老混凝土的结合处喷洒界面剂，较好地解决了新老混凝土难以牢固黏和在一起的两层皮问题。新技术、新材料、新工艺的采用，进一步提高了混凝土施工质量。

从2005年大坝上游面加固工程开工至2006年年底，云峰工程项目部投入劳动力250人。在2006年5～7月的施工高峰期，为确保水库大坝安全度汛，项目部调动1200人、17个施工队，在大坝上游面280.75～292.75米高程，800延长米的施工线上组织会战，出色地完成了保度汛任务。

施工过程中，项目部投入大量施工设备和材料，其中投入吊车、装载机、运输车、混凝土搅拌车、拌和站、空压机、变压器等40余台（套），多卡钢模板29台（套）计350万元，卷扬及操作平台33台（套），水上浮船12只，浮排28套，水上起重设备2套，手风钻300台，风镐380台……充足的人员和设备投入，进一步加快了施工进度，到2006年10月下旬，项目部已完成上游面大坝老混凝土开挖23071米^3，锚杆钻灌10279根，钢筋制作安装369吨，浇筑混凝土11949米^3，实现了施工时间过半，完成任务过半的目标。

云峰水库大坝加固工程质量优良。到2006年年底，大坝上游面364个单元工程，经监理单位验收确定，单元工程合格率为100%；有328个单元工程被评为优良，单元工程优良率达90.11%。云峰项目部以优质高效的出色业绩，受到了工程业主、监理单位和有关专家的高度评价。

第十八节　大黑汀水库除险加固工程

1999年9月15日，水电六局以第一标投中河北省大黑汀水库除险加固工程，合同价款1208万元。工程合同要求1999年10月10日开工，合同工期为22个月。

大黑汀水库位于河北省唐山市迁西县县城北5千米的滦河干流上（1973年开始兴建），为引滦入津的取水口。该水库和潘家口水库联合运用，发挥防洪供水功能，每年可向唐山、天津市及水库下游县区提供工农业用水21.34亿米^3（水库库容3.37亿米^3）；水库控制流域面积35100千米^2。水库大坝为混凝土重力坝（二级建筑物），主坝坝长1354米，最大坝高52.8米。经20多年风雨侵蚀，大坝坝面破损严重。1998年，该水库大坝修补加固工程正式立项。此工程共分3个标段，即坝基加固防渗处理工程、大坝溢流面修补工程和大坝下游防冲疏导工程。同时施工的其他项目有：管理单位房屋加高，交换机电源设备、通信传输设备的购置及安装调试，大坝底孔及下游护坡修补，大坝观测系统改造，廊道休整、照明及坝基排水，两坝段电梯设备购置调试及安装，升压站断路器改造，闸墩的加固修补及闸门防腐处理等。

1999年4月，水利部发文批复了大黑汀水库除险加固初步设计，核定工程概算投资8633万元（由中央投资），总工期为31个月。该工程的法人及管理运行单位为水利部海河水利委员会引滦工程管理局，设计单位为水利部天津水利水电勘测设计院，监理单位为天津市华朔水利工程咨询监理有限公司，质量监督单位为水利部水利工程质量监督总站。通过投标竞争，参加大黑汀水库除险加固工程的施工队伍为：水电六局、水电基础处理局、河北省水利工程局、迁西县建筑工程公司、深圳华为技术有限公司等9支施工队伍。

水电六局中标大黑汀水库除险加固工程后，由一分局选派施工队伍组建项目部，1999年9月中下旬奔赴施工现场进行施工筹备。该工程10月1日正式开工。在一期工程施工中，由于资金紧张及其他各种不利因素影响，工程进展不顺利，致使一期工程亏损。

为扭转不利局面，工程项目部在二期工程施工中（主要施工项目是对主坝1～10号坝段的溢流面进行修补）转变经营机制，实行新的管理模式，出台一系列新举措：取消工资级别，实行同工同酬，做到职工收入和其工作量、实际贡献紧密挂钩；对项目部所属各施工队全面实行承包责任制，与此相适应，项目部将施工队的用人权和工资分配权下放到施工队；精简机构、裁减人员、精干队伍，如原开挖施工队由原来的29人减到16人，劳力不足时可灵活雇用当地民工。

新的管理模式和灵活多样的承包方式，取得了满意效果，提高了生产效率，如开挖坝面混凝土的施工队伍提高工效2倍，单人日开挖进尺由原来的3米提高到9米；在二期工程坝面滑模混凝土施工中，生产效率为一期工程的1.5～2倍。职工生产积极性提高，加快了施工进度，保证了工程质量。经监理、业主单位分部工程验收小组检查验收（2002年6月22日全部验收完），1～10号坝段溢流面共40个单元工程，验收结果为：单元工程合格率为100%，优良率为95%（38个单元工程被评定为优良）。

2002年6月20日工程全部完工。项目部完成的主要工程量为：坝（堰）面混凝土开挖4764米^3，坝（堰）面混凝土浇筑8301米^3，沙砾石开挖27.3万米^3，廊道修整6507米^2。除标内工程项目外，项目部还承担了23孔闸墩加固、5座闸墩支座加固、闸墩裂缝修补、坝面整治等工程，使原承揽的1208万元施工产值增加到3000万元。在生产经营方面，项目部扭转了前期工程施工的被动、亏损局面，取得了较好的经济效益和社会信誉，职工收入比前期也有明显提高。项目部荣获水利部“文明工地”称号。

第十九节　山西省引黄总干线国际Ⅰ标土建工程

1997年8月，奥地利麦雷达、阿尔匹诺公司和上海隧道工程有限公司联合（即MAS联营体）中标山西省万家寨引黄工程总干线国际Ⅰ标土建工程。经承包商挑选、协商，该工程由承包商和水电六局合作建设，由水电六局承担引黄总干线国际Ⅰ标工程施工任务。1997年9月2日，水电六局与承包商签订了工程分包协议，分包合同价款为2.2889亿元人民币。该工程合同工期为43个月。

山西省引黄工程是山西省在20世纪90年代投资建设的重点工程。该工程是从山西省与内蒙古自治区交界的万家寨水利枢纽的库区引水，经过引黄总干线和引黄南北干线分别向山西省太原市（南干线）和大同市（北干线）输送工业和生活用水。

水电六局施工的引黄总干线国际Ⅰ标土建工程位于总干线的首部（龙头部位）。主要施工项目（主要建筑物）为：总干线3号输水隧洞下游段、总干线一级和二级泵站及其之间的 4 号输水隧洞，还有与泵站配套的进出水调压井、进出水阀室、廊道和电缆井等。其中，一级和二级泵站均为地下厂房，厂房开挖规模均为 163.3 米×17.6 米×34.7 米（长×宽×高），厂房内各安装 10 台输水机组（单机流量 6.45 米^3/秒），每站装机容量为 12 万千瓦，每站设计扬程为 142 米；3、4 号输水隧洞均为有压隧洞，隧洞内径 5.6 米，标内隧洞总长 1699 米；两泵站的 1、2 号进水调压井内径均为 12 米，井高分别为 61 米和 77 米；1 号和 2 号出水调压井内径分别为 12 米和 16 米，井高分别为 48 米和 36 米；4 号隧洞上部设 1 条溢水井，其内径 5.2 米，井高 43 米；两泵站的电缆井内径均为 9 米，井高分别为 143.7 米和 138 米。两地下厂房的上下游侧均设方形进水阀室廊道，其尺寸为 3.8 米×8.7 米。整个工程项目设计工程量为：岩石明挖 1.1 万米^3，岩石暗挖 41 万米^3，混凝土浇筑（衬砌）9.1 万米^3，钢筋制作安装 5400 吨。

1997 年 9 月工程正式开工。工程前期施工阶段，主要由水电六局一分局、五分局、六分局等二级施工单位选派施工队伍，组建奥中联营体分包工程项目经理部，独立承担引黄国际Ⅰ标工程施工任务，负责一级、二级泵站和 4 号引水洞的开挖施工。进入中期施工阶段，水电六局决定将分包工程项目部并入万家寨施工局统一管理、统一指挥。在施工高峰期，工程投入劳动力近 800 人，投入多臂钻、潜孔钻、反铲、装载机、自卸汽车、灌浆泵、空压机、混凝土搅拌车、全断面液压移动式混凝土衬砌钢模台车等大中型施工设备 90 多台（套）。

经过万家寨施工局全体施工人员 3 年零 8 个月的艰苦努力，引黄总干线国际Ⅰ标工程于 2001 年 4 月顺利竣工。在引黄总干线国际Ⅰ标主体工程项目施工中，共完成石方开挖 49.91 万米^3，喷混凝土 1.24 万米^3，钢筋制作安装 7791 吨，锚杆支护 4.86 万根，混凝土浇筑 8.17 万米^3。工程质量达到优良。

第二十节　尼尔基水利枢纽工程

2001 年 8 月 29 日～2002 年 6 月 1 日，水电六局相继中标尼尔基水利枢纽砂石料及混凝土拌和工程、发电厂房及变电站土建工程、溢洪道土建工程、机电安装工程，合同价款 5.242 亿元。上述工程的主要工程量（设计量）为：土方开挖 66.6 万米^3，石方开挖 138.6 万米^3，钢筋制作安装 9281 吨，混凝土拌制 89.97 万米^3，混凝土浇筑 58.3 万米^3。4 台水轮发电机组及其附属设备安装、部分闸门、拦污栅等金属结构的制作安装等。整个工程合同工期为 5 年（2001 年开工，2005 年首台机组发电，2006 年竣工）。

尼尔基水利枢纽工程位于黑龙江省与内蒙古自治区交界处的嫩江干流中游，左岸临黑龙江省齐齐哈尔的讷河市，右岸邻内蒙古呼伦贝尔盟的莫力达瓦达斡尔族自治旗，枢纽坝址距旗政府所在地尼尔基镇约 2 千米。枢纽控制流域面积 6.64 万千米^2，枢纽主体工程包括拦江大坝（分主坝和左、右副坝，大坝总长 7265.55 米，其中主坝为沥青混凝土心墙土石坝，最大坝高 40.55 米）、发电厂房、溢洪道、变电站及两岸输水洞（管）等。水库总库容 86.1 亿米^3，防洪库容 23.68 亿米^3；发电厂房内安装 4 台单机容量 6.25 万千瓦水轮发电机组，总装机容量为 25 万千瓦。该工程是国家“十五”计划中的大型水利工程项目，也是国家实施西部大开发战略的标志性工程之一。该枢纽建成后，具有防洪、工农业供水、发电、航运及水资源保护等综合利用效益。

水电六局中标尼尔基水利枢纽工程后，及时组建水电六局尼尔基工程施工局，施工局下设工程管理部、计划合同部和办公室（施工局工作人员在施工高峰期18人），对承担枢纽主体工程的5个工程项目部（即三大系统工程项目部、厂房工程项目部、溢洪道工程项目部、机电安装工程项目部、副坝工程项目部）实行宏观控制。

作为水电六局的派出机构，尼尔基施工局的主要作用、职能是：对水电六局施工队伍承担的所有施工项目，做好管理、服务工作，实现优化资源配置；对外，处理好与业主、监理、设计、地方政府及相关单位部门的关系；对内，加强对各个项目部的合同计划、安全质量、财务资金等管理，协调好各项目部之间的关系，确保施工生产顺利有序地进行。对施工局下属的各个项目部，全部实行分灶吃饭、独立核算、各负其责。这种全新的管理模式，对于调动施工局二级单位的积极性，对于强化企业管理、降低生产成本，对于进一步提高企业的经济效益、树立水电六局的整体形象，都发挥了积极作用。

1. 尼尔基水利枢纽砂石料和混凝土拌和工程

2001年8月29日，水电六局中标尼尔基水利枢纽砂石料和混凝土拌和工程，合同价款1.77亿元。此工程主要施工项目，包括人工混凝土骨料加工厂工程、天然混凝土骨料筛分工程、混凝土拌和厂工程三大部分，简称三大系统。此项工程由四分局负责施工。接到中标通知书后，四分局立即组建尼尔基水利枢纽三大系统工程项目部，于2001年8月底～9月上旬调派施工队伍和设备进驻现场做筹备工作。

工程于2001年9月15日开工，进行建厂作业，即进行混凝土拌和加工厂、混凝土天然骨料筛分厂、混凝土骨料破碎厂和沙砾石天然骨料开采场的施工等。到2001年10月末，整个厂区的场地平整、土方开挖和回填、初碎车间、初碎车间和成品料地弄的钢筋施工以及临时房建等工程基本完成；11月底，浆砌石、土方回填、堆取料机、人工料筛分楼和破碎机安装等项目顺利结束；天然料筛分楼、人工料的金属结构、拌和楼的管道和水泥罐安装于2002年2月完工；天然料的金属结构、拌和楼及其电气安装作业于2002年3月底结束，建厂施工进入尾工、调试阶段。2002年4月15日，厂建工程完工，实现了枢纽工程5月15日完成混凝土施工的目标。

三大系统厂建混凝土工程，工程质量达到规范要求，157个单元工程全部合格，优良率为65%（105个）。在建厂施工中，项目部投入施工人员357人，投入挖掘机、推土机、自卸汽车、装载机、汽车吊、振动碾、空压机、拌和机、水泵等主要施工设备121台(套)。完成的主要工程量为土方开挖6.603万米^3，土方回填3.42万米^3，混凝土浇筑3914米^3，金属结构制作安装1403.9吨，细石施工820米^3。

从2002年5月中旬起，三大系统工程项目部开始向枢纽主体工程供应砂石骨料、出售成品混凝土。施工实践证明，项目部建成投产的骨料开采、粉碎和筛分及混凝土拌和等三大系统工程，完全满足了枢纽主体工程施工的需要。在生产骨料和混凝土的施工中，三大系统工程项目部创造了年生产混凝土44.1万米^3（2003年)、日拌和混凝土4270米^{3}的高产纪录。至2006年9月枢纽工程竣工，该项目部完成施工产值2.745亿元。

2. 尼尔基水利枢纽发电厂房及变电站土建工程

2001年12月29日，水电六局中标尼尔基水利枢纽发电厂房及变电站土建工程，合同价款为2.129亿元。工程由二分局负责施工。

尼尔基水利枢纽发电厂房，位于枢纽主坝右侧下游坝根处，为河床式发电厂房，主体工程由进水渠、挡水坝段、主厂房、尾水副厂房、中控楼、尾水闸墩、尾水渠及左右翼墙等建筑物组成。其中主厂房规模为149米×26.1米×60.64米（长×宽×高）；变电站位于发电厂房的左下游平台上。

中标尼尔基水利枢纽厂房工程后，二分局立即组建尼尔基水利枢纽厂房工程项目部，由分局长带队进驻施工现场。工程于2002年1月18日开工，实施厂房基础土石方开挖作业。到2002年7月30日，厂房土方和Ⅰ、Ⅱ期石方开挖工程全部结束。2002年5月15日，厂房开始浇筑第一块混凝土。2004年9月6日，厂房混凝土浇筑到顶并安装完钢屋架。2004年10月13日，厂房实现暖封闭，为机组安装创造了有利条件。2006年10月15日，厂房装修作业全面完成。整个厂房及变电站土建工程，工程质量总体评定为优良：22个分部工程合格率为100%，优良率为90.9%（其中20个分部工程被评为优良）；2166个单元工程合格率为100%，优良率为90.6%（其中1806个单元工程被评为优良）。

施工过程中，厂房工程项目部投入施工人员1428人（高峰期），投入施工设备215台（套），投入钢模板35811米^2。完成的主要工程量为：土方开挖18.75万米^3，石方开挖37.92万米^3，混凝土浇筑38万米^3，钢筋制作安装11067吨，完成施工产值2.97亿元。

施工中项目部创造了130天开挖石方34万米^{3}的高产纪录（2002年上半年）；2003年，创造了年完成施工产值1.03亿元、浇筑混凝土20.3万米^3，月浇筑混凝土4.3万米^3（2002年5月），日浇筑混凝土2260米^{3}的高产纪录。

3. 尼尔基水利枢纽溢洪道土建工程

2002年2月5日，水电六局中标尼尔基水利枢纽溢洪道土建工程，合同价款1.165亿元。工程由一分局负责施工。

尼尔基水利枢纽溢洪道工程位于枢纽主坝右侧的白土山台地上。溢洪道为岸坡开敞式溢洪道，其纵向总长度为900米，横向总宽度为166米，溢洪道泄洪闸分11孔，单孔净宽度12米，闸高19米。溢洪道从上游至下游由引渠段（334米）、控制段（46.5米）、泄槽段（248.5米）、消能防冲设施（消力池长182.7米、宽215米、深8米，采用底流消能方式，为双差支扩散式消力池）及出水渠（88.27米）5部分组成。溢洪道工程由两家施工单位承担施工任务：以0+225.50为界桩，其上游侧工程由水电一局施工，其下游侧工程由水电六局施工。由水电六局施工的溢洪道工程主要包括泄槽段、渥奇段、消力池段和出水渠段等施工项目。

中标尼尔基水利枢纽溢洪道土建工程后，水电六局一分局立即组织施工队伍、施工设备进点施工，2002年4月15日工程正式开工。2002年6月23日，溢洪道部位覆盖层土方开挖结束，进入石方开挖阶段。2003年10月30日，溢洪道下游侧的基础主体石方开挖结束。2003 年 5 月 1 日，浇筑第一块混凝土；2004 年 10 月底，混凝土施工结束。2004 年 11 月 5 日，溢洪道下游围堰拆除，整个工程项目完工。

在溢洪道土建工程施工中，尼尔基水利枢纽溢洪道工程项目部投入劳动力 670 人（高峰期），投入施工设备 174 台（套）。完成的主要工程量为：土方开挖 29.39 万米^3，石方开挖 118.61 万米^3，混凝土浇筑 22.17 万米^3，钢筋制作安装 1596 吨，固结灌浆 14840 米，钻设排水孔 2291 个 6873 米，锚杆施工 10174 根。溢洪道土建工程质量综合评定为优良，其中 7 个分部工程项目，有 5 个被评为优良；1885 个单元工程，有 1658 个被评为优良，单元工程优良率为 88%。

尼尔基水利枢纽溢洪道工程项目部在完成溢洪道土建工程项目后，积极承揽新工程。从 2004 年下半年起，项目部先后承揽了尼尔基水利枢纽厂房下游侧右岸尾水护坡、右岸副坝下游护栏等工程项目。至 2006 年尼尔基水利枢纽工程竣工，溢洪道工程项目部累计完成施工产值 1.28 亿元。

4. 尼尔基水利枢纽副坝土建工程

在尼尔基水利枢纽工程施工中，水电六局五分局组建尼尔基水利枢纽副坝工程项目部，承担了水利枢纽主坝右侧与右岸溢洪道之间的副坝（连接段）工程的土建施工任务。在 4 年多时间里，完成土石方开挖 8 万多米^3，土石方回填 17 万多米^3，混凝土浇筑 6000 多米^3，同时还承担了副坝（连接段）上下游防浪墙施工任务。至工程竣工，副坝土建工程项目部完成施工产值 1404.2 万元。

在尼尔基水利枢纽工程施工中，水电六局建筑工程公司组织施工队伍支援二分局尼尔基水利枢纽厂房工程项目部，承担了发电厂房的部分混凝土施工。

第二十一节　吉林省松山引水溢洪道和导流洞工程

1998 年 4 月 1 日，水电六局中标吉林省松江河发电厂松山引水岸坡式溢洪道基础开挖及其结构工程，合同价款 2795.8 万元。溢洪道土建工程由一分局承担施工任务，金属结构制作安装（主要是 3 孔弧形闸门）工程由机电安装分局承担。

松山引水工程位于吉林省抚松县境内的漫江中上游，坝址距松江河镇约 15 千米。引水工程枢纽主要由面板堆石坝、岸坡式溢洪道和引水系统组成。该工程为松江河梯级电站的引水工程，在漫江松山坝址筑坝，通过 12.6 千米长的引水隧洞将漫江水引至松江河小山水库。由水电六局承担施工的松山引水溢洪道位于堆石坝的左侧。该溢洪道为岸坡式 WES 堰型溢洪道，由进水渠、堰首段、泄槽段及挑坎段构成。其中进水渠底板（其左右两侧为 4 米多高的混凝土导墙）宽 30 米、长 35.86 米，堰首控制段长 27 米，泄槽段长 106 米，挑坎段长 24 米，其下游设有 16 米长的防冲板。溢洪道堰顶至底板高度为 4 米，安装 3 孔（每孔净宽 8 米）弧形闸门控制泄流。

1998 年 5 月 1 日，一分局项目部首批人员进场。在施工初期（1998 年），项目部投入劳动力 100 人，施工高峰期（1999 年）投入 315 人，施工后期（2001 年）投入 110 人。施工中，项目部先后投入凿岩机、注浆机、门机、自卸汽车、汽车吊、拌和楼、混凝土搅拌车、空压机、电焊机等各类大中小型施工设备114台（套）。

施工中项目部采取的主要施工方法、措施是：石方开挖主要采用液压钻机实施深孔梯段爆破；边坡采用预裂爆破；对马道及平台等部位预留保护层，采用手风钻钻爆。对明渠段及溢洪道左岸上游的支护工程，主要采用锚杆注浆机和喷浆机进行喷锚施工。堰首段混凝土，主要采取滑模、有轨拉模与大模板互相配合施工。泄槽段混凝土施工：对泄槽底板主要采取有轨和无轨拉模形式；对泄槽边墙采取支立钢模板仓号浇筑形式；挑坎段混凝土，采用拉模施工方式；混凝土拌和料运输，采用混凝土搅拌车水平运输，再利用溜槽或混凝土泵等形式将拌和料输入仓号；锚杆施工，主要采用手持式凿岩机钻孔，再利用人工灌注和风动灌注两种方式灌注沙浆。

经过项目部42个月的艰苦施工，2001年10月28日，松山引水溢洪道土建工程各主体项目全部完工。2002年10月下旬工程竣工。该工程完成的主要工程量为：土石方开挖32.1万米^3，混凝土浇筑3.49万米^3，钢筋制作安装498吨，锚杆制安2374根，石渣回填10256米^3。工程质量综合评定为优良。整个项目共413个单元工程，单元工程合格率为100%，优良率为81%。7个分部工程（岩石基础及边坡、地基防渗及排水、锚杆、明渠段、堰首段、泄槽段、挑坎段）合格率为100%，优良率为85.7%（6个）。

项目部不仅出色地完成了标内的各个工程项目，而且又相继承揽了松山引水大坝下游量水堰、坝顶结构和导流洞封堵等17项标外工程项目，使整个工程的施工产值，由最初的标价2790万元，增加到5240万元。为在当地承揽后续工程项目奠定了坚实的基础。

松山引水工程项目部不但出色的完成了施工任务，精神文明建设也取得成效，被全国总工会授予“全国模范职工小家”称号。

第二十二节　太平湾鸭绿江防洪护堤工程

1995年8月8～13日，鸭绿江流域突发五十年一遇的特大洪水，洪峰时段，鸭绿江干流太平湾江段最大流量达2.48万米^3/秒，整个太平湾生活区一片汪洋。太平湾电厂、水电六局等单位及所属职工家属、当地百姓，都遭受了巨大的经济损失。为确保今后太平湾生活区的汛期安全，东北电业管理总公司决定投资建设太平湾防洪护堤工程，并指定由太平湾电厂作为业主单位负责管理、实施。

1996年1月，水电六局第四工程处以议标的形式承揽了太平湾防洪护堤（上游段）工程。太平湾防洪护堤上游段，总长772.3米，护堤结构以土坝为主要材料，护堤迎水面和坝顶浇筑面板混凝土，迎水面堤顶边缘浇筑钢筋混凝土防浪墙。同时，将护堤修建成江边公路，作为日常的交通、游览通道。其主要工程量（设计）为：土方填筑7万多米^3，土方开挖6万多米^3，钢筋制作安装536吨，混凝土浇筑1.2万米^3。业主单位要求，施工单位要加快施工进度，做到当年开工当年竣工。

1996年1月15日工程正式开工。1月28日起，开始护堤填筑作业。4月上中旬，开始浇筑齿槽混凝土和护堤面板混凝土。4月，施工进入高峰期，项目部投入劳动力200多人，大中型施工设备30余台（套），施工现场填筑、开挖、削坡、支模板、绑钢筋、浇筑混凝土等作业全面、全线展开，浇筑混凝土突破5000米^3，全月创产值300多万元，月人均完成产值1.5万元，创造了第四工程处施工史上的最高纪录。到6月11日，整个护堤的齿槽混凝土、迎水面护坡面板混凝土（利用拉模方法施工）全面完成，比原施工计划提前了20天。

1996年7月23日，经半年作业，太平湾防洪护堤（上游段）工程提前8天全面完工，工程质量优良，单元工程质量合格率为100%，优良率达90%以上。在工程施工中，完成的主要工程量为：土方开挖6.6万多米^3，土方填筑8.8万多米^3，钢筋制作安装530余吨，浇筑混凝土1.2万多米^3。完成施工产值近1373万元，人均施工产值7万多元（半年期），创第四工程处施工史最好水平。

太平湾防洪护堤项目部在护堤工程施工中严把材料关和工程质量关，厉行节约，努力降低生产成本，取得了较好的经济效益。例如，为浇筑护坡面板混凝土，项目部制作了规格为24米长、1.5米宽的滑模。在齿槽混凝土和护坡面板混凝土浇筑完后，项目部利用这套滑模作为浇筑堤顶防浪墙混凝土斜面模板。当防浪墙施工完成后，项目部又将这套斜面模板制作成24米长、1.5米宽的通往水电六局生活取水泵房的天桥。仅此一项就为项目部节约资金10万余元。

第二十三节　丹东市区鸭绿江防洪护岸工程

丹东市位于辽宁省东南部的鸭绿江畔，对岸与朝鲜的新义州市隔江相望。20世纪上半叶，在老市区的沿江地段修建了可抵御百年一遇洪水的防洪墙（位于丹东市沙河河口至鸭绿江江桥处）。改革开放后，丹东市城市发展很快，到20世纪末，从东部（上游）的套内，到西部（下游）的浪头，整个沿江地带均已扩展为市区，为确保汛期丹东市区经济建设和人民生命财产的安全，丹东市决定投资兴建（扩建）珍珠泡至浪头段鸭绿江防洪护岸工程，将原来的城区防洪标准从三十年一遇提高到百年一遇。

2000年9月～2003年8月，水电六局相继承揽了丹东市区鸭绿江防洪护岸3项工程，全部由二分局组建项目部承担施工任务。

1. 丹东市五道河二潮沟段防洪护岸（桩号1+295～2+965）工程

2000年9月，水电六局中标承揽了丹东市区（西部）下游沿江地带的五道河二潮沟段防洪护岸（桩号1+295～2+965）工程，本段防洪墙长1670米，其中包括4处涵管、2处排水闸和1座交通门，工程合同价款309万元。

工程于2000年9月28日开工，2001年6月25日竣工。施工中完成的主要工程量为：土石方开挖9159米^3，土方回填12663米^3，土工布铺设6680米^2，钢筋及钢结构制作安装22吨，浇筑混凝土17016米^3。

该项目部应用了2项新技术，取得了良好的效果：①水平拉筋穿PVC套管技术。即在模板支立过程中，将固定模板的水平拉筋穿上PVC套管，待混凝土浇筑完毕并强固拆卸模板时，将拉筋拔出重复使用，对形成的拉筋孔，则采用止水膨胀胶条及膨胀沙浆进行封堵。②钢模板整体滑移支立技术。即先将工字钢与钢模板组合成一体，而模板两侧底边采用工字钢作为轨道，拆模时用丝杠及千斤顶将模板整体脱离混凝土面，工字钢轨道下均匀布置上钢辊轴，其两侧各用一个5吨导链将模板匀速整体向前滑移。采用这两项新技术，加快了施工进度，降低了生产成本。

2. 东坎子至珍珠泡段鸭绿江防洪护岸工程

2001年9月，水电六局以1479万余元的标价，中标丹东市区东部东坎子至珍珠泡段鸭绿江防洪护岸工程，本段防洪墙全长2232.5米（0＋0～2＋232.5桩号），其中包括交通门4座、排水闸2座、涵管3处。于2001年9月25日开工，2002年7月30日完工，直线工期203天。

由于工期较短，工程量和施工难度相对较大，为确保如期完成施工任务，项目部加大了人力、设备和资金的投入，仅施工设施和设备就投入46台（套）。施工完成的主要工程量为：土方开挖49325米^3，土方回填24417米^3，混凝土浇筑37416米^3，墙、闸浆砌石（抛毛石）196米^3，钢筋和钢结构制作安装181.2吨。

3. 防洪墙修筑工程

2003年5月15日～7月15日，水电六局二分局鸭绿江防洪护岸项目部在市区的老防洪墙段内承揽了277.4米防洪墙修筑任务。此工程包括重力式混凝土墙、防渗土工膜铺设、反滤土工布铺设和闸板库等项目。施工中完成的主要工程量为：土方开挖12329米^3，土方回填5091米^3，混凝土浇筑6915米^3，土工膜铺设2352米^2，土工布铺设1135米^2，钢筋制作安装32.5吨。

该项目部在整个防洪护岸工程施工中，本着“建一项工程，创一个信誉，树一座优质工程丰碑”的宗旨，坚持科学管理，过程控制，质量一流，在整个工程施工中做到了生产进度快、工程质量好、安全无事故，赢得了业主、监理单位和社会各界的信任和好评。工程竣工后，经业主、监理单位联合检查验收，水电六局施工的防洪护岸工程单元工程合格率为100％，优良率为92.2％。其中，防洪墙的基础开挖、基础混凝土、墙体混凝土、交通门、排水闸的优良率分别为93.5％、90.65％、92.1％、100％、100％；工程的总体质量等级为优良。防洪墙工程被评定为样板工程，为水电六局创出了良好的信誉。

第二十四节 索风营水电站引水发电系统土建工程

2002年9月，水电六局中标贵州省索风营水电站引水发电系统土建工程，9月10日在贵阳市签订施工承包合同协议书。此工程主要设计工程量为：土石方明挖7.91万米^3，石方洞挖47.76万米^3，混凝土浇筑25.09万米^3，钢筋和金属结构制作安装14218.12吨，合同价款为1.819亿元。合同约定，电站引水发电系统和地下厂房系统土建工程施工工期为44个月，2006年6月底竣工。工程建设单位为贵州乌江水电开发有限责任公司，施工监理单位为中国水利水电建设工程咨询中南公司，由水电六局五分局承担工程施工任务。

索风营水电站位于贵州省修文县和黔西县交界处乌江上游鸭池河的六广河段。该电站为乌江干流上的第二个梯级电站（其上游有已建成的东风水电站，下游有已建成的乌江渡水电站)，距贵阳市直线距离54千米。电站枢纽工程包括碾压混凝土重力坝、坝身泄洪表孔、右岸引水系统、地下发电厂房、尾水系统及变电站。电站水库为日调节水库，总库容为2.012亿米^3；厂房内安装3台单机容量为20万千瓦水轮发电机组，总装机容量为60万千瓦，多年平均发电量为20.11亿千瓦时。该电站以发电为主，承担着调峰、调频、“西电东送”和事故备用等任务。

水电六局中标索风营水电站引水系统和地下厂房等土建工程后，五分局立即组建索风营工程项目部。2002年10月上旬施工队伍进驻现场做筹备工作，10月26日引水系统和地下厂房工程正式开工。

索风营水电站引水系统和地下厂房等洞室群土建施工特点：洞室群多，竖井多，上下叠层，互相交叉，地质复杂，施工难度大，互相干扰因素多，通风条件差。特别是地下发电厂房（开挖尺寸：长133.5米，宽24米，高58.41米），洞室跨度大，高边墙，施工难度和施工技术要求都很高。地下厂房系统设置在大坝下游右岸的山体内，是一个由厂房、副厂房（长、宽、高分别为22.3米、17米、35.32米）、主变室、母线洞、窑式出线平台和交通洞（井）等洞室组成的大型地下洞室群。

在进行地下厂房开挖时，项目部采取的主要施工措施、方法是：

厂房顶拱：厂房顶拱部位的开挖高度为9.2米，开挖长度为135米，对开挖宽度24米的作业面分3块进行开挖作业。首先，进行中间部位的中导洞（宽度为10米）开挖，而后进行两侧开挖。中导洞和两侧的开挖，错开距离不小于10米，而两侧开挖面的错开距离也不得小于10米。这样，从中导洞的开挖面，至两侧中后侧的开挖面，其错开的距离大约为25米。对顶拱层作业面分先、中、后错开来的开挖方式，不仅可以减少向前开挖和反向开挖之间的干扰，也有利于大跨度洞室开挖时岩壁的稳固。顶拱层开挖施工，采用液压三臂钻机钻孔，塑料导爆管毫秒微差光面爆破，开挖效果良好。

第二层：第二层的开挖深度为6米。主要开挖方法是：除边墙保护块外，对中间部位岩层主要采用液压露天钻机钻孔。第一步，进行先锋槽段开挖。根据现场施工程序和开挖面地质条件，先锋槽开挖段选择在安装间侧距端墙2米，沿厂房中心线布置，开挖深度为6米，分两层开挖，每层高度各3米。先锋槽采用手风钻钻孔爆破。第二步，进行梯段开挖。其施工方法是：对厂房上下游边墙部位各预留2.5米的保护层，再对其他部位进行梯段爆破。为了避免梯段爆破对岩锚梁岩台岩体造成破坏，在施工前，首先进行梯段爆破掀动试验，根据试验结果，项目部决定将梯段开挖改为梯段槽开挖，梯段槽开挖宽度为6米，中心线向上游平移1米。当梯段槽开挖后，对其上下游的岩臂保护层，均采用手风钻钻孔爆破（分两层，每层3米）。其上下游距岩锚梁开挖外边线均预留4米的保护层，对边线实施光面爆破。第三步，对岩锚梁进行开挖。厂房上下游岩锚梁位于第二层，开挖高度为2.05米，岩台斜面倾角为30度，与层间错动带及垂直裂隙组成不稳定块体，开挖成型困难。因此，在进行岩锚梁部位开挖时，采取如下措施：岩台开挖采用垂直孔加斜孔（与水平线夹角呈60度角）光面爆破方式（利用手风钻钻垂直孔，利用电钻钻斜孔；垂直孔与斜孔同时起爆）。

2003年12月28日，电站地下厂房的开挖及支护工程比合同工期要求提前5个月完成，为电站按期投产发电奠定了稳固的基础。项目部在地下主厂房开挖支护、岩锚梁混凝土施工质量和总体进度上，创下了国内同规模地下厂房施工的一流水平。

2004年6月30日，电站引水发电系统主体工程土建施工基本结束，项目部在施工质量、安全文明施工、工程进度、工程档案和综合管理等方面全部达标。在工程质量方面，地下厂房施工共203个单元工程，质量评定结果：单元工程合格率为100%，优良率为82%（由于地质原因造成开挖作业超欠挖较多，影响了单元工程优良率）。

2006年4月，索风营水电站引水系统和地下厂房土建工程圆满完成。在工程施工初期，项目部投入施工人员180人，高峰期投入1030人，投入多臂钻机、液压露天钻机、装载机、推土机、吊车、拖车、自卸汽车等大中型施工设备70多台（套）。至工程竣工时，项目部实际完成的主要工程量为：石方开挖53.96万米^3，混凝土浇筑28.41万米^3，钢筋制作安装13861吨，完成施工产值2.352亿元。

索风营水电站引水发电系统工程质量综合被评定为优良。特别是厂房岩锚梁的开挖和混凝土工程、厂房开挖工程，是整个索风营水电站工程施工中的亮点工程。以上两个施工项目被工程业主、监理单位评为样板工程。

第二十五节 溪洛渡水电站导流洞和进水口开挖工程

2004年6月10日，水电六局中标金沙江溪洛渡水电站导流洞工程与电站进水口开挖工程Ⅰ、Ⅲ标。6月11日，水电六局与业主单位中国三峡总公司金沙江开发有限公司签订了合同协议书，合同价款为8.303亿元。在电站主体工程开工后，水电六局又承揽了地下发电厂房尾水洞的施工任务，加上前期厂内交通2号公路工程，水电六局在溪洛渡水电站工程中先后承担了13亿元的土建工程量。

溪洛渡水电站位于四川省雷波县与云南省永善县交界处的金沙江干流下游江段上，为我国“西电东送”的第一期工程，是“西电东送”中部输电通道的骨干电源点，是长江防洪体系的重要组成部分。电站主体工程主要由混凝土双曲拱坝、引水发电系统1～4号泄流洞、竖井式泄洪洞及导流建筑物组成。电站以发电为主，兼有拦沙、防洪、改善下游通航条件以及生态保护等功能。电站装机18台，单机容量为70万千瓦，总装机容量为1260万千瓦。第一台机组发电工期为9年。工程总投资603.3亿元，总工期12年。该水电站规模在世界上居第三位，在我国位居第二位，仅位居三峡水电站之后。

溪洛渡水电站导流系统共有6条导流洞，分别布置在坝址的两岸，其中左岸为1～3号导流洞，右岸为4～6号导流洞。左岸的1～3号导流洞由水电六局溪洛渡施工局施工。左岸1～3号导流洞平面上呈单弯道布置，洞身断面为城门洞型，开挖断面尺寸为20米×22米（导流洞开挖断面尺寸之大在当今世界居第一位），3条导流洞总长5003.17米，石方开挖量297.12万米^3，明挖石方工程量279.12万米^3，混凝土工程量64.41万米^3。导流洞自上、下游方向分为第一标段和第三标段，两标段工程合同工期为2004年7月1日～2007年10月10日。

溪洛渡水电站导流洞和进水口开挖工程规模大，工期紧，施工强度高，开挖强度为日平均开挖量 10000 米^3。

为能按合同工期完成溪洛渡水电站导流洞及进水口开挖工程，水电六局组建溪洛渡施工局，实行统一调度、统一指挥。为进一步加强溪洛渡施工局力量，水电六局调派曾参加北京十三陵、山西引黄、河南小浪底、贵州索风营等工程施工的工程技术干部、招收近百名大中专毕业生，精心挑选十几支有信誉、有实力、有资质的专业民工队伍（近千人），充实到溪洛渡施工局。为了解决施工设备不足的问题，水电六局除从局内各单位、项目部抽调 5000 多万元机械设备的同时，还投入 9000 多万元购置了多臂钻、液压钻、混凝土喷射机械手、装载机、挖掘机、自卸汽车等新设备。

导流洞工程是溪洛渡水电站截流工程的关键项目，是决定电站工程建设能否按期投产发电的控制性工程。对此，溪洛渡施工局全体施工人员迎难而上，苦战攻关，高质量、高速度按合同工期完成导流洞工程。

2004 年 7 月 21 日，溪洛渡水电站 1～3 号导流洞工程正式开工。导流洞施工主要分为 4 个阶段，即开挖爆破、混凝土衬砌、闸门安装和支洞（交通洞）封堵阶段。在开挖施工中，施工难度和危险性较大：由于开挖作业面岩石条件较差，山体岩石多为密致性玄武岩和角砾熔岩，受到风化卸荷作用的影响，岩体结构完整性较差。为确保施工安全，施工局采取了“短进尺，弱爆破，强支护，勤观测”的施工措施。对不良地质段，又分别采取了超前小导管、超前锚杆等超前支护措施，对破碎的岩体先进行超前预固结灌浆加固围岩，然后进行控制性爆破开挖。

溪洛渡水电站特大型洞径导流洞开挖施工工序为：钻爆、出渣、喷锚，及时跟进挂钢筋网、喷混凝土，上普通沙浆锚杆和预应力锚杆和钢支撑、钢拱肋等。由于导流洞开挖的断面为超大型（20 米×22 米），开挖作业中难以一次成型，因此在开挖作业中采取了自上而下分层（分上、中、下 3 层）、分部（如对导流洞顶拱层，先进行中导洞开挖，再进行其两侧部位同步跟进的开挖方法；对中间层的开挖，则采取先对其两侧进行预裂爆破，再对其中间部位进行深孔梯段式爆破的大规模、大面积开挖）开挖的方法，有效地保证了导流洞施工的安全、质量和进度。

并排的 3 条导流洞，洞与洞之间相隔只有 30 米，在开挖爆破作业中，为了最大限度地减少震动和爆破作业的互相干扰，确保隧洞成形，在施工中水电六局施工局采取了洞与洞之间的掌子面进尺距离拉开 50～70 米距离；在梯段爆破时采用单孔、单响联网技术，取得了理想的效果。

在洞挖施工中，水电六局施工局在总结自身经验的基础上，还吸收、借鉴了国内外同行业的先进工艺和方法，不仅确保了生产安全，加快了施工进度，而且保证了开挖质量，其中在 2005 年第一至第三季度的导流洞预裂爆破作业中就有 7 项被业主、监理单位评为样板工程。到 2005 年年底，左岸 3 条导流洞开挖作业基本完成。同时，洞内的混凝土工程也于 2005 年 11 月上旬开始施工。

2006 年，施工局施工的重点是导流洞 3 个特大型闸室竖井（开挖、混凝土）和导流洞混凝土衬砌作业。3 个闸室全长 85 米，最大开挖直径 34 米，虽然工程量不是很大，但难度在国内、外同类工程中却很少见。竖井开挖能否顺利、如期完成，关键在于优化施工方案，施工局工程技术人员苦战攻关，制订了合理优化的施工方案和技术措施。如对3条导流竖井闸室中下层的开挖，采用了不同的开挖爆破方法：对1号竖井闸室，采用的是两侧深孔预裂、中间梯级爆破的开挖方法；对2、3号竖井闸室，则采用了中间拉槽梯段爆破、两侧预留保护层的方法。在2、3号闸室施工时，将原导井开挖直径1.4米的方案修改为3米。将“小天窗”变为“大墼口”，免除了一道人工扒渣工序。

为加快竖井施工进度，施工局投入巨资购置了6台100B风动钻机、1台注浆机和1台专用车，加大了人力投入。在竖井开挖措施方面，采用平面上分区、立体上多层的施工措施，即钻孔、出渣、灌锚杆、喷混凝土等程序可在竖井不同平面、不同区域内进行，使40多米高的竖井在保证安全的前提下，形成上、中、下层同时作业交叉施工，比常规单项循环作业相比工效提高了几倍。为减轻3条相隔很短的竖井在爆破时互相干扰，确保施工安全，施工局采用了“耗秒微差控制爆破和单孔单响”的技术措施，避免了爆破震动过大对围岩造成的破坏，满足了深孔梯级爆破的装药量需求。

在溪洛渡水电站导流洞、进水口及厂房尾水洞等工程施工中，溪洛渡施工局按照“规范化、制度化、科学化”的管理目标，加大创新力度，在项目经营管理机制方面进行了积极的探索，如实行内部集体承包机制，对大宗施工材料采取招标采购，规范工程分包程序，严格外协施工队伍（民工队）管理等，都取得了良好的效果。

水电六局溪洛渡施工局继承、发扬六局的优良传统，在施工生产的高峰期和关键阶段，深入开展各种群众性（全员）的劳动竞赛，促进了施工生产。如2006年8月中旬至年底，施工局在开展“奋战130天”劳动竞赛中，就创造了在70天内（8月6日～10月25日）浇筑混凝土92824米^3、10月份浇筑混凝土50000余米^{3}的不凡业绩。为确保实现2007年2月28日导流洞竖井闸室按期下闸，并在2007年下半年顺利实现导流的目标，奠定了稳固的基础。2006年，施工局全面完成年度施工计划，全年完成施工产值3.5亿多元。

在溪洛渡水电站导流洞、电站进水口、厂房尾水洞等土建工程施工中，溪洛渡施工局优质、高效、安全的施工成果，受到工程业主、监理单位及有关专家和社会各界的充分肯定和高度评价，为水电六局创出了良好的社会信誉和经济效益。

溪洛渡施工局创造了2项中国企业新纪录：①2005年8月，以导流洞月开挖石方27.1万米^3，创国内同类工程施工速度新纪录；②2005年，在导流洞闸室竖井开挖、支护施工中，创国内水电站地下洞室跨度（34米）新纪录。

第二十六节　宜兴抽水蓄能电站引水系统和地下厂房工程

2003年1月17日，水电六局中标江苏宜兴抽水蓄能电站引水系统、地下厂房土建及压力钢管制作安装工程（YXP/2标），合同价款为3.28亿元人民币。主要工程量为：土石方明挖8.87万米^3，石方暗挖65.85万米^3，混凝土浇筑21.47万米^3，钢筋制作安装4842.14吨。水电六局中标这一工程项目后，及时组建宜兴施工局，下设土建施工（六分局）和钢结构制作安装（机电安装分局）两个项目部。

江苏宜兴抽水蓄能电站位于江苏省宜兴市郊太湖畔的铜观山麓。该工程是国家重点建设工程项目之一，也是江苏省迄今为止规模最大的水电工程。电站枢纽主体工程项目包括上水库、引水系统、地下厂房系统、尾水系统和下水库等。电站安装4台25万千瓦可逆式抽水发电机组，总装机容量为100万千瓦，年发电量14.9亿千瓦时，综合效率为0.76。电站建成后，主要在华东电网担负调峰、填谷、调频、调相和旋转备用等任务。整个电站动态投资47.63亿元。该电站于2003年8月开工，拟于2007年9月第一台机组投产发电。

2003年3月初，第一批施工人员进点施工，宜兴施工局土建施工项目部全体职工，克服“非典”的干扰，做好了开工前的各项筹备工作。2003年4月1日，宜兴抽水蓄能电站地下厂房工程正式开工。7月31日，开始厂房开挖。宜兴抽水蓄能电站地下厂房、主变室、尾水闸门室、引水隧洞、排风廊道、交通洞、施工支洞等洞室群（大大小小共计93条洞室），洞室总长度15930米。其中竖井17条，总高度为1240米，石方开挖量达70多万米^3。

由于作业面地质条件太差，岩石十分破碎（大多为Ⅲ、Ⅳ和Ⅴ类围岩），而且地下水极为丰富，钻孔完毕将钻杆拔出时，成柱形从孔内往外涌水。特别是长115米、宽22米（顶拱宽23米）、高52.4米的地下厂房开挖面，以Ⅳ类围岩为主，一大部分断面为Ⅴ类围岩，开挖难度特别大。2004年4月，著名水电工程专家潘家铮院士到宜兴抽水蓄能电站地下厂房施工现场考察、咨询时，对地下厂房的地质状况做出如此评价：“这样差的岩石条件，在国内同类型的地下厂房施工中是没有的，特别是岩壁吊车梁开挖施工，很难成型。”潘院士当场建议：对岩壁吊车梁施工一定要做预案设计，一旦开挖不成型，便按预案施工。宜兴抽水蓄能电站地下厂房开挖施工就是在这种极为艰难的情况下进行的。2004年6月底，厂房开挖按合同工期要求拖后了3个月。对此，业主、监理、设计单位对水电六局施工队伍能否按期完成厂房施工任务表示担忧。

水电六局及时调整宜兴施工局土建施工项目部领导班子，选派精干的开挖队伍进行厂房顶拱和岩壁吊车量开挖，同时邀请局内具有地下工程施工经验的技术干部来现场指导施工。为确保吊车梁部位（位于厂房第二层）的岩壁成型，在开挖作业时，施工队伍采取预先对厂房周边的围岩进行预固结灌浆以稳定岩壁，然后对岩壁采取“密钻孔、小药量、分块爆破、爆破前在壁座角下部增加预加固锚杆，并在壁座角部位采取双向光面爆破”的施工方法，取得良好效果，爆破后的开挖槽成型好，半孔率达90%以上，超欠挖均控制在13厘米以内（只要超欠挖控制在20厘米以内，即达到设计要求）。岩壁吊车梁混凝土浇筑质量在国内堪称一流，混凝土表面平整光洁似镜面一般，受到业主、监理、设计单位和国内水电专家的高度评价。

在地下厂房安装间钢筋、钢模和混凝土施工中，宜兴施工局土建施工项目部也干得十分出色。位于厂房南端的安装间，岩石极为破碎，为确保安全施工，安装间上下游及南端墙三面岩壁需要全面进行混凝土衬砌（衬砌厚度约1米）。2005年1月，土建施工项目部将此项施工任务下达给综合队。该队职工分秒必争搭架子，绑钢筋，支模板，浇筑混凝土。到5月4日，厂房安装间的混凝土衬砌作业顺利完成。待拆除模板时观察，整个安装间混凝土表面平整光洁，没有蜂窝麻面，没有裂缝，施工局再次受到业主、监理单位和有关专家的称赞。

在宜兴抽水蓄能电站地下洞室群开挖施工中，施工难度最大的地下厂房处于铜观山山体内 F204 和 F15 两个大断层之间，开挖难度和危险程度相当大。在开挖厂房顶部第一层——顶拱（宽度达 23 米）时，靠近 F15 断层处有一处较大的楔形体，为确保厂房开挖安全，经有关专家论证，施工局决定采取“先在两边开挖导洞（开挖宽度为 8 米，高度为 9.1 米），进行先期喷锚支护，中间保留岩柱（岩柱开挖宽度为 7.5 米，开挖高度为 9.9 米），在两边导洞开挖支护好后，再开挖岩柱”的施工方案。这一方案增加了施工难度，并延长了 1 个月施工工期。

在进行地下厂房中下部（即第三至第七层）开挖作业时，为确保施工安全和厂房岩壁成型，施工局领导、工程技术人员和一线作业人员，精心实施独特的施工方案：在开挖爆破中，先在导洞的中间部位用潜孔钻钻孔放大炮，而在地下厂房的周边岩壁处预留 5 米宽的保护层（块），对保护层（块），则全部利用手风钻开挖，并实施密钻孔、小药量爆破；同时，在出完渣后，及时进行锚筋、锚索等施工，加强岩壁支护，确保岩壁稳定。这一施工方案虽然增加了工作量，但收到了良好的开挖效果，确保了厂房岩壁成型。

2005 年 7 月 31 日凌晨，地下厂房、主变室以及引水系统等洞室群（个别部位除外）的开挖作业安全、顺利完成。厂房开挖工程，经监理、业主单位检查验收，单元工程合格率为 100%，优良率为 93%。对于地下厂房提前 2 个月保质、保量开挖完，工程业主、设计、监理单位和社会各界人士均给予充分肯定。8 月 2 日下午，由工程业主单位——华东宜兴抽水蓄能有限公司主持，在地下厂房施工现场举行了厂房开挖结束庆典仪式。由水电六局宜兴施工局土建施工项目部承担施工的地下厂房岩壁吊车梁、安装间混凝土和地下厂房洞室群开挖作业 3 个施工项目，被业主、监理单位评选为样板工程。

从 2005 年 8 月起，土建施工项目部的施工重点转向洞内的混凝土衬砌作业。到 2006 年年底，混凝土施工进入尾工阶段，总量近 12 万米^3 的混凝土施工项目，除地下厂房等部位还有少量二期混凝土工程未完成外，其余部分均按业主、监理单位要求，提前或按期保质、保量地完成。混凝土工程质量综合评定为优良。

土建施工项目部在施工初期投入劳动力 189 人，施工高峰期投入劳动力 1298 人。投入各种钻机、装载机、起重机、自卸车、拖车、吊车、混凝土喷射机、混凝土泵、空压机、混凝土搅拌车等大中型施工设备 111 台（套）。到 2006 年年底，宜兴抽水蓄能电站引水系统和地下厂房土建工程，除部分二期混凝土工程尚未完工外，其他工程项目基本完成。

在 2005 年和 2006 年度，水电六局宜兴施工局土建施工项目部，在江苏省总工会组织的“安全、质量、文明、廉政、环保、档案”六比立功竞赛活动中，被省总工会授予“江苏省群众性经济技术创新工程示范岗”称号。

第二十七节　辽宁大伙房水库输水（一期）工程

大伙房水库输水工程是辽宁省重点建设工程，位于辽宁省本溪市桓仁县和抚顺市新宾县两个县级行政区域内，它从辽宁东部调水，经过 85.3 千米的世界最长隧洞自流到浑河上游的苏子河，为辽宁省中部的沈阳、抚顺、本溪、鞍山、辽阳、营口、盘锦 7 座城市提供工业和生活用水，惠及人口 1100 万。

2002 年 9 月，水电六局以 1062 万元的标价，承揽了位于桓仁县境内的大伙房水库输水洞 7、8 号施工支洞工程，其中 7 号施工支洞长 540 米，8 号施工支洞长 980 米，两条施工支洞洞径均为 5 米×5 米的城门洞型。9 月 28 日，承担施工任务的二分局大伙房水库输水工程项目部进点施工，经过近一年的艰苦努力，7、8 号两条施工支洞工程分别于 2003 年 6 月 25 日和 9 月 18 日开挖完，为下一步 D&B3 标段的输水隧洞施工创造了有利条件。

2003 年 9 月 23 日，水电六局以 1.076 亿元的标价中标辽宁大伙房水库输水（一期）D&B3 标段工程，合同工期 4 年。主要施工项目是：引水主洞开挖 5034 延长米，开挖洞径为 8 米×8 米的城门洞型，主要工程量（设计）为：石方开挖 265770 米^3，浇筑混凝土 48192 米^3，注浆锚杆 48030 根，喷混凝土 14600 米^3，钢筋网钢隔栅 15430 吨，超前锚杆 15000 根，超前小钢管 26250 米，管棚 3000 米，钢筋制作安装 4050 吨，橡胶止水带 12025 米。

2003 年 10 月 1 日，输水洞工程施工正式开始。在生产高峰期，项目部投入 7 个施工队 460 个劳动力，主要施工设备载重汽车、反铲、装载机、空压机、混凝土罐车、灌浆泵、钢模台车等投入 90 多台（套）（设备原值 1800 多万元），确保了施工生产的顺利进行。

由于该工程地质条件十分复杂，围岩软硬不均，有较大的断层带，而且要穿越牛毛河和六河 2 条河谷，施工中容易发生塌方、涌水等事故，加大了施工的危险性，为确保安全施工，必须进行地质超前预报和特殊措施的超前支护作业；工程量较大，施工战线长，5000 多米的输水洞，其出渣、材料运输、施工设备和作业人员通行、通风、排水等作业，全靠 7、8 号两条施工支洞。其中 8 号施工支洞长达千米；7 号施工支洞长 540 米，且坡度较大——坡降为 1∶4.7。因此 7 号洞的开挖出渣和材料运输，全靠电动绞绳牵引有轨斗车作业，上述种种不利因素，给输水洞施工增加了相当大的困难。

2005 年 5 月 4 日和 5 月 18 日，正在进行紧张开挖施工的 8、7 号输水主洞先后突发大涌水；尤其是 7 号洞，每小时涌水 250～280 米^3，高峰期每小时涌水近 2000 米^3，在短短的 46 个小时内，已开挖 2000 延长米的 7 号输水洞全部被淹，影响施工工期近一年时间。涌水事故发生时，项目部及时组织施工人员、施工设备和施工材料安全转移，将涌水事故损失降到最低点。

2004 年 9 月 10 日，水电六局以 2262.78 万元的标价承揽了大伙房水库输水工程 7～8 号洞的连接段——六河施工段洞挖工程。此段输水洞虽然工程量不大，洞长仅仅 140 米，石方开挖方量仅仅 8900 余米^3，但是，由于这一施工地段正好通过六河河谷，地质条件极为复杂，主要以风化的大理岩砂为主，且富含地下水，开挖作业中极易发生涌沙、涌水、塌方事故，成洞十分困难。六河施工段是整个输水工程的“瓶颈”，其洞挖施工的成败，对整个输水工程能否如期、顺利贯通，具有决定性的影响。为此，工程业主、设计、监理等单位对这一洞段尤其关注。为安全闯过六河标段洞挖难关，业主曾3次邀请国内知名地质、工程施工专家来现场进行技术咨询，专家称此洞段是“世界罕见的复杂洞段”。

2004年9月15日，六河标段隧洞开挖作业正式开始。为攻克六河段洞挖难关，加快施工进度，项目部采取了一系列措施：一是调集2支施工队伍，从上、下游2个作业面进行开挖作业。二是为确保施工安全，防止较大的涌沙、涌水、塌方事故发生，作业人员对开挖段进行超前预注浆，实施一次性40多米长的大花管管棚、钢拱架、迈式自进式锚杆和对掌子面喷钢纤维混凝土等支护措施，对整个开挖断面进行分部开挖（一个断面分2～4次开挖），实行一个循环50厘米短进尺等非常规施工方法。在施工过程中，虽然发生了7次涌沙、涌水，但由于采取了上述多项加强支护措施，故确保了施工安全。2006年3月28日，六河标段140米长输水洞按业主要求提前半年实现高精度贯通，受到业主单位表彰。

大伙房水库输水（一期）工程项目部，在D&B3标段和六河标段的隧洞开挖和混凝土衬砌作业中，始终把工程质量摆在第一位，对各个工序严把质量关，取得了理想的效果，在洞挖和混凝土施工中，单元工程合格率为100%，优良率达90%以上。特别是在洞内的混凝土衬砌施工中，项目部与中铁西南院、润中公司（业主单位）联合进行科学攻关，在混凝土拌和料中加入新型抗裂防水剂，取得了理想效果，大大提高了混凝土的抗裂防水性能。在整个大伙房水库输水工程工地，不论是工程质量、工程进度，还是在安全文明施工方面，由水电六局大伙房水库输水工程项目部施工的D&B3标段和六河标段工程项目，是整个输水工程的亮点。为此，工程业主单位先后多次组织工程沿线各施工单位的领导及相关人员来水电六局施工现场参观。

截至2006年12月20日，大伙房水库输水工程项目部已完成石方开挖24.2万米^3，完成锚杆钻灌12595根，喷混凝土11090米^3，灌浆5117吨，浇筑（衬砌）混凝土13958米^3，钢筋制作安装566吨，完成施工产值9719.8万多元，各施工项目均按业主要求提前或按期完成。

第二十八节　辽宁大伙房水库输水（二期）工程

大伙房水库输水（二期）二标段工程位于抚顺市市区，从大伙房水库库区取水，经输水管路向其下游的抚顺、沈阳、鞍山、辽阳、本溪、盘锦、营口等城市提供工业和生活用水。输水管路总长度为5944.6米，其中输水隧洞长度为3924.8米，明挖连接段长度2019.8米。工程由取水头部、输水隧洞（圆形洞洞径6米，3段隧洞总长28.94千米）、输水管线（总长231.367千米）、配水站（6座）、加压泵站（1座）、加氯站（3座）等建筑物组成。

2006年3月，水电六局以2.1098亿元（其中土建1.2348亿元、钢结构工程8750.4万元）的标价中标大伙房水库输水（二期）二标段工程。输水管路土建施工设计工程量是：土石方明挖455947米^3，石方洞挖180811米^3，混凝土浇筑104258米^3，喷混凝土8092米^3，钢筋和钢筋网制作安装8092吨，灌浆52780米^2。承担土建工程施工的三分局和承担钢结构制作安装任务的机电安装分局先后于2006年3月17日和7月19日组织施工队伍进驻现场。

1. 大伙房水库输水（二期）二标段土建工程

水电六局三分局大伙房土建工程项目部承担本标段土建工程施工。由于征地问题未解决，致使原定的2006年4月1日开工日期一直拖到8月12日才开工。施工中，该项目部主要采取分包经营方式，整个项目投入施工人员260余人，其中三分局职工52人，4支外协队伍210余人。投入的主要施工设备有装载机4台、推土机2台、运渣车10余台、反铲5台、针梁模板3套、钢模台车1套、混凝土罐车2台、潜孔钻1台、手风钻30余台。对输水主洞段的开挖施工，主要采取新奥法施工，实行全断面开挖和光面爆破技术；对洞内的混凝土衬砌作业则采用针梁模板施工技术。

2006年，该项目部以开挖作业为主，经过全体施工人员的艰苦努力，在2号施工支洞的开挖支护、一期围堰的引流填筑及连接段的土方开挖和防渗体施工等方面，均超额完成年度生产计划。其中2号施工支洞开挖进尺356.28米，一期围堰引流及填筑施工顺利完成。全年完成施工产值980余万元。工程质量达到优良标准，其中单元工程合格率为100%，优良率达90%以上。

2. 大伙房水库输水工程（二期）二标段钢结构制作安装工程

机电安装分局大伙房钢结构制作安装工程项目部，主要承担二标段明挖连接段1.85千米长和四标段塔峪连接段300延长米的压力钢管制作安装项目。在整个工程施工中，项目部完成总量为11000吨、钢板厚24毫米、内径为6.082米、总数为400节（每节长度为5.6米）的压力钢管制作安装任务。

从2006年7月19日起，该项目部80多名职工分期、分批进入大伙房输水工程施工现场。2006年12月22日，压力钢管的加工制作厂房及设备安装工作全部完成，钢管制作投入正式生产。

为按期完成压力钢管的制作安装任务，机电安装分局先后投入生产加工和施工设备100多台（套），其中主要设备有60毫米上辊万能数控卷板机1台、数控切割机1台、龙门式焊接操作机2台、伸臂式焊接操作机1台、30吨龙门吊车1台、16吨龙门吊车1台、50吨履带吊车1台、40吨拖车1台、埋弧自动焊机6台、二氧化碳气体保护焊机15台、逆变焊机40台，并调拨巨资做垫付款购买16锰熔钢板，为项目部维持正常生产创造了有利条件。

在输水隧洞压力钢管制作中，该项目部对整个施工现场实行正规的工厂化管理，对各道生产工序实行班组承包和目标管理，并将生产质量、安全、设备管理、文明施工等紧密结合在一起，充分调动了一线作业人员的生产积极性。2006年，项目部完成压力钢管制作350吨，全面完成年计划。

第二十九节 糯扎渡水电站工程

糯扎渡水电站位于云南省思茅市澜沧拉祜族自治县境内，为澜沧江中下游河段水电规划八个梯级电站的第五级电站，上游与大朝山电站尾水衔接，下游与景洪电站相连。电站大坝坝址在勘界河与火烧寨之间，距思茅市约98千米。

糯扎渡水电站规模巨大（总投资312.45亿元），调节性能好，是“西电东送”的主力电源，并具有向东南亚送电的区位优势。电站安装单机容量为65万千瓦水轮发电机组9台，总装机容量为585万千瓦，水库具有多年调节性能，建成后向系统提供保证出力将由239.36万千瓦提高到413.3万千瓦，多年平均发电量将由401.73亿千瓦时增至407.77亿千瓦时。该水电站投产后，将对云南和广东地区的经济发展发挥巨大作用，可大大改善系统运行条件。该工程由云南澜沧江水电开发有限公司投资兴建，工程设计及咨询单位为国家电力公司昆明勘测设计院。

2004年7月12日，水电六局以4293.6万元的合同价格中标云南糯扎渡水电站火烧寨沟排水洞及排水洞泄水道工程。中标后，水电六局四分局成立了糯扎渡项目部，并立即选派队伍、抽调设备进驻施工现场，于7月15日开始正式施工，在澜沧江畔打响了第一炮。

火烧寨沟位于电站大坝下游右岸，距大坝轴线约500米，火烧寨沟沟长7000多米，为枢纽区一条重要支流。本工程右岸导流洞出口位于火烧寨沟沟口附近。排水洞总长2358.9米，隧洞断面为（长×高）6米×7.4米～6米×5米的城门洞型，隧洞坡度为1∶0.026（整条洞坡降60米），排水洞泄水槽长211.27米，为梯形断面，底宽6米。在排水洞工程施工中，由于其下游索道桥未能按期交付使用，因此所有施工人员、设备、材料只能采用渡轮过江施工，再加上施工区段的大断层比原设计方案加长了95米，在断层带施工中先后发生了3次大塌方，结果使施工工期拖延了4个月。

2006年3月，火烧寨沟排水洞及排水洞泄水道工程全部完工。施工期间，糯扎渡项目部投入施工人员1260人，投入主要施工设备：20吨自卸式汽车24台，反铲43台，WA470装载机12台，挖掘机2台，空压机3台，变压器4台，混凝土搅拌机2台，混凝土输送泵1台，混凝土拌和站2套。完成的主要工程量为：土方开挖28746米^3，石方开挖124996.7米^3，喷混凝土8032.5米^3，固结灌浆1620.8米，回填灌浆8137.4米^2，排水孔3898.5米，钢筋网66.93吨，砂浆锚杆21095根，浇筑混凝土27446.18米^3，钢筋制作安装1896.13吨，钢筋格构架127.22吨，钢支撑170.53吨，浆砌石1869.4米^3，橡胶止水带3022米。完成施工产值4200多万元。

2005年5月～2006年10月，水电六局又先后中标3个工程项目。

1. 火烧寨沟右侧存渣公路工程

公路总长1302.8米，路面宽12米（路基宽13.5米）。该工程项目的合同价款为1721.19万元，实际完成的主要工程量为：土方开挖235722米^3，石方开挖140547米^3，土石方回填9918米^3，混凝土面板37609米^2，砂浆砌片石1660米^3，砂浆砌块石6806米^3，砂浆锚杆7979根，边坡喷混凝土39711米^2。主要路基修好后浇筑混凝土路面。此项工程于2005年5月1日开工，在施工过程中由于业主对采取何种路面迟迟未决而拖延了工期，使这一本来应于2006年3月底竣工的项目，拖延至2006年6月24日才完工。

2. 火烧寨沟挡水坝工程

挡水坝为黏土斜墙堆石坝，坝顶长75.4米、宽6米、最大坝高23米。此项工程于2005年12月26日中标，2006年1月1日开工，2006年4月17日完工。工程合同额为

180 万元，项目部在施工中实际完成产值 189.91 万元。

3. 电站进厂公路改建工程

电站进厂公路改建工程起点为思（茅）澜（沧）公路 K86 桩处，终点至糯扎渡水电站交通运输洞洞口 EL636 平台，路线总长 10345 米，改建公路路基宽 11.5 米和 13.5 米，路面宽 10 米和 12 米，本标段工程的施工内容是思澜公路桩号 K4＋800～K10＋346 米段公路的路基、路面、排水及涵洞、防护、公路设施及预埋管线工程的施工。此项工程合同价款为 2238.11 万元，于 2006 年 6 月 16 日中标。由于工程设计进行多次修改，工程一直拖延到 2006 年 10 月 1 日开工。

第三十节　磨盘山水库供水工程

2003 年 4 月，水电六局中标哈尔滨磨盘山水库供水工程，工程合同协议书于 4 月 18 日签订，合同价款 4852.1 万元。主要施工项目有水库溢洪道、导流灌溉洞、供水洞、取水塔、电气消防、金属结构制作安装和永久 2 号公路等。其中除导流灌溉洞和供水洞两工程项目由广东省某公司隧道三处施工外，其余工程项目（工程合同额为 2596 万元）由水电六局建筑工程公司（土建）和机电安装分局（金属结构制作安装）承担。

建筑工程公司溢洪道工程项目部主要承担溢洪道、进水口取水塔、导流洞交通桥、永久 2 号交通公路，以及一些临时工程等土建项目；机电安装分局金属结构工程项目部承担溢洪道弧形工作闸门、平板检修闸门、导流灌溉洞上下游的平板调度闸门和弧形工作闸门、取水塔调度闸门和拦污栅及各个闸门、拦污栅的启闭机等制作安装项目。按合同要求，上述各项工程须在 2005 年 8 月底完工。

磨盘山水库位于黑龙江省拉林河干流上游五常市沙河子乡沈家营村，水库坝址距哈尔滨市区约 180 千米。该水库供水工程是黑龙江省和哈尔滨市“十五”期间重点工程项目，以为哈尔滨市供水为主，兼向下游沿线城镇供水，是结合防洪、灌溉等综合利用的大Ⅱ型控制性水利枢纽工程，水库最大库容 5.23 亿米^3。水利枢纽主体工程由拦河大坝（为黏土心土石坝，坝长 406 米，最大坝高 49.9 米）、溢洪道（由进水渠、进口段、控制段、泄槽段和挑流消能段组成，总长 327.3 米，宽 16.3～12 米）、导流灌溉洞（由引水渠、进水口、压力水道、出口闸室、挑流消能段组成，总长 326.5 米，洞径为 4 米）、供水洞（由引渠、岸塔式进水口、压力水道组成，其中压力水道 1377.73 米）等组成。

建筑工程公司和机电安装分局分别组建项目部承担该工程土建和金属结构制作安装任务。2003 年 4 月 17 日，建筑工程公司组织第一批人员（45 人）、设备进驻现场筹备施工。4 月 20 日举行开工典礼。

在溢洪道开挖施工中，主要施工方法为梯段爆破法；进行边坡开挖时，则采取预裂爆破法。混凝土施工采用中型拌和站拌和，利用载重车水平运输混凝土吊罐，再利用 8 吨吊车吊罐入仓；在进水口取水塔和导流洞交通桥等项目的混凝土施工中，则采取运输车水平运料，再利用塔吊或吊车将混凝土吊罐吊运入仓。在施工高峰期，两个项目部共投入劳动力 180 人，投入潜孔钻、凿岩机、风钻、反铲、推土机、装载机、自卸汽车、混凝土搅拌车、灌浆泵、起重机、电焊机、全站仪、水准仪等施工设备、仪器计206台（套）。

经过机电安装分局磨盘山水库工程项目部和建筑工程公司磨盘山水库工程项目部的共同努力，磨盘山水库溢洪道、导流灌溉洞交通桥、供水洞取水塔和永久2号交通公路等工程项目大部分按期完成施工任务，满足了业主对施工工期的要求。

溢洪道工程于2003年5月21日开始钻爆，2004年4月30日开挖作业结束；边坡喷锚支护和地基防渗、排水工程，于2004年9月30日完成；混凝土工程于2004年6月24日完工；2005年5月10日，开始进行检修闸门埋件安装；至2005年9月5日，溢洪道固定卷扬、弧形工作闸门和平板检修闸门及启闭机等金属结构工程全部制作安装完毕。

进水口取水塔工程作业人员于2004年3月进场施工，4月8日浇筑基础第一块混凝土，2004年9月15日一期混凝土工程结束；二期混凝土于2005年8月7日完工。

导流洞交通桥工程桥墩基础开挖于2004年8月14日完成；9月2日桥墩混凝土浇筑完毕；11月14日交通桥工程全部结束。

1042延长米的永久2号上坝交通公路工程于2003年5月11日开始清理覆盖层，5月17日进行覆盖层开挖，9月2日路基全部填筑完，施工道路贯通。

溢洪道、进水口取水塔、导流洞交通桥、永久2号公路等工程的工程质量被评定为优良，单元工程合格率为100%，其中金属结构工程和溢洪道挑坎段混凝土工程的单元工程优良率均达到100%，溢洪道控制段混凝土单元工程优良率为94.7%。

在磨盘山水库供水工程施工的近3年里，水电六局施工队伍共完成土石方开挖（回填）348157米^3，混凝土浇筑28807米^3，钢筋制作安装521吨，钢结构制作安装400余吨。由于施工中土石方、混凝土、钢筋、钢结构及电气工程等施工项目设计修改较大，工程量增加较多，建筑工程公司和机电安装分局共完成施工产值4517万元，为原定工程合同额的174%。

第三十一节　大顶子山航电枢纽工程

2004年8月30日，水电六局中标黑龙江省松花江大顶子山航电枢纽A标段工程，即航电枢纽发电厂房、泄洪闸及船闸等土建工程，工程合同价款为4.8119亿元。

大顶子山航电枢纽工程位于黑龙江省哈尔滨市宾县满井子镇江南村的松花江中下游江段，距省会城市哈尔滨市48千米。该工程是一座以航运、发电和改善哈尔滨市水环境为主，同时具有交通、水产养殖、灌溉和旅游等综合利用功能的低水头航电枢纽工程。枢纽主体工程由航运船闸、泄洪闸、电站（发电厂房）、挡水坝（土坝）和坝顶公路（桥）等建筑物组成。坝线总长3249.8米，正常蓄水位116米，总库容19.97亿米^3，电站安装6台单机容量为1.1万千瓦灯泡贯流式机组，总装机容量为6.6万千瓦，多年平均发电量为3.32亿千瓦时。该工程为大Ⅰ型工程，工程等级为一等，永久性主要建筑物为二级。设计洪水标准为百年一遇，校核洪水标准为三百年一遇，坝址以上集水面积43.2万千米^2，渠化航道128千米。该工程由交通部、黑龙江省政府及省交通厅共同投资兴建，工程概算总投资额28.78亿元。按合同要求，该工程于2004年9月开工，2008年10月竣工。

水电六局中标大顶子山航电枢纽一期A标段土建工程后，应工程业主要求及时成立大顶子山施工局，由四分局、七分局组建两个项目部共200多人的施工队伍，于2004年9月中旬进驻施工现场进行筹备，并于9月下旬正式开工，进行右岸一期围堰填筑作业。

位于松花江右岸的大顶子山航电枢纽一期围堰，总长1951米，其中上游横向围堰467米、下游横向围堰514米，位于江心的纵向围堰长970米。在我国东北地区的水电、航电工程施工史上，以粉细沙为主要原料，在河床部位填筑如此规模巨大的围堰，尚无先例。

为攻克这一技术难题，施工技术人员提出了“以无纺布护底保护河床，利用编织袋装粉细沙进行围堰戗堤以增加其稳固性和抗冲刷能力，用驳船抛石保护围堰上游（外围）迎水面，以钢丝笼装块石截流合龙，在围堰体内实施高压摆喷灌浆做防渗心墙”的施工方案，在施工实践中取得了理想的效果。

为确保一期围堰在2004年年内顺利实现截流和闭气目标，大顶子山施工局于2004年10月6日组织开展了“大干20天，确保围堰截流成功”的劳动竞赛。经过半个月的日夜奋战，一期上下游围堰实现合龙目标。到11月16日，围堰填筑施工顺利完成，11月23日围堰闭气。在围堰填筑施工中，大顶子山施工局完成粉细沙填筑40多万米^3，装运沙袋40多万个，块石填筑16.5万米^3，高喷灌浆2.35万米^2。对于水电六局施工队伍如此快速、高质量地完成右岸一期围堰填筑任务，工程业主、监理单位给予高度评价：“水电六局施工队伍创造了令人想象不到的奇迹”。

为了加强大顶子山航电枢纽工程的生产指挥和协调工作，水电六局在2005年年初将四分局和七分局进行重组合并，大顶子山施工局内的两个项目部取消，施工队伍真正实现了统一调度、统一指挥，为加快航电枢纽工程施工创造了有利条件。

2004年冬季和2005年春季，施工队伍冒着零下三四十度的严寒，进行围堰基坑内的土石方开挖作业，到2005年6月20日，基坑土石方开挖作业全部完成。基坑内的第一块混凝土于2005年4月22日开盘浇筑。经过一年多的艰苦作业，到2006年10月，位于右岸的航电枢纽工程的船闸、泄洪闸（10孔）等工程项目基本完成，发电厂房混凝土已浇筑到121.5米高程（与泄洪闸闸顶高程相同），枢纽船闸于2006年9月中旬实现过水导流。

为确保预期、安全地完成泄洪闸闸顶部位的70根预制梁（最重的预制梁一根达185吨，为水电六局施工史上最大的吊装部件）吊装任务，大顶子山施工局领导和工程技术人员群策群力，采取安全、稳妥的施工措施，仅用了不到2个月时间（8月9日～9月28日）就将70根巨型预制梁顺利地吊装就位。

该施工局从2004年9月下旬开工至2006年9月末的两年时间内，共完成土石方开挖6.1万米^3，土石方填筑56万多米^3，混凝土浇筑31.8万米^3，钢筋制作安装8700吨，灌浆13000米，已完成一期土建A标段工程量的95%。该施工局的工程施工进度和工程质量受到了工程业主、设计、监理等单位的高度评价。

该施工局在航电枢纽发电厂房、泄洪闸和船闸工程的施工生产和经营管理中，充分发挥科技创新和管理创新的作用，创新技术措施，优化施工方案，不仅加快了施工进度，保证了工程质量，缩短了工期，而且进一步降低了生产成本，取得了较好的经济效益。

该施工局在厂房纵向混凝土导墙、泄洪闸闸墩牛腿、厂房进出水口闸墩牛腿、拌和楼水泥罐基础支座等项施工中，为企业增收节支400多万元。其中，发电厂房右侧10孔泄洪闸（11座闸墩）的顶部（上、下游）均为悬臂式牛腿，最大悬臂长5.5米，悬空部分重达260吨。2006年上半年，大顶子山施工局在制定牛腿施工方案时，决定采取“斜拉式吊模”施工方案，即施工时在闸墩顶部预埋工字钢作支撑，再用圆钢作拉筋承重，而后安装悬臂式模板。在优化施工方案时，工程技术人员提出“用混凝土立柱代替工字钢”的施工方案，使闸顶在进行牛腿混凝土施工时避免了工字钢埋在混凝土里。这一优化施工方案，免除了在混凝土施工前在牛腿部位下面安装脚手架的工序，节省了大量的钢木支撑材料（11座闸墩总计支撑材料成本约合90万元），而且大大地缩短了施工工期（每座闸墩节省10天工期）。在枢纽厂房进水口、出水口闸墩牛腿和厂房桥机牛腿混凝土施工时，该施工局均采取了这种“斜拉式吊模”和“混凝土立柱代替工字钢”的施工措施。仅此一项，就为企业降低生产成本约200万元。

在右岸船闸、泄洪闸施工处于尾工、发电厂房上部混凝土施工正在紧张进行的2006年9月8日，水电六局又中标大顶子山航电枢纽二期土建工程C2标工程。该C2标工程位于发电厂房左侧的河床中心部位，其主要工程项目是14.5孔泄洪闸及其下游的二期围堰，工程合同标价为7277万元。经过水电六局和水电一局2支施工队伍近2个月的艰苦施工，位于枢纽大坝中间部位（河床中心）的二期工程围堰于2006年11月6日顺利实现截流，为枢纽二期主体工程的施工赢得了时间，创造了有利条件。

第三十二节　蒲石河抽水蓄能电站地下厂房和筛分系统工程

2004年3月19日～2006年7月30日，水电六局相继中标承揽了蒲石河抽水蓄能电站对外交通公路（公路、交通隧道）、混凝土骨料筛分系统建设及运营、地下厂房交通洞和通风洞、施工支洞、地下厂房和输水系统等工程，合同额达4.3084亿元。其中，承担地下厂房和输水系统、对外交通公路及交通隧道、厂房通风洞和交通洞任务的三分局蒲石河工程项目部，承建合同额4.0299亿元；承担混凝土骨料筛分系统建设及运营任务的一分局蒲石河工程项目部，承建合同额为2784.29万元。合同工期为78个月（2004年4月～2010年9月）。

蒲石河抽水蓄能电站位于辽宁省宽甸满族自治县长甸镇境内的蒲石河下游，距丹东市约60千米，是我国东北地区的第一座大型抽水蓄能电站。电站枢纽建筑物主要由下水库及下水库泄洪排沙闸坝、上水库及上水库钢筋混凝土面板堆石坝、上下水库进出水口、地下厂房洞室系统、地下输水系统及地面开关站等建筑物组成。电站装机4台，单机容量为30万千瓦，总装机容量为120万千瓦。电站建成后将在东北电网中发挥调峰、填谷、调频和事故备用等作用。该工程概算投资约45亿元。

1. 对外交通公路交通隧道工程、东洋河村至对外交通隧道段公路工程

2004年3月19日和7月30日，一分局（工程施工后期与二分局合并为三分局）中

标承揽了蒲石河抽水蓄能电站对外交通公路交通隧道和东洋河村至对外交通隧道段公路2个标段工程。

泉眼沟侧至荒草沟侧的对外交通隧道工程于2004年4月1日开工。交通隧道工程施工标段的施工总长度为2010.24米，其中交通隧道长度为1930米，隧道横断面采用单心圆断面，其中底部为混凝土路面，边顶拱部位采用曲墙式衬砌，行车道宽8米，两侧人行道各1米，最大开挖洞径13.4米。交通隧道施工采取双侧对头开挖方式，隧道开挖作业时间为6个月（2004年5月3日～11月6日），双侧对挖平均月开挖进尺为330米。到2006年年底，交通隧道工程基本结束，完成施工产值2844.51万元，占合同额2919.97万元的97.4%。在交通隧道工程施工中，截至2006年年底，完成的主要工程量为：土方开挖11592米^3，石方开挖168354米^3，混凝土浇筑（衬砌）22314米^3，钢筋制作安装297吨。

对外交通公路（东洋河村至交通隧道洞口）工程公路长3728米，公路设计为一般公路三级（山岭重区），路宽12米，其中路基宽10米，行车道宽8米，为混凝土路面。该公路工程合同开工日期为2004年4月12日，由于移民征地等多方面原因，导致工程合同签订和工程开工日期拖延，截至2006年12月末，该项目已完成产值1184.91万元，占合同额1418.71万元的83.5%，工程形象：公路的路基、桥涵、挡墙、排水沟等已全部形成，只有路面混凝土及部分防护设施未完工。到2006年年底，完成的主要工程量为土方开挖119665米^3，石方开挖233994米^3，路基填筑137304米^3，碎石填方97154米^3，混凝土浇筑8505米^3，钢筋制作安装288.3吨。

2. 厂房交通洞和通风洞工程

2004年秋季，一分局蒲石河工程项目部中标电站厂房交通洞和通风洞工程（合同额为2288.27万元），其中厂房通风洞长929.2米（包括一条123米长的支洞），通风洞为城门洞型，开挖断面为8.1米×6.9米（宽×高），断面净尺寸为7.3米×6.2米（宽×高）。交通洞全长1030米，洞径为8.8米×6.9米（宽×高）。

2004年10月23日，厂房交通洞和通风洞工程开工，经过两年多的艰苦作业，到2006年12月底，项目部在厂房通风洞和交通洞工程中完成施工产值1851.28万元，占合同额的80.9%。完成的主要工程量为：土方开挖7599.4米^3，石方开挖23372米^3，石方洞挖110898.3米^3，混凝土浇筑2915米^3，钢筋制作安装215.8吨。

3. 蒲石河抽水蓄能电站1号施工支洞至2号和4号施工支洞交叉处的施工通道工程

2005年9月21日，项目部中标电站1号施工支洞至2号和4号施工支洞交叉处的施工通道工程，合同额为3485.35万元。该标段工程主要由临时工程及施工设施、1号施工支洞（洞长448米，洞径为7.5米×6米）、尾水隧洞（洞长545.8米）、2号施工支洞（洞长260.3米，洞径为7.5×6米）组成。2005年10月22日，该工程开始施工，到2006年末，完成施工产值624.27万元，占合同额的17.9%。完成的主要工程量为：土方开挖5788米^3，石方开挖1829米^3，石方洞挖29417米^3，浇筑（衬砌）混凝土173米^3，钢筋制作安装18.8吨。工程形象面貌：1号施工支洞开挖结束，尾水主洞开挖进尺40延长米。

4. 蒲石河抽水蓄能电站地下厂房及输水系统工程

2006年7月30日，水电六局又中标电站地下厂房及输水系统工程，合同金额3.0187亿元。地下厂房及输水系统工程规模：厂房洞室群中的主副厂房开挖尺寸为165.8米、22.7米、54.1米（长、宽、高），主变室开挖尺寸为131.45米、20米、23.6米（长、宽、高）；输水系统中发电引水系统采用二洞四机布置，发电引水主洞长770米，内径8.1米；压力管道、发电尾水支洞内径5米；发电尾水系统采用一洞四机布置，尾水隧洞主洞长1169米，内径11.5米。主要工程量（设计）为：地下洞室开挖712187米^3，土方明挖155461米^3，石方明挖196548米^3，喷混凝土13748米^3，锚杆50064根，锚索85根（100吨），钢支撑628吨，钢筋网21.7吨，回填灌浆45948米^2，固结灌浆50398米，接缝灌浆和接触灌浆11271米^2，钻孔44766米，混凝土168790米^3，钢筋制作安装9564.5吨，砌体工程6636米^3，钢结构制作安装332.1吨，土石方填筑26710米^3……

地下厂房及输水系统工程于2006年8月1日开始施工。厂房开挖作业的方法，即从顶层到底层共分9层开挖。其中顶拱部位开挖方式，即先在顶拱中间部位开挖导洞，而后进行两侧扩挖。洞挖作业采用光面爆破技术。从2006年8月初到年底的5个月时间内，完成施工产值1192.57万元，约占合同额的4%。完成的主要工程量：土方明挖90000米^3，石方明挖52000米^3，石方洞挖43853米^3。

水电六局三分局蒲石河抽水蓄能电站工程项目部，在地下厂房及输水系统等工程的施工中，投入施工人员近700人，施工高峰期投入劳动力近1000人，投入多臂钻、液压潜孔钻、装载机、载重车、混凝土搅拌车、湿喷机、混凝土泵等各种施工设备共220台（套）（原值4000多万元）。项目部在工程施工中，强化管理，注重质量，加快进度，文明施工，满足了工期要求，得到了业主和监理单位的肯定。

5. 蒲石河抽水蓄能电站混凝土骨料筛分系统建设及运营工程

2004年10月21日，水电六局中标蒲石河抽水蓄能电站混凝土骨料筛分系统建设及运营工程，工程合同额2784.29万元。该工程主要工程量为：一套筛分系统建设费658万元，钢结构制作安装408.7吨，钢筋制作安装500余吨；生产骨料77.3万米^3（合同量），骨料生产经营额2100多万元。承担混凝土骨料筛分系统建设及运营任务的四分局（2006年下半年重新排序为一分局），于2004年11月1日组织队伍进驻施工现场筹备。当时，由于征地问题尚未落实，工程迟迟不能开工，一直拖延到一年后的2005年10月5日，骨料筛分系统的建厂工作正式开工。经过项目部80名职工近一年的艰苦作业，到2006年9月20日，筛分系统筹建工作全面结束。

在前期筹建工程中，项目部投入反铲、推土机、载重汽车、吊车、装载机、电焊机等施工设备30多台（套），投资额达658万元。2006年9月27日，混凝土骨料筛分系统正式投产。到2006年年底，一分局（原四分局）蒲石河抽水蓄能电站筛分系统工程项目部生产骨料2.98万米^3，全年完成施工产值693.47万元。

第三十三节　构皮滩水电站引水隧洞土建工程

2003年12月17日，水电十四局中标乌江构皮滩水电站引水发电系统建筑与金属结构设备安装工程，经工程业主贵州乌江水电开发有限责任公司和监理单位同意，水电六局与水电十四局于2004年6月15日签订了《乌江构皮滩水电站发电系统建筑与金属结构设备安装工程施工分包协议书》，合同价款1.5166亿元，施工的合同工期为39个月（2004年10月1日～2007年12月31日）。

构皮滩水电站引水隧洞土建工程施工项目有电站引水隧洞、进水塔及引渠等土建工程，以及与此相应的金属结构安装工程。其主要工程量（设计）：石方洞挖16.37万米^3，混凝土浇筑22.26万米^3，金属结构442吨。此项工程由水电六局五分局和机电安装分局共同承担施工任务。

构皮滩水电站工程位于贵州省余庆县构皮滩口上游1.5千米处的乌江干流上，其上游距乌江渡水电站137千米，下游距乌江口涪陵455千米。该电站枢纽主体工程包括：水库大坝，泄洪消能建筑物、通航及导流建筑物、引水系统、发电厂房系统、尾水系统和变电站。电站水库总库容为64.51亿米^3，装机总容量300万千瓦，年平均发电量为96.67亿千瓦时。该电站主要以发电为主，并发挥调峰、调频、调相、航运、西电东送等功能。

2004年10月30日，水电六局五分局组建项目部进驻构皮滩电站工地施工。施工初期，项目部投入施工人员84人，施工高峰期投入518人，投入钻机、空压机、装载机、混凝土运输车、自卸汽车、吊车、塔机、混凝土衬砌台车等大中型施工设备50多台（套）。

构皮滩水电站引水隧洞共5条，1～5号引水洞分别长367.86、352.58、337.31、322.04米和306.77米，引水洞洞径均为9.5米，每条洞分上平段、上弯段、竖井段、渐变段、下弯段和下平段6部分。5条竖井，井深98.2米，开挖直径9.5米。为加快隧洞开挖进度，施工中采取分上下竖井的高空作业和立体交叉作业方法。由于井壁渗水严重，给下弯段和下平段隧洞开挖及混凝土施工带来极大困难。洞内的混凝土施工：对上平段隧洞，分两层衬砌，先衬砌底拱120度范围混凝土，再衬砌边顶拱240度范围混凝土；其中，底拱部分利用组合钢模板衬砌，边顶拱利用钢模台车衬砌。对竖井段、渐变段、下弯段采用组合钢模板衬砌。竖井混凝土衬砌方法是：上竖井下料系统利用溜管直接入仓；下竖井采用溜管配合中部廊道混凝土泵衬砌。

构皮滩电站引水隧洞进水塔是水电六局施工史上施工最大的进水塔之一，混凝土浇筑量很大，施工精度要求较高，施工中互相干扰，且大多为高空作业。为确保施工质量、进度和安全，争创样板工程。项目部采取了一系列措施。其中，进水塔混凝土施工的主要方法为：进水塔模板，主要采取大型钢模板配合小型钢模板施工，混凝土料入仓方式采用运输皮带机和真空溜管（或真空溜槽）直接入仓方式。浇筑方法运用台阶法施工，混凝土入仓后由人工平仓振捣。

到2006年年底，五分局构皮滩工程项目部和机电安装分局构皮滩工程项目部共完成石方开挖16.86万米^3，混凝土浇筑（衬砌）6.92万米^3，钢筋制作安装3299吨，金属结构制作486吨，金属结构安装195吨，完成施工产值5665.18万元。主要形象面貌：引水系统中5条引水隧洞的开挖、支护作业基本完成；5条竖井的导井开挖基本完成，有的竖井开始进行扩挖和支护作业。进水口引水渠开挖作业和进水塔基础开挖作业基本完成，其中3、4、5号3座进水塔的底板混凝土基本浇筑完。

第三十四节　思林水电站地下引水发电系统土建工程

2005年10月25日，水电六局中标承揽贵州省思林水电站引水发电系统工程，合同价款4.386亿元。主要工程量（设计）为：土方开挖6.06万米^3，石方开挖112.19万米^3，混凝土浇筑43.20万米^3，钢筋制作安装25959.7吨，固结灌浆111059米，帷幕灌浆39872米，回填灌浆48214米^2。其中，帷幕灌浆施工项目由其他施工单位承担，由水电六局承担的工程量为2.22亿元。按合同要求，工程于2005年11月1日开工，于2009年4月30日竣工。工程土建工程项目由水电六局五分局承担施工任务。

思林水电站位于贵州省东北部思南县境内的乌江中游干流江段上，其水利枢纽工程主要由碾压混凝土重力坝、左岸通航建筑物、右岸导流隧洞、引水发电地下厂房系统和GIS开关站等建筑物组成。其中，位于右岸山体内的地下发电厂房，其开挖规模为189.8米×27米×74.76米（长×宽×高）；电站水库相应库容为12.05亿米^3，厂房内安装4台单机容量25万千瓦的水轮发电机组，总装机容量为100万千瓦。多年平均发电量40.64亿千瓦时。该电站以发电为主，同时发挥调峰、调频、调项、“西电东送”等综合利用等功能。

2005年11月上旬，五分局从索风营水电工地抽调主力施工队伍进驻现场筹备施工。同年11月24日，思林电站引水发电工程正式开工。在施工初期，思林工程项目部投入施工人员814人；施工高峰期，共投入施工人员1310人，投入多臂钻、液压钻、推土机、装载机、挖掘机、喷浆机、混凝土泵、混凝土搅拌车、自卸汽车、空压泵等各种大中型施工设备60多台。

在思林电站地下发电厂房施工中，项目部主要采取自上向下分层开挖方式，整个厂房共分11层施工，开挖作业运用新奥法实施光面爆破施工，适时进行支护。出渣作业，则利用装载机装渣，利用自卸汽车通过厂房排风洞、进场交通洞、压力钢管、尾水管等通道运渣。其中，厂房顶拱层的开挖方法是：首先开挖中导洞，再进行两侧的扩挖。中导洞开挖时，利用多臂钻设爆破孔钻爆，扩挖作业则利用手风钻钻爆破孔。顶拱锚杆施工则采用多臂钻钻孔及安插锚杆。厂房岩锚梁开挖方法为：对岩锚梁岩台，采用竖直孔加斜孔的方式钻爆；在进行顶拱的支护作业时，即进行岩台预裂孔施工，同时进行岩台竖直孔施工。施工中，对钻孔的深度、角度、装药量等各个工序、质量进行严格控制。上述措施，不仅加快了岩锚梁开挖施工的进度，也保证了施工质量。

地下厂房岩锚梁镜面混凝土施工：采用镜面模板，即维萨板外贴PVC板方式，其中混凝土拉筋采用PVC锥台方式进行施工。施工中各道工序、工艺、质量标准等，严格按规范要求办，保证了镜面混凝土质量，使岩锚梁混凝土表面在润泽状态下光泽照人，受到了监理、业主单位及权威专家的好评。

地下厂房免装修混凝土施工：思林水电站地下厂房施工，在厂房柱子楼板及廊道、主变室、GIS开关站等部位均采取了免装修混凝土施工方法。因此，工程业主、监理单位对上述部位的混凝土施工质量标准要求都相当高。为此，五分局思林项目部在上述各部位的混凝土施工中，严把质量关，作业人员一丝不苟精心施工，使上述各部位的混凝土施工均达标，混凝土外观平整光洁，十分漂亮。

思林电站引水发电系统土建工程前期施工进展顺利，各个施工项目均按合同工期要求保质、保量地完成。截至2006年年底，项目部已完成石方开挖27.18万米^3，混凝土0.17万米^3，钢筋制作安装174吨，施工产值完成3652.74万元。工程形象面貌：地下厂房已开挖到第五层；主变室、母线洞、出线竖井及廊道的开挖支护均已完成；厂房上层和下层的排水廊道的开挖施工也已完成一部分。

第三十五节　街面水电站引水发电系统土建工程

2004年3月16日，水电六局中标福建省街面水电站引水发电系统土建工程，中标额1.0598亿元。主要工程量（设计）为：土石方明挖45934米^3，石方洞挖243398米^3，土石方填筑5300米^3，混凝土浇筑65345米^3，金属结构993.2吨。合同工期为34个月（2004年3月～2006年12月）。工程施工由水电六局五分局承担。

街面水电站位于福建省尤溪县境内的尤溪河上游均溪河段上，电站大坝坝址距尤溪县城53千米。电站枢纽包括面板堆石坝、岸边溢洪道、引水系统、地下厂房系统、尾水系统及地面开关站等建筑物；电站安装单机容量15万千瓦水轮发电机组2台，总装机容量30万千瓦；电站水库大坝坝顶长500.5米，最大坝高126米，水库库容17.08亿米^3；地下主副厂房开挖规模为78.1米×21米×48米（长×宽×高）。水电六局五分局承揽的电站引水发电系统土建工程，主要施工项目有：地下引水系统、地下厂房系统、尾水系统、220伏地面开关室、施工支洞及闸门制作安装等。

水电六局中标街面水电站引水发电系统工程后，五分局立即组织施工队伍和施工设备进驻现场筹备施工。经半个月紧张筹备，工程于2004年4月1日正式开工。施工初期，项目部投入施工人员189人，施工高峰期投入施工人员1298人，投入各种钻机、凿岩台车、装载机、反铲、推土机、混凝土运输车和搅拌车、自卸汽车、拖车、混凝土喷射机、混凝土泵、起重机等各类大中型施工设备60多台（套）。

在施工中项目部采取的主要施工措施、方法为：

进水口部位：土方明挖利用3立方装载机和1.6立方反铲配合挖装，15吨自卸汽车运输；石方明挖先利用手风钻对开挖面进行修整，然后利用液压露天钻机进行梯段钻爆；对进水口部位的支护作业，主要措施是喷混凝土和沙浆锚杆施工。进水口开挖完毕，先利用手风钻对闸基底板钻孔，再利用BW250/50型灌浆泵进行基岩灌浆，而后分层分块进行混凝土施工。

引水隧洞：街面水电站设置两条引水隧洞，两洞总长约750米，隧洞为圆形，开挖断面8.4米。整条隧洞分上平段、上弯段、斜井段、下弯段、下平段5部分，除下平段接近厂房的40米段安装压力钢管外，其余部分全部衬砌钢筋混凝土。引水隧洞施工，先利用手风钻进行导洞开挖，再对周边进行扩挖（间隔两排炮距离进行光面爆破）；引水隧洞斜井段，先利用手风钻一次性开挖导井，再利用手风钻进行自上而下扩挖。由于两条引水隧洞之间距离很近（间距仅9.46米），为确保施工安全，减少互相干扰，因此在开挖作业中两条隧洞的开挖作业面前后错开30米以上。引水隧洞衬砌混凝土厚度为0.6米，衬砌后隧洞内径为7.20米。隧洞衬砌混凝土主要施工方法：上平段，采用全断面伸缩模板一次性进行全断面衬砌；对上下两个弯段，采用木模板、木排架支撑办法衬砌；斜井段，利用斜井滑模衬砌；混凝土拌和料先利用混凝土搅拌车进行水平运输，再利用混凝土泵输送入仓，进行人工平仓，同时利用插入式或附着式振捣器振捣。混凝土衬砌、待强后，进行引水隧洞的回填灌浆、固结灌浆、接触灌浆和阻水帷幕灌浆作业。

厂房施工：地下主副厂房和安装间施工，根据现场作业面地质条件和施工通道等情况，自上而下分9层开挖。对厂房第一层（顶拱），按厂房上下游作业面分3块进行手风钻钻爆作业，即采用中导洞领先随后两侧跟进的施工方法。在进行中导洞（开挖尺寸为宽9米、高8.8米）开挖时，为确保顶拱成型，对顶部岩体预留2米厚保护层，最后对其实施光面爆破。顶拱层开挖作业，全部利用手风钻钻爆。岩壁吊车梁位于厂房第三层，对这一层的开挖质量要求较高，因此，对第三层也分3块钻爆。其主要施工方法是：先利用液压露天钻机对中间部位（第一块）进行梯段开挖；再进行第二块（即第一块上下游两侧预留的保护层各2米宽）开挖，此块利用手风钻钻孔，实施光面爆破；第三块为岩锚梁开挖，开挖宽度为0.75米，采用手风钻钻孔光面爆破。对厂房中下层的开挖，主要利用液压露天钻机，采取梯段开挖方式；对厂房周边岩块（即厂房岩壁外2.5米厚的保护层），则利用手风钻钻孔，实施光面爆破，以确保岩壁稳固平整。厂房部位的支护措施，主要是喷混凝土和快硬水泥卷锚杆作业。主副厂房及安装间的混凝土施工措施：模板作业主要利用标准钢模板、组合钢模板、木模板、钢管脚手架等做支撑材料。混凝土浇筑的主要措施是，利用3台6立方混凝土搅拌车进行拌和料水平运输，再利用混凝土泵和溜筒（槽）等将拌和料送入仓号。

2006年12月，各主体施工项目均进入尾工阶段。项目部完成的主要工程量为：土方开挖1.38万米^3，石方开挖37.74万米^3，混凝土浇筑9.15万米^3，钢筋制作安装554.39吨，金属结构制作安装1374.79吨，完成施工产值1.29亿元。

第三十六节 临淮岗（主坝姜南段）洪水控制工程

2002年7月11日，水电六局中标安徽省临淮岗洪水控制工程（主坝姜南段单位工程），工程合同协议书于7月25日在安徽省蚌埠市签订，合同价款4750.17万元。该工程项目的业主单位是水利部淮河水利委员会临淮岗洪水控制工程建设管理局，由水电六局四分局承担施工任务。

临淮岗洪水控制工程位于安徽省霍邱县、颍上县、阜南县三县交界处的淮河干流中游河段。该工程的主要功能是：当淮河上中游发生五十年及以上一遇洪水时，配合淮河其他防洪工程调蓄洪峰、控制洪水，使淮河中游防洪标准提高到百年一遇。该工程主坝为Ⅰ级建筑物，设计洪水标准为百年一遇，校核洪水标准为千年一遇。坝上设计洪水水位28.41米高程，坝下设计洪水水位26.75米高程，相应滞蓄库容85.6亿米^3。该工程建成后，其主坝长8245米，净长7019米（其中加固部分长3895米，新建部分3124米），主坝分连接段、姜南段、姜北段、淮河主槽段、淮北段5个坝段。主坝坝顶高程31.6米，坝顶宽度10米，坝顶上设钢筋混凝土防浪墙（迎水面）和混凝土公路。

由四分局临淮岗工程项目部承担施工的主坝姜南段工程主要施工任务是加固坝段，该坝段长1850米，连接段坝段长300米，其坝体加固施工，采用骑跨式加高加厚的加固方式，坝基结合坝体加固，采用混凝土防渗墙和黏土灌浆的防渗措施。加高加厚后的主坝（姜南段）高12～13米，坡比1∶2.5～3.0。对防洪坝坝坡，采用混凝土预制块、干砌石及草皮防护，坝体下游采用褥垫式排水。300米长的连接段坝段，其上下游为水力充填形成的分流岛，分流岛平台以上部分坝体段面，采用在下游侧加高培厚，坝坡采用混凝土预制块和草皮护坡，坡比1∶3.0。主坝姜南段工程合同工期822天（2002年10月1日～2004年12月31日）。

四分局工程项目部于2002年11月12日开始进行施工筹备工作，12月8日主体工程开工。施工初期，投入施工人员386人，高峰期投入施工人员785人，项目部下设7个施工作业队。施工中投入推土机、反铲、装载机、振动碾、打夯机、灌浆机、自卸汽车、载重车、混凝土搅拌机及各种钢筋、混凝土施工设备187台（套）。施工过程中，受到了当地部分住户的干扰和2003年夏季特大洪水的袭击，使施工工期受到影响。

为加快施工进度，项目部克服困难，加大人员、设备和周转材料投入，科学组织施工，到2005年11月30日，坝体的开挖、坝基处理、坝体的灌浆、填筑和排水，以及坝面护坡等分部工程，全部按合同要求完工。2006年4月6日，主坝姜南段和连接段的各单位工程项目全部通过验收，工程质量优良。项目部在主体工程（不包括施工交通道路、仓库、施工排水、生产生活设施、供水供电线路等临时工程）施工中完成的主要工程量为：土方挖运443989米^3，黏土灌浆38297吨，土方填筑905202米^3，土工布铺设205710米^2，粗沙碎石填筑28300多米^3，浆砌石砌筑7015米^3，混凝土预制块加工铺设24672米^3，混凝土浇筑762米^3。

临淮岗洪水控制工程项目部在主坝姜南段工程施工中创出了良好信誉。2005年4月12日，该项目部又中标临淮岗洪水控制工程主坝坝顶道路及防浪墙等单位工程，工程合同于5月4日签订，合同价款1099万元。合同工期180天（2005年8月28日～2006年1月28日）。由于受到冬季和雨季的影响，开工日期拖后。2005年9月13日，项目部组织施工队伍进行坝顶道路及防浪墙工程施工。施工初期，投入劳动力229人，高峰期投入1331人，后期投入793人。施工高峰期投入混凝土拌和机、自卸汽车、手推车、电焊机、气泵、打夯机、振捣器、全站仪、水准仪等各类施工设备仪器150台（套）。

2006年5月25日工程全部完工，6月1日各分部工程全部通过验收。在此项工程施工中，项目部共完成土方开挖30580米^3，土方回填9387米^3，级配碎石底基层和二灰碎石底基层各55108米^2，混凝土路面层施工51819米^2，土工布铺设16471米^2，橡胶止水1626米^2，混凝土浇筑7447米^3，钢筋制作安装231.4吨。

经监理单位检查验收，由水电六局四分局承担的临淮岗洪水控制工程主体工程中的8个分部工程全部被评定为优良，分部工程优良品率为97.2%，达到优良等级。项目部在施工过程中多次受到表彰，荣获2005年度集团公司安全生产管理优秀项目部、2005年度安徽省环境保护优秀施工单位、2006年度集团公司优质工程奖。

第三十七节　鱼塘水电站导流洞、引水洞和高压管道等土建工程

2003年10月，水电六局中标贵州省鱼塘水电站导流洞、引水洞和高压管道等土建工程，合同价款4690余万元。工程施工由水电六局一分局承担。工程合同协议书签订后，一分局鱼塘水电站项目部于2003年10月底奔赴施工现场，2003年11月4日正式开工。

鱼塘水电站位于贵州省遵义市道真仡佬族苗族自治县旧城镇境内的乌江支流芙蓉江干流上，电站坝址距道真县县城30多千米。该电站枢纽工程由拦河坝、引水发电系统、尾水渠、溢洪道和开关站组成。电站厂房内安装水轮发电机组2台，总装机容量7.5万千瓦。电站建成后，主要发挥防洪、发电、养殖等综合功能。

由一分局施工的鱼塘电站导流洞、引水洞及高压管道等工程项目的主要工程规模为：导流洞长335米，洞径13米×16米，呈城门洞型；两条引水洞，其中1号引水洞长186米，2号引水洞长176米，两条引水洞洞径均为6米。

项目部在施工中遇到了很大难题：一是施工工地的对外交通极不方便，通往道真县县城的公路是一条土路，行车颠簸，遇到雨天，30多千米的路得晃晃悠悠行驶三四个小时，给项目部采购施工材料和生活用品造成很大困难；二是引水洞、导流洞开挖断面的地质条件极差，如335米长的导流洞，有200米的开挖断面为Ⅳ、Ⅴ类碳质页岩，岩石极为破碎。在导流洞开挖作业中，曾先后发生25次大小不同程度的塌方。引水洞岩石条件也极差，2004年8月，由于降雨，引水洞倒灌被淹，发生大塌方，将6米洞径全部堵死；2005年4月，该洞段又发生第三次大塌方，塌方量1000多米^3。塌方发生后，项目部领导班子主要成员带队参加，及时组建一支16人的抢险突击队，于5月13日一大早奔赴工作面，冒着塌方的危险进行抢支护作业。经过36小时的拼抢，终于将塌方石渣清除。

项目部在施工生产中注重节约，大胆创新，降低了生产成本。如电站导流洞有一段近80米的洞段岩石状况较好，按原设计此段隧洞也要衬砌混凝土，项目部经多方研究论证，一致认为此段隧洞不衬砌混凝土也能满足导流要求。对此，项目部提出优化方案，向业主、监理单位要求此段隧洞不衬砌混凝土。此提案得到批准，降低生产成本数十万元。在进行引水洞1000多米^{3}石渣（由塌方造成）清理作业中，原计划租赁一台吊车，需要花租金20万元。项目部经理刘树森提出了用人工推车装渣，再利用一套提升架和吊篮运渣的施工方法。采用这种土方法，项目部降低成本15万元。

项目部在施工中不怕困难，科学组织施工，勇克塌方关。在电站地下工程施工中，确保工程质量和安全生产，按期完成了标内外的各个工程项目，如电站导流洞、引水洞及高压管道工程，均按合同要求于2004年8月贯通。

项目部从2003年12月～2006年7月的32个月里，先后从工程业主手中承揽了引水发电系统、电站厂房、厂房尾水渠河道疏浚、电站溢洪道海漫、溢洪道处理等工程项目，使项目部增加施工产值近4000万元。

工程于2006年9月竣工，完成施工产值1.07亿元，取得了较好的经济效益。同时，在工程施工的安全和质量方面，也得到了工程业主和监理单位的充分肯定。

第三十八节　南水北调中线京石段应急供水工程

2004年7月21日，水电六局中标南水北调中线京石段应急供水工程唐河倒虹吸工程项目施工第Ⅰ标段工程，合同协议书于2004年8月3日签订，合同价款6710.64万元，按合同要求，该工程项目于2004年9月1日开工，2006年8月30日竣工。工程施工由水电六局四分局承担。

南水北调中线京石段应急供水唐河倒虹吸工程位于河北省曲阳县支曹村北、定州市辛村西150米处。工程级别为Ⅰ级，设计防洪标准为百年一遇，设计流量为135米^3/秒。由四分局施工的唐河倒虹吸Ⅰ标段工程施工项目包括倒虹吸（分进口渐变段，长60米，底宽15～18.7米；进口闸室段，长10米，闸墩高10.1米，闸墩上部结构高7.1米；管身段，总长445米，分斜管段、水平管段）、进口倒流堤、进口连接渠（长354.4米，底宽15米）、退水闸（分前池段、进口段、闸室段、消力池段和出口明渠段），以及相关的临时工程。

工程合同协议书签订后，四分局及时组织施工队伍于2004年8月上旬进场筹备施工。由于业主征地不到位，开工日期推迟到2005年2月25日。施工初期，项目部投入施工人员22人，高峰期投入478人，投入反铲、装载机、推土机、布料机、自卸汽车、振动碾等主要施工设备25台（套）。在混凝土施工中，主要采取阶梯式分层浇筑方法；对斜坡段混凝土，主要采取拉模浇筑方法。施工过程中，由于有10多处合同变更，而且土方开挖量和回填量增加幅度较大（开挖量增加了4.4万米^3，回填量增加8.43万米^3），加上土料供应严重不足等原因，致使施工工期延误了420多天。

第三十九节　双沟水电站压力管道及发电厂房土建工程

2004年10月上旬，水电六局中标吉林省松江河梯级电站双沟水电站压力管道及发电厂房系统土建工程，合同价款6388.15万元。工程合同工期48个月零20天（2004年10月10日～2008年10月31日）。工程合同签订后，承担施工任务的水电六局一分局双沟电站项目部于10月10日进驻工地，开始施工筹备工作。

双沟水电站位于吉林省抚松县境内第二松花江上游的松江河上，该电站为松江河的第二个梯级电站，距上游已建的小山水电站32千米，距抚松县县城22千米。该电站工程等级为Ⅱ级，电站厂房等主要建筑物为3级建筑物。电站采用引水式发电厂房，安装2台单机容量为14万千瓦水轮发电机组，总装机容量为28万千瓦。电站建成后，其主要功能是发电，兼有防洪作用。

双沟水电站压力管道及发电厂房土建工程施工项目为：压力管道2条，每条长320米，为开挖断面7.2米、衬砌断面6.4米的圆形洞；施工支洞（长326米，为7.5米×7.5米的方圆型隧洞）；主副发电厂房，其建筑规模为72米、21米、48.2米（长、宽、高）；以及变电站、厂前区、尾水渠、厂前区土石围堰和混凝土围堰等。该工程项目的主要工程量为：土方开挖 59500 米^3，石方明挖 310800 米^3，石方洞挖 51101 米^3，混凝土浇筑 60975 米^3，喷混凝土 1744 米^3，锚杆 3550 根，钢筋制作安装 2240.6 吨，钢结构安装 220 吨，砖石砌体 4686 米^3。

双沟水电站压力管道和发电厂房等土建工程具有以下主要特点：施工部位地形陡峭，开挖边坡较高，石方开挖和混凝土施工量较大，施工项目多，互相干扰，且多为高空作业和地下作业。

双沟工程项目部在电站工程施工中，精心组织，科学安排，确保了施工生产的进度、质量和安全，各个施工项目均按施工计划、合同工期要求保质、保量、安全、顺利地完成。在工程开工及前期施工中，项目部投入劳动力 55 人；在施工高峰期，作业人员增加到 350 人。施工中，投入液压露天钻机、推土机、装载机、潜孔钻、手风钻、自卸载重车、混凝土搅拌车、浆液搅拌机、电焊机、型钢和钢筋切割机、灌浆泵等主要施工设备 90 多台（套）。

2004 年 10 月 21 日开始进行施工支洞开挖，河滩土石方开挖和土石方围堰工程于 2004 年 11 月 30 日完工，2005 年 3 月 31 日施工支洞开挖完毕，混凝土围堰施工及厂区混凝土挡墙工程完成。2005 年 8 月 1 日进行压力管道开挖，2006 年 6 月 30 日厂房部位的石方明挖结束。2006 年 8 月 1 日压力管道结构混凝土开始施工，2006 年年底压力管道开挖工程全部结束。至此发电厂房主机间混凝土浇筑到水轮机层，安装间及其上游副厂房发电机层的土建工程全部完工。从工程开工到 2006 年年底，项目部累计完成施工产值 4096.40 万元。

第三篇　建筑　安装工程

第三篇　建筑　安装工程

第一章　概　　况

20世纪的80年代末90年代初，伴随着改革开放的发展，水利水电工程率先走向市场，由于非水电施工企业也可以进入水电建筑市场竞争，因此竞争十分激烈。为此，水电六局及时调整战略，开展多元化经营。水电六局及所属各二级施工单位，面向市场，开拓非水利水电工程领域，积极承揽工业民用建筑工程、市政工程、路桥工程、码头工程。二级单位率先迈出第一步的是水电六局第四工程处（由砂石料厂和加工厂合并组建）。从1987年起，在短短的几年时间内，第四工程处就在辽宁省境内先后承揽了庄河虾场、大连开发区净水厂、锦西化工总厂热电站厂房和水源等土建工程项目，此后又相继承揽了万家寨水厂、小沙湾取水泵站、中条山取水等非水电工程项目；第五工程处（原汽车运输处）也相继承揽了内蒙古元宝山煤矿的覆盖层开挖、沈阳桃仙机场场地平整、河南武陟县东环三路、合（肥）芜（湖）高速公路立交桥、黑龙江哈尔滨至大庆的四方公路、吉林市江湾立交桥等工程；机电安装分局承揽了黑龙江省双鸭山火电厂附属设备安装工程；工贸总公司承揽了丹东市化纤公司的弃渣场工程和桓仁县境内的交通公路工程；建筑工程公司组建房建队承担水电六局太平湾基地住宅楼施工。

从20世纪70年代起，水电六局在承担一系列水利水电枢纽主体工程施工的同时，还承担了大量的附属工程——公路桥梁工程等项目的建设，如太平哨浑江公路桥、观音阁北线公路及桥梁、三峡水利枢纽对外交通公路仙人溪交通洞，以及在十三陵抽水蓄能电站、小浪底水利枢纽、万家寨水利枢纽、尼尔基水利枢纽、溪洛渡水电站、蒲石河抽水蓄能电站等工程中，都承担了相当规模的公路桥梁等土建施工任务。

水电六局在机电安装和金属结构制作安装方面也取得了跨越式的发展。承担此项施工任务的专业队伍——水电六局机电安装分局（原第三工程处），从太平湾水电站工程起，即可独立承担、并能圆满完成机电安装和金属结构制作安装工程。特别是通过万家寨水利枢纽工程单机18万千瓦水轮发电机组的安装和GIS开关站的安装作业，进一步提高了施工队伍的资质；机电安装分局在太平哨、太平湾、长甸、丰满（扩建）、莲花、万家寨、尼尔基、索风营等水电站（水利枢纽）的机电安装工程施工中，都取得了不凡的业绩，为水电六局创出了良好的信誉。在金属结构制作安装方面，水电六局的施工能力和制作安装质量水平都有了明显提高。进入21世纪，机电安装分局及所属金属结构项目部已拥有超大型的平面滑动闸门、定轮闸门、弧性闸门、压力钢管和拦污栅，大型的“人”字形闸门、双向移动式启闭机、固定卷扬式启闭机的制作安装资质。2006年，机电安装分局金属结构项目部进军新领域，开始涉足风电项目，承揽风电塔筒的制作安装工程。从20世纪80年代末至2006年的近20年间，机电安装分局在全国各地（主要在东北地区和西南地区）积极承揽地方政府投资的小型水电站机电安装和金属结构制作安装工程，如象山、呼玛、黑河西沟、两江、聚宝、靖宇、曲家营子、白山抽水蓄能泵站、引松（松花江）入长（长春）、西江、英那河、金哨、双岭、江口、藤子沟、梯子洞、团坡、大花水、马岩洞等中小型水利水电工程，为我国的小水电建设贡献了自己的力量。

第二章 工业民用建筑和市政工程

第一节 已建、在建工业民用建筑和市政工程

从1987年起，水电六局第四工程处（后改称为四分局，现为一分局）率先进入非水利水电工程领域，积极承揽工业民用建筑工程、市政工程，先是在辽宁省境内承揽了庄河虾场、大连开发区净水厂、锦西化工总厂热电站厂房和水源等土建工程项目，此后又相继承揽了万家寨水厂、小沙湾取水泵站、中条山取水等非水电工程项目。第五工程处（后改称为五分局，现为二分局）、工贸总公司（后与四分局合并）、建筑工程公司（后改称为工程公司）等单位也相继承揽了内蒙古元宝山煤矿的覆盖层开挖、沈阳桃仙机场场地平整、丹东市化纤公司的弃渣场、水电六局太平湾基地住宅楼等工程。

1958～2006年水电六局已建、在建工民建和市政工程情况详见表3-2-1。

表3-2-1　1958～2006年水电六局已建、在建工民建和市政工程情况

序号	工程项目	开工时间	竣工时间	施工总产值（万元）	装机台数	总装机容量（万千瓦）	年平均发电量（亿千瓦时）	获奖评优情况	备注
1	大连开发区净水厂土建工程	1985-01	1986-10	1400.29					已建
2	锦西化工总厂热电站厂房及水源工程	1986-10	1988-09	700					已建
3	小沙湾取水泵站改建工程	1997-07	1998-07	2717.69					已建
4	浪店水源工程	1998-11	1999-12	1235.33					已建
5	中条山引水工程	1998-12	2000-11	2005.50					已建
6	宁波华东BP液化石油气基地站地下工程	2000-06	2002-01	6754.27					已建
7	丹东地区通信光缆架设工程			1000					已建

第二节　工　程　选　介

一、锦西化工总厂热电站厂房及水源工程

1986 年 11 月，水电六局承揽锦西化工总厂热电站二期工程，即锦西化工总厂热电站厂房及水源等土建工程。11 月 27 日，水电六局与甲方（工程业主）锦西化工总厂签订了施工合同书，合同价款（为概算价格）700 万元。合同工期为 24 个月（1986 年 10 月～1988 年 9 月）。工程施工由水电六局第四工程处承担。

锦西化工总厂热电站二期工程位于辽宁省锦西市（20 世纪 90 年代改名为葫芦岛市）锦西化工总厂内的氯碱厂区东侧。该工程施工项目主要有：主厂房、输煤系统、湿煤棚、石灰石破碎站、碎煤机房、转运站、渣仓、除尘器框架、引风机房、界区内电缆沟、防火场、烟囱及钢结构和钢管（有压自来水管）安装等。除基础打桩、烟囱囱身、机电安装等项目外，其他土建工程项目全部由水电六局第四工程处承担。

锦西化工总厂热电站二期土建工程是水电六局建局以来承担的第一个火电工程项目。当时，由水电六局承担施工任务的太平湾水电站工程，正处于施工高峰期，而承担电站工程沙石骨料生产任务第四工程处，施工高峰期已过，生产任务不足。第四工程处接到锦西化工总厂热电站厂房等土建施工任务后，及时抽调生产管理、工程技术和一线作业骨干人员百余人，前往锦西化工总厂热电站工地施工。在施工高峰期，投入劳动力 290 人；投入挖掘机（反铲）、推土机、自卸汽车、吊车、电焊机等大中型施工设备近 20 台（套）。

由于该工程项目规模较大，工程结构十分复杂，专业技术性强，工期要求严格，加上水电六局施工队伍第一次从事较大型的非水电土建工程项目，在施工中遇到的技术难题较多。为此，工程业主方派出技术负责人，坚持在施工现场协助第四处工程施工队伍解决施工技术难题。为加快热电站主厂房土建工程施工进度，争取工程按合同工期早日竣工投产，在 1987～1988 年的冬季，施工队伍采取保温措施坚持冬季混凝土施工，加快了热电站主厂房工程施工进度。1988 年 1 月 7 日，建筑面积 5000 多$米^2$、高度达 40 多米的锦西化工总厂二期热电站主厂房盖顶封闭，为热电生产设备安装创造了有利条件。1988 年 9 月下旬，锦西化工总厂热电站二期工程圆满完成，共完成施工产值 800 多万元。

水电六局第四工程处在锦西化工总厂二期热电站及水源工程施工中，施工进度较快，各个工程项目基本按合同工期要求竣工，工程施工质量优良，创出了良好的信誉。

二、大连经济技术开发区净水厂土建工程

1985 年 1 月 21 日，水电六局与大连经济技术开发区开发建设公司签订了《凤凰山净水厂施工合同书》。这是水电六局开始走向市场自主承揽工程后，承包建设的第一个规模较大的市政工程项目，合同价款为 1400.29 万元。

凤凰山净水厂工程位于辽宁省大连市金州区马桥子凤凰山脚下。该工程是大连经济技术开发区开发建设的一项配套工程项目，其工程总面积为 117800 $米^2$，主体工程项目有配水井、混合反应沉淀池、双阀泸池、中央控制室、清水池、综合泵房、回收水池、配电所等 8 项单项工程，以及与投产相关的附属、配套工程，如排水井、管路、设备仪表安装、

供暖工程和化验室等。其主要工程量（设计）为：房建工程 12900 米^2，土方开挖 57000 米^3，混凝土浇筑 7500 米^3，混凝土预制 2400 米^3，浆砌石 7100 米^3，钢结构（钢材、钢制件、板材等）1500 吨，各种管材 1205 吨。按设计要求，工程建成后，净水厂每日可向大连开发区提供 10 万吨生产、生活用水。

按合同要求，整个工程分两期施工建设，其中一期工程于 1985 年 10 月 25 日投产；二期工程于 1986 年 5 月 30 日竣工。一期、二期工程的供水能力均为 5 万吨。该工程是大连经济技术开发区建设的第一项重点工程，其工程质量、进度如何，能否按期投产供水，对开发区建设将产生决定性的制约作用。

1985 年 1 月 27 日，由水电六局第四工程处、加工厂、运输处抽调的一支 50 人的施工队伍，从丹东太平湾基地奔赴凤凰山净水厂工地，经过短短 10 天的紧张筹备工作，到 2 月 5 日，净水厂工程正式破土动工。施工高峰期，该工程项目投入劳动力 400 余人。在前期施工中，由于水电六局施工队伍承担了本应由业主完成的三通一平等项筹备工作，加上该工程项目在施工过程中反反复复修改设计图纸，致使施工工期一再拖延。经过水电六局施工队伍 17 个月的艰苦奋战，凤凰山净水厂一期工程土建项目于 1986 年 10 月 15 日竣工。

三、小沙湾取水泵站土建工程

1997 年 5 月中旬，水电六局中标内蒙古小沙湾取水泵站工程，合同价款 2637 万元，合同工期 504 天。工程合同协议书签订后，水电六局四分局小沙湾取水泵站工程项目部及时组织施工人员、设备、物资，于 1997 年 5 月中旬进场筹备施工。7 月 20 日工程正式开工。

小沙湾取水泵站工程位于内蒙古自治区准格尔旗境内，其下游距万家寨水利枢纽 83 千米。该工程业主为黄河万家寨水利枢纽有限公司。取水泵站改建工程，为Ⅰ级泵站工程，设计取水能力为 2.03 米^3/秒，取水设计保证率为 97%，建筑物为Ⅲ级。其主要施工项目包括：混凝土灌筑桩、斜坡道开挖、“T”形梁预制安装、边坡防护、永久路、供水管线、进水池金属结构安装、平台结构物、绞车房、斜桥墩台、斜坡面混凝土建筑物及电气安装等。泵站工程建成后，主要承担向准格尔煤矿供应生产用水任务。

为了保证按期供水，泵站工程必须在万家寨水利枢纽蓄水前竣工投产。为此，项目部加大人力物力投入，加快施工进度，到 1997 年 11 月 5 日，泵站工程的扶壁挡墙混凝土施工顺利结束，浇筑混凝土 3662 米^3，钢筋制作安装 321 吨，取得了阶段性胜利，受到了工程业主单位的好评。

在小沙湾取水泵站工程施工中，四分局投入劳动力近 200 人，投入挖掘机、反铲、载重汽车、混凝土拌和及运输设备共 20 多台（套）。经过项目部全体施工人员 16 个月的艰苦努力，小沙湾取水泵站工程按合同要求，提前 20 天于 1998 年 9 月顺利竣工。在工程施工中，项目部完成的主要工程量为：混凝土浇筑 7785 米^3，钢筋制作安装 461.7 吨，石方开挖 31968 米^3，碎土石开挖 54499 米^3，碎土石回填 126753 米^3，金属结构制作安装 232.3 吨，轨道安装 600 米，机电设备安装 97 台（套）。施工的各个分部工程质量优良，整个工程综合评定为优良，受到了工程业主和监理单位的好评。

四、宁波华东 BP 液化石油气基地站地下工程

宁波华东 BP 液化石油气基地站地下工程位于浙江省宁波市大榭开发区的东海海湾处。该工程是英国 BP 公司、美国 Aaoco 公司中国华东石油联营体在宁波市大榭开发区开发兴建的大型液化石油气地下储气库工程。

2000 年 3 月，水电六局以 6754.27 万元的合同价格，中标（分包）承揽了宁波华东 BP 液化石油储气基地站地下工程，该工程业主单位为宁波华东 BP 液化石油气有限公司，监理单位为北京京华昌工程建设监理公司，承包商为日本 CHIYODA 公司和瑞典 NCC 国际公司，其中瑞典 NCC 国际公司负责地下工程部分，水电六局作为分包商，与瑞典 NCC 国际公司合作，全面承担了宁波液化石油气基地站地下工程（即石油储气库地下工程）建设任务。

宁波华东 BP 液化石油气基地站地下工程施工项目为：丁烷和丙烷的储气库、水幕廊道、竖井、通道等土建工程施工。其工程规模为：丁烷储气库长 999.08 米、高 22 米、宽 20 米，石方开挖量为 258061 米^3；丙烷储气库长 885.35 米、高 22 米、宽 20 米，石方开挖量为 260403 米^3；丁烷水幕廊道长 595.1 米、高宽各 4 米，石方开挖量为 8643.88 米^3；丙烷水幕廊道长 537.6 米、高宽各 4 米，石方开挖量为 7851.84 米^3；丙烷竖井深 167.2 米，直径 4 米，石方开挖量 2101.7 米^3；丁烷竖井深 107.2 米，直径 4 米，石方开挖量 1347.51 米^3；丙烷通道长 14.84 米、高 6.5 米、宽 8 米，石方开挖量为 669.73 米^3；丁烷通道 27.48 米、高 6.5 米、宽 8 米，石方开挖量为 1240.17 米^3。整个工程的合同工期为 21 个月。

工程于 2000 年 6 月 16 日开工，经过 18 个月的艰苦奋战，到 2002 年 1 月 16 日顺利完工（充水试验），比合同工期提前 1 个月完成任务。完成的主要工程量为：石方开挖 540270 米^3，安装各种锚杆 14013 根，喷混凝土 64992.43 米^2，浇筑混凝土 3705.84 米^3，浆液 155.12 吨。施工中，现场投入钻工、炮工、电工、各种施工机械的司机及修理工等一线作业人员 104 人；投入的凿岩钻机和台车、拌和楼、混凝土搅拌车、灌浆泵、喷混凝土机、发电机、装载机、推土机、挖掘机、铲运机、出渣车、测量设备等大中型施工设备共 85 台（套）。

基地站地下洞室工程的主要施工方法是：丙烷和丁烷储气主洞室采用分层开挖，利用 TOMROCK 两臂钻、H178 或 353E 三臂钻、300 或 500 露天钻、YT－27 型手风钻钻孔，光面爆破，出渣用 CAT966F 装载机、正铲、挖掘机、20 吨和 35 吨自卸车运输；水幕廊道采用全断面开挖，用两臂钻和手风钻钻孔，光面爆破；竖井采用自上而下全断面开挖，利用手风钻钻孔，人工出渣；灌浆施工则利用 TBW240/60 型灌浆泵，SJY-lll 型灌浆自动仪。

在施工过程中，项目部对洞室的开挖、喷混凝土、锚杆支护、灌浆、底板混凝土及塞段混凝土等工程项目的施工，坚持高标准、严要求，在质量检查时，密切配合监理工程师，收到了良好的效果，各项技术指标均达到设计要求，工程质量全部合格（本工程采用“不合格”、“合格”二级质量标准）。

为确保安全生产，项目部在施工管理方面，认真学习世界知名企业先进的施工安全管

理经验，严格按照“没有人员伤害，没有财产损失，不污染环境”的安全工作标准组织施工；对每一个主要施工部位，在施工前均进行风险评估；每一种施工作业活动，都有安全操作规程；对主要作业现场，均配置专职安全员；对所有作业人员均配备安全防护用品并进行安全培训；对违反安全管理规定的人员进行相应的处罚，绝不姑息迁就。在整个工程施工过程中，未发生一起重伤事故和死亡事故。

由水电六局承担施工的宁波华东 BP 液化石油储气基地站地下工程，不论是工程进度、质量，还是在安全环保方面，总承包商、监理单位、业主单位都给予了高度评价：水电六局施工的项目有三个里程碑，都提前或按时完成，最终整个项目提前竣工。水电六局在施工过程中，严格坚持“科学管理，过程控制，质量一流”的质量方针，圆满地完成了本项目的施工任务，其中，单位工程合格率为 100％，单位工程优良率为 95％，工程一次交验合格率为 98％，顾客满意率为 98％；没有重大质量事故。同时，水电六局与其他施工单位一起实现了 BP 华东液化石油气工程施工 300 万人工小时无事故的安全业绩。

五、丹东地区通信光缆架设工程

从 1998 年上半年起，水电六局太平湾基地管理处电讯队每年都承揽工程量 40 万～200 多万元不等的丹东地区的通信光缆架设工程。该项工程的业主单位主要是中国联通丹东分公司、中国网通丹东分公司等单位，监理单位为辽宁省通讯工程监理公司。

1990～2006 年，太平湾基地管理处电讯队在册职工由 40 多人逐步减少到 20 多人。在前期阶段，该队承担着水电六局太平湾基地的通信、供电线路维护和电费、电视费收缴等任务。同时，电讯队抽调骨干力量，在丹东地区承揽电话、电视线路改造及通信光缆架设工程，为太平湾基地管理处创收。从 1992 年起，电讯队承揽了丹东市城市电话配线区改造工程和网通公司的通信光缆架设工程；1997～2000 年，承揽丹东市有线电视台 60 多千米的市区有线电视线路改造工程。

从 1998 年起，水电六局太平湾基地管理处电讯队开始承揽中国联通公司丹东分公司的通信光缆架设工程。到 2006 年年底，该队先后完成永甸—红石砬子—振江—万宝，太平湾—长甸—蒲石河，杨木川—宽甸，以及振安区、东港、凤城等城乡数十条通信光缆线路的架设工程项目，施工作业点遍及丹东地区的村村镇镇。近 10 年时间里，承担联通公司丹东分公司通信光缆工程的施工队伍有六七家，由于水电六局太平湾基地管理处电讯队施工的通信光缆工程，施工进度快、工程质量好、工程造价低，且能较好地处理施工中的林业、水利、跨路、青苗等赔补协调问题，因此在激烈的竞争中逐步胜出，一枝独秀。从 2005 年起，水电六局施工队伍独立承担中国联通公司丹东分公司的通信光缆架设工程任务。2006 年年底，太平湾基地管理处电讯队又承揽了工程量近 300 万元的大单，该工程项目按合同要求，在 2007 年内全部完成。

在 10 多年的时间里，水电六局太平湾基地管理处电讯队施工队伍（生产淡季施工人员不足 10 人，生产高峰期近 50 人），在丹东市和水电六局劳动模范、优秀共产党员刘正才队长的带领下，累计完成丹东地区的电话、电视线路改造和通信光缆架设线路 600 多千米，完成施工产值 1000 余万元。

第三章　路　桥　工　程

第一节　已建、在建路桥工程

从20世纪70年代起，水电六局陆续承建了河南武陟县东环三路、合（肥）芜（湖）高速公路立交桥、黑龙江哈尔滨至大庆的四方公路、吉林市江湾立交桥、桓仁县境内的交通公路等一批路桥工程，在承担一系列水利水电枢纽主体工程施工的同时，也承担了大量的附属工程——公路桥梁工程等项目的建设，如太平哨浑江公路桥、观音阁北线公路及桥梁、三峡水利枢纽对外交通公路仙人溪交通洞，以及十三陵抽水蓄能电站、小浪底水利枢纽、万家寨水利枢纽、尼尔基水利枢纽、溪洛渡水电站、蒲石河抽水蓄能电站等工程中的路桥工程。

1958～2006年水电六局已建、在建路桥工程情况详见表3-3-1。

表3-3-1　　1958～2006年水电六局已建、在建路桥工程情况

序号	工程项目	开工时间	竣工时间	施工总产值（万元）	装机数（台）	总装机容量（万千瓦）	年平均发电量（亿千瓦时）	获奖评优情况	备注
1	太平哨水电站路桥工程	1976-10	1982-12						已建
2	太平湾水电站路桥工程	1982-10	1990-12						已建
3	长甸水电站路桥工程	1985-09	1990-12						已建
4	观音阁水库路桥工程	1987-06	1995-12						已建
5	河南省武陟县东环三路工程	1995-10	1996-07	810.00					已建
6	三峡水利枢纽对外交通公路工程	1994-02	1996-09	13500.00					已建
7	万家寨水利枢纽公路桥梁工程	1994-01	1995-07	806.90					已建
8	内蒙古尼尔基巴特罕公路工程	2002-06	2003-08	700.00					已建

续表

序号	工程项目	开工时间	竣工时间	施工总产值（万元）	装机数（台）	总装机容量（万千瓦）	年平均发电量（亿千瓦时）	获奖评优情况	备注
9	吉林市江湾大桥（立交桥）南引道工程（独立中标）	2003-04	2003-10	2275.00					已建
10	溪洛渡水电站场内交通2号公路工程	2003-10	2005-07	10950.00					已建
11	云南土卡河水电站李仙江临时钢桥	2004-01	2004-06	918.95					已建
12	金沙江溪洛渡水电站场内交通还建桥至金沙江大桥右岸公路改造等工程	2004-01	2004-11	471.04					已建
13	蒲石河抽水蓄能电站对外交通公路交通隧道工程第Ⅰ合同段	2004-04	2005-12	2749.99					已建
14	蒲石河抽水蓄能电站东洋河村至交通隧道（泉眼沟侧）洞口段公路工程	2004-09		720.76					在建
15	糯扎渡水电站进场公路改建工程	2006-08		506.89					在建

注 在近半数的大中型水利水电工程和抽水蓄能电站工程中，几乎都含有路桥工程，在此不一一列举。

第二节　工　程　选　介

一、河南省武陟县东环三路工程

1995年10月，水电六局第五工程处承揽了河南省武陟县东环三路工程。武陟县东环三路总长3915.34米，路宽40米。该工程主要工程量：路基开挖1.2万米^3，路面混凝土2.7万米^3，路基回填7000米^3，施工中利用三七土、三合土共计4.6万米^3，工程总价款810多万元。

第五工程处承揽此项工程后，立即从小浪底水利枢纽工地选派施工队伍（施工三队）

和施工设备，于 1995 年 11 月 8 日奔赴武陟县东环三路施工现场。当时，甲方（业主）尚不能提供作业面地质资料，不能提供各作业面设计高程，只能提供该工程项目施工地段的起止桩号、高程和轴线控制网等简单施工技术数据资料。第五工程处施工队伍是在资金困难、施工设备不足、设备状况较差、各项施工设计图纸等数据资料不齐全的困难情况下，开始东环三路工程施工的。

东环三路前期施工正处于冬季，按常规要求，不能进行路基的回填和碾压作业。为了确保工程按期完工，项目部不放过每一个晴天，有效利用中午前后有限的几个小时，抓住时机争分夺秒抢回填、碾压。经过三个月紧张的冬季施工，到 1996 年 2 月上旬，基本完成了近 4 千米的路基回填碾压作业。1996 年 3 月 21 日，河南武陟地区气候转暖，项目部抓住时机，于 3 月 23 日（经县交通局批复）开盘浇筑第一块路面混凝土。经施工监理工程师检查验收，路面混凝土施工质量完全符合设计要求。

1996 年 4 月，武陟县东环三路工程的混凝土作业进入施工高峰期。施工中，项目部将混凝土施工人员分成两个作业班，实行层层承包，施工人员按贡献大小兑现奖金，调动了职工的生产积极性，施工进度明显加快，生产效率大大提高。从 4 月 23～26 日，每个单班浇筑混凝土从 224.5 米^3 增加到 239.06 米^3，其中最高日浇筑混凝土量达到 386.5 米^3。5 月，月产值达到 220 万元，人均完成月产值近 2.5 万元。

1996 年 7 月，河南省武陟县东环三路工程竣工，工程质量优良。水电六局施工队伍受到了武陟县政府、县交通局及当地群众的好评。

二、三峡水利枢纽对外交通公路工程

1994 年 1 月中旬，水电六局与水电四局、五局、九局组成宜昌四达水利水电工程联营公司，中标三峡水利枢纽对外交通公路第二标段工程。工程桩号为 K10＋330～YK17＋993.54，全长 4466.47 米，工程标价为 1.35 亿元。施工的主要项目有：6 条隧洞、10 座桥梁、3 座涵洞、1 条泄水洞及 2 段路堤。

由水电六局第六工程处组建的三峡工程项目部主要承担总长 1617 米的仙人溪隧洞（即位于右线的 1、2 号交通洞工程。其中 1 号交通洞长 175 米，隧洞断面为 6 米×7 米；2 号交通洞长 1442 米，隧洞断面为 12 米×9 米。1、2 号交通洞石方开挖量 32.27 万米^3）和拱涵路基回填（16 万米^3）等施工任务，施工产值 3000 多万元，合同工期 23 个月。

1994 年 2 月 14 日，第六工程处组织第一批施工人员进场做筹备工作。施工人员克服设备少、无电源、征地难等困难，在短短的两个月时间里，就完成了征地和临时设施（食堂、仓库、办公室、职工宿舍等）建设。从 5 月 1 日起，作业人员利用柴油发电机发电、利用手风钻钻爆，进行隧洞进出口的土石方明挖施工。到 7 月 1 日，明挖土石方 1.8 万米^3，而后利用多臂钻入洞进行暗挖施工。由于施工现场一直拖到 7 月 14 日才接通电源，致使主体工程拖后 3 个月才正式开工。

在前期的洞挖施工中，施工进展顺利。1994 年 9 月，项目部在停电 68 小时的情况下，创造了月开挖进尺 130.5 米的好成绩；这一年的 11 月和 12 月，项目部又创造了月开挖进尺 135 米和 200 米的新纪录。在洞内混凝土衬砌作业中，创造了月浇筑混凝土 3000 多米^3 的好成绩。混凝土衬砌作业中使用的钢模台车和防水台车，是项目部 7 名老技工在不到一个月的时间里，用在十三陵工程中用过后废弃的破旧台车改装的。在2号隧洞的顶拱混凝土衬砌作业中，作业人员发明了一项新工艺——362块散装模板一次性整体移位成功。利用这项工艺，使本来需50天完成的施工任务（40延长米顶拱衬砌），仅用了20天便顺利完成，提高功效1.5倍。

在后期施工中，由于开挖作业面地质条件较差，岩石破碎，特别是总长为1442米的2号隧洞，地质较差的地段占50%以上，施工中发生近百次塌方。1995年7月，宜昌地区连降暴雨，山洪咆哮着冲进2号隧洞，加上洞内溶洞大量涌水，掌子面被淹，作业人员抢险打捞，安装5台水泵排水，争分夺秒将塌方、淤积的1200米^{3}石渣、淤泥抢运出洞。这一年的12月17日，作业面突发塌方量达1000多米^{3}的大塌方，塌方断面长达25米。危急时刻，突击队长夏清伟带领职工冒着危险将多臂钻撤退到安全地带……

在三峡水利枢纽工程施工中，来自全国铁路、水利水电工程数十家施工队伍相继组织了25支青年突击队，参加共青团中央开展的重点工程全国“青年文明号”活动。而水电六局三峡工程项目部孙金龙突击队以其“职业道德好、岗位能手多、工程质量高，施工进度快、安全生产好”的良好信誉，被列为“青年文明号”示范单位。

经过项目部200多名职工两年的艰苦奋战，三峡仙人溪2号公路洞终于在1996年1月29日贯通。到5月7日，2号隧洞全断面开挖全部结束。1996年国庆节前夕，仙人溪交通隧道工程完工并顺利通过验收，工程质量优良。

1996年10月1日，业主在仙人溪交通隧道施工现场举行通车典礼仪式。在典礼仪式上，三峡工程总公司对水电六局施工队伍给予高度评价。

三、万家寨水利枢纽公路桥梁工程

1994年年初～1995年7月，水电六局万家寨水利枢纽工程项目部（由二分局组建队伍）承担了万家寨水利枢纽公路桥梁工程的施工任务。该工程项目是万家寨水利枢纽主体工程的附属、配套工程项目，工期短，业主要求施工单位必须在主体工程开工之前公路桥梁工程竣工并投入使用。

万家寨水利枢纽公路桥梁工程共分6条路段和3座桥梁。其中6条路段［分别为长1052米的进万公路、长1445米的料场公路、长860米的左岸上坝公路、长336米的生活小区公路、长2123米的引黄公路（改造段）和左岸进场公路］总长5816米，路面宽10米，均为山岭重丘Ⅲ级公路、混凝土路面（一部分为预制混凝土活动路面）、双车道，6条路段合同总价款为516.3万元。3座桥梁（分别为长50.5米的大青沟上桥、长68.84米的大岔沟上桥和长38.34米的大岔沟下桥）总长157.7米，桥面宽9米，桥梁设计荷载为汽—超20级，验算荷载为挂-120。3座桥梁项目合同总价款为290.6万元。

工程项目部在水利枢纽公路工程施工中主要施工措施、方法为：路基路槽开挖，采用常规钻爆法爆破，利用机械出渣和回填，碾压垫层料、利用搅拌运输车拌和运输混凝土，机械平仓振捣，常规养护。其中活动路面部分采用先期预制混凝土块，再利用载重运输车和吊车运输吊装铺设。6条路段施工均按合同要求按期或提前结束（分别在2～9个月内顺利完成）。经工程业主和监理单位联合检查验收，6条路段均符合设计规范要求，其中5条路段被评为优质工程。公路工程质量的综合评定结果：单元工程合格率为100%，优良率为96%。

3座桥梁施工：其中大青沟上桥和大岔沟上桥，均为30米跨度的钢筋混凝土拱桥，大岔沟下桥为20米跨度的钢筋混凝土“T”形梁结构桥。其主要施工措施、方法：利用机械开挖桥梁基础，人工砌筑浆砌石，拱桥施工采用钢结构拱架现场浇筑混凝土，“T”形梁桥则采用先期预制钢筋混凝土块，而后利用机械运输吊装就位。3座桥梁均按合同工期要求按期完成，其中在大青沟桥施工中，由于采用一项合理化建议，节约资金70万元。3座桥梁的工程质量均符合设计规范要求，被评为优质工程。

四、内蒙古尼尔基巴特罕公路工程

2002年6月，水电六局承揽内蒙古自治区巴特罕公路工程，合同价款700多万元。该工程项目为市政工程项目，由水电六局四分局尼尔基水利枢纽三大系统工程项目部承担施工任务。

巴特罕公路位于内蒙古自治区呼伦贝尔盟莫力达瓦旗尼尔基镇的东侧，与嫩江大桥相连。该段公路总长3.5千米，路宽56米（设8条车道），人行道宽7米。该段公路行车道为混凝土路面，人行道铺设彩色步道砖。街道两旁的排水、渗灌以及分隔带绿化等设施一应俱全。此段道路为呼伦贝尔盟第一宽街道，是莫力达瓦旗的标志性建筑物。

四分局尼尔基三大系统工程项目部承揽这一工程项目后，立即组织施工队伍进入现场施工。2002年6月25日，巴特罕公路工程开工。施工人员克服沼泽地施工、车流量较大等困难条件，加快施工进度，于2002年11月底顺利完成路基回填和碾压等施工项目。2003年4月20日，当地气候转暖，项目部及时组织队伍恢复施工，进行行车道混凝土路面浇筑和人行道彩砖铺设作业。在施工中，项目部投入劳动力200余人，投入挖掘机、反铲、装载机、自卸汽车、推土机、振动碾、打夯机、混凝土拌和车、全站仪、水准仪等各种类型施工设备仪器近100台（套）。

经过项目部全体施工人员9个月（直线工期）的艰苦施工，巴特罕公路于2003年8月中旬竣工。此工程项目按合同工期提前1天，于8月14日正式通车。该段公路工程质量达到优良标准。

五、吉林市江湾立交桥工程

2003年4月17日，水电六局中标吉林市江湾大桥（立交桥）南引道工程，合同价款2275万元；合同工期为168天（2003年4月25日～10月10日）。工程由水电六局五分局承担施工任务。

吉林市江湾大桥位于吉林市松花江大桥下游左岸1.4千米处。工程位置处于繁华市区。由水电六局五分局施工的江湾大桥南引道工程，主要由主线桥、B线桥、E线桥和F线桥组成，其中主线桥全长199.65米，为三联双箱多室结构；B线桥全长52米，为单箱单室结构；E线桥全长170米，为双联单箱双室结构；F线桥全长62米，为单箱双室结构。

工程合同签订后，水电六局五分局立即组织施工队伍进驻现场施工。由于拆迁、“非典”疫情和设计更改等因素的影响，致使工程开工日期拖后一个月，于5月25日正式开工。在施工筹备期，项目部投入劳动力32人；开工后，增加到129人．施工高峰期，增加到320人。施工中投入反铲、装载机、自卸汽车、汽车吊、振动碾、混凝土搅拌车、混凝土泵等大中型施工设备 30 多台（套）。为加快施工进度，项目经理部根据工程结构特点，将工程划分为两个作业区（即主线桥作业区和 B、E、F 三线桥作业区），分别投入施工队伍作业。施工期间，由于种种原因，在路桥基础、排水和道路施工过程中，设计方对工程先后作出 22 次修改（如路基施工，主要是由原设计的扩大基础修改为预制桩承台基础），对施工工期造成相当大的影响。

江湾立交桥南引道工程主要的施工项目（工序）有：路基的开挖和回填、桩基础、预制桩承台、桥墩混凝土、箱梁混凝土、道路垫层铺垫、沥青路面混凝土等。该路桥视觉图形为半苜蓿叶形，为了把引桥建造得坚固耐用、大方美观，施工人员精细施工，精益求精，取得了较好的效果。

经过江湾大桥工程项目部职工 5 个多月的艰苦作业，江湾立交桥桥南引道工程于 2003 年 10 月 31 日竣工。项目部在该工程项目中完成的主要工程量分别为：基础土方开挖 16400 米^3，土方回填 12400 米^3，预制柱制作 537 根，钢筋制作安装 1900 吨，混凝土浇筑 9800 米^3。南引道工程施工进度快，工程质量好，达到优良标准。

六、溪洛渡水电站场内交通 2 号公路工程

2003 年 10 月 15 日，水电六局与中国三峡总公司金沙江开发有限责任公司筹建处，在云南省永善县签订了金沙江溪洛渡水电站场内交通工程 2 号公路合同协议书，合同标价 1.095 亿元。合同工期为 2003 年 10 月～2005 年 7 月。

溪洛渡水电站场内交通 2 号公路工程的施工项目主要包括：路基、路面、桥涵、隧道、排水、防护工程、沿线设施和绿化、环境保护及临时工程等建设实施、缺陷修复等。2 号公路线路总长 5279.7 米，路面宽 12 米，其中隧道长 3783 米，洞径 12 米×5 米（宽×高）。

溪洛渡水电站场内交通 2 号公路工程，由水电六局二分局承担施工任务。分局第一批施工人员于 2003 年 10 月 29 日进场做施工筹备工作。

时隔半年，水电六局又中标 8 亿多元的溪洛渡水电站导流洞工程，根据施工规模、施工特点、施工队伍协调等情况，水电六局及时对施工组织结构进行调整，将原来的二分局、六分局两个项目部合并，组建溪洛渡施工局，承担溪洛渡水电站厂内交通 2 号公路和导流洞开挖施工任务。

2 号公路有约 3800 米路段从陡峭的悬崖和山体内通过，交通、施工作业十分不便，可谓困难重重。在前期施工中，由于交通公路尚未形成，工人们徒步上下班需两个小时。由于交通隧道位于几百米深的山体内，开挖作业的岩壁表面压力大，加上洞内温度很高，岩石干燥，时常发生岩爆现象，给施工安全造成极为不利的条件。为确保安全生产，施工队伍采取了稳妥的保险措施：将原来的 30～50 米进行一次支护的施工方案改为一排炮一支护，同时对岩壁面多浇水。特别是对交通隧道的顶拱部位，进一步加强了支护措施。

为确保按期完成 2 号公路施工任务，解决施工设备不足的矛盾，工程局及溪洛渡施工局及时决策，投入巨资 3000 万元，购置多臂钻、湿喷机、装载机、自卸车、空压机等现代化施工机械，使施工局的施工能力、生产强度有了显著提高。由于交通隧道的洞径较大，施工局将以往使用的 10 米×12 米的钢模台车改装成 15 米×12 米长台车，对隧洞的混凝土施工采用了全断面钢模台车衬砌，加快了施工进度，缩短了工期。在洞内混凝土衬砌时，投入混凝土搅拌运输车、HB-60型混凝土泵和混凝土摊铺机等设备，为提高混凝土衬砌质量提供了可靠保证。

在组织施工时，为了打造“样板工程”，创出良好信誉，水电六局施工局始终坚持“质量第一，信誉至上”的方针，时时处处严把质量关，从决策层、管理层到操作层，建立健全了严密的质量管理体系，层层明确了责任制；为提高工程质量，做到学有榜样，施工局组织技术、质量总工，主抓生产的副局长，工区主任等有关人员，前往三峡、小湾等水电工地取经；深入开展质量教育活动，下大力气营造建精品工程氛围，进一步增强了全体员工的质量意识，使他们做到主动自觉地严把质量关；对各岗位操作人员进行有组织、有计划的岗前培训，提高了职工业务技术素质和生产技能；为确保工程质量，堵塞漏洞，严禁不合格员工上岗。

上述一系列管理制度和组织措施，对确保施工质量起到了积极的促进作用。在整个施工过程中，各施工程序衔接紧密，从测量—钻孔—装药—爆破—出渣—扒底，每道工序都有严格的时间限制，并有专人指挥、看守，紧凑的“流水作业”，使开挖作业每天可进行两个半循环，加快了施工进度，创造了月进尺210米的生产纪录。2号公路工程开挖进度之快，工程质量之好（开挖岩面半孔率达95%以上），得到了工程业主单位、监理工程师和国内有关权威专家的充分肯定。

经过水电六局施工队伍21个月的艰苦奋战，到2005年7月17日，整个2号公路土建工程提前14天顺利完工。8月1日，工程监理部对2号公路K3+040～K3+140段的边顶拱混凝土衬砌和钢纤维混凝土路面进行质量评定，合格率为100%，优良率达为90%以上，施工质量满足设计要求。

水电六局溪洛渡施工局在祖国大西南的金沙江畔打了一个漂亮仗：溪洛渡水电站厂内交通2号公路工程，被业主、监理单位评为厂内4条交通公路中唯一的“样板工程”，为工程局承揽溪洛渡水电站后续工程奠定了稳固的基础。

第四章　机电设备安装和金属结构制作安装工程

第一节　已建、在建机电设备安装和金属结构制作安装工程

从1958年建局至2006年的48年间，水电六局在机电安装和金属结构制作安装方面取得了跨越式的发展。从太平湾水电站工程起，即可独立承担、并能圆满完成机电安装和金属结构制作安装工程。特别是通过万家寨水利枢纽单机18万千瓦水轮发电机组的安装和GIS开关站的安装作业，进一步提高了施工队伍的资质。在太平哨、太平湾、长甸、丰满（扩建）、莲花、万家寨、尼尔基、索风营等水电站（水利枢纽）的机电安装工程施工中，都取得了不凡的业绩。在金属结构制作安装方面，水电六局的施工能力和制作安装质量水平都有了明显提高，已拥有超大型的平面滑动闸门、定轮闸门、弧性闸门、压力钢

管和拦污栅，大型“人”字形闸门、双向移动式启闭机、固定卷扬式启闭机的制作安装资质。2006年，开始进军风电项目，承揽了风电塔筒的制作安装工程。近20年来，水电六局在全国各地（主要在东北地区和西南地区）积极承揽地方政府投资的小型水电站机电安装和金属结构制作安装工程，为我国的小水电建设贡献了自己的力量。

1958～2006年水电六局已建、在建机电安装工程和金属结构工程情况分别见表3-4-1和表3-4-2。

表3-4-1　1958～2006年水电六局已建、在建机电安装工程情况

序号	工程项目	开工时间	竣工时间	施工总产值（万元）	装机数（台）	总装机容量（万千瓦）	年平均发电量（亿千瓦时）	获奖评优情况	备注
1	渔子溪水电站	1966-09	1975-12	17300	4	16	9.6		已建
2	太平哨水电站	1976-10	1982-01	23123	4	16.1	4.3		已建
3	太平湾水电站	1982-10	1987-10	51489.54	4	19	7.7		已建
4	长甸水电站（水丰扩建）	1985-09	1990-12	18557	2	7.5			已建
5	察尔森水库工程	1987-05	1990-12	3922.33	4	1.28			已建
6	象山电站机电安装工程	1992-10	1997-09	1751.85	3	1.8			已建
7	丰满电站三期扩建机电安装工程	1994-03	1998-07	2784.61	2	28			已建
8	两江电站机电安装工程	1994-05	2001-07	2046.96	3	6			已建
9	莲花电站（1号机）机电及金属结构安装工程	1995-10	1998-10	1289.04	4	55			已建
10	临江聚宝电站机电安装工程	1996-05	2000-02	762.80	2	2			已建
11	桓仁西江电站机电安装工程	1997-08	1999	282.60	3	0.9			已建
12	靖宇海岛电站扩建机电安装工程	1998-05	2002-07	349.68	3	0.625			已建
13	白山曲家营电站机电安装工程	1998-08	1999	392.69	5	0.3825			已建

续表

序号	工 程 项 目	开工时间	竣工时间	施工总产值（万元）	装机数（台）	总装机容量（万千瓦）	年平均发电量（亿千瓦时）	获奖评优情况	备注
14	万家寨水利枢纽机电安装工程	1999－03	2003－10	4836.49	6	108		3台水轮发电机组安装、5号机转子支架焊接获“全国优秀焊接工程”称号	已建
15	重庆江口水电站机电安装工程（1号机）	2001－10	2003－11	577.72	3	30			已建
16	尼尔基水利枢纽机电安装工程	2002－06	2006－09	3194.70	4	25			已建
17	重庆梯子洞水电站机电设备安装工程	2002－07	2004－02	501.43	3	3.6	1.84		已建
18	藤子沟水电站机电安装工程	2003－07	2006－06	693.92	2	7			已建
19	索风营水电站机电安装工程	2004－03	2006－06	2582.74	3	60			已建
20	渔滩电站机电安装工程	2005－02	2006－05	364.53	2	1.6			已建
21	甘肃张掖小孤山水电站机电安装工程	2005－04	2006－11	96.04	3	9.8			已建
22	大花水电站机电安装工程	2005－10		402.62	2	20			在建
23	大顶子山航电枢纽机电安装工程	2005－05		0	6	6.6			在建
24	团坡电站机电安装工程	2006－03		168.38	3	8			在建
25	马岩洞电站机电安装工程	2006－05		156.17	3	6.6			在建

表 3-4-2　　1958～2006 年水电六局已建、在建金属结构工程情况

序号	工程项目	开工时间	竣工时间	施工总产值（万元）	装机数（台）	总装机容量（万千瓦）	年平均发电量（亿千瓦时）	获奖评优情况	备注
1	莲花电站（1号机）机电及金属结构安装工程	1995-10	1998-10	1289.04	4	55		全国优秀焊接工程奖	已建
2	吉林双河电站厂房及压力管道工程	2001-05	2002	322.23	3	1.2			已建
3	双岭水利枢纽2×1000千牛卷扬式启闭机设计与制造	2002-03	2003-05	342.43	2	5			已建
4	双岭水利枢纽金属结构制造及安装工程	2002-07	2003-11	1128.63	2	5			已建
5	双岭水利枢纽2×1600千牛双向门机设计与制造	2003-01	2003-06	416.00	2	5			已建
6	丰满永庆反调节水库金属结构闸门制作	2003-03	2003-08	532.69					已建
7	尼尔基金结安装工程第二标段进水口、导流系统和尾水闸门及启闭机安装工程	2003-07	2006-09	562.73	4	25			已建
8	哈尔滨市磨盘山水库供水工程启闭机及附属设备采购合同	2004-03	2005-08	609.69					已建
9	贵州乌江索风营水电站引水发电系统闸门及启闭机设备安装工程	2004-03	2006-06	344.88	3	60			已建
10	牛栏口水电站工程金属结构闸门制作（NLK-JJ-002型）	2004-03	2005-06	714.91	1	2			已建

续表

序号	工程项目	开工时间	竣工时间	施工总产值（万元）	装机数（台）	总装机容量（万千瓦）	年平均发电量（亿千瓦时）	获奖评优情况	备注
11	乌江构皮滩水电站发电系统建筑与金属结构设备安装工程	2005－02		5665.18	5	300			在建
12	石堤闸门埋件及金属结构安装工程	2005.08		1401.48	2	12			在建
13	松花江大顶子山航电枢纽工程金属结构安装工程	2006－06		253.00	6	6.6			在建
14	箱子岩电站金属结构项目	2006－09		272.33	2	3.2			在建
15	酉酬电站金属结构项目	2006－10		44.83	2	12			在建

注　在诸如渔子溪、太平哨、太平湾、水丰、万家寨、小浪底、溪洛渡等大中小型水利水电工程及抽水蓄能电站等工程中，都包含闸门及金属结构制作安装工程，在此不一一列出。

第二节　工　程　选　介

一、太平湾水电站机电设备和金属结构安装工程

太平湾水电站位于中朝界河鸭绿江的下游，是鸭绿江干流上四个梯级电站之一。该电站由中朝两国共同投资兴建，由中方负责设计、施工和运行管理。电站工程于1982年10月27日正式开工建设，到1990年全部竣工。

太平湾水电站共安装单机容量4.75万千瓦水轮发电机组4台，总装机容量为19万千瓦，设计年（多年平均）发电量为7.7亿千瓦时。整个电站的机电和金属结构安装工程，由水电六局机电安装分局（施工高峰期参加机电和金属结构安装作业的职工900多名）承担。

太平湾水电站机电和金属结构安装工程从1983年3月开始进行。1985年1月，开始水轮机金属埋件安装，到1985年12月2日，第一台机组启动。1987年10月25日，4台机组安装作业全部结束，移交太平湾水电厂。

在56个月的时间里（1983年3月～1987年10月），水电六局机电安装分局职工先后完成4台水轮发电机组及其附属设备、厂内起重设备、厂内通风采暖系统、电气设备、通信设备以及各类闸门、检修门、拦污栅等安装工程，完成的主要工程量为：水轮发电机组

及其附属设备等机电设备安装 8829 吨；金属结构安装 5785.2 吨。在金属结构安装工程中，主要完成的大型金属结构件有：泄洪弧门 28 套、启闭机 28 台、门机 3 台、事故门和检修门 21 套、拦污栅 12 套等。

太平湾水电站第一台机组主体的安装作业，于 1985 年 7 月 15 日开始，10 月 1 日 1 号机转子吊入机坑，10 月 24 日盘车结束，12 月 1 日 1 号机组整个系统达到空载开机条件，11 月 20 日太平湾水库具备蓄水条件，11 月 28 日水库开始蓄水，12 月 2 日 1 号机组开始启动，12 月 15 日 10 时机组正式并网开始 72 小时负荷运转，12 月 18 日完成 72 小时运行。2、3、4 号机组相继于 1986 年 11 月 17 日、1986 年 12 月 23 日和 1987 年 10 月 25 日并网发电。4 台机组（由哈尔滨电机制造厂制造）均一次启动成功。启动委员会验收评定认为，太平湾水电站 4 台机组的安装质量良好。其中，1 号机组的安装质量被评为电力建设“优质工程”，受到中国水利水电建设总公司的表彰奖励。

二、丰满水电站三期扩建机电安装工程

1996 年 5 月，水电六局机电安装分局承揽了丰满水电站三期扩建机电和金属结构安装工程。

丰满水电站位于第二松花江中游的吉林省吉林市境内，水利枢纽由拦江大坝、坝后式发电厂房及变电站、泄洪洞等建筑物组成，其中拦江大坝为钢筋混凝土重力坝，坝长 1080 米，坝高 91 米，库容量达 108 亿米^3。该电厂以发电为主（主要向东北地区的沈阳、抚顺、长春、吉林、哈尔滨等城市供电），兼具防洪、灌溉、养殖、通航及工农业用水等综合功能。

丰满水电站始建于 1937 年的日伪时期，新中国成立后，党和政府组织力量对电站工程进行了全面恢复和大规模的改建和扩建。1960 年，电站一期工程竣工，8 台机组总装机容量达 55.4 万千瓦，是当时全国最大的水力发电厂。于 1985 年 4 月动工、1992 年竣工的二期扩建工程（安装 2 台单机容量为 8.5 万千瓦机组）竣工后，电站装机容量增加到 72.4 万千瓦。三期扩建工程于 1994 年 4 月动工兴建，利用原泄洪洞为引水洞，在出水口修建地面式发电厂房，安装 2 台单机容量为 14 万千瓦机组。三期扩建工程完成后，丰满水电站装机规模达到 12 台，总装机容量为 100.4 万千瓦。截至 1997 年末，丰满发电厂累计发电 800 亿千瓦时，为经济建设提供了电力保障。

丰满水电站三期扩建工程由东北勘测设计研究院设计，该工程总投资（概算）为 4.6 亿元。其中，主体工程中的土建项目和主机、附属设备及金属结构安装工程，分别由水电六局一分局和机电安装分局承担；其余项目如厂用系统、控制、通信系统、定子下线、主变压器和高压断路器等安装任务，由丰满水电站检修公司承担。

工程合同协议书签订后，水电六局机电安装分局及时组建工程项目部，选调人员、设备进驻现场筹备施工。施工人员首先进行 12 号机组安装作业，其中各结点工期分别为：座环，1996 年 6 月 18 日安装完；蜗壳，1996 年 8 月 26 日开始挂装，并于同年 9 月 24 日焊接完；水轮机导水机构部分，1997 年 10 月 13 日安装完；发电机定子，1997 年 6 月 12 日吊入机坑，定子下线于 8 月 16 日结束；9 月 6 日，转子吊装就位；到 9 月 7 日，完成水轮机轴和发电机轴的连接；10 月 6 日，完成盘车定轴线和推力受力转换。金属结构安装作业：12号机快速闸门于1997年7月6日安装完，闸门油压启闭机及泵室于10月4日安装完。11号机快速闸门安装于1997年7月27日完成，启闭机及泵室安装于10月4日结束。弧形闸门及其启闭机、泵室安装作业于1997年9月11日完成。

1997年11月28日，12号机组开始进行第一次启机试验，各项试验于12月3日顺利完成；12月3日16时30分，带100兆瓦出力开始72小时试运行，到12月6日15时30分顺利通过72小时试运行考验。12月8日10时，12号机组进入一年试生产。根据试运行情况，丰满水电站12号机组启动验收委员会对12号机组引水、尾水设施、水轮发电机组、电工一、二次及自动化、通信、附属、消防设施等项验收确认：机组各项技术指标均达到设计和规范要求，综合质量评价为优良。其中，12号机组蜗壳（直径20.98米，重243吨）的安装作业，仅用了38天（8月16日～9月24日），而原计划工期为70天，创造了我国水电施工史上的新纪录。

经水电六局机电安装分局职工的艰苦努力，总长250米、直径为7.9米、总重量达1538吨的11号机组压力钢管制作安装施工项目于1998年4月24日圆满结束。5月25日上午10时，总重量达150吨的11号水轮机转轮吊装就位；机组定子于1998年3月27日14时30分吊装就位；6月8日11时30分，重达560吨、直径11.7米的发电机转子吊装就位。7月14日下午，11号机组一次充水成功；7月21日15时40分，11号机组顺利完成72小时试运行。11号机组的安装工期仅为5个半月，安装速度快于12号机组，机组安装质量全部达到设计、规范要求，综合质量被评价为优良。至此，由水电六局机电安装分局承担的丰满水电站三期扩建工程的2台机组安装任务圆满结束。

三、莲花水电站1号机组及金属结构安装工程

黑龙江省莲花水电站安装4台单机容量13.75万千瓦水轮发电机组，其中1号机组的安装任务由水电六局机电安装分局莲花项目部承担。同时，机电安装分局莲花项目部还承担了溢洪道金属结构及电气安装任务。

1号水轮发电机组安装：1号水轮发电机组从1996年4月进行一期混凝土预埋开始，到1998年9月26日机组进行72小时满负荷试运行成功为止，共历时42个月。尽管设备到货时间屡次拖延、施工条件很不完善，水电六局施工队伍不怕困难，在确保质量的前提下千方百计赶抢工期，保证了1号机组按期并网发电。

1号水轮发电机组各主要部件的安装工期：

水轮机部分。1996年6月1～20日安装尾水锥管；1997年8月14日～9月11日安装座环；1997年12月19日～1998年3月27日安装蜗壳；1998年4月15～23日组装焊接机坑里衬和接力器坑衬；历时38天安装水导轴承及水轮机卧式保护装置；水轮机导水机构于1998年8月9日正式安装。

发电机部分。1998年4月8～26日组装焊接定子机座；6月22日定子吊装就位；8月18日吊装转子；8月20～25日安装调整推力轴承；8月26日完成盘车定轴线。水轮发电机组各部件、调速系统、附属设备管路以及电气安装项目的安装质量，全部达到优良标准，满足了设计和规范要求。1998年9月15日，1号机组充水；9月16日，第一次手动试运转成功。机组经甩负荷及72小时满负荷试运行等试验，全部符合规范要求，具备试生产条件。

溢洪道金属设备安装。莲花水电站溢洪道设有7个溢流孔口，每孔设1扇16米×13.4～12.9米弧型工作闸门，由7台QH－2×500千牛弧门启闭机操作，7扇工作闸门共用1扇16米×13.5米、总重量1446.4吨的平板检修闸门。莲花电站溢洪道弧门是我国东北地区最大的闸门。

经过水电六局机电安装分局莲花项目部职工的艰苦努力，溢洪道闸门、启闭机以及电气、照明系统的安装工作于1997年7月顺利完成。由于溢洪道工程金属结构安装部分，施工难度较大，工程质量要求很高，项目部为确保安装质量，采取了一系列质量管理和控制措施：设立质量管理机构，制定质量管理责任制，在施工管理方面形成了从经理、副经理、质量管理检查工作者、施工队长、班组长、操作者齐抓共管、各负其责、严明奖惩、坚持质量优先原则、精心组织施工的氛围，取得了良好的效果。

在安装作业中，严格执行质量控制程序，作业前技术人员预写施工措施并做好技术交底工作；施工中技术人员要按施工规范、图纸和监理工程师指令严格监督，控制安装质量。1998年9月11日，对溢洪道弧型工作闸门、平板检修闸门、启闭机等进行了在设计水头下动水负荷试验，经设计、监理和建设业主等单位共同检查，确认弧门、平板门和启闭机操作平稳正常，止水部位密性较好，质量优良。

莲花水电站1号水轮发电机组和溢洪道金属结构安装质量优良，为该工程荣获建筑业最高奖——鲁班奖奠定了稳固的基础。

四、万家寨水利枢纽机电安装工程

1995年12月28日，水电六局投中万家寨水利枢纽工程主体建筑工程及安装工程施工Ⅱ标——发电厂房工程，工程合同价款为2.304亿元。该标段施工的主体工程项目是：发电厂房土建施工，枢纽4、5、6号水轮发电机组（单机容量为18万千瓦）及GIS开关站等机电安装。其中，4～6号3台水轮发电机组和GIS开关站等机电安装工程由水电六局机电安装分局承担。

1996年夏秋季节，机电安装分局派出第一批人员进驻施工现场进行筹备工作。在机电安装高峰期，机电安装作业人员达200多人，组建了电气队、机械队和钢结构加工车间3支施工队，承担万家寨水利枢纽机电安装（部分钢结构制作安装）和引黄总干线一级、二级泵站（包括3、4号引水洞）的钢结构制作安装任务，其组织机构、队伍、财务及各项经营管理工作，均由水电六局万家寨施工局统一领导。1999年秋季，这支队伍从万家寨施工局剥离出去，组建水电六局机电安装分局万家寨机电安装工程项目部，对项目部的人、财、物实行独立运行管理。

万家寨水利枢纽6、4号和5号机组先后于2000年的7月24日、10月7日和12月12日并网发电。机电安装工程质量优良，三台机组安装作业结束，均一次通过验收。4、5号和6号3台机组的单元工程合格率均为100%，优良率分别为88%、92%和96%。

机电安装分局施工队伍在万家寨水利枢纽机电安装工程施工中，为水电六局创造了良好的信誉和经济效益：

在不到半年的时间里，在同一座水电站施工中做到3台机组相继并网投产，这在水电六局机电安装工程上创造了历史新纪录，工程业主、监理、设计单位，权威专家以及社会各界人士对此给予了高度评价。对于水电六局施工队伍的独特贡献，工程业主单位对承担施工任务的机电安装分局万家寨工程项目部给予了重奖；在万家寨水利枢纽机电安装工程施工中，机电安装分局施工队伍首次独立承担了大中型水轮发电机组（单机容量18万千瓦）和GIS开关站的安装任务，进一步提高了水电六局的施工资质，增强了水电六局在水电建筑市场的竞争力。

五、太平湾金属结构制作项目

水电六局太平湾金属结构制作和机械制造项目，由水电六局机电安装分局太平湾金属结构项目部承担。该项目部于2001年由原来的机电安装分局金工车间和铆焊车间合并组建，职工人数由最初的不足100人逐步增加到150多人，到2006年减少到120人。项目部装备多种机床、龙门吊车、数控卷板机、数控切割机、起重机、拖板车、各种电焊机等各种设备230台（套），设备原值1597.7万元，金属结构制作安装能力达2.5万吨。

机电安装分局金属结构项目部，具有制作安装超大型拦污栅、超大型平面闸门和弧型闸门、超大型压力钢管、大型“人”字形闸门、大型移动式启闭机和固定卷扬式启闭机的资质，同时具有制造大中型龙门式起重机和卷板机的制造能力。

机电安装分局对外承揽金属结构（各种闸门、压力钢管、拦污栅等）和启闭机的制作（制造）业务，是从20世纪90年代初起步的。

从1996年起，机电安装分局太平湾金属结构项目部（前期为金工车间和铆焊车间）先后承揽了桓仁西江水电站、吉林两江水电站、聚宝水电站、丰满水电站三期扩建、松山引水、曲家营水电站、辽宁大连英那河水库、金哨水电站、双岭水电站、内蒙古尼尔基水利枢纽、吉林丰满反调节水库、白山蓄能电站、贵州索风营水电站、黑龙江大顶子山航电枢纽工程等近20个大中型水利水电工程的各种类型闸门、拦污栅、压力钢管和启闭机等的制作安装项目。其中，尼尔基水利枢纽溢洪道超大型弧门，其规模达12米宽、19米高，1扇闸门重达210多吨。

由机电安装分局太平湾金属结构项目部制作、安装的各种类型闸门、拦污栅、压力钢管、启闭机等金属结构和机械设备，其制作、安装质量全部达到优良，受到了业主、监理单位的一致好评。

2006年6月，太平湾金属结构项目部承揽了吉林省长岭风电站大型塔筒制作安装项目，为水电六局开拓非水电工程项目迈出了可喜的一步。

六、重庆江口水电站厂房、大坝机电安装工程

2001年7月，水电六局机电安装分局中标重庆市江口水电站1号水轮发电机组及大坝部分机电安装工程。江口水电站位于重庆市武隆县江口镇的芙蓉江下游，距芙蓉江汇入乌江的河口处仅2千米。该电站安装单机容量为10万千瓦的水轮发电机组3台，总装机容量为30万千瓦。电站大坝为混凝土双曲拱坝，最大坝高140米。发电厂房属引水式地下厂房。厂房位于芙蓉江左岸的山体内。

机电安装分局承担的主要工程项目是：电站1号水轮发电机组（包括附属工程预埋项目）和部分大坝机电安装工程。

2001 年 10 月 15 日，电站 1 号机组附属工程预埋施工开始进行。

经过项目部 20 多名职工（施工高峰期）两年的艰苦作业，顺利完成了江口电站 1 号水轮发电机组安装任务。工程于 2003 年 11 月 9 日全部完工。在 1 号水轮发电机组安装作业中，项目部取得了单元工程合格率为 100％（25 个单元工程）、优良率为 96％（24 个单元工程达优良）的好成绩。

从 2004 年 3 月 2 日～7 月 25 日的 4 个多月时间里，水电六局机电安装分局江口工程项目部又承揽、完成了江口水库大坝机电设备安装分部工程任务，先后安装厂用变压器 1 台、高压负荷开关柜 1 台、低压动力盘 4 面、电缆桥架 1 项、敷设 10 千伏动力电缆 2840 米、400 伏动力电缆 500 米。上述 6 个单元工程项目，单元工程合格率为 100％，优良率为 50％以上。

七、尼尔基水利枢纽机电安装工程

2001 年 9 月～2003 年 6 月，水电六局先后中标嫩江尼尔基水利枢纽砂石料开采加工及混凝土拌和、发电厂房及变电站土建、溢洪道下游段、副坝、机电和金属结构安装等项工程，合同总金额为 53168 万元。其中，水电六局机电安装工程合同标价为 2535.5 万元。

尼尔基水利枢纽工程位于黑龙江省和内蒙古自治区交界处嫩江的中游江段，枢纽坝址右岸邻内蒙古呼伦贝尔市莫力达瓦达斡尔族自治县的尼尔基镇，左岸邻黑龙江省讷河市，距下游的重工业城市齐齐哈尔市 130 千米。该枢纽建成后将发挥防洪、发电、航运、灌溉、养殖、水资源保护和提供工业、农业和生活用水等综合效益，是嫩江流域水资源开发利用、防治水旱灾害的核心工程。枢纽控制流域面积 6.64 万千米^2，水库正常蓄水位 216 米，设计洪水位218.15 米。枢纽主体工程有大坝（分主坝、左右副坝，坝顶总长 7265.55 米。其中主坝为沥青混凝土心墙土石坝，最大坝高 40.55 米；左右副坝为黏土心墙土石坝，最大坝高 23 米）、发电厂房及变电站、溢洪道等，其中发电厂房长、宽、高为 149 米、22.1 米、60.64 米，厂房内安装单机容量 6.25 万千瓦水轮发电电机组 4 台，总装机容量为 25 万千瓦。

机电安装分局承揽尼尔基水利枢纽机电安装工程后，及时组建尼尔基水利枢纽机电安装工程项目部，承担水利枢纽 4 台水轮发电机组及附属设备和工程闸门及启闭机的安装任务。项目部第一批施工人员于 2002 年 6 月 15 日进驻施工现场进行筹备，工程于 10 月 6 日开始施工（4 号机组预埋），于 2006 年 9 月竣工，工程质量优良。在施工高峰期，项目部投入施工人员 247 人，主要施工设备达 80 多台（套）。

机电安装分局尼尔基工程项目部在枢纽工程的闸门安装、二期导流和首台机组安装作业中，均提前或按期实现了节点工期目标。特别是在闸门安装作业中，项目部对金属结构安装队实行承包责任制，施工队将作业人员划分为 3 个作业组展开对手赛，调动了职工的积极性，经过 5 个半月的艰苦作业，厂房进水口至尾水的 14 孔闸门和 2 台启闭机于 2004 年 9 月 15 日全部安装完毕，比合同工期提前了 1 个月。

2004 年 10 月～2005 年 1 月下旬，是枢纽第一台机组——4 号机组安装作业的最关键阶段，当时厂房尚未装修，四处透风，安装作业面气温最冷时达摄氏零下 30 多度，工人们冒着严寒，起早贪黑抢施工，中午食堂送饭菜到现场，晚上要作业到 10 点多钟，每天作业时间达十三四个小时，再冷再累，工人们毫无怨言。到 2005 年 1 月 28 日，4 号机转子顺利吊装就位，比计划工期提前了 9 天。

尼尔基水利枢纽首台机组——4 号机组的安装作业，其节点工期分别为：2002 年 10 月 6 日进行机组预埋件施工，2003 年 5 月 12 日锥管安装完毕，7 月 16 日座环安装完毕，2004 年 10 月 15 日底环安装完毕，12 月 14 日吊装定子，2005 年 1 月 23 日吊转子，4 月 1 日盘车检查完，4 月 20 日水轮机安装结束，5 月 1 日机组调试作业全部完成。由于库区无水，原计划的首台机组发电日期只得拖延。2005 年 9 月 11 日，水利枢纽正式下闸蓄水。2006 年 4 月 22 日，4 台机组安装全部结束。但由于当时水库水位尚未达到开机发电要求，因此 4 号机组的调试试运行只好拖延到 5 月 12 日。2006 年 7 月 16 日，枢纽第一台机组并网发电；同年的 9 月 1 日，尼尔基水利枢纽 4 台机组全部投产。

八、宜兴抽水蓄能电站金属结构制作安装工程

江苏宜兴抽水蓄能电站工程位于太湖西岸宜兴市郊区南部的铜观山麓，该电站安装单机容量 25 万千瓦的可逆式抽水蓄能机组 4 台，总装机容量为 100 万千瓦，年发电量 14.9 亿千瓦时（抽水耗电量为 19.6 亿千瓦时，综合效率为 76%）。电站主体工程由上水库、下水库、引水系统、地下厂房、尾水系统和地面开关站等建筑物组成。工程动态投资 47.63 亿元人民币。

水电六局与工程业主——江苏抽水蓄能发电有限公司于 2003 年 4 月 29 日签订《江苏宜兴抽水蓄能电站引水系统及地下厂房工程施工合同》，《合同》标价 3.28 亿元（其中土建施工项目标价为 2.13 亿元，金属结构制作安装项目标价为 1.15 亿元），合同工期为 52 个月（2003 年 8 月 1 日～2007 年 11 月 30 日）。

水电六局中标宜兴抽水蓄能电站工程后，及时选派六分局和机电安装分局两支队伍组建宜兴施工局，下设土建施工和金属结构制作安装两个项目部。其中，金属结构制作安装项目部承担的施工项目主要有：直径 5.6～6 米、每节长 3 米，共 1228 节的压力钢管制作安装；两个超大型（每个重 60 吨）“围岩联合受力埋藏式”高强钢岔管的组装、焊接和水压试验；拦污栅制作；闸门和启闭机安装；地下厂房机电预埋等。金属结构制作安装量近 14000 吨，是国内最大的蓄能电站金属结构项目。

2003 年 5 月，水电六局金属结构制作安装项目部施工队伍进驻施工现场筹备，修建厂房和设备购置安装。2004 年 5 月，开始制作压力钢管。截至 2006 年年底，近 14000 吨的压力钢管和高强钢岔管的现场整体组装、焊接及水压试验等施工项目全部结束，压力钢管安装接近尾声。截至 2006 年年底，机电安装分局金属结构制作安装项目部共完成施工产值 1.24 亿元。整个工程的金属结构制作、安装作业拟于 2007 年 11 月按工期要求全面完成。

为了满足施工合同要求，如期完成宜兴抽水蓄能电站金属结构制作安装任务，水电六局机电安装分局在施工前期投入近千万元资金为项目部购置压力钢管制作、焊接、安装、运输等各类大中型现代化施工、加工设备 120 台（套），如数控卷板机、数控切割机、升降移动式和伸缩式自动埋弧焊机、气体保护焊机、滚焊台车、门式起重机、履带式吊车、门式启闭机、交（直）流焊接机和 40 吨大型拖车等。在 2003～2006 年的施工生产中，项目部平均投入施工作业人员 91 人，施工高峰期投入施工人员 180 人。

宜兴抽水蓄能电站金属结构制作安装工程的特点、难点是：工期紧，任务重，生产规模、施工强度和困难程度相当大，按机电安装分局以往的常规施工措施、方法，当时制作压力钢管的年生产能力只有 2000 多吨，就是将分局全部人员和金属结构制作设备都投入到宜兴工程中，也难以满足合同工期要求；该工程设计、施工的技术含量处于国内领先水平，其质量要求相当高。机电安装分局首次承揽如此大规模、高难度的工程项目，缺乏高强钢压力钢管制作、安装经验和第一手技术资料，特别是重达 60 吨的大型进口高强钢岔管的整体组装、焊接和水压试验，以及 2 条井深 227 米的特大型竖井的高强钢压力钢管安装等施工项目，其困难程度和危险性都异乎寻常。

在困难、压力面前，宜兴金属结构制作安装项目部大胆创新，投入巨资购置现代化的大型金属结构加工、焊接设备，建设一座高标准的金属结构加工厂房；同时，项目部进一步强化施工管理，建立健全各项经营管理制度，如《高强钢压力钢管制作施工管理方法》、《关于调整焊缝一次探伤合格率及奖惩办法》、《钢岔管现场组装、焊接施工管理办法》等，制定科技含量高、安全可行、高效率的施工生产技术措施和方案，确保按合同工期完成金属结构制作和安装任务。为确保工程质量，项目部严格按各项管理办法和技术要求对施工技术干部和一线作业人员按国际 ASME 标准进行技术培训考试，培训合格后持证上岗。项目部按自动化、程序化、规范化、制度化的标准要求，建立健全质量、安全、职业健康、环保管理体系，对各个生产工序、生产流程和生产岗位实行全员、全方位和全过程控制，争创“全国文明工程”、“全国优秀焊接工程”和“达标投产精品工程”。

上述一系列管理制度和措施，进一步加快了施工生产进度，确保了金属结构制作、安装作业的质量和安全，满足了高强钢压力钢管和岔管制作、安装的技术要求。如进口的钢岔管在现场进行整体组装、焊接后，其整体尺寸达到了设计要求；焊缝质量经超声波和 X 射线探伤试验，其一次合格率分别达到 98.1％和 99.74％以上；其水压试验一次获得圆满成功，达到了国内先进水平。在进行大型竖井压力钢管的安装过程中，为确保施工安全，项目部对施工组织设计和安全技术措施进行了两次优化，同时制定了应急预案，使竖井压力钢管安装作业的安全事故率为零。对此，在进行竖井压力钢管安装项目进行验收时，设计、监理单位及专家给予充分肯定：水电六局宜兴抽水蓄能电站引水系统大型竖井压力钢管安装工程技术措施科学合理、安全可靠，达到国内先进水平。

宜兴金属结构制作安装项目部在宜兴蓄能电站金属结构制作安装作业中，使水电六局在金属结构工程的施工装备、生产能力、技术管理水平、科技成果和施工生产资质等方面实现了跨越式发展，并取得了较高的经济效益。该工程填补了水电六局在高强钢压力钢管制作安装方面的空白。特别是，超大型高强钢岔管整体组装、焊接和水压试验等施工技术，荣获 2006 年度水电六局科学技术进步一等奖和水电集团公司科学技术进步三等奖，并被载入中国企业新纪录。

金属结构项目部先后被评为中国水利水电建设集团公司安全生产先进单位和工程业主安全文明施工先进单位，先后荣获江苏省无锡市“五一”劳动奖状（ 2006 年度）和科技进步奖、水电六局 2005 年度科学技术进步二等奖和 2006 年度科学技术进步一等奖、水电六局最佳文明工程和水电集团公司文明工程、宜兴抽水蓄能电站样板工程、中国工程建设焊接协会一等奖、全国优秀焊接工程。

九、索风营水电站机电安装工程

2003年12月，水电六局中标贵州省乌江索风营水电站机电设备安装工程，合同协议书于12月25日在贵阳市签订，合同价款1586.94万元。该工程由水电六局机电安装分局承担施工任务。

索风营水电站位于贵州省修文、黔西两县交界的乌江上游干流鸭池河的六广河段，距贵州省会贵阳市77千米。电站枢纽由水库大坝、引水隧洞、地下发电厂房、尾水系统和变电站等主要建筑物组成。电站安装3台单机容量20万千瓦的立轴混流式水轮机和3台立轴半伞式发电机，总装机容量60万千瓦，年平均发电量20.11亿千瓦时。电站水库总库容2.012亿米^3。该电站建成后，主要发挥发电、拦洪、调峰、调频和“西电东送”等功能。

水电六局中标索风营水电站机电设备安装工程后，已先期进驻索风营工地承担电站部分金属结构制作安装工程的机电安装分局索风营工程项目部，立即投入施工筹备工作。施工中，项目部投入施工人员230人，高峰期投入劳动力320多人，投入门式起重机、汽车、插车、卷扬机、电焊机等主要施工设备50多台（套）。

电站首台机组于2004年3月开始安装。在1号机组安装施工中，其主要部件的实际安装工期为：肘管于2004年3月10日开始安装；座环于7月23日吊入机坑；蜗壳于9月12日安装焊接完；水轮机系统于2005年8月18日安装调试完。1号机组发电机系统：定子于2005年5月1日吊入机坑，6月28日吊转子，7月9日盘车，8月5日具备发电条件。实现了8月8日的发电目标，并顺利完成72小时试运行。首台机组发电庆典仪式于8月18日举行。1号发电机组按合同工期要求提前4个半月投产发电，受到了业主单位——贵州省乌江水电开发有限公司索风营电站建设管理局的物质奖励。

索风营水电站2号机组提前3个月于2005年12月23日投入商业运行；3号机组提前1个月于2006年6月5日投入商业运行。3台机组安装质量优良，整个安装项目10个分部工程共192个单元工程，合格率为100%，单元工程优良率均在87.5%以上。10个分部工程全部被评为优良等级。特别是，3台机组均在试运行后免消缺直接进入商业运行，机组运行稳定，各项运行指标均小于规范规定的范围，实现了达标投产。整个机电安装工程至竣工时无任何遗留问题。

机电安装分局索风营工程项目部在金属结构制作安装和机电安装作业中共完成施工产值3100多万元，为企业赢得了较好的经济效益。项目部在施工进度和工程质量方面创造了国内先进水平。其施工业绩受到了工程业主、监理和设计单位的称赞，为水电六局在祖国大西南水电建设市场中站稳脚跟奠定了稳固的基础。

十、吉林省长岭风电场一期工程

2006年4月18日，水电六局与水电集团公司在吉林省吉林市签订了《吉林长岭风电场一期工程塔筒制造、安装与风机吊装项目分包合同》，合同价款380万元。其中，5套塔筒制作的合同工期为95天。

吉林省长岭风电场一期工程共有 33 套 FL1500 型风力发电机组，水电六局机电安装分局承担了 5 套发电机组塔筒制作、安装的工程量。FL1500 型风力发电机组塔筒高 64.7 米，塔筒重 116 吨，塔筒的上口部直径为 2.7 米、下口部直径为 4 米，塔筒的形状为截头圆锥形。叶轮直径为 70400 毫米，重 33.6 吨。据了解，FL1500 型风力发电机组是我国最大的风力发电机组，与此相适应，其风电塔筒也是我国直径最大的风电塔筒（为当今世界风力发电机组采用的主流塔筒）。

机电安装分局金属结构项目部从 2006 年 8 月初开始，进行机组轮毂塔筒制作的筹备工作。为确保塔筒制作的质量，在塔筒制作前，项目部派出施工技术、质检和塔筒制作一线作业骨干人员，前往风筒制造厂家进行技术咨询、考察学习。在塔筒制作中，作业人员严格按《FL1500 风力发电机组钢制作塔筒技术规范书》的要求一丝不苟细心操作。为了解决制造、吊装、运输三大难题，项目部采用高精度的三割矩数控切割机等精密仪器和二氧化碳气保护焊机作业，对塔筒进行无气喷涂防腐处理，利用大型吊装设备进行协调作业等有力措施，塔筒制作的质量完全符合技术标准。在塔筒制作中，项目部生产组织科学合理，各项技术、安全、质量措施得力，工作到位，提高了生产效率，加快了制作进度，缩短了制作工期，整个 5 套塔筒的制作任务，比合同工期提前 15 天，于 2006 年 11 月 14 日顺利完成。

机电安装分局金属结构项目部自力更生、独立制作风力发电机组塔筒，填补了水电六局金属结构制作史上的一项空白，提升了金属结构制作资质。

第四篇　开拓国际市场

第四篇　开拓国际市场

第一章　概　况

进入 21 世纪，水电六局在开拓国际市场方面迈出了可喜的一步。

水电六局首次参与国外水电工程建设是在 20 世纪 60 年代。1965 年，水利电力部水利水电建设总局组织水电工程建设专家组，前往阿尔巴尼亚支援该国建设水电站，水电六局有 10 名同志参加，负责水电站工程建设的技术指导、顾问和咨询等工作，在阿期间先后参与了费尔泽水电站、毛泽东水电站（两座水电站均为小型电站）的建设。1970 年，10 名专家组成员圆满完成援外任务回国。

1985～1990 年，水电六局派出一支 150 人的管理、施工队伍前往尼泊尔王国，与日本大成公司的工程技术和管理人员合作，承担马相迪水电站引水洞的土建工程施工（引水洞开挖及混凝土衬砌工程），这是水利电力部对外工程公司与日本大成公司组成联营体，共同承揽的国际工程项目。对外工程公司承揽马相迪水电站工程后，委托水电六局选派管理、技术、施工人员参与马相迪水电站建设。水电六局及时选调管理、技术干部和一线作业人员前往尼泊尔王国马相迪水电站工地，圆满地完成了电站引水洞（总长 7134 米）的施工任务。该工程于 1990 年 7 月竣工。

1987～1991 年，水电六局施工队伍前往阿拉伯地区伊拉克共和国，承担巴士拉 1 号船闸土建工程施工任务。1991 年 1 月，美伊海湾战争爆发，工程被迫停工，施工人员陆续回国。巴士拉船闸工程是南斯拉夫某公司承揽的工程，南斯拉夫某公司将此项目转包给中国冶金工程公司，该公司又将此工程二次转包给了水电六局。层层转包，层层提管理费，留给水电六局的利润空间已经很有限，因此该工程可以说是一个“啃骨头”工程。

在 20 世纪 80～90 年代，水电六局还没有投标竞争国际工程的思想意识，承揽施工的尼泊尔马相迪水电站引水洞和伊拉克巴士拉 1 号船闸两项工程，只是被动地接受、并被他人“扒皮”，并不是主动出击积极投标竞争。

进入 21 世纪，水电六局在开拓国际市场方面迈出了实质性、决定性的一步。为了开拓国际市场，尽快打出去，积极承揽国际工程项目，在集团公司的支持、帮助、指导下，水电六局于 2006 年 11 月正式组建国际工程部，同时在北京设立了办事处，重点收集国际工程招投标信息及相关事宜。2006 年下半年，水电六局与水电八局组成联营体，通过投标竞争，承揽了缅甸王国 YEWA 水电站机电安装工程，实现承揽国际工程零的突破。

第二章 国 际 工 程 承 包

第一节 尼泊尔马相迪水电站引水洞工程

1985年10月上旬，水电六局收到了水利电力部对外工程公司于9月10日下发的《关于尼泊尔马相迪水电站隧洞工程（Lotl.2）中标通知》，通知指出：水电部对外公司与日本大成公司联合中标尼泊尔马相迪水电站隧洞工程，水电部对外公司与日本大成公司商定，除大成公司配置部分管理人员外，其余人员由水电部对外公司指定由水电六局配置（个别人员除外）。

尼泊尔马相迪水电站位于尼泊尔中部的干达克河上游，距尼泊尔首都加德满都110千米。该电站工程是由西德设计和咨询，通过国际招标和世界银行贷款的一项建筑工程。工程主体建筑物由引水堰（98米宽）、沉沙池、冲沙闸、溢流槛、调节池、进水口（以上工程项目由南朝鲜开发株式会社承包施工）、引水隧洞（长7134.3米，洞径6.4米，其中洞挖长度7096.76米，明管段长度为37.55米）、调压井（为节流式竖井，内径20米，井深52米）、压力斜井（长75米，洞径5米，斜井与水平面呈50度倾斜）及岔管（共3条，直径为2.8米，其长度分别为45米、30米和28米）、地下厂房（3座，为竖井式厂房，均高38米，直径14.4米）、尾水隧洞（3条，其长度分别为40米、35米和30米，隧洞呈马蹄形断面，洞径为4.5米×4.5米）、尾水闸门井（明井式）组成。工程合同工期为55个月（1986年1月～1990年7月）。电站安装水轮发电机组3台，单机容量为2.3万千瓦，总装机容量为6.9万千瓦，年平均发电量为4.63亿千瓦时。

1985年12月17日，承担电站地下厂房和引水隧洞工程施工任务的中（水电部对外工程公司）日（大成公司）双方签署了联营协议，决定成立联营体。12月23日，承包方（中日联营体）和业主方尼泊尔王国签署了工程承包合同协议。承包方随即调派施工人员、设备进入尼泊尔王国施工现场筹备施工。12月31日举行工程开工典礼。1986年，工程进展比较顺利：全面完成A、B、C 3个营地建设；在合同签订后的头4个月内，施工准备工作全面完成，主体工程各主要工作面，如调压井进场公路、调压井明挖、引水隧洞1、2、3号3条施工支洞等工程项目，都进入紧张施工阶段。这一年，长度分别为384.4米、152米和392米的3条施工支洞全部开挖完。1986年8月中旬至12月7日，引水隧洞A、B、C、尾水隧洞和调压井5个作业面全部投入开挖作业，施工进入高峰期。

施工中，中日联营体的施工组织管理机构设置及施工人员构成情况如下：由中、日双方公司选派项目经理，承担施工决策和指挥责任；联营体下设施工部（负责各施工作业面生产）、机械部（负责设备、配件管理、机械维修和水电油等供应）、合同部、供应部（负责施工材料采购供应）、劳务部、行政部（负责财务劳资、营地食堂、车班医务所、招待等行政事务）6个职能部室，对项目实施全面管理。在施工高峰期，联营体投入劳动力1200人（中方150人、日方50人、尼泊尔1000人），1986年全年完成营业额740.98万美元，平均劳动生产率6174.8美元/(人·年)。

马相迪水电站引水洞的主要施工方法：引水隧洞施工由进水口（向下游方向）、1号施工支洞（向上、下游2个方向）和2号施工支洞（向上游方向）分4个开挖作业面作业，开挖作业采取新奥法光面爆破施工技术。混凝土衬砌采用2台30米长和1台18米长的伸缩模板作业。调压井开挖则由下而上先采用阿立瓦趴罐开挖竖井，而后再由上而下扩挖，边开挖边进行喷锚支护。压力斜井开挖是先由下至上开挖导井，再由上至下扩挖。3座竖井式厂房开挖，是先自上而下全断面开挖10米深，而后由3号施工支洞进入自下而上开挖导井，最后再由上至下扩挖，由3号施工支洞出渣。以上各工程项目的开挖施工完工日期分别为：1987年1月初，压力斜井开挖完毕；5月8日，厂房竖井开挖完毕；8月，调压井开挖结束；9月，引水隧洞明挖工程完工。引水隧洞及地下厂房工程的开挖和混凝土衬砌作业于1990年上半年全部完工。

在引水隧洞的开挖作业中，由于作业面地质条件复杂，岩石状况较差（为古老的变质岩系，地层破碎），因此在施工中虽然没发生大的塌方事故，但中小型的塌方、掉石经常发生。据不完全统计，从1986年8月18日引水隧洞主洞正式开挖起到1987年9月27日，开挖进尺达3479米。在短短的13个多月时间内，就发生177次塌方，塌方的岩石体积约1590米^3，平均计算为每开挖20延长米塌方一次，每次塌方9米^3。较差的岩石条件，对洞挖施工的正常进行造成了相当的不利影响。在联营体全体管理人员和生产一线作业人员的共同努力下，确保了工程施工的进度和质量。在引水隧洞的开挖作业中，施工队伍创造了单个作业面开挖最高日进尺12.4米（B作业面）、月进尺218.9米（1987年5月，C作业面），4个作业面最高月进尺547.1米（1987年4月）的好成绩。

1989年6月，由中日联营体承担施工的尼泊尔马相迪水电站各主体工程项目基本完成，工程进入尾工阶段，由水电六局派出的中方施工人员开始分期分批撤退回国。1990年7月，主体工程竣工。

第二节　伊拉克巴士拉1号船闸土建工程

1987年3月17日，水电六局与中国冶金建设公司签订了伊拉克巴士拉1号船闸工程土建项目的转包合同，合同价款为3161万美元。在此工程中，水电六局将土建工程项目中合同价款为312.41万美元的桩基工程（造孔、下钢筋笼、灌注混凝土等）项目分包给水电部基础处理公司。该船闸工程的主承包商是南斯拉夫ENERGOPROTEKT公司（简称EP公司），1987年2月28日，中国冶金建设公司与南斯拉夫EP公司签订了巴士拉1号船闸工程土建项目的分包合同，合同价款为98.51亿第纳尔。而船闸工程的金属结构、机械、电器设备部分，则由南斯拉夫MeTalna公司分包。

伊拉克巴士拉1号船闸工程位于伊拉克巴士拉市附近，在沙特—巴士拉(SHATT. AL—BASRAH)运河上，距GARMATALI运河4千米。该船闸为单航道、单闸室、船坞型，有效闸室长度150米，净宽25米，可通过2800吨级轮船。船闸主体工程包括上闸首、闸室、下闸首、停泊线、引导系船桩、引航道及附属建筑设施等；船闸上部有可开启的公路桥。船闸最大设计水头3.65米，最深水位6.25米，所有船闸结构都建筑在现浇混凝土桩基上。

巴士拉1号船闸工程土建项目的主要工程量为土方开挖231万米^3，土方回填124万米^3，混凝土浇筑8.54万米^3，块石护坡3.28万米^3，沙砾石填筑3.76万米^3，钢筋制作安装5312.75吨，钢结构制安207.11吨，现浇混凝土桩基1.27万米^3。

1987年4月8日，水电六局和基础处理公司派出先遣组进入伊拉克。第一批施工人员于1987年5月26日进驻伊拉克巴士拉船闸工地做施工筹备。到1987年年底，施工营地建设完成。1987年8月3日，船闸工程一期围堰开始施工；1988年3月5日，桩基工程开始施工。到1988年7月22日，由于施工材料、桩基施工技术和边坡稳定等问题而停工，一直拖延到1989年1月5日工程才正式复工。截至1989年2月底，共完成营业额170万美元，占整个工程价款的16%。1991年1月，美国和伊拉克之间的海湾战争爆发，正在建设中的巴士拉1号船闸工程被迫停工。为确保施工人员的人身安全，工程管理和作业人员陆续撤退回国。

水电六局从中国冶金建设公司转包承揽的伊拉克巴士拉1号船闸土建工程，是水电六局在改革开放时代承揽的第二个国际工程项目。由于水电六局当时正处于工程任务不足、到处找工程项目、资金运行十分困难的状态，所以决策承揽此项工程时，在项目评估、现场勘察、工程资金、施工设备的准备和投入、工程项目经营管理、国际建筑市场预测观察和了解等方面，都做得很不够，使这一决策有些盲目、草率。其表现主要是：

（1）工程合同先天不足。不论是中国冶金建设公司还是水电六局，都是在对合同条款、工程基本情况、承包环境不很清楚的状态下签订的，加上工程单价太低、当地物价上涨、资金投入全靠银行贷款，业主支付工程款按51%比例延期支付；工程开工时间与合同规定的时间要求已拖后7个半月，待施工营地建成后，工程工期已接近一半。按合同要求，工程完工时间是1989年1月16日，每延期1天，业主要对施工单位罚款3000第纳尔。

（2）工程施工设备严重不足。项目部从银行借贷的第一笔500万美元，基本上全用于购置施工设备。工程设计滞后，边施工边提供施工图纸，影响了施工的正常进行。加上主包与分包、承包商和驻地工程设计、监理、技术人员之间矛盾较多、沟通困难等因素，致使工程进展很不顺利。

海湾战争迫使船闸工程中途停工，如果该工程没有战争干扰，按正常状态继续干下去直至竣工的话，其结果注定是越干越赔，干得时间越长，赔得越多。据此，承担该工程管理任务的“船闸工程项目组”于1989年3月1日曾向“经参处”递交了《关于巴士拉1号船闸工程情况的报告》，要求中国冶金建设公司、水电六局、基础处理公司领导尽快前往船闸工地共同研究商讨，及时作出“船闸工程是上还是下”的决策。

伊拉克巴士拉1号船闸工程虽然没有完成，但却为以后开拓国际市场积累了经验和教训。

第三节 缅甸YEYWA水电站机电安装工程

2006年9月22日，水电六局承接施工由中信技术公司和水电集团公司中标的缅甸

YEYWA 水电工程 EM1 合同段《水轮机埋件的制作和水电站机电设备安装工程合同》，合同价款为 5239 万元人民币。这是水电六局继被动承揽施工尼泊尔马相迪水电站引水洞和伊拉克巴士拉 1 号船闸两项海外工程近 20 年后主动承揽的第一个国际工程。

YEYWA 水电站位于缅甸曼德勒市东南方向约 50 千米处，电站安装 4 台单机容量为 195 兆瓦的立式混流式水轮发电机组。合同规定将于 2010 年底 4 台机组全部发电。该电站枢纽主体工程包括拦河坝、坝后式发电厂房、水力发电系统和变电站等，其中水力发电系统包括 4 个发电进水口、4 条压力钢管和 4 台水轮发电机组。该电站目前是缅甸王国最大的水电站。

缅甸 YEYWA 水电站工程由水电六局和水电八局组建联营体共同组织投标，共同承担施工任务（水电八局为责任方）。根据协议，水电八局承担压力钢管、金属结构的制作安装和水轮机埋件的制作项目；水电六局承担水轮发电机组的安装项目（标价为 3526 万元）。

水电六局机电安装分局在承接缅甸 YEYWA 水电站机组安装任务后，及时组建缅甸 YEYWA 水电站机电安装工程项目部。施工队伍于 2006 年 10～12 月分批进驻现场，进行各项筹备工作。

第五篇　多种经营

第五篇　多　种　经　营

第一章　概　　况

水电六局多种经营自1978年起至2006年，大体经历了起步、发展、整顿和衰退4个阶段。

一、起步阶段（1978～1986年）

1978年开始，水电六局为解决一批职工家属无工作的问题，组建五七服务大队，创办服务业、饮食业、商业和装卸等网点。1983年组建集体经济管理处，该处是水电六局集体所有制企业主管部门，同时建立集体所有制的劳动服务公司，主要解决水电六局待业青年和征地农民工等的就业问题。1985年前后，中朝太平湾水电站主体工程完成，此时正值计划经济向市场经济转型期间，接续工程较少，造成人员大批闲置，水电六局及其二级单位纷纷开展生产后自救，创办了农业、养殖、商业和餐饮等多种经营单位。

二、发展阶段（1987～1995年）

这一阶段里，在全国全民办多种经营企业和经商的热潮影响下，水电六局实施“一业为主、多种经营”战略，发展多种经营的积极性空前高涨。1987～1988年，相继组建全民所有制的新星公司和物资公司。随着多种经营业务的转型，1987年集体经济管理处更名为综合企业公司（劳动服务公司随之取消），1989年新星公司更名为工贸总公司。1992年成立建筑公司，与综合企业公司合署经营。1993年组建多种经营管理处，负责全局的多种经营管理。同年，将职工医院和技工学校的对外汽驾、技能培训业务纳入多种经营系列。随后，100多个二级多种经营项目如雨后春笋般兴起，涉足冶炼业、房屋建筑业、养殖种植业、商贸业、机械制造业、塑料制品业、木制品业、服装加工业、餐饮服务业等行业，产品近60余种，安置职工2000余人，全民、集体、合资、股份、联营和个体等多种经营形式并存。经营项目绝大部分都建在交通不便的边陲小镇太平湾，只有少部分建在丹东市内和宽甸县镇内。主业中一部分人员投身到多种经营行列，多种经营加速发展。1995年，水电六局又相继组建勘察设计院和北方技术咨询中心、物资公司。1995年春季，多和经营管理处带着10余种产品参加了广交会。经市场撞击，多种经营一些致命的弊端和问题很快暴露出来，经济形势异常严峻，面临严重的生存危机。1995年夏季，鸭绿江流域一场特大洪水灾害使多种经营项目损失惨重，多种经营生存更加困难。一时间，脱离水电六局主业的自营项目纷纷落马，联营项目几乎全军覆没，只有个别依托水电六局主业的经营项目还能勉强赖以生存。1995年6月，由于人员频繁调动，多种经营管理处处于停顿状态。

三、整顿阶段（1995年9月～1997年）

为扭转多种经营的不利局面，1995年9月，水电六局重组多种经营管理处，对多种经营进行灾后重建。第二年初制订了《水电六局多种经营五年发展规划》，提出了“清理整顿、规模经营、集中管理、转换机制”的多种经营发展方针，随即开始了清理整顿工作。全面清理营业执照，取缔了假集体企业；果断地关停了长期亏损的经营单位，合并小厂试图形成市场竞争力；首次建立企业档案资料和统计网络，先后出台了执照管理等一系列的管理制度；出版了汇集政策规定、经营动态、市场信息和典型经验为一体的《多种经营简报》，用于指导全局多种经营工作；接着又进行了清产核资、首次搞清楚家底；清理债权，追回了部分债权。清理整顿后的多种经营单位和项目由原来的百余家缩减至60家，其中法人单位39家，非法人单位21家。为了提高经济效益和促进发展，1998年将工贸总公司更名为实业总公司，同时还支持鸭绿江商场内部股份制改造、电熔镁厂承包经营、客车队集资购车营运，支持物资公司内部实行责任指标经营、划块独立核算的承包办法，支持部分企业和经营网点实行个体租赁经营。1997年又将餐饮服务企业组合到一起组建水电六局旅游服务公司，成为水电六局第一家规模经营单位。通过清理整顿，多种经营管理工作逐步规范，上下关系基本理顺，市场意识有所加强，部分项目经营状况逐渐有所好转，少数经营项目进入良性循环。1994年前，多种经营年产值从几十万元至2114万元不等；1995年清理整顿后，年产值达3161万元，减亏百万元；1996年达到4017万元，创历史最好水平，首次实现盈利近200万元。

四、衰退阶段（1998年9月～2006年）

1998年下半年开始，很多国有企业职工陆续下岗再就业，一些下岗职工开办的手工业和厂点迅速兴起，编绳厂和百颖慧服装厂及个体服装店、美发店、小吃部等逐渐开业，成为下岗职工再就业的主要途径。2000年1月技工学校转制为职工培训中心，并经劳动和社会保障部审核批准，成立辽宁省水电建设国家职业技能鉴定站，转年由省劳动和社会保障厅审核批准，成立丹东市第十四国家职业技能鉴定所。由于多种经营初期选定的项目没有发展前景，又无新的可持续发展的项目上马，加之经营体制不适应，外部市场经济降温、市场竞争激烈、生产工艺落后、人员素质不高、经营管理不善、资金非常短缺、地理位置不利、用人不当等诸多问题的不断暴露，陆续导致一些经营厂点或关闭或停产。更主要的是，水电六局经过多年的锤炼，已逐步适应了市场经济规律，工程市场占有率不断增加，多种经营单位中大批工程技术人员回流到工程项目上。因此，在2001年水电六局机构改革中取消了多种经营管理处编制，遗留事宜及多种经营事务由水电六局办公室专人管理。1999年～2007年底，多种经营项目大部分已关停，只有少部分依托水电六局各业的项目还在继续运营。承包经营的有丹东迎宾大楼、水电六局宾馆、太平湾液化气站和太平湾加油站等；国有经营的有北方水电技术咨询服务中心、中心医院、职工培训中心、丹东招待所和长甸转运站等；联营的有宽甸转运站；个人租赁经营的有鸭绿江商场等。

第二章　管　理　体　制

水电六局多种经营1979年由五七办公室负责管理；1982～1989年由对外经营办公室负责管理；1990～1992年由工贸总公司负责管理；1993年～2001年9月由多种经营管理

处负责管理；2001 年 10 月～2006 年委派水电六局办公室专人管理。1987～2001 年，水电六局直属多种经营单位有 7 家，二级多种经营项目一直由创办单位负责管理。

1997 年 12 月水电六局多种经营管理体系见图 5-2-1。

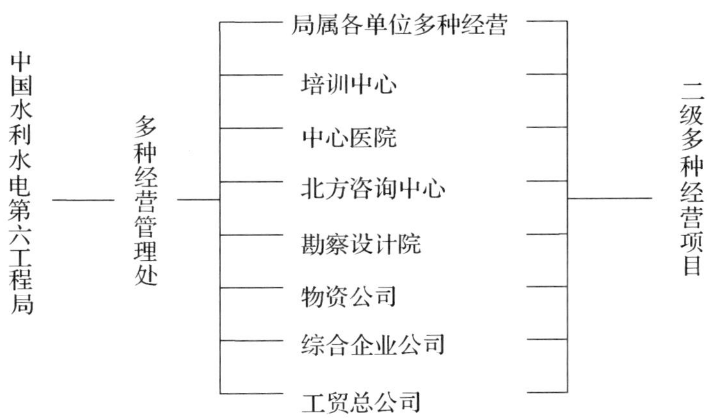

图 5-2-1　1997 年 12 月水电六局多种经营管理体系

第三章　管理制度及产值

第一节　管　理　制　度

水电六局建立多种经营管理处前，对全局的多种经营只是宏观管理，基本上没有细化的管理制度。从 1993 年建立多种经营管理处起，特别是在 1995 年多种经营管理处重组后，针对水电六局多种经营没有规范管理、各自为政、家底不清的现状，开始了全面的清理整顿工作。通过以清产核资为起点的清理整顿，加大了管理力度，加强了多种经营管理处对全局多种经营的掌控。针对清理整顿过程中发现的问题和查找出的管理漏洞，水电六局着手建立健全了一系列的较完备的规章和管理制度。1996 年，制订了《水电六局多种经营五年发展规划》，出台了《水电六局多种经营立项审批办法》、《水电六局多种经营统计工作规定》、《水电六局多种经营企业审计规定》、《水电六局多种经营营业执照审批和管理规定》、《水电六局多种经营企业档案管理规定》、《水电六局多种经营企业经营合同审批管理办法》、《水电六局多种经营企业考核办法》、《水电六局多种经营企业公章使用管理办法》等项制度，同时还建立了多种经营统计、营业执照审批、立项审批、合同审批等多项定期上报制度。自此，水电六局多种经营较乱的局面得到有效的控制，管理和运转逐渐步入规范。

第二节　多种经营年产值

1992 年以前，水电六局多种经营年产值一般在几十万元和几百万元之间徘徊；发展较好的1993年和1994年年产值也不超过2114万元；1995年清理整顿后，整体经营形势有所好转，1996年创出历史最好水平，多种经营年产值达到4017万元，首次实现盈利近200万元；1997年年产值开始降低，1998年开始，整体经营状况已呈明显下降态势。

水电六局多种经营年产值情况详见表5-3-1。

表5-3-1　　水电六局多种经营年产值情况

年　份	总产值（万元）	年　份	总产值（万元）
1987	40.49	1997	3877
1988	58.9	1998	1381
1989	114	1999	767
1990	764	2000	173
1991	830	2001	1041
1992	1150	2002	992
1993	2077	2003	962
1994	2114	2004	1012
1995	3161	2005	997
1996	4017	2006	996

第四章　工程设计、监理和技术咨询

1993年，伴随着多种经营的热潮，水电六局技工学校的对外汽驾、技能培训业务纳入多种经营系列，后更名为职工培训中心兼国家职业技能鉴定所，承担全局兼顾社会职工的技能培训和技能鉴定工作，为水电六局直接管理的直属多种经营单位。1995年，水电六局又相继组建勘察设计院和北方技术咨询中心，也划归为水电六局直接管理的直属多种经营单位。目前，职工培训中心和北方技术咨询中心仍在经营，勘察设计院已于2003年注销。

第一节　职 工 培 训 中 心

水电六局职工培训中心地处辽宁省宽甸县北营，其前身为水电六局技工学校，2000年1月转制成立水电六局职工培训中心。2000年5月，由劳动和社会保障部审核批准成立辽宁省水电建设国家职业技能鉴定站。2001年9月，由辽宁省劳动和社会保障厅审核批准成立丹东市第十四国家职业技能鉴定所。职工培训中心现有员工20人，其中具有高级技术职称5人，中级职称15人，另有兼职国家职业技能鉴定考评人员43人。主要负责全局兼顾社会职工的技能培训和技能鉴定工作。多年来，中心遵循“服务、创新、公正、规范”的工作理念，有计划、有步骤地开展职工培训和职业技能鉴定工作。由建立之初的 8 个技能鉴定职种扩展到现在的 40 多个职种，特别是技能鉴定工作从无到有、到现在已形成一定的规模。通过培训，已有 3000 余名职工获得了初级工、中级工、高级工、技师、高级技师职业资格证书，职业培训和鉴定管理工作已逐步走向规范化。2006 年辽宁全省范围内的普惠制就业培训陆续开展，职工培训中心被丹东市确定为普惠制就业培训单位，为职工培训中心拓展了广阔的工作空间，也使其成为面向社会开展技能培训的专业基地。

第二节　勘 察 设 计 院

水电六局勘察设计院地处丹东市振兴区人民广场工程局总部，其前身是 1991 年成立的水电六局勘察设计处。1995 年勘察设计处变更为勘察设计院，成为独立经济核算的全民所有制单位，具有国家建筑工程勘察设计乙级资质。设计院拥有较强的工程勘察设计力量，工程勘察设计技术人员近百人，其中具有高级技术职称的有 12 人，其余人员均具有中级技术职称。设计院有较强的工程勘察设计能力，20 余年间，先后承担了近百项勘察设计项目，其中有太平哨水电站浑江大桥等一些桥梁工程、太平湾基地住宅楼及生活区工程、宽甸基地住宅楼及生活区工程、太平湾基地净水厂等净水污水工程、一些大中型电站的楼房和基地建设工程、一些加油站、泵站及浴池等生活区工程、丹东基地住宅楼和生活区工程和几个地方小水电站工程，勘察设计效果良好，取得了较好的经济效益和社会效益。由于种种原因，水电六局于 2003 年注销勘察设计院资质。

第三节　北方水利水电技术咨询服务中心

水电六局北方水利水电技术咨询服务中心地处丹东市振兴区人民广场水电六局总部，为 1995 年成立的独立经济核算的全民所有制单位，是以主营水利水电工程建设监理，兼营一般工业、交通与民用建筑监理、技术咨询的乙级资质单位。北方水利水电技术咨询服务中心具有获部级监理工程师资质的有 178 人，具备服务现场技术设施和土建工程一般检测检验能力。北方水利水电技术咨询服务中心自成立至今，先后在山西省万家寨引黄入晋工程签订了 2 个工程施工监理合同并实施了监理，工程等级均为水利大Ⅱ等工程，即山西省万家寨引黄工程连接段土建工程国际Ⅴ标和山西省万家寨引黄工程总干线 6～11 号输水隧洞、水泉河渡槽、东小沟渡槽工程，连接段 1～6 号隧洞开挖及支护工程，北干线 01 号输水隧洞工程。中心引黄项目监理部在监理过程中，严格执行国际土木工程 FIDIC 条款，严格监督、热情服务，维护了业主和承包商的合法权益。通过国际标工程监理，使水电六局水电技术咨询服务中心的监理工作水平达到世界水平。

第五章　多种经营单位及项目简介

第一节　基　本　情　况

水电六局多种经营单位分为两级管理，水电六局直接管理的为直属多种经营单位，直属多种经营单位及局属单位创办的为二级多种经营项目。由于二级多种经营项目太多太杂，且大多数早已关停，在此只列举其中的一部分。水电六局直属多种经营单位和二级多种经营项目情况详见表5-5-1、表5-5-2。

表5-5-1　　水电六局直属多种经营单位情况

单位名称	主要经营范围	目前状况
工贸总公司	工业、商业、贸易、工程施工等，全民所有制性质	已转型为工程施工，并入四分局
综合企业公司	工业、商业、贸易、工程施工等，集体所有制性质	已转型为工程施工，更名为工程公司
职工培训中心	技术培训、岗位培训、技术职业鉴定，全民所有制性质	正常经营
职工中心医院	医疗、保健、体检等，所辖太平湾医院和宽甸医院，全民所有制性质	正常经营
北方水利水电技术咨询服务中心	工程监理、技术咨询等，全民所有制性质	正常经营
勘察设计院	建筑勘测、设计，全民所有制性质	已注销，业务归工程管理科技部
物资公司	工业、商业、贸易、工程施工等，全民所有制性质	已解体，二级单位正常经营

表5-5-2　　水电六局部分二级多种经营项目情况

项目名称	产品或项目	目前状况	主管部门
丹东迎宾大楼	餐饮服务	正常承包经营	局多种经营
太平湾打靶场	打靶	已关停	工贸总公司
双威电器厂	电子镇流器	已关停	
木制型材加工厂	木制夹心雕花门	已关停	
木制筷子厂	一次性筷子	已关停	
塑料制品厂	纺织尼龙梭	已关停、联办	
轻工机械厂	纺织机械配件	已关停、联办	
仿古钟厂	景泰蓝仿古钟系列	已关停	
冶炼厂	金刚砂、高纯镁	已关停	
京丹电解工业公司	电解铅	已关停、股份	

续表

项目名称	产品或项目	目前状况	主管部门
丹东招待所	餐饮服务	正常经营	综合企业公司
金属硅厂	金属硅	已关停、联办	
电熔镁厂	电熔镁	已关停	
鸭绿江商场	商业服务	正常承包经营	
织袜厂	袜子	已关停、联办	
物资公司	物资贸易	已关停	物资管理处
永太镁砂厂	镁砂	已关停、联办	
辽东电器设备厂	配电瓶、配电箱	已关停、联办	
丹东机械设备商店	机械配件	个体租赁经营	
长甸转运站	物资转运、仓储	集体经营	
宽甸转运站	物资转运、仓储	集体经营	
水电六局宾馆	餐饮服务	正常承包经营	太平湾基地处
水电六局客车队	客运	已关停	
液化气站	液化气	正常经营	
工会服装厂	工作服	已关停	水电六局工会
宽甸县北市场	贸易	正常经营	宽甸基地处
火碱厂	火碱	已关停、联办	
养鸭场	食品鸭	已关停	第一工程处
荷兰鼠养殖场	繁殖荷兰鼠	已关停	第二工程处
夏成电器厂	汽车电热杯	已关停	
工业用布厂	工业用布	已关停	
油毡纸厂	油毡纸	已关停	
长虹织绸厂	尼龙丝布	已关停、联办	第三工程处
机械制造厂	机械加工制造	已转工程	
尼龙袋厂	尼龙袋	已关停	
机制木炭厂	机制木炭	已关停	第四工程处
玻璃纤维厂	玻璃丝布和瓦	已关停	
塑料编织制品厂	塑料编织袋	已关停、联办	
黑河四兴经贸公司	外贸	已关停、联办	
亨达贸易部	贸易	已关停	
木器加工厂	半成品出口	个体租赁	第五工程处
蘑菇养殖场	食用蘑菇	已关停	
鸭绿江塑料厂	塑料管	已关停	第六工程处

第二节　直属多种经营单位简介

1993年～2001年6月，水电六局有7家直属多种经营单位：其中职工培训中心、勘察设计院和北方水利水电技术咨询服务中心已在第四章单列，本节只介绍工贸总公司、综合企业公司、中心医院、物资公司4家单位。2001年7月～2007年，工贸总公司和综合企业公司正式转型为施工单位，物资公司业务停止（保留营业执照），中心医院仍在正常经营。

1. 工贸总公司

地处丹东市振安区太平湾，前身是1988年成立的水电六局新星公司，以安置主业分流出来的全民职工为主，属水电六局全民所有制多种经营单位。1989年，由于新星公司的经营范围逐步从商贸延伸到工业等行业，所属企业不断增加，因此更名为工贸总公司。公司鼎盛时期有职工400余人，涉足餐饮服务、电器、轻工、木制品、塑料制品、商贸和造纸等多个行业，所辖丹东迎宾大楼、丹东招待所、水电六局宾馆、京丹电解工业股份有限公司、太平湾打靶场、木制型材加工厂、木制筷子厂、塑料制品厂、轻工机械厂、造纸厂、景泰蓝仿古钟厂、商贸公司等十几个项目，最高年经营产值近千万元，并在1993年前负责全局多种经营的管理和审批工作。后因选项不利、管理不善、用人不当、债务纠纷等诸多原因，属下项目纷纷关停，几家宾馆划出管理。为维持生存，公司开始转型承建水利水电工程，并于1998年更名为实业总公司。在基本处理完遗留的多种经营债权债务问题后，完成由多种经营向承建工程的转型，1999年更名为工程公司，2001年更名为七分局，成为水电六局施工生产单位之一。2005年与四分局合并。

2. 综合企业公司

地处丹东市振安区太平湾，其前身是1983年成立的集体经济管理处（含劳动服务公司），以安置待业青年、征地农民工和部分五七服务大队临时工为主，属水电六局集体所有制多种经营单位。后来由于公司经营范围逐步延伸，所属企业不断增加，因此在1987年更名为综合企业公司。公司鼎盛时期有职工700余人，涉足餐饮服务、冶炼、商贸、轻工、运输、木制品加工、种植、养殖等多个行业，所辖金属硅厂、电熔镁厂、鸭绿江商场、织袜厂、建筑工程公司等十余个项目，作为水电六局直属多种经营单位时，最高年经营产值达1700多万元。后因经营机制不适应、选项不利、用人不当、债务纠纷等诸多原因，属下项目纷纷转为承包、租赁和股份制经营，鸭绿江商场率先进行内部股份制经营，几年后，所属项目逐渐关停。1992年，水电六局成立建筑工程公司，是具有法人资格的集体所有制企业。综合企业公司和建筑工程公司两块牌子合署使用，对内是综合企业公司，对外称建筑工程公司。为进一步扩大生存空间，建筑工程公司先是参与水电六局太平湾基地房屋建筑，扩大经营范围，增加公司收入，后又涉足水利水电工程，逐步完成由多种经营向承建工程的转型，2000年后，综合企业公司逐步发展成为水电六局施工生产单位之一。2006年综合企业公司（建筑工程公司）更名为工程公司。

3. 中心医院

1958年水电部组建云峰局（后改水电六局），所属职工医院随之成立。1987年水电六局根据家属基地的分布状况将职工医院一分为二，成立了太平湾中心医院和宽甸医院。2006年水电六局根据企业内部改革整合的需要以及职工医院生存发展的需要，将两所医院合并成立水电六局中心医院，下设太平湾医院和宽甸医院。中心医院最高峰时拥有医护人员240余人，具有中级以上职称的有200余人。现有医护人员100余人，其中具有中级及以上职称的有近90人。中心医院是非营利性医院，负责内部职工医疗、预防、保健，兼社会患者治疗、地区性卫生防疫工作及职业病防治。医院本着“服务六局，服务社会，市场导向，患者至上，爱岗敬业，治病救人，以人为本，和谐社会”的精神，开拓创新，内抓管理，外树形象，强化质量，开展优质服务。1995年被评定为一级甲等医院，1998年被评定为“爱婴医院”，2001年被确定为丹东市职工医疗保险定点服务医院，2006年被确定为丹东市农村合作医疗定点服务医院。

4. 物资公司

地处丹东市振安区太平湾，是水电六局物资管理处在1987年组建的对外经营公司，同物资管理处合署办公和经营，属水电六局全民所有制多种经营单位。公司鼎盛时期有职工300余人，涉足餐饮服务、商业贸易、物资流通、物资转运、机械施工和机械设备租赁等多个行业，所辖项目有宽甸转运站、长甸转运站、加油站、物资商店、工程机械队、永太镁砂厂、辽东电器设备厂、丹东物资设备商店等，最高年经营产值达1500万元左右。后由于经营不善，除两个转运站、加油站和工程机械队外，其他经营厂点逐渐被关停。2001年，物资管理处更名为水电六局资产管理部，行使管理职能，其属下宽甸转运站、工程机械队和加油站同工程公司（实业总公司）合并组建七分局，其营业执照也一同转入七分局，实质上的物资公司就此中止。

第三节　二级单位主要多种经营项目选介

水电六局没有形成大型二级多种经营项目，下面所述是指在多种经营各行业中具有代表性的中小型二级多种经营项目。

一、餐饮服务业

1. 丹东迎宾大楼

地处丹东市振兴区人民广场水电六局总部一侧，原属丹东市某政府部门所有，水电六局于1988年将其资产及人员一并收购，属集体所有制企业。大楼有职工120余人，除4名全民职工外，其余全部是集体所有制职工。大楼原由水电六局办公室管理，1990年由水电六局工贸总公司管理，1992年由水电六局综合企业公司管理，1995年由水电六局多种经营管理处管理。原来实行集体所有制经营，后改为职工承包经营。2001年水电六局多种经营管理处被取消后，由水电六局办公室管理，实行职工个人承包经营。大楼在集体经营期间，平均年经营额在150万元左右，一直处于略有盈亏的状态。至今，迎宾大楼仍在继续职工个人承包经营。

2. 丹东招待所

地处丹东市桃园街，是20世纪80年代中期建立的全民所有制经营单位。招待所有职工20余人，管理者和部分职工是全民职工，其余是集体职工。招待所最初由水电六局办公室管理，1992年由工贸总公司管理，1995年由多种经营管理处管理，2001年多种经营管理处被取消后，由水电六局办公室管理，后又归综合企业公司管理。开始时实行国有管理经营，后改为职工承包经营。招待所在集体管理经营期间，平均年经营额在60万元左右，处于略有盈亏状态。至今，招待所由水电六局工程公司（原综合企业公司）正常经营。

3. 太平湾宾馆

地处丹东市中朝太平湾电站驻地，属全民所有制经营单位。太平湾是水电六局家属基地之一，太平湾宾馆是在太平湾水电站筹建期间建立的，有职工20余人。宾馆最初由水电六局办公室管理，1992年由水电六局工贸总公司管理，1995年由水电六局多种经营管理处管理，水电六局总部迁入丹东市后，将其划归水电六局太平湾基地管理处，开始实行国有经营，后实行职工承包经营。宾馆在集体管理经营期间，平均年经营额在50万元左右，处于略有盈亏状态。至今，宾馆仍在正常承包经营。

4. 太平湾液化气站

液化气站地处丹东市太平湾，由水电六局太平湾基地管理处于20世纪80年代中期创办，主要供应居住在太平湾地区的住户及单位生活用石油液化气，安置职工10余人，是全民职工集体承包。该站自创办以来基本满足了太平湾地区用户的需求，一直处于赢利状态，至今，仍在集体承包经营。

二、商贸业

1. 鸭绿江商场

地处丹东市太平湾工程局基地，为水电六局综合企业公司管理的集体所有制经营单位，也是唯一服务于水电六局本部基地的较大商场，建立于20世纪80年代，安置职工46人。商场最初集体经营，后来实行承包经营，1996年实行内部股份制经营，自由组合组建营业组，营业组划块承包，改变经营理念，经营状况一直较好。至今，商场仍在个体承包经营。

2. 黑河四兴经济贸易股份有限公司

地处黑龙江省黑河市中央街，为水电六局第四工程处和黑河市计委、审计局、建行联合创办的股份公司，黑河市计委出任董事长，水电六局第四工程处出任副董事长和总经理，由第四工程处负责经营。1992～1994年，四家出资在黑河市中央街建造一栋公司总部大楼，公司总部大楼由水电六局负责设计，并由第四工程处组织监督施工。该公司业务主要是对俄贸易和开办宾馆。2000年，因经营不善和政府机关退出经营等原因，公司宣布关停。

3. 宽甸转运站

地处辽宁省宽甸县火车站，是水电六局1975年建立的物资中转站，承担着太平哨水电站建设所需的物资转运任务。1982年太平哨水电站建成后，转运站的职能随之转型为承揽地方物资中转和物资仓储业务。1993年，与宽甸县火车站组成铁路联营体，共同承揽地方物资中转和物资仓储业务。转运站高峰时有全民职工40余人，还有五七服务大队承担装卸任务。转运站组建后一直由水电六局物资管理处（物资公司）管理，2001 年并入水电六局七分局管理，2005 年七分局与四分局合并后，又划由水电六局宽甸基地管理处管理。至今，转运站仍在与铁路联营经营。

4. 长甸转运站

地处辽宁省宽甸县长甸镇火车站，是水电六局 1979 年建立的物资中转站，承担着中朝太平湾水电站建设所需的物资转运任务，后来又承担着水丰水电站建设所需的物资转运任务。1986 年太平湾水电站建成后，转运站的职能随之转型为承揽地方物资中转和物资仓储等业务。转运站组建后一直由水电六局物资管理处（物资公司）管理，2001 年后，由水电六局资产管理部（由物资管理处改组）管理至今。长甸转运站高峰时有全民职工 30 余人，至今仍在经营。

三、冶炼业

1. 京丹电解工业股份有限公司

地处宽甸县南营，是由水电六局和北京四家公司在 1994 年创办的股份制企业。公司 1995 年开工，安置职工 60 余人。水电六局是责任单位，董事长由水电六局领导担任。公司产品是电解铅，产品销往丹东、大连、广东和长春等地。2000 年，该公司因产销、质量、管理和债务等问题被关停。

2. 金属硅厂

地处丹东市太平湾，建于 1988 年，由水电六局综合企业公司与外贸企业联办，总投资 150 万元，安置职工 30 余人。主要产品是金属硅。金属硅也叫工业硅，适用于生产铝合金，是半导体原材料。金属硅厂初建时，丹东地区只有两家。该厂是耗电大户，经常处于停产状态。该厂后由个体租赁承包，由于电耗、产销、管理、债务等问题，于 2000 年被关停。

四、加工业

1. 塑料制品厂

塑料制品厂原名尼龙梭厂，地处丹东市太平湾，1988 年由水电六局第四工程处投资 30 万元与丹东市纺织器材厂联办，后转入工贸总公司，安置职工 40 余人。主要产品是纺织机上用的全塑尼龙梭和钢质尼龙复合梭。由于产品质量、产销、管理和债务等问题，该厂于 1998 年被关停。

2. 景泰蓝仿古钟厂

地处丹东市太平湾，是由水电六局工贸总公司于 1990 年建立的全民所有制经营单位，安置职工 20 余人。该厂生产的景泰蓝仿古钟系列有 11 种产品。在 1990 年第 68 届广交会上，送展的景泰蓝仿古钟产品全部被美国、日本和香港商人买去，并有一些订单。1998 年，该厂因管理和债务问题被关停。

3. 玻璃纤维厂

地处丹东市太平湾，是由水电六局第四工程处于 1993 年投资 20 万元建立的，安置职工 40 余人。主要产品是软化玻璃丝、软化玻璃布、玻璃纤维瓦和拉丝锅。开始时该厂产品比较畅销，后因质量、债务、产销、管理等问题造成间歇停产，直至 1999 年被关停。

4. 机制木炭厂

地处丹东市太平湾，由水电六局第四工程处于1993年投资50万元建立的，安置职工60余人。主要产品是机制木炭。机制木炭时属于国家星火计划开发产品，具有较广泛地用途。1999年，该厂因产销、债务、管理和机械质量等问题被关停。

5. 木器型材加工厂

地处丹东市太平湾，由水电六局工贸总公司于1996年建立，全民所有制经营单位，安置职工20余人。主要产品是木制房门。开始的产品是平板夹心门，后来又研制推出塑钢雕花蜂窝夹心门，样式美观、抗弯、抗剪、保温、阻燃。1999年，该厂由于产销、质量、管理、债务等原因被关停。

6. 塑料编织制品厂

地处丹东市太平湾，水电六局第四工程处于1993年投资50万元建立，安置职工40余人。产品是塑料编织袋、编织布、薄膜、地膜、棚膜系列，主要供应水泥厂用塑料水泥袋和农用薄膜，最高年产值90余万元，由于各种原因一直处于亏损运营，1999年关停。

7. 辽东电器设备厂

地处丹东市太平湾，1993年由水电六局物资管理处同市直企业联办，安置职工20余人。主要产品是交直流低压配电瓶、仪表瓶、动力配电箱、电气自动化设备、控制台等。其产品广泛用于水电六局的基地设施上和施工项目上，一度畅销。1999年该厂因产品质量、产品销路和债务问题被关停。

8. 工业用布厂

地处丹东市太平湾，由水电六局第二工程处在1991年创办，安置职工20余人。主打产品是工业用布。该厂建成投产后，产品质量合格，一部分用于水电六局的施工项目上，另一部分用于地方的水利项目上，产销一直较好，始终处于盈利。后来由于和地方政府主管部门的债务纠纷，该厂1999年被关停。

第六篇　企业改革

第六篇　企　业　改　革

第一章　概　　况

十年“文化大革命”造成我国企业管理一片混乱，早年建立的一系列企业管理制度已被废弃，新的管理制度尚未建立起来，在企业管理诸多方面处于真空状态。“文化大革命”结束后，全国各个领域面临着艰巨的整顿任务。1979 年中国共产党十一届三中全会召开后，党的中心工作转移到社会主义经济建设上来，实行对内改革、对外开放。

为了进一步加强企业管理，水电六局于 20 世纪 80 年代初组建了企业管理办公室，负责企业各方面管理的建章建制工作。这项工作的开展，为下一步的企业改革奠定了基础。根据党中央、水电部（电力部）、水电建设总局关于企业改革的战略部署，水电六局从 20 世纪 80 年代到 21 世纪初的 20 多年里，在企业领导体制、产业结构、经营方式、劳动人事工资制度、项目管理、基地管理、住房制度等方面，出台了一系列改革措施，以适应市场经济和企业发展的需要。

第二章　管　理　制　度

根据市场经济和企业发展的需要，水电六局在领导体制方面，由 20 世纪 70 年代党委领导下的局长负责制逐步改为局长负责制。

在企业劳动、人事制度方面，相继实行了百元产值工资含量包干和经济承包责任制、水电六局与二级单位领导、单位与项目（施工局）签订责任状、处级干部竞聘上岗。

在企业用工制度方面，改全民所有制职工为合同制职工。

在工程管理方面，推行了项目法施工。

在产业结构方面，推行“一业为主，多种经营”方针，在生产、加工、养殖等方面进行了积极探索；同时，适时地进行了主辅分离和资产重组。

在经营方式方面，实行承包工程划块费用核算、缴纳各项费用奖惩和经济目标责任考核，明确经营责任，实行重奖重罚，促进了水电六局经济效益的不断提高。

在基地管理方面，逐步推行模拟物业化和物业化管理。

在住房制度方面，先后实行了集资建房、优惠售房和出售商品房。

在职工医疗方面，由过去的职工医药费全部由单位承担，改为单位和职工个人共同承担，再改为参加社会医疗保险。

在机构设置方面，先后对组织机构和二级单位的设置进行了几次相应的调整。

上述一系列改革措施，提高了企业管理水平，调动了企业管理者和职工的积极性，降低了企业生产和经营成本，提高了经济效益，增强了企业竞争力，为水电六局走向市场、稳步发展奠定了坚实基础，创造了有利条件。

第三章　领　导　体　制

第一节　党委领导下的局长负责制

作为国家全民制企业，水电六局建局以来一直延续党委一元化领导。20 世纪 70 年代以来，执行党委领导下的局长负责制的领导体制，随着我国经济体制改革和开放事业在工业、城市领域的逐步开展，水电六局的企业改革于 80 年代中期拉开了序幕。

改革的第一步，是转变企业领导体制。在 20 世纪六七十年代，各类企业的生产经营决策权由企业所在的党组织执掌，企业的行政领导要服从党的一元化领导，企业的行政干部全部由企业党组织选拔任命。这种局面从 1984 年起开始有所变化。

1984 年 7 月 2 日，中共水电六局委员会根据中组部和水电建设总局的部署，作出《关于行政领导职务改由局长任免的决定》，《决定》对水电六局机关正副处长、正副主任、正副科长、局属各工程处（分局、管理处、厂、校、院等）的正副处级、正副科级以及技术（业务）管理职务的副总工程师、副总会计师、副总经济师和正副主任工程师等行政领导职务，由过去的党委直接任命改由党委研究决定后局长任命。至此，实行局长负责制的改革拉开帷幕。

第二节　局 长 负 责 制

1985 年 10 月 4 日，水电六局党委向水电建设总局党委递交请示报告（随同附件：《对“关于试行厂长负责制的几点意见”的参考意见》），提出“我局实行局长负责制，以安排在 1986 年二季度为妥”的意见。

1986 年，水电六局在全局员工齐心协力抢太平湾水电站施工，确保 2 号、3 号机组早日并网发电的情况下，开始试行局长负责制。

1987 年 10 月，水电六局认真贯彻全民所有制工业企业“三个条例”，决定在全局范围内全面推行局长、处长负责制。为确保新的企业领导体制的顺利推行，10 月 17 日，水电六局成立了以局党委书记金起河为组长、由 11 人组成的水电六局贯彻“三个条例”、全面推行局长、处长负责制工作领导小组。

1988 年 1 月 18 日，水电部水电建设总公司党委对水电六局党委于 1988 年 1 月 13 日递交的《关于水电六局实行局长负责制局长人选的报告》给予批复，同意水电六局试行局长负责制，由高连志担任水电六局实行局长负责制后的第一任局长。

2004 年 12 月水电六局行政组织机构关系见图 6 - 3 - 1。

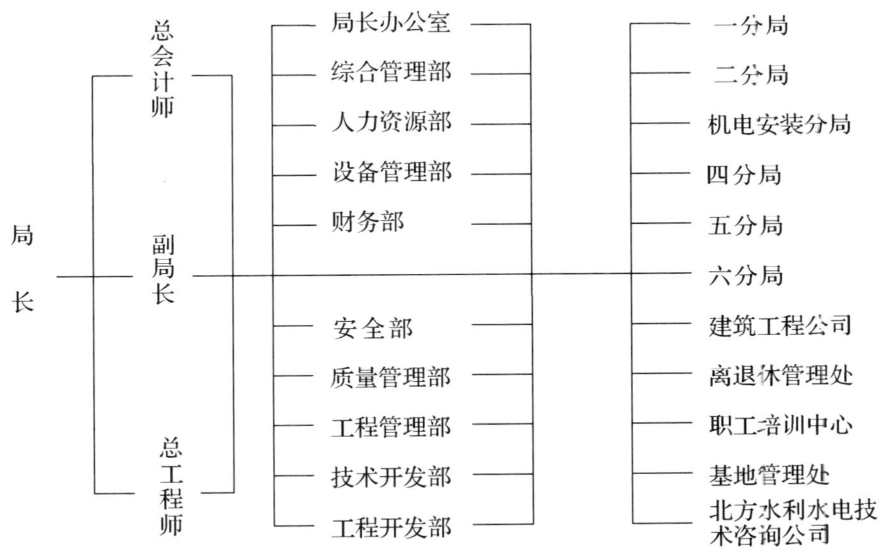

图 6-3-1　2004 年 12 月中国水利水电第六工程局行政组织机构关系

第四章　经　营　方　式

第一节　传统经营方式

水电六局从建局初期建设吉林云峰电站起，至 20 世纪 80 年代建设太平湾、长甸水电站的 30 年计划经济时期里，在企业经营管理方面实行的是计划经济管理模式：不论是水电六局，还是所属各工程处，都要按照上级组织的要求，不讲条件地执行上级安排的指令性计划，按时完成指令性计划任务，与此相适应，在企业经营管理上，实行的是相对单一的、僵化的管理模式，如在工程项目的施工上，依赖上级组织的计划安排，实行的是“等、靠、要”，因此，上级与下级之间的关系，完全如具有依附性的父与子之间的关系；在职工工资、劳动报酬的分配方面，实行的是级别工资和奖金，即大锅饭式的分配形式。

第二节　承　包　制

随着我国城市、工业经济体制改革的逐步深入发展，水电建设领域也逐步进入市场经济时代。20 世纪 80 年代初期，水电六局实行了集体承包制和职工个人计件工资制。全局订有经济责任制和工种岗位责任制 12968 条，其中水电六局领导 154 条，处室 788 条，班组和工种岗位 11758 条。基本做到有人就有岗，有岗就有责，有责就有奖罚。通过集体承包制和职工个人计件工资制，取得了明显的效果。仅在实行承包制的第一年，第四工程处实行砂石生产承包，以集体计件工资计算，班产量达到 1530 米^3，比计件前提高 96%，砂石实际成本比预算降低了60%，节约劳力35590多个工日。

第三节 经营承包责任制

1983年，水电六局开始推行经济责任制。对水电总公司实行完成形象面貌、工程质量、利润3项指标包干；对所属生产单位实行以包利润、包任务、包进度、包材料、包质量、包安全、包设备、包产值资金率、包人工费等为内容的利润包干经济责任制。

20世纪80年代中期，全国各大中型水利水电工程项目开始实行招投标发承包方式，各水电工程局要想拿到工程项目，只能想办法压低工程标价参加投标竞争。各水电工程局为适应客观形势，在工程项目的经营管理上开始了一系列的改革和探索。在国务院《关于进一步扩大国营工业企业自主权的暂行规定》颁发之后，水电六局与水电总公司签订了太平湾投资包干合同，层层签订责任状，推行工资含量包干。承包制改革以“两包一加强”为突破口，在全局推行概算投资包干和万元产值工资含量包干，在二次分配上“上不封顶、下不保底”，无量单位实行费用包干，逐步取消“铁饭碗”、“大锅饭”的分配方式，经济效益有了明显提高。

20世纪80年代末期，为了进一步降低项目施工成本，提高经济效益，在项目管理方面逐步推行经济承包责任制，生产单位实行总承包，划小经营核算单位，自主经营，独立核算，自负盈亏，上缴利费。对非生产单位核定盈亏指标，盈利分成，亏损自负。对其他单位实行费用包干，超亏不补，结余分成。在职工劳动报酬分配方面推行了“提高奖金比例”、“取消级别工资，实行岗位工资”等分配方式；为适应客观形势需要，充分利用社会劳力资源，满足项目施工要求，降低生产成本，实行了按施工项目、生产工序的“分包经营制”；为了缓解工程项目不足、“吃不饱”的矛盾，从80年代末至90年代末的十多年时间里，水电六局在开展多种经营、发展第三产业方面进行了艰难的探索和尝试。

第四节 经营目标责任制

从1993年起，水电六局开始推行承包工程项目实行确定经营目标、划块费用核算为主要内容的经济目标责任制，在水电六局十届一次职工代表大会上通过了《承包工程划块费用核算办法》和《缴纳各项费用的奖惩办法》。主要内容是：按项目各项指标制定经营目标和经营责任；要按项目上的直接成本支出作为考核项目经营好坏的主要依据；用于购置生产设备的费用，必须按程序审批用于购置生产设备；工程结算款中应上交给水电六局的费用，必须按项上交；实行严格的奖惩制度。完成好的重奖，完成不好的要惩罚直至降职或免职。免职的不得在水电六局内易地做官，两年内不得调出水电六局；对经营管理好而形成的施工利润，采取局、处两级共同分配的办法。在推行这个经济目标责任制中，认真贯彻“自主经营、自负盈亏、自我完善、自我发展”的原则，推行“思想政治工作、经济杠杆、行政手段”三位一体的工作方法，把思想政治工作贯穿到工程施工的全过程中去。在局属生产单位实行经济目标责任考核，核定经济技术指标，明确经营责任，确定考核标准，实行重奖重罚，费用按月或按季度上交，半年考核一次。通过承包工程划块费用核算、缴纳各项费用奖惩和经济目标责任考核，水电六局经济效益连年提高。

为降低非生产开支，减轻企业办社会的压力，在水电六局基地、职工医院、子弟学校等后勤单位管理方面实行核定费用、资金包干、鼓励创收等办法。在上级组织的支持和地方政府的配合下，从2001年开始，先后将企业中的事业单位移交给地方管理，从而减轻了企业办社会的负担。

第五章　产　业　结　构

第一节　一业为主　多种经营

1987年起，水电六局实施“一业为主、多种经营”战略，在加快主业发展步伐的同时，发展多种经营的积极性空前高涨。100多个二级多种经营项目如雨后春笋般兴起，涉足冶炼、房建、养殖、种植、商贸、机械制造、塑料制品加工、木制品加工、服装加工、餐饮服务等行业，产品60余种，安置职工2000余人，全民、集体、合资、股份、联营和个体等多种经营形式并存。20世纪90年代，由于各种问题不断暴露，陆续导致大部分经营厂点或关闭或停产。2001年后，水电六局水利水电主业发展迅速，主业产值连年攀升。多种经营项目几经淘汰和洗礼，到目前只有十余家在经营。

第二节　主辅分离　精干主业

从2001年起，水电六局在实施主辅分离、改制分流方面迈出了可喜的一步。

经多次洽谈协商，位于辽宁省宽甸县家属基地的水电六局子弟二校（包括初中部、小学部，教工28人），于2001年4月移交宽甸县地方政府；2002年，太平湾基地供用电管理和宽甸基地的有线电视网络，相继移交给地方有关单位（部门）。

为了贯彻落实集团公司进一步实施主辅分离、辅业改制、分流安置富余职工的工作部署，2003年11月中旬，水电六局制订了《关于实施主辅分离改制分流的工作方案》。该方案确定了主辅分离工作的指导思想和基本原则；对本局职工队伍、资金、管理结构、生产经营等状况进行了客观的分析，提出了今后的发展战略目标、主辅分离改制分流的总体目标及主要措施。

关于这次主辅分离的方式，该方案作出如下规定：①清理已经关闭或实际上已不能继续经营的厂、店，该关闭的关闭，该整顿的整顿，明确法律责任。②对现在正常经营的厂、店等经营实体，要根据租赁、承包合同实际情况进行分类处理。③创造条件逐步实现管理层与作业层的分离。④积极联系沟通企业办社会移交工作，将应交的单位和业务列单报与政府，条件成熟一个交一个；对暂时不能按计划移交的，如学校、医院、消防队等，应有计划地缩小规模，或逐步减少补贴。⑤对宽甸、太平湾两基地，要在基地物业化的基础上，对供暖、供水、供气和幼儿教育等方面，逐步转为有偿服务，进一步创造物业化管理的环境，并通过出租、出售或委托经营等方式，使其逐渐成为独立核算的经济实体。⑥逐步将街道委员会向政府社区过渡。

这次主辅分离、分流改制工作的时间安排为：2003 年底以前为组织准备阶段，2004 年 6 月末以前为思想准备和舆论宣传阶段，2004 年年底做好资料准备工作，2005 年年底前依法操作实现主辅分离。

2003 年，水电六局将公安处（26 人）移交给丹东市公安局；2005 年，相继将丹东馨园小区、桃园小区的水、电、燃气，馨园小区的供暖及宽甸基地的街道委员会移交给丹东市；2006 年年底，位于太平湾基地的水电六局第一子弟小学和第一子弟中学（初中部、高中部）移交给丹东市振安区政府。

到 2006 年年底，水电六局已将宽甸基地的街道委员会、3 所子弟学校、公安处等单位（部门）和一部分物业移交给地方。水电六局对 2 个基地管理和 2 所医院的资金补贴，也呈逐年减少趋势。

上述措施的实施，减轻了企业办社会的负担，使水电六局上下能够进一步集中人力、物力、财力，全身心地投入到工程项目的生产经营中去。

第六章　管　理　机　构

第一节　机　构　设　置

随着改革开放事业的逐步深入发展，水电六局为适应建筑市场的要求，更好地完成自身承担的各个工程项目，从 20 世纪 80 年代起，在企业管理体制、机构设置、职能转变等方面，也进行了几次相应的改革、调整。

1979 年 10 月，经水电建设总局审批调整，水电六局的组织机构确定为：水电六局党委下设的组织机构有党委办公室、组织部、宣传部、工会、团委、武装部；水电六局机关行政业务部门有：办公室、干部处、财务处、劳资处、技术处、教育处、保卫处、调度室、行政处（后改为太平湾基地管理处）、机电处、供应处（后机电处与供应处合并为物资管理处）、五七办公室；水电六局下属二级单位设置有：一工区、二工区、修配厂、安装队（后修配厂与安装队合并为三工区）、汽车队、砂石料厂、宽甸管理处、职工医院（卫生处），其中，职工医院和卫生处是两块牌子一套人员。

1983 年 10 月，水电六局对局属部分生产单位的名称进行更改如下：一、二、三工区改为第一、第二、第三工程处（1993 年后第三工程处改为机电安装分局），砂石料厂改为第四工程处，汽车队改为汽车运输处（后改为第五工程处）。在 20 世纪 80 年代，为了解决职工子弟的就业问题，水电六局成立了劳动服务公司，在太平湾地区相继办起了商场、纺织厂、袜厂、汽水厂、金属硅厂、电熔镁厂等集体所有制小工厂。

为适应局长负责制和对外经营工作的需要，1988 年 5 月，水电六局对局机关职能部门的设置调整为：局办公室、干部处、财务处、劳资处、技术处、质安处、调度室、计划处、对外经营办公室、教育处、公安处、武装部、离退休职工管理处、审计监察处、企业管理办公室、法律顾问处、综合档案处、总工程师办公室；另外，卫生处、物资管理处、太平湾基地管理处、丹东办事处，作为局下属单位，不属局机关系列。

随着太平湾、长甸水电站两个指令性计划工程任务的相继竣工，水电六局结束计划经济时期，开始进入市场竞争，在这种严峻的形势下，开始在水电、火电、公路、城市工民建等建筑市场承揽工程项目，以维持自身的生存。同时，水电六局及局属各生产单位积极开展多种经营，在工业加工、商业和各种服务领域进行了艰难的尝试和探索。为此，水电六局成立了工贸总公司，分流部分人员开办工厂（如仿古钟厂、骨灰盒厂、打靶场等）、商业贸易。

1993 年 4 月，水电六局对机关机构再次作出调整：保留的处室为组织部、宣传部（同时将党校的业务划归宣传部）、武装部、局机关党委、工会、团委、总工办、财务处、审计处、法律顾问处、离退休职工管理处、教育处、档案处；新组建多种经营管理处；撤销计划经营办公室、技术处、安全环保处、丹东办事处和政策办公室；组建经营处、工程管理部、质量安全处；纪委和监察处合并为纪检监察部，劳资处和干部处部分人员合并组建劳动人事处，党委办公室和行政办公室合署办公；公安处从机关机构中划出。经过这次调整，局机关处室由原来的 25 个减少到 20 个；局机关管理职能人员安排 146 人（另有 71 人属非管理职能人员挂靠局机关），确定的 68 个编外人员中，有 34 人被安排到多种经营单位，有 20 多人（待岗人员）被安排到局属各单位的一、二线岗位工作；水电六局所属二级施工生产单位的称谓也从工程处改为分局。

2001 年 8 月，水电六局对局机关机构再次进行重大调整，这次调整的宗旨、原则是：以突出生产经营为中心，精干高效，业务相近的处室归口管理，着力解决机构设置不合理、人浮于事的问题，力求达到机构设置合理、部门责权清晰明确、人员精干、指导灵活，真正做到有利于宏观管理协调一致，企业改制和企业发展进步的目的。这次调整的结果是，将原来的 23 个业务职能部室调整合并为 11 个。其中，行政部门 8 个：局长办公室（由局办公室和法律顾问处合并）、财务部、人力资源部（由劳人处、再就业中心、教育处合并）、工程开发部（由原投标处改名）、工程管理部（由质量安全处和工程部合并）、技术开发部（由总工办、设计处、局科协合并）、设备管理部、综合管理部（由社保分局、档案处、多种经营处合并）；党群部门 3 个：党委工作部（由党委办公室、组织部、宣传部、机关党委、团委合并）、纪检监察审计部（由纪检监察部和审计处合并）、局工会。其中，武装部并入公安处；将离退休职工管理处划为独立的局属办事机构，不再属于局机关部门。

按照集团公司关于企业管理体制改革的总体战略部署，水电六局内部管理体制改革工作于 2006 年 10 月中旬正式启动。改革的第一步，是按照分局战略定位和区域划分的原则，将原来的 4 个分局整合重组为 2 个分局，即：原五、六分局合并为二分局，原一、二分局合并为三分局。整合重组后，工程局下属的二级生产单位有 6 个，即溪洛渡施工局、一分局（原四分局）、二分局、三分局、机电安装分局、工程公司（原综合企业公司）。改革的第二步，即对水电六局及分局管理职能部门进行改革调整，其中，对局机关职能部门的调整工作及全局副处级领导干部的选拔、竞聘、任命等项工作，已于2006年11月20日顺利完成。在水电六局机关业务职能部门调整中，按照集团公司的要求，确定为12个职能部门：其中行政管理部门有局长办公室、财务部、人力资源部、审计部、工程开发部、国际工程部、工程管理科技部（由原工程管理部与原技术开发部合并而成）、资产管理部、安全部，党群部门有党委工作部、纪检监察部、工会。

第二节　职　能　转　变

通过逐次改革，达到了提高资源配置效率、增强企业竞争力、提高管理效率、提高经济效益的既定目标；实现了经营规模化、组织扁平化、机制市场化、管理规范化；进一步确立了水电六局的市场经营战略，明确了水电六局和各分局（项目）的战略定位，理顺了主业的管理体制，对于劳务作业层的改制分流和非主业单位的改革调整工作起到了积极的推动作用；水电六局及二级单位机关的职能进一步转变，由原来的微观管理转换为现在的宏观管理，部门职能也定位为“指导、管理、协调、服务”。

第七章　项 目 法 施 工

水电六局从建局起至20世纪80年代末的30多年里，对工程施工的经营管理方式基本是计划经济的管理模式，即人、财、物全局捆在一起干一个大而全的工程，水电六局将主体工程按部位或生产工序分配给主体生产单位负责施工，至于施工所需的设备、材料，则由局属设备、材料供应部门负责采购、管理、供应和维修等；而对职工个人的物质分配，不论是经营管理者、专业技术人员，还是普通工人，采取的是典型的平均主义、“大锅饭”的分配方式。对云峰、渔子溪、太平哨、太平湾、长甸5座水电站的施工，都采用的是这种管理模式。这种管理模式的弊端是：不计成本，浪费严重，效率低下。

随着改革开放的逐步深入，水电六局已无“计划指标”可干，要干工程，全靠自己到全国各地承揽工程项目。于是，老弱病残、多数女工，只能在基地“留守”，而能出去到外地“工程项目部”施工的，大多是年轻力壮的生产骨干。在水电六局走出去的前期几年里，基本上是二级施工单位各自为战，各个工程项目在人、财、物等经营管理方面，与基地大本营基本上是不分家的，并不是独立的经济实体。20世纪90年代初，水电六局开始推行项目法施工后，这种局面才发生了彻底转变。

水电六局第一个实行项目法施工的工程项目是十三陵抽水蓄能电站地下厂房和尾水洞工程项目。在十三陵工程前期施工中，承担工程任务的施工单位是隶属于水电六局第一工程处的十三陵工程处。为了在十三陵项目实行项目法施工，水电六局于1991年6月18日下发了《关于成立机构和更改机构的通知》，《通知》指出，水电六局将主要承担丰满二期工程和十三陵工程的第一工程处一分为二：原丰满工程处改名为第一工程处，原十三陵工程处改名为第六工程处。对十三陵工程实行项目法施工，成立十三陵工程项目经理部，项目部下设综合部、施工部、经营部、物资部。作为独立承担十三陵工程任务的第六工程处，顺其自然地成为独立核算、自负盈亏的经济实体。从此，水电六局在其他各个工程项目的经营管理上，普遍推行了项目法施工。

水电六局实行项目法施工经历了一个逐步完善、逐步提高的过程，从 1991 年实行项目法施工起，水电六局对工程项目的经营管理办法几经修订，逐步健全缜密，特别是 2002 年年初，水电六局制订了《水电六局工程项目管理办法》，决定从 2002 年 1 月 1 日起在全局范围内实行。这一新的项目管理办法，包括总则、管理模式、项目经理、项目管理机构、项目核算、经营管理、统计管理、施工技术管理、安全生产、质量管理共 10 章 57 条。该办法制订得规范具体、条理清晰、可操作性强，为进一步加强项目管理、提高项目管理水平提供了依据。

第八章　人事　劳动分配制度

第一节　人　事　制　度

在计划经济时代，施工企业在人事和劳动用工方面执行的是国家有关政策和计划，缺乏相应的自主权。随着建筑施工企业进一步走向市场，国家在企业人事和劳动用工方面的政策逐步放开。进入 20 世纪 90 年代，水电六局的人事、劳动分配制度改革进入了实质性的实施阶段。

1994 年上半年，水电六局认真贯彻执行中水电劳［1994］6 号文件精神，按照《水利水电施工企业关于劳动、人事、工资制度改革“四定”工作规范》（“四定”即：定组织机构、定岗位、定岗位标准、定员）要求做了大量的基础工作，为下一步的人事制度改革奠定了稳固基础。

为了顺利进行人事制度改革工作，水电六局根据实际情况，在局务会议上对人事制度改革中存在的诸多问题进行了深入讨论。1994 年 8 月 22 日，水电六局下发［1994］34 号文件《关于下发〈水电六局关于深化人事制度改革若干问题的规定〉的通知》，决定从 8 月下旬起，在全局范围内进行人事制度改革。

这次人事制度改革主要体现在两个方面：第一，取消“干部”与“工人”称谓，统称“企业职工”。今后全局职工一律按岗位划分为管理人员、专业技术人员和生产人员 3 个类别。取消“干部”、“工人”称谓的目的是为了进一步打破干部、工人的界限，充分调动职工的积极性，使企业在用人方面注入活力，解决干部能进不能出、能上不能下的终身制问题；第二，实行新的用人制度，将竞争机制引入到工作岗位的聘用中，实行“公开招聘，双向选择，择优聘用”的办法，在全局真正形成“岗位平等竞争，人员合理流动”、“生产操作人员能进能出、单位人员组成合理、按岗定薪、按劳取酬”的局面。

水电六局根据实际情况，在《水电六局关于深化人事制度改革若干问题的规定》中制订了这一原则："原从事生产操作岗位的职工竞争管理岗位和专业技术岗位，必须具备中专以上学历，年龄不超过40周岁，原未办理聘用手续，现从事管理岗位和专业技术岗位工作人员，不符合竞争上岗条件者，要在年底前调整到相应的生产操作岗位上去。"

第二节　劳动用工制度

为了改变单纯依靠行政手段调配劳动力的管理办法，促进企业内部劳动力的合理流动和合理使用，水电六局根据上级有关规定和本局实际情况，于1994年8月22日向水电六局各单位颁布了《水电六局劳务管理办法》，该《办法》共30条，主要内容包括：水电六局建立劳务管理系统（水电六局劳动人事处设劳务管理科），打破单位、专业界限，工人、干部界限，充分利用人力、人才资源，促进劳动力的上岗下岗、应聘解聘、减员补员的动态运行。水电六局对全民固定职工、全民合同制职工实行劳务管理；待岗的职工以及家属中的待业人员，均可向劳务管理部门办理务工登记手续。全局各单位用工可以打破单位界限，在局内进行劳务交流，允许待岗职工和在本单位用非所学、用非所长的职工到工作需要、专业对口的单位务工，允许单位之间劳务输出输入，输入方应向输出方提交一定的劳务费。

各单位对上岗职工实行合同管理，其中与专业技术人员签订《聘任合同》，与生产人员签订《岗位合同》，与劳务交流的职工签订《劳务合同》。用工单位招用临时工，必须经局批准，征得当地劳动部门同意，办理必要的用工手续，单位同临时工本人按惯例签订《劳动合同》，《劳动合同》要交劳动人事处备案；一次招用临时工较多的单位，可以签订集体合同。该《办法》还对职工下岗、待岗、停薪留职、休假、职工待岗后的生活费标准和职工技术业务培训等问题作出了具体规定。

第三节　分配制度

与企业人事制度改革相适应，1994年11月29日，水电六局下发了［1994］147号文件《关于初步下发水电六局岗位技能工资制试行办法和各类岗位归级意见的通知》。《通知》指出，从1995年起，水电六局全局开始实行岗位技能工资制度。

根据水电总公司关于企业职工岗位技能工资有关标准，水电六局在1994年确定的岗位，主要划分为生产岗位、专业技术岗位和管理岗位。其中，生产岗位的工资设1～12个岗级，专业技术岗位的工资设1～18个岗级，管理岗位的工资设1～22个岗级。关于技能工资的级别：生产岗位人员的技能工资标准共分为28级，其中初级工为1～7级，中级技工为8～17级，高级技工为18～23级，技师为18～25级，高级技师为18～28级；非技术岗位的普通、熟练工人为1～17级；专业技术人员和管理岗位人员的技能工资标准，主要是依据其文化知识、专业技术理论水平及实际工作能力，划分为初级、中级和高级3个档次。

2002年3月，水电六局下发［2002］64号文件，将水电六局十二届三次职代会讨论通过的《职工工资管理暂行规定》、《职工奖惩暂行办法》、《劳动合同管理办法》下发到全局各单位和局机关各部门，并从2002年3月下旬起执行。上述3个文件，进一步完善了水电六局的劳动用工制度和分配制度。

第九章　住　房　制　度

第一节　优惠售房　集资建房

在20世纪50～70年代，水电六局在吉林云峰、四川渔子溪和辽宁太平哨等水电站建设中，职工家属均居住在电站工地生活区，住的是干打垒简易房或砖瓦平房内，生活条件很艰苦。进入80年代，水电六局转战太平哨、太平湾，开始在宽甸、太平湾两处建设生活基地，一栋栋住宅楼拔地而起，水电职工家属的居住条件有了明显改善。当时，水电建设者在住房方面享受的是象征性交纳廉价房租的福利房。

随着改革开放的进一步深化发展，水电六局职工住房制度改革于20世纪90年代逐步拉开序幕。1994年，水电六局对宽甸、太平湾两基地部分楼盘实施集资建房（即住户事先交纳部分资金后才具有获得住房的资格）办法，迈出了房改第一步。

1995年，水电六局参照水电系统及丹东地区房改政策，本着“售房为主，提高房租，租买自愿”的原则，在全局范围内首次推行住房制度改革。为确保房改的顺利进行，水电六局于5月15日制订了《住房制度改革实施细则》，《细则》主要包括建立住房公积金制度、公有住房的出售、提高公有住房的租金标准及集资建房4部分。其中，关于公有住房出售，《细则》就公有住房的出售范围、出售对象、出售房屋面积的计算、出售价格（分标准价、成本价、市场价）、职工家属购房的各种优惠标准（包括工龄优惠、合户优惠、学历优惠、对离退休和公病亡职工的优惠）、优惠底价、交款方式及时间、楼层房价的调节系数、住房押金及现有住房的另行分配、职工对所购住房的相关权利及住房维修、售房资金的使用和管理等，做出了具体规定。这次房改中的购房者，拥有所购住房的使用权和部分产权。

在提高公有住房租金标准方面，《细则》第14、第15条明确规定：从1995年10月开始执行新的房租价格，即按房屋建筑面积，一、二等砖混房房租价格分别为1.50、1.30元，一、二等砖木房房租价格分别为1.10、0.90元。

1995年，集资建房者的集资额度暂定为当年住房造价的70%。同时规定，职工集资额的25%，3年后按年利率5%本息退还本人，其余部分作为购房款。

为尽快实现职工住房商品化，1998年6月17日，水电六局作出《关于加快我局公有住房全部产权出售的决定》。《决定》共有14条，对已参加1995年房改的、1994～1996年参加集资建房的、1995年后支付一定房款后住进腾空房的、个人出部分资金住进丹东馨园或桃源小区的住户，其住房的成本价格标准、楼层调节系数、职工工龄优惠以及一次性付款优惠等，作出了具体规定。这次出售公有住房，水电六局本着“按成本价售房、出售全部产权、购房自愿”的原则，采取“购房人向局提出申请，经局同意后，办理购房手续，凭交款收据、《出售公有住房协议书》及个人身份证，由局房管部门协助到地方政府房改办和产权产籍管理处办理房屋所有权证”的方式。公有住房出售后，房屋产权所有人有权按丹东市有关文件规定，将自己的房屋上市出售、抵押或出租。

第二节 住房公积金

水电六局于1995年5月15日制订的《住房制度改革实施细则》中，包括建立住房公积金制度，由于经济状况等多种原因，《细则》中制订的住房公积金方案一直未能实施。

随着水电六局经济形势的进一步好转，2003年3月17日，水电六局下发通知，决定从2003年5月1日起，在全局职工（不包括集体所有制职工）中推行住房公积金制度。为推行这一制度，水电六局制订了《关于建立职工住房公积金的实施办法》。《办法》指出：凡与局签订了劳动合同的职工，均由局在“丹东市住房资金管理中心”办理住房公积金缴存登记，并由指定银行为职工设立公积金账户。住房公积金计入职工个人账户，属于职工个人所有。职工住房公积金的储金由个人缴存和单位资助两部分组成。职工个人缴存部分，由所在单位开工资时，从职工工资中扣缴；单位缴存部分，由各单位为职工按月缴存。职工在购、建住房时，可以向丹东市住房资金管理中心申请贷款。职工丧失劳动能力并与局终止劳动关系或离退休时，本息一次结清，全部支付给职工本人。《办法》中规定：在职职工住房公积金的月缴存标准，为职工本人上一年度平均工资的5%。职工缴存的储金低于10元的，按10元缴存；职工上一年月平均工资高于全局上一年度职工平均工资的150%，按150%的5%缴存。水电六局为职工缴存的住房公积金储金，与职工个人缴存的等额缴存。

第七篇　企 业 管 理

第七篇　企　业　管　理

第一章　战　略　管　理

第一节　发　展　战　略

在计划经济时期，水电六局每阶段制定的发展战略，都是确保本阶段承建的水电站按期或提前发电。面对市场经济的新形势，1985年，在局五届三次职工代表大会上，水电六局首次制定了“立足丹东、挤进大连、走向全国、打出国外”的战略。1987年起，水电六局实施“一业为主、多种经营”战略，大力发展多种经营。2001年，制定了“立足东北，开发西南，面向全国，走向国际”的发展战略；2005年，制定了新的发展战略，即“巩固东北，立足西南，面向全国，走向国际”。2006年，水电六局的发展战略定位调整为“优先发展国际项目，巩固国内水电市场，大力开拓非水电市场”。

第二节　战　略　实　施

1985年，针对水电六局五届三次职工代表大会上制定的发展战略，提出了“放眼世界、走向社会、创造声誉；干我所长、改我所短、增强活力”的指导思想，全面落实发展战略，逐步在市场经济中站稳脚跟。2001年，伴随着新的战略思想的形成，开始实行了新的发展策略，即“抓大促中带小”（抓住国家重点工程，促进中型工程，带动地方小工程），“三个主辅关系”（内部资源格局以局为主，分局为辅；目标选定要以大项目为主，小项目为辅；性质定位要以直接投标为主，中介为辅）、“三个舍弃”（对资金状况不好的项目坚决舍弃；对相对孤立，单价太低，不能获得经济效益的项目坚决舍弃；对不能获得经济效益的市县地方小项目坚决舍弃）。并且确定在市场开发上实行“统一领导，归口管理，分片负责”、“以局为主，二级单位为辅”和“明确主攻目标，突出开发重点”的原则。由于发展战略定位准确，发展策略符合市场经济发展规律，水电六局经济效益不断攀升。

第二章　经　营　管　理

第一节　机　　构

水电六局建局时成立计划财务处，下设计划科，负责工程计划、统计、预算工作。成立施工技术处，下设施工技术科、质量检查科、试验室、资料室、安全科。“文革”期间，设立生产办公室，工程计划、技术、施工、统计、质量、预算等工作合署办公。20世纪70年代末，将生产办公室更名为技术处，其业务不变。80年代末期，步入市场经济以后，水电六局从技术处分离出计划、统计和预算职能，成立计划处，与技术处分立。1993年，计划处更名为经营处。1999年，水电六局投标处正式成立，同时成立水电六局投标领导小组，由局长、副局长、各分局长及有关业务部门的人员组成。2001年，组建工程管理部，包括工程管理、计划、统计、预算、质量和安全管理工作；将总工办、设计处、局科协合并，组建技术开发部。同年，水电六局投标处扩大并更名为工程开发部，下设技术、商务、报价、信息等10个业务处室和3个驻外办事处。2006年，水电六局将安全管理分离，工程管理部和技术开发部合并，组建工程管理科技部。水电六局一直以来由上述部门负责全局的经营管理工作。

第二节　招 投 标 管 理

1985年，水电六局开始参与招投标，由此衍生招投标管理工作。1988年后，招投标已成为水电六局取得施工任务的唯一方式。随着招投标制而来的是施工项目的增多和分散，原来人、财、物、生产指挥集中管理的模式，已经不能适应新的形势，给二级施工单位放权成为必然趋势。当时，水电六局下放给二级施工单位的权利主要是：资金使用权、物资采购权、出租或租用权、科队级干部任免权、临时工招用权、独立承揽工程任务权，使二级施工单位逐渐形成了相对独立的经济实体。

水电六局对外承揽工程，最早在1985年。这一年的1月23日，水电六局与大连经济开发区凤凰山净水厂开发建设公司正式签订了土建工程承包合同。原中标单位十二冶某公司因故退标后，由水电六局接手，实行包工程造价、包施工质量、包施工工期、包材料设备、包按设计形成综合生产能力的办法。之后，水电六局逐年扩大了承揽工程项目的范围，拓展了承揽工程项目的地区。

1999年5月4日，水电六局投标处正式成立。当时只有10多名工作人员。投标处的职能是加强市场调查，负责信息收集、汇总、筛选和项目跟踪，组织项目投标书的编制和合同的评审。同时，水电六局成立投标领导小组，由局长、副局长、各分局长及有关业务部门的人员组成。领导小组负责全局的投标工作，定期分析、研究市场项目的情况，及时调整投标工作的战略和策略。水电六局领导班子中的行政领导除做好分管部门工作外，将主要精力放在对投标工作的领导上。水电六局领导按区域划分责任区，如东北、华北、华中等地都有专人分片负责。

2001年8月，水电六局对机关作了重新调整，将投标处更名为工程开发部。水电六局领导分区负责，责权利到位，工程开发部设立了4个信息处，分别由水电六局4位副局长分管，费用单独核算。中标就奖，一标一兑现。在组织机构上，提升工程开发部的级别，扩大内部机构设置，扩编一大批优秀人才，在财务上，千方百计保投标，保中标。2001年，水电六局召开投标工作会议，多承揽工程成为水电六局各项工作的重中之重。

2002年，水电六局开始涉足非水电业务，后来分别中标了吉林长岭和内蒙古锡盟的风电结构制作项目。

2004年，水电六局工程开发部已由10多人增加到49人，在队伍建设、内部管理、技术业务提高等方面，都有了长足的进步，对组织机构进行调整，组建了3个技术处、报价处、商务处、6个信息处。进行建章建制工作，明确了职责，制订了考核细则、评比办法和奖励标准。经过全体人员的努力，一年中标工程57项，承揽工程额达20.07亿元，创造了水电六局年度中标工程数量的新纪录。

2005年上半年，水电六局制定了“巩固东北，立足西南，面向全国，走向国际”市场开发的战略方针。重新修订了《水电六局市场开发管理办法》，建立健全了市场开发的各项管理制度、各项程序，加强了工程合同的审核，重新明确了工程开发部的职责和作用。

2005年7月，水电六局成立了国际工程部，正式开始国际业务的开拓，积极参与国际市场投标竞争。2006年9月，中标缅甸YEYWA（耶涯）电站机电安装（合同额3526万元人民币），实现了水电六局承揽国际建设项目零的突破。随后，水电六局又开始参与赤道几内亚吉布洛水电站委托建设协议的谈判。

2006年年底，水电六局发展战略定位调整为“优先发展国际，巩固国内水电市场，大力开拓非水电”。随着思林电站机电安装工程的中标，水电六局机电安装资质跃上了一个新的台阶，从20世纪90年代万家寨水利枢纽的18万千瓦，到2004年贵州索风营水电站的20万千瓦，再到思林水电站的26.25万千瓦机组，说明水电六局已具备了安装大型水电机组的能力。

2005年6月水电六局市场开发管理系统详见图7-2-1。

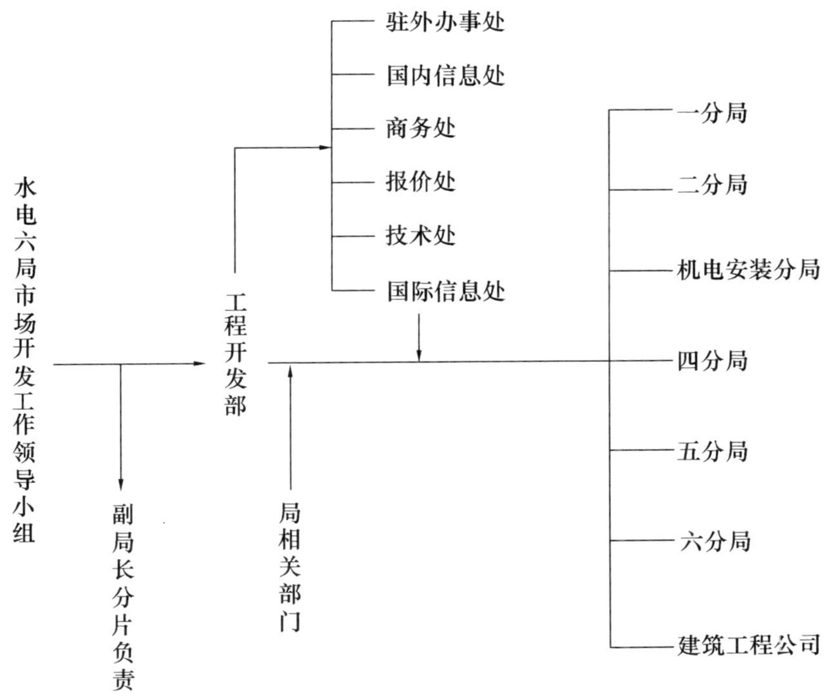

图7-2-1　2005年6月水电六局市场开发管理系统

第三节 合 同 管 理

水电六局一直是由计划部门负责合同管理，建局时即成立了计划财务处。“文化大革命”期间，设立生产办公室，工程计划、技术、施工、统计、预算等工作合署办公。20世纪70年代末，将生产办公室更名为技术处，其业务不变。80年代末期，步入市场经济以后，水电六局从技术处分离出计划、统计和预算职能，成立计划处。2001年，组建工程管理部，包括工程管理、计划、统计、预算、质量和安全管理工作。2006年，水电六局将安全管理分离，工程管理部和技术开发部合并，组建工程管理科技部。

水电六局在云峰、渔子溪、太平哨、太平湾和水丰水电站施工中，都是与国家主管机关签订的指令性计划时期的工程施工合同。1982年7月1日，国家颁布《经济合同法》，水电六局对外承接工程开始逐步使用规范合同文本。自1985年水电六局与大连经济技术开发区签订《大连经济技术开发区凤凰山净水厂工程施工合同》开始，步入了市场经济的合同管理时期。1987年，水电六局首次下发了《工程施工合同管理规定》，其后分别在1995年、1998年进行了修订和充实，逐步趋于完善。1999年，开始执行《中华人民共和国合同法》。2002年、2004年和2006年，水电六局多次修订《工程施工合同管理规定》，成为水电六局GB/T 19001—ISO 9001—2000标准的配套文件，是水电六局合同管理的依据。自1998年开始，水电六局连续被辽宁省、丹东市评为“重合同守信誉单位”和辽宁省“AAA”级信誉企业。

第四节 企 业 资 质 管 理

水电六局从建局建设云峰水电站开始，至建设渔子溪、太平哨、太平湾和水丰水电站的30年间，一直从事水利水电工程建设，是隶属于水利电力部（电力工业部）从事水利水电施工的国家一级企业。

1984年，水电六局企业资质定为水利水电工程施工一级。1993年，企业资质定为水利水电工程施工一级、房屋建筑工程施工二级、公路工程总承包三级、市政公用工程施工二级。

1996年，水电六局资质经建设部重审，完成换证工作。

2002年，建设部组织企业重新审查、登记、换证，水电六局企业资质定为主项水利水电工程总承包一级，增项市政公用工程施工总承包一级、公路工程总承包二级、房屋建筑工程施工总承包三级、堤防工程专业承包一级。另外获工程设计乙级、工程测量甲级、金属结构、水工启闭机械制造安装、起重机安装改造维修、供暖等资质、资信。

经过48年的发展，水电六局已成为以大中型水利水电工程建设施工、机电设备安装为主，兼营工业民用、道路桥梁、市政建设、引水供电等土木工程建筑和安装的综合性国家一级施工企业。水电六局曾在1992～1994年均被名列《中国500家最大经营规模和500家最佳经济效益建筑企业》行列，在《堤坝、电站、码头建筑行业100家最大经营规模企业》居第23位；于1999年7月通过了ISO 9002质量认证，并于2004年12月通过了环境管理体系认证和职业健康安全管理体系认证。

第五节　规范内部市场

48年来，水电六局注重强化企业经营管理，规范内部市场，使企业逐步得到加强、提高和改善。20世纪80年代初，水电六局成立企业管理办公室，负责企业管理的建章建制和检查监督工作，取得了一定的效果。改革开放后，水电六局在生产计划、招投标、工程开发、工程管理、企业人事、劳动工资、财务、施工设备和物资、工程质量、安全生产等方面，先后制定出台了一系列规章制度和改革措施，为进一步规范企业内部市场提供了操作性较强的政策依据。

在企业劳动、人事和工资制度方面，相继实行了百元产值工资含量包干和经济承包责任制，水电六局与二级单位领导、单位与项目（施工局）签订责任状，处级干部竞聘上岗；在企业用工制度方面，改全民所有制职工为合同制职工；在劳动工资管理方面，制定了人员“分块管理”、工资“分灶吃饭”的办法；在工程管理方面，推行项目法施工，制订了《水电六局工程项目管理办法》、《工程项目评估办法》；在安全监督管理方面，实行安全生产责任制度，签订《安全生产责任状》；在财务管理方面，制订了《水电六局关于加强财务管理工作的规定》、《关于加强和深化资金集中管理工作的通知》；在质量管理方面，制订了《质量责任暂行制度》、《工程项目质量管理办法》、《质量保证和管理手册》；在设备和物资管理方面，出台《物资供应管理办法》、《设备采购和使用管理办法》；同时进行了主辅分离和资产重组；对基地的管理，逐步推行模拟物业化和物业化管理。

第三章　法　制　管　理

第一节　普法领导机构

水电六局于1986年实施了《普及法律常识五年规划》工作计划。为了作好普法工作，水电六局成立了普法领导小组，设立普法办公室，统一领导全局的普法工作。局属各单位也成立普法领导小组，并设一名专职或兼职普法工作人员，负责上传下达和普法的具体工作。同年，水电六局又组建了法律顾问处。1989年调整了普法领导小组和普法办公室人员。1991年，水电六局实施“二五”普法规划，成立了“二五”普法领导小组及办公室。1997年，水电六局实施“三五”普法规划，成立了“三五”普法领导小组及办公室。1999年，水电六局调整了“三五”普法领导小组及办公室人员。2002年，水电六局实施“四五”普法规划，成立了“四五”普法纪依法治理领导小组及办公室、工作小组和宣传小组。2004年，水电六局调整了“四五”普法纪依法治理领导小组及办公室、工作小组和宣传小组人员。

第二节 普 法 教 育

1985年，中共中央、国务院下发了《关于向全国公民基本普及法律常识的五年规划》，根据六届全国人大常委会第十三次会议作出的《关于在公民中普及法律常识的决定》。水电六局于1986年实施了《普及法律常识五年规划》工作计划，并下发了1986年普法任务和指标：全局干部学习5门法律，即刑法、刑事诉讼法、经济合同法、婚姻法、继承法；全局工人学习4门法律：刑法、经济合同法、婚姻法、继承法；家属学习2门法律：刑法、婚姻法；学校把普法列入教学计划，开设法制课，系统地进行法律常识教育。

水电六局制定了普法措施，负责轮训普法辅导员工作，各单位采用分期分批轮训或定期上课、分散自学、集中考试等多种形式进行。经过一年的努力，全局普及面达9742人，占全局总人数的96.6%；及格人数达9505人，及格率达97.5%，各项任务都超过了丹东市规定的指标。

1991年，是“二五”普法的第一年，到1995年“二五”普法结束时，水电六局共培训普法骨干600多人，组织开展了法律知识竞赛和测答赛，《鸭绿江水电报》举办了普法知识竞赛；党委宣传部编写了《“二五”普法六法讲义》，下发各单位组织学习；在电视台举办法律知识测答赛2场；《鸭绿江水电报》刊发讲座20多讲；《鸭绿江之声》开辟企业与法专栏；在组织学习《国家安全法》期间，水电六局承担了丹东市“国家安全法知识竞赛”活动，并作为丹东市代表队参加辽宁省电视抢答赛，获三等奖。“二五”普法期间，水电六局共普及学习了19部法律，2部《决定》、3部《条例》。通过学习，职工提高了法律意识，社会治安得到了好转，1994年，水电六局社会治安综合治理工作实现“三无”，在丹东市年终百分考核中被评为先进单位。

1997年，水电六局党委下发《“三五”普法规划》，2002年水电六局党委下发《“四五”普法规划》，分别制定了详尽的普法计划，普法工作扎实有效的得到开展，连续获得辽宁省、丹东市“普法先进单位”称号。

截至2006年底，水电六局已进行了“二五”普法、“三五”普法和“四五”普法。学习了诸多法律知识，如《治安管理处罚条例》、《民法通则》、《兵役法》、《全民所有制工业企业法》、《经济合同法》、《环境保护法》、《商标法》、《企业破产法》、《三个条例》(企业厂长工作条例、党的基层工作组织条例、职工代表大会工作条例)、《专利法》、《会计法》、《计量法》、《统计法》、《产品质量责任条例》、《物价管理条例》、《广告管理条例》、《宪法》、《行政处罚法》、《国家赔偿法》、《消费者权益保护法》、《产品质量法》、《保密法》、《国家赔偿法》、《消费者权益保护法》、《产品质量法》、《合同法》、《行政法》、《建筑法》、《公司法》、《安全法》、《劳动合同法》、《民事诉讼法》、《招投标法》、《突发事件应对法》、《劳动争议调解仲裁法》、《证券法》、《破产法》、《物权法》、《企业所得税法》、《反垄断法》等。

第三节　法　律　事　务

1986年8月，随着计划经济的结束，水电六局法律顾问处成立。成立的头3年，法律顾问处就参与了10多项经济合同的签订工作，审查了10多件经济合同，凡是法律顾问处参与签订和审查的经济合同，没有发生过法律方面的失误，有效地避免了经济损失。4年时间共代理22起经济纠纷的诉讼活动，保护了水电六局800多万元的经济利益，节约了10多万元的诉讼代理费。还接受了300多人次的法律咨询，调节解决了6起民事纠纷，办理了几十件经济合同和证书的公证。

水电六局法律顾问工作有以下特征：法律顾问是既懂法律又懂管理的复合型人才；其工作原则是以事前防范为主；业务工作涉及企业生产经营活动全方位、全过程；企业法律顾问直接对企业领导人负责。其工作内容有：协助企业领导人正确执行国家法律、法规，对企业重大经营决策提出法律意见；参与起草、审核企业的重大规章制度；管理企业合同，参与重大合同的谈判和起草工作；参与企业的合并、分立、破产、投资、租赁、资产转让、招投标及进行公司改制等涉及企业利益的重要经济活动，处理有关法律事物；办理企业工商登记以及商标、专利、商业秘密保护等相关法律事务；接受企业法人的委托，代理企业的诉讼和非诉讼活动；对职工进行法制宣传教育等。

第四章　计　划　管　理

第一节　管　理　机　构

水电六局建局时就成立了计划财务处，下设计划科，负责工程计划、统计、预算工作。“文革”期间，设立生产办公室，工程计划、技术、施工、统计、预算等工作合署办公。20世纪70年代末，将生产办公室更名为技术处，其业务不变。80年代末期，步入市场经济以后，水电六局从技术处分离出计划、统计和预算职能，成立计划处，与技术处分立。1993年，水电六局将计划处更名为经营处。2001年，水电六局组建工程管理部，包括工程管理、计划、统计、预算、质量和安全管理工作；由总工办、设计处、科协合并，组建技术开发部。2006年，水电六局将安全管理分离，工程管理部和技术开发部合并，组建工程管理科技部。

第二节　主　要　职　能

水电六局工程计划管理的主要职能是对全局的计划、统计、预算、定额、工程外包、征地移民等计划工作系统负有责任。各二级单位的计划部门对本单位计划工作系统负有全部责任。上级计划部门对下级计划部门有布置、检查、帮助、指导工作和组织业务学习的权利和义务。

第三节 计 划 管 理

一、计划经济时期

计划经济时期，工程项目由国家指定，施工工期由国家下达，水电六局的年度、季度计划以综合平衡计划为主要内容，以指导和协调各业务部门的工作；月份计划以施工生产为主要内容，组织和布置施工生产活动。

根据水电六局体制和业务分工，计划工作分两级管理，业务归口，计划部门进行综合平衡的管理原则。两级管理是水电六局和分局、工区（厂队）两级管理。业务归口是生产计划（包括自筹资金计划）、劳动力计划、物资计划、技术组织措施计划、机械使用计划、财务计划等，分别由计划部门、劳资部门、供应部门、技术部门、机电部门和财务部门分别编制，然后由计划部门或水电六局主管生产的副局长综合平衡审核定稿，经局审批后由各业务部门分别贯彻执行。

计划的编制：计划的编制分年度计划、季度计划、月份计划。

年度计划是搞好综合平衡，组织与协调好水电六局全部生产经营活动重要环节。

年度计划内容主要包括：基建施工生产、辅助生产、科研双革、图纸供应和技术措施、设备检修、物资供应、设备购置、劳动工资、安全生产措施、节约能源和材料、职工培训、财务成本计划等。局计划处根据水电总局预测的计划投资指标，于 11 月底编制出下年度施工生产计划初稿，提交局讨论通过后上报水电总局。

季度计划是计划管理工作的重要步骤，是布置和组织施工生产，协调生产单位之间、生产单位和辅助单位之间的关系，作好施工前的施工技术供应，材料、设备资金供应的重要依据。

季度计划的主要内容是：日施工计划进度计划、工程投资计划、主要技术措施计划、主要设备平衡调度和设备检修计划、主要材料供应和三材节约计划、节约能源计划、劳动力平衡调度和劳动生产率计划、职工技术培训计划，财务成本计划等。

月份计划的主要任务是直接组织和协调生产经营活动。月份计划分为由局向各工区、厂、队下达的月份生产计划和各工区、厂、队向施工队、车间下达的月份施工作业计划。

月份生产计划的主要内容是：施工生产和形象进度计划、辅助生产计划、安全措施以及相应的建安投资和产值计划，其他各项计划和技术指标按季度计划执行，月份计划中不再反映。在计划编制时，月、季、年度计划要以确保施工总进度为宗旨；月份计划要确保季度计划的完成，季度计划要确保国家下达的年度计划的完成。各项计划指标既要积极、先进，又要留有余地，有产可超，经过努力可以实现。

二、市场经济时期

20 世纪 80 年代末，计划经济结束，水电六局开始实行项目法施工管理，至此，施工工期由工程项目业主下达，计划管理围绕工程进度安排。计划管理模式由直控式转为施工项目、水电六局二级单位、水电六局三级管理制。水电六局的计划管理职能由过去的微观转为宏观。计划管理的方式转变为上下结合、分级编制、宏观调控、分级管理。项目施工的全过程按网络计划严格控制，实行均衡生产。各施工生产单位按照在建项目的工期要求排列计划书，水电六局按照计划进行检查和考核。计划书的主要内容是：合同工期要求、工程形象面貌、主要工程量、单价、施工产值、有关说明等，计划的编制、管理办法和程序，按照国家、业主有关计划管理的有关规定，采取老传统和新要求相结合的形式。此时期同步开始实行计划工作同业务竞赛，竞赛以计划的全面性、及时性、准确性为依据，采用百分制评比打分的形式，由上级主管部门人员对下级计划部门和人员考核打分。计划工作同业务竞赛，极大地促进了水电六局计划工作整体水平的提高。

第四节　统　计　管　理

水电六局统计工作历来由计划合同部门负责。国家在1953年发布的《关于充实统计机构加强统计工作的决定》、1963年颁布的《统计工作实行条例》、1978年再次发布的《关于加强统计工作充实统计机构的决定》、1983年颁布的《中华人民共和国统计法》等方针、政策、法规是指导水电六局统计工作的法律依据。

一、统计工作规定和内容

计划经济时期，水电六局承担省级下达的固定资产投资计划，统计工作执行的是固定资产投资统计，包括：建设项目统计、投资额统计、新增生产力统计、新增固定资产统计和固定资产投资效果统计等。

计划与市场经济共存的“双轨制”时期，针对指令性计划工程项目，依然执行固定资产投资统计；针对市场承揽的工程项目，执行建筑业施工统计。

市场经济时期，继续执行建筑业施工统计，其中包括作为提取百元产值工资含量依据的建筑业总产值、水电六局内部产值。其任务是：及时检查和监督计划的执行情况，考核经济效果；及时反映生产经营动态，全面实行经济核算，实行按劳分配。局内统计的依据是水电六局先后在1959年、1963年、1978年、1983年、1989年、1998年、2002年和2006年制定的有关统计工作的各项规定和配套办法。

二、统计工作网络

水电六局建局初始就建立了局、区、队三级统计管理体系，水电六局设统计科，由高级统计师负责牵头统计工作；工区设统计科；施工队设专职统计员。20世纪70年代后，水电六局三级统计管理体系日趋完善。1984年以后，在计划处设统计科，有3～5人专职负责统计工作；工程处（后改为分局）设统计科，有2～3人专职负责统计工作；施工队设1～2人专职负责统计工作。在工程项目上，项目部也分项目部、施工队、班组三级统计体系，都设有专（兼）职统计人员。

水电六局的统计管理网络分综合统计、专业统计、班组生产记录3个层次。水电六局综合统计由工程管理部门负责，专业统计由其他专业管理部门（如人力资源、财务、设备、物资、安全等）负责；分类设专（兼）职统计人员。

三、统计管理

水电六局从建局至今，经过不断的摸索和实践，逐步形成了现在的比较规范的统计管理模式。统计报表分类为快报、定期报表和专业报表。快报为班报、日报、五日报、旬报，由各分局和项目部用电话、传真、邮件等形式向归口管理部门报送，并于次月3日前报水电六局统计部门；定期报表为月报、季报和年报，按照报表的具体要求，逐级上报，并要填写说明。

四、统计基础工作规范化

建立健全原始记录制度。根据实际情况建立健全各项原始记录制度，如施工队、车间、班组要建立分部位、分项目并真实、及时、准确地填写工时消耗、材料消耗、机械台班运行记录等报表，同时建立形象进度、质量、安全方面的记录。

建立统计台账。要建立实物量、工作量、历年主要经济指标等台账，台账的设立要贯穿生产经营全过程，并保持连续性。

统计图表。形象进度表是实物量统计的一部分，主要经济指标完成情况及历年主要经济指标要建立图表，并用形象图反映其进度。

历史资料的归档整理。历史资料如年报、年度统计分析报告等要求分年度、分类编号整理成册，建立历史资料档案，以方便查阅和使用。

五、统计工作竞赛活动

水电六局自20世纪80年代起开始实行统计工作同业务竞赛。竞赛以统计报表的全面性、及时性、准确性为依据，采用百分制评比打分的形式，由上级主管部门人员对下级统计部门和人员考核打分。此办法已延续至今。经过多年的统计工作同业务竞赛，促进了水电六局统计工作整体水平和统计工作人员工作能力的提高。

第五节　定额和预算管理

水电六局建局时起，为了适应全局经济核算的需要，水电六局将编制施工图预算单价和预算单价分别管理。施工图预算单价是编制上报的年度计划、统计报表和对国家实行工程价款结算，考核上级下达的各项经济指标的依据。预算单价是局内编制年、季、月计划，统计报表，开展经济核算工程成本和各项经济指标的依据。预算单价的总水平低于施工图预算单价的水平3%以上。计划部门除此之外，还要作好定额工作和外包工作管理等。

20世纪80年代末，进入市场经济时期，水电六局实行项目法施工管理，定额和预算管理模式由直控式转为施工项目、水电六局二级单位、水电六局三级管理制。水电六局的定额和预算管理职能由过去的微观转为宏观。定额和预算管理的方式转变为上下结合、分级编制、宏观调控、分级管理。

第五章　工程项目管理

第一节　管理机构

水电六局总部项目管理机构：20世纪80年代末，是计划处与技术处共同统管；2001

年，组建工程管理部（包括工程管理、项目管理、计划、统计、预算、质量和安全管理工作）；2006年，将安全管理职能分离出去，工程管理部和技术开发部合并，组建工程管理科技部。

项目经理部是水电六局为履行与业主签订的工程承包合同而派至施工现场管理机构，随开工而组建，随竣工而撤销。项目经理部由项目经理、副经理、三总师及几个部门负责人组成。项目管理机构的组成和规模，是应项目的工程特征、外部条件以及合同条款的要求设定的。

第二节　项　目　管　理

2002年，水电六局制订了《水电六局工程项目管理办法》，实行了新的项目管理模式：①联营体项目。由水电六局和其他各方依法组成联营体承建的工程项目，实行董事会领导下的项目经理负责制，实行“二级核算，两级管理”模式；②水电六局直属项目。水电六局是实施承包合同管理的主体，实行项目经理负责制下的二级核算，一级管理的模式；③水电六局分局项目。由各二级单位负责的项目，实行分局长（项目经理）负责制下的“二级核算，两级管理”模式；④水电六局分包项目。实施分包的工程项目由分包单位组建项目部，履行分包合同，主包单位实施合同管理。

2006年，水电六局制订了《水电六局国际工程项目管理办法》。《办法》规定：水电六局所有国际工程项目，均由水电六局统一管理，同时还规定，承揽国际工程的经营方式有受托履约、工程分包、参股。水电六局对国际工程项目的管理，以履约项目为管理对象，以项目经理为基本管理单位，通过“统一对外，专业管理，一个窗口，一条通道”的组织体系实施。项目经理部是联营体履约的现场执行机构，项目经理是履约法人代表。

2006年底，水电六局制订了《工程项目评估办法》，成立了水电六局、分局两级项目评估委员会，按照合同标的、性质进行了权限划分，对新中标的项目在开工前进行成本测算，通过项目成本测算，减少了项目管理的盲目性，增强了项目管理的前瞻性，使项目授权经营责任更加明确。

第三节　工　程　合　同

《水电六局工程项目管理办法》中规定，对于国家重点工程、中型及以上的其他项目的合同洽谈、签约，由水电六局负责组织；中型以下的其他项目合同由局长授权委托二级生产单位负责人进行洽谈、签约。合同签约，均应在事先经合同审查小组进行评审，记好评审记录，报送备案。履约阶段，项目经理要会同有关人员熟悉和研究合同条款，防范潜在风险；凡合同变更，必须以书面形式确定，切忌口头约定；如遇停工、拖欠工程款等重大违约现象，要及时报水电六局主管部门。合同终止阶段，合同终止时仍由项目经理负责督促业主尽快办理竣工验收、出具竣工验收报告、进行竣工核算、及时退还有关保函；同时请有关部门对质量、安全工作作出书面评价报局；质保期满，及时催还工程质量保证金。

第四节 工 程 安 全

一、项目部安全工作目标

建成一个健全的安全管理机构和一支满足安全管理要求的安全管理人员队伍；建成一个关系顺畅、责任明确的安全管理网络；水电六局和各分局建成完善的体系化的安全管理制度，建成安全生产长效机制。杜绝重、特大恶性事故，努力减少其他事故的发生频度，提高企业的安全生产水平；遵循以人为本的原则，紧紧抓住安全生产责任制、规章制度和操作规程的执行和落实，突出抓好安全工作的重点，强化安全监督的力度，严格责任追究制度，确保安全管理目标的实现。

二、项目部安全生产管理体系

根据水电六局工程安全工作有关规定，工程项目实行安全生产责任制。项目部设安全生产委员会，项目经理为第一责任人，有专职主管安全工作的副经理，下设安全部和具有安全生产资质的专职安全人员，施工队有一名安全生产责任人，施工队和班组分设专职安全人员。

水电六局项目部安全生产管理组织体系详见图7-5-1。

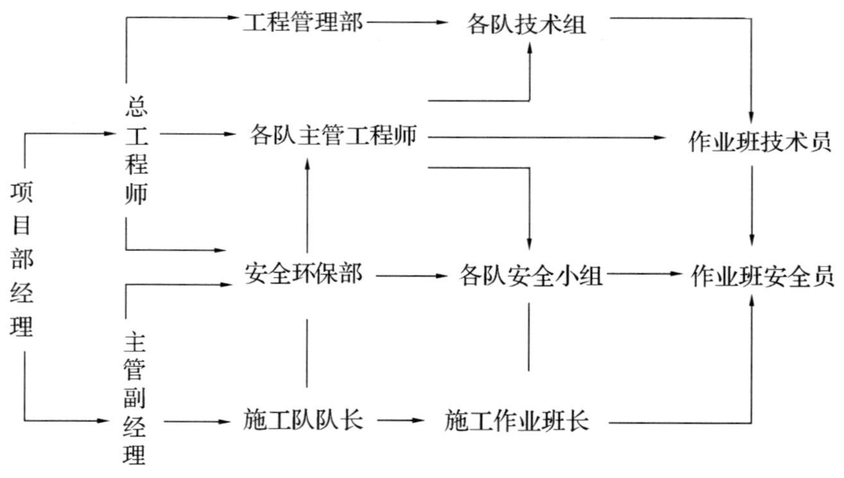

图7-5-1　水电六局项目部安全生产管理组织体系

三、项目部安全生产制度

水电六局早在建局初期就陆续下发了《工程安全生产管理办法》、《工程安全生产奖惩规定》、《水电六局工程项目管理办法》等安全生产配套制度和规定，并在20世纪70年代后期不断地充实和完善。到21世纪初，项目安全生产管理办法已经成熟，管理程序已经规范，项目安全事故呈逐年下降趋势，绝大部分项目安全生产达标。

四、项目部安全生产检查和考核

水电六局长期以来坚持安全生产三级检查制度、定期考核制度。对新人入场、民工入场、分包队伍入场都进行岗前安全生产教育，经考核合格后方能上岗。特种行业人员必须持证上岗。坚持定期三级检查，班前讲安全、班中查安全、班后看安全。坚持定期考核，按百分制考核打分，实行安全生产一票否决制。

第五节 工 程 质 量

一、项目部工程质量管理体系

工程质量是水电六局发展壮大的命脉。根据水电六局工程质量管理有关规定，工程项目实行工程质量责任制。项目部设质量管理委员会，项目经理为工程质量第一责任人，有专职主管工程质量工作的副经理，下设质量检查部和具有质量检查资质的专职质量检查人员，施工队有一名质量检查责任人，施工队和班组分设专职质量检查员。

水电六局项目部质量管理组织机构详见图 7－5－2。

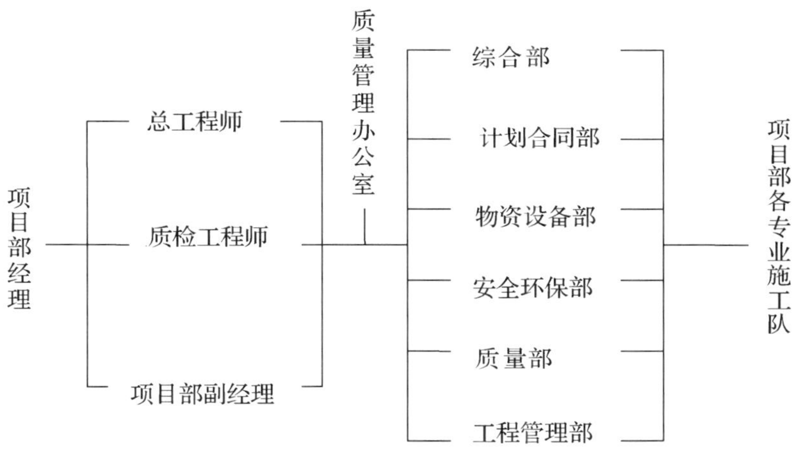

图 7－5－2 水电六局项目部质量管理组织机构

二、项目部工程质量检查和管理制度

1959 年，水电六局制订了《云峰水电工程局工程质量责任制》（草案）；1980 年制订了《关于加强基本建设工程质量管理工作的意见》；1981 年制订了《质量检查制度》（试行稿）；1981 年出台了《质量责任暂行制度》（试行稿）；1983 年水电六局制订了《质量管理制度》、《工程质量考核办法》；1998 年出台了《质量保证手册》（1999 年对其进行修订再版）；2000 年出台了《程序文件》、《工程项目质量管理办法》；2002 年出版了《质量手册》；2004 年，水电六局下发了《管理手册》。

三、项目部工程质量的检查和考核

工程施工的质量检查与控制完全由项目经理部负责，内部按“三检制”要求操作，质量检查部门或专兼职质量检查人员负责终检及竣工资料的日常收集汇总；项目接受建设单位或工程监理的施工质量抽查或复核，最后由当地政府质量监督部门进行单位工程、项目工程的终检和验收评定；项目经理部主持交工工程的验交和竣工资料的整理移交、归档。水电六局《工程项目管理办法》规定：在工程检查中提供虚假资料的；发现质量事故隐瞒不报的；对按规定进行质量检查设置障碍的；在履行职责中玩忽职守的等现象加重对项目部负责人和责任者的行政、经济处罚。对质量工作做得好的项目部及负责人给予奖励。

水电六局长期以来坚持质量第一的原则，实行重大工程质量终生追溯。对新人入场、民工入场、分包队伍入场都进行岗前工程质量教育，经考核合格后方能上岗。坚持工程质量三级检查制度，坚持定期考核，按百分制考核打分，实行工程质量一票否决制。

第六节 文 明 施 工

文明施工是水电六局长期坚持的目标之一。从建设云峰水电站开始，文明施工的意识就逐渐在水电六局人的脑海里扎下根。进入市场经济时期后，在工程项目建设中，建设业主对文明施工的要求越来越高，水电六局对文明施工抓的越来越严格，制度规范，工作得力，已建、在建工程的文明施工普遍受到好评。

一、目标

文明施工是项目部的工作重点之一，工作目标必须“高起点”，树立精品意识，创精品工程。

二、管理组织机构

项目部成立以项目部经理为负责人的文明施工领导小组，安全环保部设文明施工办公室，配备专职文明施工检查人员，在文明施工领导小组的领导下具体负责文明施工的各项管理工作。

项目部文明施工组织机构详见图7-5-3。

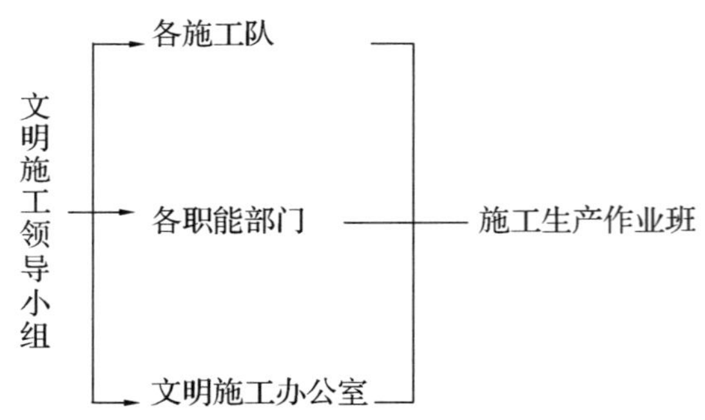

图7-5-3 项目部文明施工组织机构

三、职责

(1) 建立文明施工的各项规章制度，保证文明施工各项制度的落实。

(2) 负责宣传、教育、检查、监督制度的落实情况。

(3) 负责对文明施工过程中出现的各类问题进行处理和改进。

(4) 负责对各作业队提出的合理化建议进行筛选、采纳，并根据实际情况加以完善和落实，保证达到文明施工的要求。

(5) 负责月、季、年度文明施工的考核、评定工作。

四、检查和考核

在工程施工过程中，严格按照下列标准检查和考核：

(1) 生活区道路平整；排水畅通；标志醒目；环境卫生。

(2) 车间与库房宽敞；库房通风；物料整齐；工完场清。

(3) 办公室窗明几净；待人热情；爱岗敬业；提高效率。

(4) 施工区作业人员护具佩戴标准化；劳动作业规范化；材料使用有计划；生产管理制度化。机械设备停放有序；安全防护装置齐全；检修维护及时；废物收集统一。施工区内道路平整；照明光线充足；排水沟畅通；安全警示醒目；作业场地干净。

（5）有严格的运转灵活的文明施工组织体系，有切实可行的文明施工方案。

第六章　工程技术管理

第一节　管理机构

云峰局建局时成立施工技术处，下设工程统计科和施工技术科，负责工程施工和统计工作。“文革”期间，设立生产办公室，工程计划、技术、施工、统计、预算等工作合署办公。20世纪70年代末，将生产办公室更名为技术处，其业务不变。80年代末期，步入市场经济以后，水电六局从技术处分离出计划、统计和预算职能，成立计划处，与技术处分立。1993年，技术处更名为工程管理部。2001年，组建工程管理部，包括工程管理、计划、统计、预算、质量和安全管理工作；由总工办、设计处、局科协合并，组建技术开发部，负责技术管理和开发工作。2006年，水电六局将安全管理分离，工程管理部和技术开发部合并，组建工程管理科技部。

第二节　主要职责

水电六局的技术管理工作在主管副局长、总工程师的领导下，由生产技术部门负责全局的技术规程、技术档案、技术革新、科学技术情报、科学技术的应用等管理工作。

其主要职责是配合设计院、设计代表组，编制开工前的施工设计，考虑施工方法、场地布置和料场使用规划；根据施工设备配合供应处、劳动工资部门提供机械设备与劳动力使用等技术供应资料。负责向各工区、工段进行场地规划及主要技术组织措施的交底和检查。提出保证全面完成计划的措施，配合质量、安全部门进行工程验收工作。负责全局性的地形测量进行情况，协助解决测量中的技术问题。

第三节　技术管理

1983年，水电六局推行经济责任制，水电六局技术处对全局的工程质量、工程进度、人身事故、材料消耗、建安量、人工费、设备两率、技术供应、施工管理、水文工作、技术推广等都负有责任，并有考核标准。

水电六局步入市场经济以后，施工技术管理实行项目经理领导下的总工程师负责制。局属项目部和分局及所属项目部设总工程师，总工程师负责项目技术管理工作。图纸会审有技术单位、设计单位、监理工程师和施工单位参加。会审后形成正式文件，经各方签章，作为施工、验收和竣工结算及履行合同变更条款的主要依据，存入工程技术档案。

施工组织设计的编制，由项目部总工程师组织实施，水电六局总工程师负责审批和签署。并按合同规定时间报技术单位和监理单位审批。施工技术难题的解决与新技术 、新工艺、新材料、新设备的推广应用，经上级技术负责人审批后，报监理与设计单位同意后方可实施。水电六局技术开发部门牵头进行技术交流、信息交流及专题技术总结。工程竣工资料的整理与施工总结由项目总工程师具体组织实施整理，水电六局工程管理部或分局工程管理部门负责指导与监督。局属项目的资料上报工程管理部，分局项目的资料由二级单位的工程管理部门汇总，按要求报水电六局工程管理部门。

第七章　安　全　管　理

第一节　安　全　机　构

1960 年，云峰局建立了安全机构，成立了劳动保护科，配备了专职安全干部，施工队配备了专职安全员，班组有兼职安全员。组成群众性安全网。健全并建立安全工作制度和安全操作规程，于 1961 年对云峰局装卸、搬运工等 50 多种安全操作规程和已建立起来的十多种安全工作制度进行全面的审查和整顿；重新制定了安全工作措施计划和安全责任制度，从局长到总工程师再到劳动保护科、施工队长、队工程师或技术组长，队劳动保护组或兼职安全员、值班班长都有相关的安全责任。

1977 年，在水电六局革委会的领导下，成立了安全委员会，由局领导和有关部处室的领导组成，下设办事机构负责日常管理工作。

1982 年 4 月，水电六局组建质量安全处，质量和安全管理合署办公。

1997 年 3 月，质量和安全管理职能分离，重新组建安全部至今，独立分管安全管理，受水电六局安全委员会领导。

第二节　安　全　管　理

水电六局实行安全生产委员会（简称安委会）的安全组织制度。水电六局安委会由水电六局领导、水电六局安全监督管理相关部门负责人和水电六局各分局主要负责人组成。水电六局安委会在局长的领导下，对企业重大安全生产政策和事务进行决策。安委会下设办公室，办公室在水电六局安委会领导下根据企业安全生产的实际情况，研究各种安全问题，为安委会和工程局领导提供决策意见。办公室定期组织召开各种研讨会、现场会和专题会，解决安全生产中的实际问题。工程局设置专职安全机构——安全部，负责全局的安全管理工作。各二级生产单位设置安全专职机构——安全部（科），负责本单位的安全管理工作。从业人员超过 100 人的项目部设置专职机构——安全组。从业人员少于 100 人的项目设置专职安全员。各班组设置兼职安全员。

局长全面负责水电六局的安全生产工作，副局长协助局长负责职责范围内的安全监督管理工作。各部门按照职责分工在分管副局长的领导下，负责本部门职责范围内的安全监督管理工作。安全部（安委会办公室）在主管副局长领导下，承担本部门安全监督管理职责，负责水电六局安全监督管理的协调工作。

水电六局劳动安全管理经历两个阶段：1987 年以前，计划经济时期，以水电六局安全职能部门直接管理、检查监督为主，局属二级单位管理为辅；1987 年以后，水电六局推行局、处长负责制，步入市场经济，到处找“米”下锅，安全工作改为分级管理，一级抓一级。坚持“谁主管、谁负责”的原则。安全责任与年终经济考核挂钩。局属二级单位各自负责内部的安全检查与管理，水电六局劳动安全部门监督、指导、服务并实施抽查和考核奖惩。

第三节　安全监督管理方法

一、签订安全责任状

水电六局安全监督管理实行安全生产责任制度：一是根据安全监督管理制度的要求，水电六局与直属各单位主要负责人签订《安全生产责任状》，明确安全管理职责，提出履职要求。二是进行安全监察、检查和考核。水电六局根据《安全生产责任状》的履职要求，对各分局进行定期监察和年度核查，并根据《安全生产责任状》的履职情况，按照安全与效益挂钩原则，年终对签约单位进行考核。对模范履行安全职责的给予表彰或奖励，对不负责任、失职、渎职造成事故的，均按责任制分清责任，予以追究。三是保证项目的安全投入。为了保证在建工程施工安全，项目经理必须保证安全投入，不断改善职工的劳动条件和安全文明的施工环境。安全投入是否充分有效，作为安全管理指标列入水电六局对各分局、项目及分局局长、项目经理的安全工作考核。安全投入主要有三大项：①安全管理费用，即安全培训、教育费用；②工伤、意外保险费用；③各种安全设施、仪器用品检测费用。

二、加大安全设施费用

安全设施费用主要包括安全网采购费用，包括安全警示标志、标牌、安全围栏、安全通道、扶梯制安、消防器材、安全监测器材等。二是紧急措施费用，包括工程岩体安全支护、工程岩体安全监测、防汛的备料等。三是个人劳动防护用品费用，如安全服、安全帽、安全鞋、安全手套、防尘罩、电焊面罩、安全带、安全绳等。据统计，仅 2006 年，水电六局在安全生产方面累计投入 1079 万元。

三、开展安全活动

（1）每周一次安全活动日。1959 年底，水电六局确定每周一为安全活动日，各单位利用这一时间向职工进行安全教育。后来这一活动时间改了，活动项目也由安全教育改为总结上周安全工作，布置本周安全注意事项。

（2）坚持班前安全会。班长在向职工交代生产的同时，还要向职工讲清安全操作规程和安全生产注意事项。

（3）举行群众安全报告会。以典型事故为教材向职工进行演讲。

（4）安全月活动。安全月活动从20世纪80年代开始，每年把一个月作为安全活动月。在这个月里，开展安全生产经验交流会、安全演讲会，开展我为安全献一策活动、安全教育和安全生产大检查等活动。

第四节 劳动安全规章制度

1959年底，云峰局制订了《安全工作制度》，在这个制度中，确定每周一为安全活动日；做好交接班工作；开好班前班后会议；下达生产任务的同时必须附有安全措施计划；每月有领导参加的安全大检查。1961年，云峰局颁发实施《安全工作措施计划》、《安全责任制度》、《安全工作制度》等。

1977年，水电六局制订了《安全生产管理制度》、《司炉工安全操作试行规程》、《消灭七种恶性事故的技术措施》。

1986年，水电六局制订了《水电六局安全生产经济奖罚实施办法》、《安全生产管理规定》、《关于对施工中违章肇事加重处罚的规定》和《关于交通安全的处罚规定》4项规定。

1987年，经丹东市劳动局的批准，由水电六局对局属各单位的特殊作业人员进行考核发证工作。

1991年，水电六局制订了《职工伤亡事故管理规定》，同时下发了《企业员工伤亡事故报告和处理规定》。

1996年，水电六局编制了《安全管理条例》。

2005年，水电六局将《安全管理条例》升级为《安全管理规章制度》，包括：安全管理制度、安全技术规程、安全操作规程。

第五节 安全措施

一、技术措施计划

1961年，水电六局计划、技术、安全部门共同制定安全工作措施计划。这个计划主要针对防止尘毒危害、改善劳动条件和环境以及安全活动、安全教育培训防止工伤事故等。所需费用专款专用。2005年，水电六局在《安全管理规章制度》中规定，安全技术措施的编制由各分局（公司）的工程技术部门负责，与安全技术措施内容相关的其他部门为参与措施会签部门。安全技术措施的编制同施工技术措施同时进行、同步实施。对安全有重大影响作业应单独制定专项的施工安全技术措施。水电六局对安全技术措施的落实、执行、监督、管理提出相应的要求。

二、劳动保护用品

职工个人劳动保护用品依据国家规定和生产实际需要配给。1963年，云峰局转发了劳动部《关于公布试行国营企业职工个人防护用品发放标准》的通知；2003年又转发国家安全生产监督管理局《关于开展劳动防护用品专项监督检查工作的通知》。计划经济时期，水电六局劳动保护用品由局统一采购发放；市场经济时期，劳动保护用品由各二级单位自行采购发放，标准也不完全相同。20世纪80年代末，随着机关、文教卫生及后勤人员不再围绕生产施工服务，这部分人的防寒服、防寒鞋等劳动保护用品也停止配发。

三、特种作业人员管理

水电六局特种作业人员指从事电气、起重、司炉、焊接、爆破、特殊高处作业和架子工、厂内机动车驾驶人员、机械操作以及接触易燃易爆、有害气体、射线、剧毒等作业人员，水电六局从事特种作业人员进行专业操作技术培训和安全规程的学习，经有关部门考试合格并取得证书后方可上岗工作。水电六局为了加强对特种作业人员的管理，先后下发《消灭七种恶性事故的技术措施》，1980年下发了《关于认真作好锅炉检修、保养工作的通知》，1980年制订了《防尘防毒重点技术措施》，1983年下发了《关于认真执行电业安全规程，加强电气安全管理的通知》，1984年下发了《关于加强锅炉安全运行管理的紧急通知》，2003年转发了省、市《关于进一步加强民用爆破物品安全管理的通知》。

四、安全奖惩

1986年，水电六局制订了《安全生产经济奖罚实施办法》，对安全工作做得好的单位和个人给予奖励，对发生各类事故的生产单位和事故责任者给予一定的经济处罚。2003年，水电六局下发了《关于兑现安全生产优秀项目经理奖金的通知》，对3个被总公司评为安全生产优秀项目经理的项目经理，给予每人5000元奖励。2004年，水电六局对优秀安全工作者和安全标兵进行了表彰。

五、安全检查

从建局开始，水电六局安全这根弦就始终绷得很紧，安全检查员跟班对现场进行巡回检查，发现不安全因素立即处理，不冒险作业；根据季节及施工特点定期或不定期组织以保卫部门为主的防火及交通运输安全大检查；以安全部门为主进行施工现场安全大检查；以机电部门为主进行设备安全大检查。发现隐患立即解决。对安全检查中发现的重大问题，填写"安全施工问题通知书"送到有关单位，限期处理。对重大或涉及全局的问题，同时报送上级主管部门备案。

第八章　质　量　管　理

第一节　管　理　模　式

水电六局质量管理经历两个时期：

(1) 计划经济时期。这一时期水电六局由上级指令性安排施工任务，其质量管理工作由水电六局质检部门直接管理，质检部门在局长和总工程师的直接领导下贯彻执行"百年大计，质量第一"的方针，直接负责质量检查验收（施工准备检查、施工过程检查、中间验收检查、质量事故检查），签发有关终检合格证；局属工区为直接施工、质量控制单位，负责管理质量控制“三检制”中的自检互检；施工队、班组负责工序施工，并进行质量自检。局质量检查部门进行审查验收评定、工程竣工资料的整理、移交及竣工验收等工作。

（2）市场经济时期。这一时期水电六局全面推行项目法施工，施工任务全靠参与市场竞争投标而得，国家对建筑工程实行监理制。期间，工程施工的质量检查与控制完全由项目经理部负责，内部按“三检制”要求操作，质量检查部门或专兼职质量检查人员负责终检及竣工资料的日常收集汇总；项目接受建设单位或工程监理的施工质量抽查或复核，最后由当地政府质量监督部门进行单位工程、项目工程的终检和验收评定；项目经理部主持交工工程的验交和竣工资料的整理移交、归档。水电六局质检部门主要职能是统一制定全局质量方针、目标和规章制度，实施内部的质量监督与考核奖惩，对局属二级单位或工程项目的质量管理与控制情况进行不定期的抽查。概括其职能是“管理、监督、指导、服务”。

第二节　质量管理机构

建局初期云峰局成立质量检查科，后来，由科建处负责全局质量管理工作；1963年，云峰局设施工技术处，下设质量检查科；1969年，质量检查归口生产办公室；1979年，质量检查又归技术处，下设质量检查科；1982年，质量管理和安全管理合署，组建质量安全处；2001年，质量管理工作并入工程管理部；2006年，工程管理部更名为工程管理科技部，质量工作仍在该部管理。水电六局早在20世纪60年代就建立质量终身责任制，水电六局局长是全局质量工作第一责任人。项目经理对工程项目质量工作负直接领导责任，技术负责人对工程项目质量负技术责任。承建规模在5000万元及以上的项目部设与生产部门同级的质检部门；5000万元以下的项目部设专职质检员。

第三节　建立健全规章制度

1959年，水电六局制订了《云峰水电工程局工程质量责任制（草案）》。局长、总工、技术科、质量检查科、试验室、工区主任、队长、技术员、班组长、工人全部对工程质量负有各自的责任；1980年制订了《关于加强基本建设工程质量管理工作的意见》；1981年制订了《质量检查制度》（试行稿）。1981年又出台了《质量责任暂行制度》（试行稿）。1983年制订了《质量管理制度》，水电六局设质安处质量检查科，对全局的工程质量负有把关和检查督促的责任。1983年出台《工程质量考核办法》，该《办法》中的指标要求是：①土建工程。施工质量合格率应达到100％，优良率应达到60％；②机电设备安装工程。合格率应达到100％，优良率应达到85％；③临时工程。根据实际情况，质量标准（《太平湾电站基础开挖钻爆工艺质量检查办法和评定标准》（试行）、《水工混凝土质量标准及评定办法》、《基础灌浆施工质量标准及评定办法》、《基础岩质量标准及评定办法》、《砂石料质量标准及评定办法》）可适当降低。1998年，水电六局出台了《质量保证手册》

(1999年对其进行修订再版)，2000年出台了《程序文件》、《工程项目质量管理办法》，2002年出版了《质量手册》。2004年，水电六局在下发的《管理手册》中明确了质量管理目标与指标：单元工程合格率100%，单元工程优良率85%；竣工工程优良率90%、杜绝重大质量事故；减少环境污染，杜绝环保违规事件发生；职业健康安全：控制工伤事故(轻伤率<15%、重伤率<0.2人/千万元产值、死亡率<0.2人/亿元产值)、避免健康伤害、杜绝重大死亡事故。

质量奖罚规定：2005年，水电六局《工程项目管理办法》规定：质量体系运行不畅，在一次内审或外审中查出有严重不符合或一般不符合项超过8项的，给予项目部5000～10000元罚款，项目部主要负责人1000～2000元罚款；年终单元工程合格率达不到100%，单元工程优良率达不到50%，竣工工程遗留有较严重的质量问题，给予项目部10000～30000元罚款，项目部主要负责人1000～2000元罚款；出现质量事故按事故损失金额大小给予项目部及责任者如下处罚：项目部按损失金额20%罚款，责任者按其承担的责任不同按损失金额的1%～3%罚款。对施工中粗制滥造、偷工减料、伪造记录的；在工程检查中提供虚假资料的；发现质量事故隐瞒不报的；对按规定进行质量检查设置障碍的；在履行职责中玩忽职守的等现象加重对项目部和责任者的行政、经济处罚。同样，水电六局对质量工作做得好的项目部及负责人也给予奖励，如质量体系运行正常，内审和外审中未发现严重不符合项，且一般不符合项少于5项；年终单元合格率达到100%，单元工程优良率达到85%以上，竣工工程优良，顾客对整体施工质量满意。根据项目部所承担工程的大小给予10000～50000元奖励，项目主要负责人及具体工作人员500～2000元奖励。奖励资金的来源，工程局按各单位工资总额的1%～2%提取，作为质量基金，因工作失职导致质量事故或质量低下而给予的经济处罚，其罚款也纳入质量奖励基金。

严把施工材料购入关。对工程使用的原材料如水泥、钢材、钢筋、砂石骨料等必须要有厂家出厂合格证，按规范要求进行现场取样试验，凡不合格的材料不准使用。

水电六局成立局、处两级全面质量管理领导小组，开展各类专业技术质量管理QC小组活动，举办质量管理工作学习班，开展质量管理教育。

第四节　质量体系认证工作

水电系统从1996年开展ISO 9000方案标准化宣传贯彻工作，按照ISO 9000方案标准建立质量体系并实现质量体系的认证，获得进入国际市场的通行证。因此，以质量求生存图发展已不是一句空话。该项工作工作量大，牵涉面广，基本上要经过培训、编写、实施、审核、认证等阶段。水电六局的质量体系自1997年12月18日正式投入运行，ISO 9002标准19个要素在全局内实施控制。“科学管理、过程控制、质量一流”的质量方针在水电六局贯彻执行。各单位和部门都在按标准要求规范各项质量管理工作。经过一年多的工作，水电六局于1999年7月28日顺利通过ISO 9002质量体系认证，中质协质量保证中心向六局颁发了质量体系认证证书。至此，水电六局的管理和施工又迈上了一个新台阶，已初步与国际标准要求接轨。2003 年 9 月，水电六局通过了中质协的严格评审，再次取得了 ISO 9001：2000 标准质量体系的认证证书。2004 年，水电六局整合了质量管理、环境管理和职业健康安全管理体系。于 12 月 12 日通过了三位一体的管理体系认证，标志着水电六局在质量、环境和职业健康安全管理方面得到了权威机构的认可。

第五节　采用新工艺保证工程质量

水电六局在建太平湾水电站时，丹东地区夏季最高气温达 34.4 摄氏度，进行混凝土施工时，除了采取薄层浇筑，利用层面自然散热加冰拌混凝土，混凝土采用大料堆储存之外，还在混凝土中掺用木素及塑化剂、复合减水剂 NNO，以减少水泥用量，降低水化热。水电六局在万家寨枢纽工程夏季混凝土施工时，专门设置制冷厂，混凝土出机温度高于 25 摄氏度时，用低温水拌料；加大骨料储存量，加防晒棚，在混凝土中掺入 25%粉煤灰。水电六局在尼尔基厂房混凝土夏季施工时，首次采用冷却水管埋设温控的新工艺，确保了混凝土施工质量。水电六局在冬季进行混凝土施工时，同样需要采取措施进行保温。如在辽宁太平哨、太平湾水电站工程混凝土施工中，冬季气温低，对大坝需要进行保温，为了减少坝体混凝土内外温差，采取坝段上游面及坝顶、溢流面铺两层草垫、侧面喷珍珠岩方法保温。万家寨厂房封顶后的二期混凝土施工是在冬季进行的，该地区最低平均气温为零下 17 摄氏度，绝对最低气温达零下 31 摄氏度，1、5、6 号机二期混凝土工程都是冬季施工的，水电六局采取的措施是：设 2 吨供暖锅炉；为运输车设保温库、为吊罐加保温泡沫；对料仓皮带系统、供水供风管路采用盖保温棚，加保温被、贴保温板等封闭方式。1999 年冬，正值几十年少遇的严寒，外界长时间在零下 20 摄氏度以下，由于措施得力，混凝土未出现任何异常现象，实验测试抗渗、抗冷指标全部达到设计要求。水电六局在尼尔基工程低温季节浇筑混凝土时，除了采用常规办法外，还使用了防冻早强剂，使工程质量得到了保证。

第九章　环 境 保 护 管 理

环境保护与水土保持是我国的基本国策，其法律、法规、标准是强制性执行规定。水电六局在长期的工程施工中，严格遵守国家法律和政策，严格遵守工程业主的规定，从执法的高度重视环境保护工作，建立环境保护责任制，加强宣传教育工作，自觉执行环境保护及水土保持措施，在建、已建建设工程的环境保护与水土保持受到业主、当地政府和人民的好评。

第一节　目　　标

严格遵守国家《中华人民共和国环境保护法》、《中华人民共和国水污染防治法》、《中华人民共和国大气污染防治法》、《中华人民共和国噪声污染防治法》及《中华人民共和国水土保持法》、《中华人民共和国森林法》等及地方政府有关环境保护的法律、法规。严格按照业主方的环境保护及水土保持统一管理措施做好每一项工作，建设花园式的营地和一流管理的施工区，保持好环境保护和水土。

第二节　组　织　机　构

项目部成立以项目经理为负责人的环境保护领导小组，下设环境保护办公室。在进场的同时，指定具有专业水准的、经审查合格的专人负责环境保护及水土保持工作，在文明环保施工领导小组的领导下协调环境保护各项管理工作，对施工周围环境、邻近的资源进行合理的保护。并组织环保教育工作，增强施工人员的环保意识，做到人人都自动自觉地进行环境保护。定期组织施工区的环保检查，若发现问题及时纠正。

项目部环境保护及水土保持组织机构详见图7-9-1。

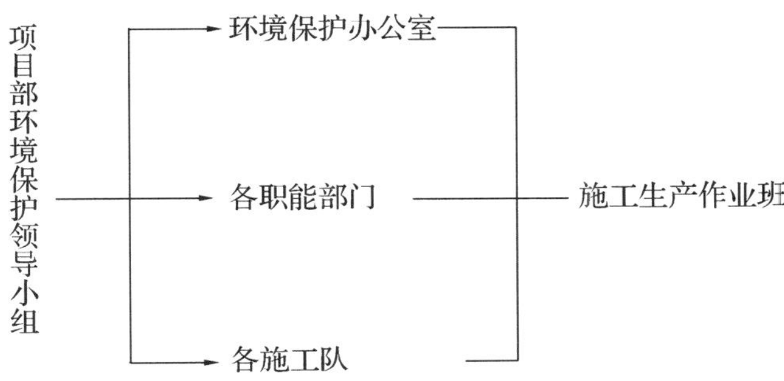

图7-9-1　项目部环境保护及水土保持组织机构

第三节　综　合　措　施

(1) 严格遵守国家和地方政府有关环境保护的法令、法规和合同规定，对施工活动范围内的环境予以认真保护。教育职工遵守环保法规，提高环保意识，并根据各工程环保的特点制定一系列具体措施加以贯彻落实。

(2) 自觉接受当地环保部门和监理人对施工活动的监督、指导和管理，积极改进施工中存在的环保问题，提高环保水平。

(3) 在工程开工的同时，建立由项目经理直接领导的环境保护管理和监督机构，负责组织和监督本工程环境保护措施的落实。

(4) 指定具有专业水准的、经审查合格的专人负责环境保护工作，负责对施工周围环境、邻近的资源进行管理与协调。

第十章 设 备 管 理

第一节 设备管理概况

水电六局建局初期，施工设备系常规装备。20世纪90年代，开始配置液压传动、电子控制等高度自动化配置装备。管理体制由直控式管理、分级管理、分散式管理，演变为统一领导，分类负责，即对A、B、C 3类设备施行直管、监管和自管。1963年，水电六局拥有设备86种，2003台(件)，其中一类设备674台(件)、二类设备469台(件)、三类设备434台(件)、四类设备426台(件)。到建局30年的1988年，水电六局的施工设备已“鸟枪换炮”，拥有液压挖掘机、反铲、潜孔钻、锚杆台车、混凝土搅拌车、自动化拌和楼、多臂钻、扒渣机、混凝土泵、塔机、堆取料机、采砂船、进口大马力推土机、各种型号的自卸车等先进设备。

截至2006年12月31日，共有机械设备3488台套，原值3.9亿元，净值1.86亿元，主要机械设备完好率为92.5%、利用率为68.5%，从业人员技术装备率为4.57万元/人，动力装备率为29.1千瓦/人；2006年新购设备285台套，原值3000万元。

第二节 设备管理机构

1959年1月，云峰局组建器材处，负责施工设备管理和采购；1979年9月，水电六局器材处更名为机电处；1982年4月，将机电处更名为机电管理处；1986年9月，机电管理处同物资供应处合并，组建物资管理处；1997年初，水电六局物资归口物资管理处管理；2003年，水电六局将所有国有资产都纳入物资管理处管理，更名为设备管理部，转年更名为资产管理部。

第三节 管 理 制 度

1959年6月2日，云峰局制订了《固定资产管理办法》，根据水电六局的实际情况，固定资产采取集中管理与分散负责相结合的办法。计划财务处负责审批调拨报废清理使用及非常损失等工作并负责计算折旧与办理上缴，以及组织年终清查等工作。材料供应处负责局在库的机械设备、大型工器具的采购、调拨、运输、验收、保管、检查、维修等责任。

1962年，云峰局调整机械管理体制，把原有的机电处改为机械化站，主管机械生产与机械修配单位；新成立机电处，为机械管理的职能单位，并在同年修订《施工机械管理办法》，对重型机械实行专人专机制度，指定了机长，健全了机械运行记录和统计报表。

1980年，水电六局颁发了《施工机械设备管理补充规定》，明确各单位要进行大中修的机械设备必须向机电处报计划，否则任何单位不得承修。机械设备的购入、调动、租赁、报废和一切涉外事宜均由局机电处办理。1984 年，水电六局在建设太平湾水电站时对机电设备采取全面计划管理：即施工设备购置按计划不超过 200 万元；配件二类机电购置不超过 180 万元；电站设备购置要按设计清册及年计划执行。全面质量管理：即服务质量、保管质量、修理保养质量都有一定的标准。全面的经济管理：即继续开展单机核算，提高基本折旧费等。1988 年，水电六局为了使机电设备的管理适应对外经营及划小独立核算单位的需要，使各单位对机电设备及配件的管理有更多的自主权，在原《机械设备管理制度》的基础上制订了《机械设备管理的补充规定》，该《补充规定》对机械设备的供应、机械设备的管理、机构的设置都有新的要求。

1991 年，水电六局根据施工项目分散的特点，重新修订下发《关于施工设备管理的若干意见》、《红旗设备竞赛实施细则》，对设备的计划、采购、大修理、设备的保养、“三费”的收缴、红旗设备的评比等做了规定。1995 年，水电六局制订了《固定资产基本折旧的计提及考核办法》。1998 年，水电六局出台了《设备采购和固定资产基本折旧计提考核办法》。1998 年，水电六局出台了《施工机械设备控制程序》，该《程序》对施工机械采购前管理、购置条件、订货、验收、基础管理、使用与维修保养、机械设备安全与事故管理、机械设备的调剂、设备报废等做了规定。施工机械设备实行归口领导、分级负责、专业固定的原则。凡属固定资产的机械设备（单台价值 2000 元及以上）必须在局物管处统一分类编号并建账立卡，物管处每年组织一次设备年终清查盘点工作，做到固定资产账、卡、物三相符。

2002 年 1 月，水电六局颁发了《水电六局设备管理暂行办法》，把设备管理模式确立为：统一领导、归属管理、相对固定、有偿租赁。水电六局对设备管理实施宏观控制，定期检查、考核。即把全局机械设备划归使用单位管理，单位拥有的设备相对固定，单位之间实行有偿租赁办法解决余缺。本《办法》包括：设备采购、固定资产折旧、设备租赁、设备使用维修管理、设备事故处理、设备统计报表、设备报废、红旗设备竞赛。严格控制了全局的设备采购，强化了审批程序，避免了重复采购和不合理的采购现象。盘活全局设备，统调使用，全年调动设备 700 多台次，保证了施工任务的完成。

2002 年 12 月，水电六局下发了《关于参加施工机械设备保险的通知》，参保范围：推土机、装载机、挖掘机、液压钻、多臂钻、门机、叉车等。第一次参保的设备共 28 台套，原值 2573 万元。

2005 年，水电六局重新制订了《调整不列入局固定资产设备的通知》，对设备实行分类管理，1 万元以下设备由分局形成固定资产，水电六局不作统一管理；修订了《水电六局设备对外管理规定》，规范了设备对外处理的审批程序和处理原则；修订了《水电六局设备管理办法》，完善了设备管理体制和各项管理制度，编制了《水电六局施工机械安全操作规程》。

2006 年，水电六局实行设备集中投保，发挥集中投保的优势，全年累计保费 410 万元，累计索赔 380 万元。对全局的资产进行整合、理顺资产关系。下发了《水电六局房屋土地资产整合方案》，对全局办公用房、仓库和单身住宿分离的原则。

第四节　采 购 与 保 管

一、采购

20世纪80年代初之前，水电六局所需施工设备向电力工业部水利发电建设总局申报，由总局负责采购或无偿调给。电站设备采购必须根据工程进度、计划图纸或清单订货，而且要控制在一定的数额之内；配件采购必须按消耗定额核定库存，根据库存需要订货；零星采购，必须有使用单位申请计划，经审核后方可采购。

1988年，水电六局在《关于机械设备管理的补充规定》中提出："今后水电六局购置设备的资金来源，只有水电六局的自有资金和局属各工程公司承包工程中预算内的技术装备或自有资金。物管处根据各单位提报的年度设备购置计划，经局务会审定批准，由物管处实施。"

1998年，水电六局在出台的《设备采购和固定资产基本折旧计提考核办法》中规定：各单位设备不足时，可向局提出需用计划，物管处在局内调剂调拨，以避免重复采购；单台套价值在10万元及以上设备和各种车辆必须经局领导和物管处审批后方可由物管处和申购单位共同采购，单台套在10万元以下，但总金额超过20万元的设备由物管处参与采购。1998年，水电六局在《施工机械设备控制程序》中规定，订货前，须进行设备市场信息调查，向两个以上供货商询价，并请供货商或厂商提出正式报价。由物管处参加采购的合同由物管处签订。其中主要大型设备、关键设备的合同以及国外订货合同由工程局领导、物管处负责人、技术负责人等参加签订。

2001年1月1日，水电六局在制订的《设备管理暂行办法》中新增加了设备采购招标议标办法，即单台套价值在50万元以上及同种机型批量采购在80万元以上的采用招标议标办法，招标议标工作在水电六局设备管理委员会领导下进行，水电六局设备管理部做具体工作。对于工程急需，且国内、国外厂商或供货商极少的设备，可采取议标的办法进行，由水电六局设备管理委员会最终确定厂商或供货商，由水电六局设备管理部与其进行业务洽谈。

二、保管

1959年，云峰局在《固定资产管理办法》中就规定材料供应处负有本局在库的机械设备、大型工器具的验收、保管、检查、维修的责任。各单位领用的固定资产，供应处作出库转账凭证，并建立使用保管卡及登记保管卡。1963年新建简易设备仓库一栋，制订了《施工机械管理办法》、《设备档案管理办法》。1981年，水电六局建立了经济责任制，在供应、管理、统计等方面制定基本职责，如在管理方面制定的基本职责有："对机械统一分类编号、建立台账、登记卡片、做到账、卡、物三对口；对大型机械建立履历书，对大型机械建立技术档案，按规定做好设备调拨、封存、报废工作，新型设备试运转和使用前，必须将有关技术文件、构造性能和安装操作规程向操作人员交代；设备配件保管必须做到无锈无损；库存设备、配件必须账、卡、物相符，设备准确率要达到100%，配件准确率要达到98%；设备、配件出库必须有凭证。"1984

年3月，水电六局因为大中型施工设备的逐渐增多，再沿用以前的各种机型的编号已不适用，决定将原来的设备编号废除，改用财务卡号编号。水电六局到东北后，对寒冷的冬季设备管理都要作出特别规定，如对保温库、保温帘、防冻液、防寒被、防冻机油等做一次全面检查，凡因防冻保温措施不落实造成机械事故及各零部件损坏的单位，除按事故等级和单位工资含量有关规定严肃处理外，对责任人还要扣当月奖金、视情节轻重赔偿直接经济损失的5%～10%。1985年，水电六局下发《关于对退库设备几项要求的通知》。《通知》要求：退库的设备必须整机配套完整无缺，并将随机的技术资料及档案一并退回；退库的设备必须经过检修、保养，已达到大修期的设备必须进行大修；退库的设备表面必须除锈刷漆。

第五节　运行与保养维修

一、运行

云峰局刚建立时就制定了有关的规章制度，要求使用单位对机械设备的管理应指定专人负责，建立机械设备原始记录。重型机械实行专人专机制度，为了防止机械过早磨损及发生事故，各使用单位实行预防性的定期检修制度，根据机械年、季度使用计划及完成工作小时或行驶公里数，进行有计划的检查和修理。机械使用保管负责人对机械必须具有驾驶操作和保养技术，并基本明了其性能与构造，机械司机交接班时严格遵守交接班制度。1965年，云峰局为了调动职工的积极性，在全局开展“五好设备”竞赛活动，检修人员与运转人员、材料供应部门、技术部门密切配合，使机械处于完好状态。机械完好率比上一年提高14%。为了全面抓好机械设备的管、用、养、修各个环节，水电六局于1977年开展了红旗设备竞赛活动，连续3年被评为红旗设备者，水电六局授予“标兵设备”，并给予物质奖励。这个活动一直延续到现在。1982年，水电六局又制订了《红旗设备和同业务竞赛修订方案》。为了把红旗设备竞赛活动持久地开展下去，1991年，水电六局制订《红旗设备竞赛实施细则》，对红旗设备评比标准、参加红旗设备竞赛的机型、奖励办法作出规定。1998年，水电六局下发《施工机械设备控制程序》。该《程序》规定：设备操作人员和维修人员按国家、局发的有关规定参加岗位培训，达到“五懂三会”（懂构造、原理、性能、结构、用油常识，会正确操作、日常保养、排除故障），经考核合格后持证上岗。2002年，水电六局制订《设备管理暂行办法》，对设备使用做了新规定：设备使用必须“管用结合、人机固定”实行机长负责制，大型及关键设备内部调动或发生租赁关系时，机长和主要操作人员原则上随机调转；新设备在试运转和使用前，操作人员须经过专门、专业培训，掌握正确的操作技术，持证上岗。

二、保养、维修

1959年，云峰局在《固定资产管理办法》中就对机械设备的保养与检修提出要求：各机械设备保管和使用单位应实行预防性的定期检修制度，根据机械年、季度的使用计划及完成工作小时或行驶公里数，进行有计划的检查和修理。机械的预防和检修分为小修、中修、大修。另有整修与事故修理。

1963 年上半年，由于云峰局技术力量薄弱，配件缺乏，将一些破旧设备送到通化、吉林、沈阳等地进行修理达 20 多台。因为外修价格高，质量低，保证不了运行期，增加了大修费的开支，工程局从兄弟单位借调一定数量的检修人员，并对局现有的检修力量进行合理分工与调配，对设备检修采取一包到底的办法，各组之间开展劳动竞赛，比质量，比进度。老司机参加修理工作，运行司机与修理工签订合同，这样使车辆的技术状况得到了改善。1965 年，云峰局建立以专人专机制的岗位责任制，同时开展“五好设备”竞赛活动。班组巡回检查，队旬检，局月检，坚持设备强制性保养制度，机长和司机有分工，机长负责发动机的检修保养，司机负责传动、行驶部位的检查和保养，运输效率由原来 53%上升到 78%。水电六局来到东北后，对做好各类机械的冬季保养工作很重视，要求各单位对机械设备防冻措施必须落实，如保温库、防寒被、防滑链、防冻机油、防冻液必须具备。

1980 年，水电六局在《施工机械设备管理补充规定》中提出：大中修机械设备，必须在每月 25 日前报机电处列入下月检修计划，未列入计划者，任何单位不得承修。一般情况下，不得越级修理。送修设备入场后，应由承修、送修单位和机电处共同确定检修方案，承修单位对承修的机械设备，应提交剖检记录和结算依据，否则，送修单位可拒绝验收和拒付修配费用。机械设备检修必须符合质量要求，实行“三包”，出厂时由送修、承修和机电处共同鉴定，确认合格后方可出厂，出厂后应严格执行走合期规定，发生纯属检修质量的问题，承修单位应负责保修，并承担有关费用。

1988 年，水电六局在《关于机械设备管理的补充规定》中提出：施工机械不得带病运行，当工作条件有碍安全运行、机械设备保养、机械设备失保、失修或超负荷作业危及设备和人身安全时，现场生产指挥和机管人员有权制止使用，操作人员有权拒绝操作；对不按规定进行保养及使用的单位，物管处查出后，有权令其停止使用，后果由单位自负。1989 年，水电六局在《施工设备管理意见》中规定：运行设备每周必须保证 4 个小时的维修保养时间，并做好维修保养记录。局统管设备的大中修理，由局物管处统一安排指定的厂点修理，但对远离工地的外经点，需大中修的设备，必须提前申报计划，经审批后可就近选点修理，物管处只承担大修定额的费用，超支部分由各单位自理。2002 年，水电六局在《水电六局设备管理暂行办法》中再一次强调各单位必须严格执行设备的例行保养、分级保养、换季保养、封存保养，新购入或经过大修、改装的设备使用时要执行走合期保养。

第六节　设　备　租　赁

水电六局设备租赁分内部租赁和外部租赁。

（1）内部租赁。水电六局各单位之间实行设备有偿租赁办法，以解决水电六局内部设备闲置和不足的问题；特殊情况下，可以无偿调拨；各单位之间的设备租赁方式、条件和租赁费由租赁双方确定，水电六局不做统一标准，但租赁双方要遵守水电六局设备管理的各项规定。资产管理部提供设备租赁信息和有关指导价格，不直接参与各单位之间的设备租赁工作。设备在租赁期间所发生的机械事故，要由承租方负完全责任。

（2）对外租赁。设备租赁应优先满足水电六局内部设备租赁需求，在水电六局内无法满足设备租赁需要的情况下，各单位方可进行对外设备租赁。各单位与外单位进行设备租赁应报局资产管理部审批，审批后方可进行。大型设备的对外租赁应采取随机带人的方式。设备租赁必须签订租赁合同。

第七节　物　资　管　理

一、物资管理机构

1959 年 1 月，云峰局组建材料处，负责施工材料采购和管理；1979 年 9 月，水电六局材料处更名为供应处；1982 年 4 月，供应处更名为物资供应处；1986 年 9 月，物资供应处同机电管理处合并，组建物资管理处；1997 年初，水电六局物资归口物资管理处管理；2003 年，将所有国有资产都纳入物资管理处管理，更名为设备管理部，转年更名为资产管理部至今。

二、物资管理制度和办法

水电六局物资管理的各项规章制度始见于 1959 年 1 月以后。

1959 年制订了《低值易耗品暂行管理办法》。《办法》规定：凡出库的低值易耗品，采取主管部门统一掌握，使用单位或个人分工管理的办法。属于生产使用物资的由供应处负责（工区由器材组负责）；属于管理使用物资的由行政处负责（工区由行政组负责）。同年还出台了《工具费支付办法》，这是云峰局为了补偿工人自带生产工具进行生产，根据使用工具多少和损耗程度不同而发给工人（木工、瓦工）的工具费，其他工种均由单位发给工具供工人使用，不支付工具费。

1961 年，水电六局出台了《材料节约、浪费奖惩办法》，对规定材料的使用低于所规定的定额时，可得现金奖励。

1980 年，水电六局为了鼓励职工在保证产品质量的前提下节约油料，降低成本，水电六局实行节约油料单项奖。

1981 年，水电六局下发《关于节约成品油的指令》的通知。《通知》指出：水电六局油料实行统一管理，统一耗油定额的办法。同年，水电六局为了严格控制劳动防护用品任意扩大发放范围，增添项目，提高标准的做法，下发了《劳动防护用品管理办法和发放标准》。

1982 年，水电六局下发《关于实行节约油料单项奖励的通知》，其奖励原则是各类车辆按局制定的统一耗油定额，节约多多奖，节约少少奖，不节约不奖，超耗者罚款。达到定额指标，节约部分按进货价的一定比率（汽油 6%、柴油 12%）提取奖金。如单耗低于国家定额标准（每百公里 29 公升）的汽油车，其低于部分可按 8% 提取奖金。

1983 年，水电六局下发了《关于个人使用工具及劳动防护用品丢失的处理办法》和

《职工个人防护用品发放细则》，重申了发放范围、用品质量和规格及发放方法等。同年，水电六局制订了《材料进货比价制度》，成立比价领导小组，凡物资采购订货需经比价小组会审，统一后方能进行采购。比价坚持材料采购四条基本原则：先国营后集体；先近后远；购优不购劣；先批发后零售。

为了加强材料供应管理工作，降低材料费用开支和单耗水平，水电六局在材料供应管理业务系统进行同业务竞赛活动。在活动中下达了业务指标；如钢材周转天数、利旧利废总值等。完善材料供应管理的基础工作；完善材料定额管理工作，加强考核；有健全的材料出入库管理制度；严格遵守财经纪律和物资采购原则；有保护财产完整无损的制度和措施。

1983年，水电六局全面推行经济责任制，实行责权利紧密结合的生产经营管理制度，出台各种规章制度。《物资供应管理办法》中规定：水电六局材料供应管理工作采取集中供应，分级管理的原则，由供应处统管全局，统一采购、供应、租赁和调剂余缺。局属各单位材料科（组）负责本单位的材料使用管理责任，业务上受供应处指导。材料管理工作以计划管理为主，做到即供又管，即用又管。年度材料申请计划统由技术处按工程投资及施工预算提供年、季、月工程项目、工程量、投资计划及单项工程年、季度需用主要材料明细表，同时提出三大材料节约指标及措施。领用材料一律实行计划供应、专料专用、无计划不发料，生产任务如有变更，需增减材料，计划处、技术处必须备有任务变更通知书，否则，不予拨料。对超定额领料，必须提报原因，经局领导批准，供应处组织货源予以供应。《办法》对材料保管及发放提出新的要求：仓库材料必须分门别类地存放，妥善保管做到账、卡、物、证四相符。经常清仓查库，平时抽查，半年清查一次，全年彻底盘点。发现亏盈必须写明原因，报请领导批准后方可处理账目。仓库材料采取先进先发，后进后发，防止久存变质。对各单位的材料，供应处有权平衡、调剂使用。施工现场使用的钢材、木材、水泥，月初领出后，月末如没用完，各单位向材料科（组）办理退料手续，以考核工程实际成本的正确性。

对现场的木材、水泥、工具包装物旧品回收都提出新的要求。如木材管理：木材由水电六局供应处组织货源，施工用木料由水电六局计划处按定额核算交供应处，由供应处统一平衡。施工现场使用的木料要专人负责做好周转使用记录。水泥管理：要求仓库防雨、防潮通风，有专人管理，用于生产的水泥应专料专用。工具管理：班组集体使用工具有专人负责保管。个人专用工具，建立领用卡片，随时做好领退记录，工具实行以旧领新，无旧不发的原则，因公损失经证实后，领导批准方可补发。包装物管理：包装物指水泥、麻袋、木箱、油漆桶、电石桶等，领用带有上述包装物品的物资时要交付押金，包装物按规定日期退库后退回押金。旧品回收管理：工程不用的一切废旧物资一率退库，对工具、合金钻头、轮胎、劳保用品中的工作服、安全帽、夹胶服、雨衣胶靴实行交旧换新。

为了做到账、卡、物三相符，水电六局按照二级核算的管理体制，对一、二级仓库（供应部门的总库为一级库，各施工生产单位的仓库为二级库）的材料核算实行“双轨”运行管理办法。供应部门和施工生产单位均设置一账二卡。收发料单“双轨”运行。对材料收发通过一单一票“双轨”运行结算：一单是材料拨料单，一票是限额本票。

2003年，水电六局实行新的管理体系，新版《质量管理手册》从物资管理控制程序、采购、过程控制程序、不合格品控制等各个方面对水电六局物资管理作出全面的规定和要求。

第十一章　财　务　管　理

第一节　组　织　机　构

1959年建局初期云峰局成立计划财务处，下设工程计划科、定额科、财务科。同年6月7日，将计划财务处撤销，成立财务科，由云峰局直属领导。1962年，云峰局成立计划财务处，原计划科、财务科由该处领导。1979年7月，水电六局重新成立财务处。1984年，财务处下设财务科、会计科、成本科。2001年，为了使机关机构设置适应企业改制发展的需要，水电六局将财务处改为财务部，下设财务科、会计科、成本科、资产管理、资金中心。

第二节　资　产　管　理

1959年，云峰局在《固定资产管理办法》中明确：固定资产的管理采取集中管理与分散负责相结合的办法，计划财务处负责掌握固定资产价值的增减变动，审批调拨报废清理使用及非常损失等工作并负责计算折旧与办理上缴，以及组织年终清查等工作。材料供应单位负有水电六局在库的机械设备、大型工器具的采购、调拨、运输、验收、保管、检查、维修的责任。

1961年，云峰局在下发《关于实行两级管理后财务管理若干问题的暂行规定》中对固定资产管理做出明确规定：固定资产调拨手续事先不取得局财务盖章不得调拨。固定资产清理、报废、盘亏、变价一律按部规定手续由使用单位报机电处统一报局审核决定。生活管理用固定资产由行政管理科统一负责管理建立总卡和分配，并由使用单位建立管理责任制与保管使用卡片登记。凡符合大修条件的固定资产产权属于哪个部门的即由哪个部门按年、月提报大修计划。供应处、机电处的固定资产大修费不得计入成本或材料费、采购及仓库费内。

1963年，云峰局制订了《关于固定资产管理与核算暂行办法》，确定了固定资产的划分标准：①使用期限在一年以上；②单位价值在500元以上（包括500元）。固定资产管理与核算的一般原则和方法：建立清查制度，采取全面清查、轮流清查、定期清查、重点清查等办法；对每个财产都要进行登记、编号及建立卡片；各单位的财务部门建立固定资产卡片，为了卡实相符，卡卡相符，各单位财务部门和经管人每月对照一次，各单位财务和局财务科每季度对照一次。

1979年8月，水电六局进行清查财产工作，清查结果：固定资产总值为6655万元。其中永久房屋等98182米^2；各类设备为5772台套，原值5704.73万元，净值4583万元；土地占用总面积274.3万米^2。流动资产总值为2058.3万元。

1996年，水电六局下发了《关于加强房地产管理工作的通知》。《通知》要求：水电六局的房屋、土地及其他不动产、固定资产购置、转让、出租权在水电六局。水电六局现有土地的使用权及局投资建设房屋、设施的所有权归水电六局所有。太平湾、宽甸管理处房产科负责全局房地产管理的具体工作。

2003年，水电六局制订了《水电六局土地房屋资产管理办法》，对土地房屋的管理采取统一控制、分片负责的办法。水电六局资产管理部和局长办公室是水电六局土地房屋管理的负责部门，分片管理责任部门有局综合管理部、太平湾基地处、宽甸管理处，其他二级单位只负责本单位公用平房及土地的管理。

第三节 资 金 管 理

1981年，水电六局为了解决在财务管理上经济责任不清的问题，发挥财务管理与监督作用，水电六局试行限额本票结算工程价款，全局上下之间，单位之间所有一切经济业务，无论是工程价款结算，还是相互劳务供应，产成品的销售，材料配料供应，以及各项经济业务往来，均通过“限额本票”作为媒介，相互进行结算。1983年，水电六局试行资金指标管理办法。即按核定的资金指标，采取归口管理，包干使用，控制拨款的办法。如工资基金由劳资处负责；设备购置资金由机电处负责；外包工程资金由计划处负责；劳保支出由财务处和局工会负责；材料采购资金由供应处负责等。同时，水电六局对各项费用开支项目和指标实行归口管理、包干使用、严格控制，只准节约，不准超支。各单位按年度核定的费用指标编制月份开支计划，经审核后，自行掌握开支。

计划经济时期，资金统得过多、管得过死。1986年至20世纪90年代初，水电六局划小了内部经营核算单位，这对于打破过去统得过多、管得过死的传统管理模式也曾起到了积极的作用。但是，随着经济体制改革的进一步深化，特别是水电六局面向社会承揽工程，开展多种经营以后，原有的财务管理体制已不适应新的生产模式。一是施工生产的需要打破了过去行政管理的格局。由于面向社会承揽工程，出现了施工项目点多，分布面广，且各项目规模和施工特征相差太大的状况，这就打破了过去固有的行政管理格局。二是结算方式的改变，使水电六局失去部分统支费用的来源。指令性任务结束后，结算方式发生了变化，由过去局统一结算变为各工程处的项目点独立对甲方结算，结算的资金在下边，这样，水电六局承担的一些统支费用就失去来源。三是资金流向发生变化，执行指令性任务时期，由水电六局统一向国家结算后，资金由上往下流。现在水电六局各生产单位直接对甲方结算，然后根据局核定的指标和各自的能力上缴部分费用，资金由下往上倒流。四是开展多种经营，使水电六局成为综合经营型的社会经济实体。指令性任务结束以后，各种经营、第三产业成了基地生存的依托，使水电六局从纯粹的水电施工企业转变成为综合型的社会经济实体。但是多种经营项目繁多，性质各异，这就打破了过去财务管理和会计核算单一性的格局。

体制变更后，一度出现了新的问题：管理机构重叠，人财物浪费；财务失控，资金匮乏，周转不灵；以包代管，造成成本超支，工程亏损；资金分散，不能有效利用；多种经营项目繁多，机构不顺，承包不彻底，形成包盈不包亏，全民、集体界限不清，管理混乱。针对这些问题，水电六局采取相应措施，以适应生产经营的需要。

1991年，为了使各单位按时足额完成缴费任务，水电六局制订了《费用上缴实施细则》。《细则》中明确了上缴费用的内容及额度：①上缴管理费。生产单位按实发工资总额的20%计缴；②劳保基金。生产单位按已完成建安工作量或产值的2%计缴；③困难补助。生产单位按实发工资总额的2%计缴；④医药费。生产单位按实发工资总额的2%计缴。另外对基本折旧费、大修费、设备占用费等提出具体的上缴数额。为了费用的按时上缴，水电六局实行考核：费用的上缴同工资奖金挂钩，与评先进挂钩。

水电六局积极与地方政府联系，剥离企业办社会的学校、公安、供电等职能。对两个基地属于社会服务范畴的实行有偿服务，对基地处投入的费用逐年递减。2001年水电六局与两所医院实施了分立，水电六局不再为两所医院拨付经费，各自独立核算、自主经营、自负盈亏，与水电六局建立资本纽带关系。

1996年6月，为了加大水电六局资金集中管理和宏观调控的力度，水电六局成立资金管理中心（内部银行），这是水电六局财务管理工作的一项重大改革。自资金管理中心成立之日起，水电六局所属二级单位在丹东地区所有银行开设的账户同时注销，所有银行存款并入局资金管理中心，由资金管理中心统一在银行开户，全局各单位各项资金由水电六局财务部门统一管理，水电六局实行集体决策、统一调度的原则，从而达到有效调剂和使用资金的目的。

1996年，水电六局《关于加强财务管理若干问题的规定》中明确规定：在资金安排和使用上，坚持实行一支笔审批制度，各单位行政副职和总会计师在资金管理和使用上要对一把手负责，建立资金计划、预算管理制度。水电六局资金使用审批权限为：除正常通过年初核定的开支项目和开支额度外，其他款项支出在3万元以内的，由局总会计师审批并报告局长；3万～15万元的由总会计师征求局长同意后审批；15万以上的较大开支款项或非正常的开支项目应经局长办公会研究决定，其他人员不能直接审批列支项目。

1999年，水电六局重新制订了《水电六局关于加强财务管理工作的规定》，为了全面准确地掌握全局财务管理工作的状况，水电六局组成检查组，对二级单位及施工项目点在工资及奖金发放、成本核算、分包工程管理、上缴费用计算、费用开支、往来账户管理、材料管理账务处理方面进行了全面检查。对检查中发现的问题及时进行了整改和通报。

2000年，水电六局重新修订了《水电六局关于加强财务管理工作的规定》，进一步明晰了水电六局与二级单位的责、权、利关系，对材料、机械设备、配件的采购过程按厂务公开程序实行公开招标的办法合理定价。材料领用消耗按定额严格控制。对业务招待费、办公费用加大了控制力度。严加对后方基地财务管理和费用的控制，全年节约资金 167 万元。2002 年，水电六局在《水电六局资金管理办法》中明确资金管理原则，即集中管理、统一调度的原则；预算管理、过程控制的原则；合理调配、加速周转的原则；讲究成本、追求效益的原则。管理办法对资金的筹集、资金的使用及审批权限、资金的存储、资金的安全与监督等作出规定。

2001 年，水电六局对非生产性费用开支进行控制，对水电六局机关各部门、公安处、消防队、离退休管理处核定了全年的费用开支指标，使办公费、差旅费、交通费、电话通信费、业务招待费等支出形成了比较规范的控制体系。

2003 年，水电六局推进财务管理信息系统的实施，信息系统的网络已经形成，水电六局本部、二级单位、各项目部和部分管理型项目部的财务工作均已脱离了手工记账，初步适应了财务管理信息化的要求。加强了应收款清欠工作，制定了催收办法，落实了清欠责任，全年共清欠款 537 万元。

2005 年，水电六局在加大财务管理力度方面采取了有选择性地进行工程投标，加强变更和索赔基础管理工作，加大了资金集中力度，积极开展网上银行工作，全局资金集中度达 42％，缓解了资金压力。继续加大清欠工作，清理工程拖欠款，实际回收 1180 万元，盘活了资金。成立了资金管理中心溪洛渡分部，建立了资金预算管理体系和货币资金周报制度，加强了资金预算管理。制订了《关于加强和深化资金集中管理工作的通知》、《网上银行操作管理办法》，加强网银结算系统的建设，资金集中度水平提高。

2006 年，水电六局资金集中度为 37％，资金集约化效应增强，年末银行借款较年初减少，资金管理中心的内部融资作用彰显。

第四节　成　本　核　算

企业经营的目的是以最少的投入获得最高的收益。

1959 年，云峰局在财务管理的规章制度中就对加强成本管理提出具体要求：按期进行成本分析和不定期进行工程成本专题分析并提出书面意见，以促使工程成本的不断降低。对局属各单位成本管理工作进行业务指导和培训，拟订和贯彻局内部各项成本的管理及核算制度办法。审核局属各单位的各种成本报表，汇编工程成本定期和不定期报告，并考核各项技术经济指标的完成。

1983 年，水电六局为了加强成本管理，制订了一系列规章制度，如《成本核算试行办法》、《设备核算补充规定》、《材料核算“双轨”运行管理办法》、《资金费用成本指标管理试行办法》、《成本预测分析制度》、《班组核算方案》、《施工队核算办法》、《单车核算试行办法》等。

水电六局建立以总会计师为首的经济核算体系，负责组织全局的成本核算工作。成本核算实行统一领导、分级管理的原则，实行水电六局、工区（厂、队）二级核算，施工队

（车间）三级管理考核。永久工程一般以概算确定的单位工程为核算对象，其中主体工程核算到分部分项工程。临时工程一般以单位工程为核算对象，其中导流工程、施工支洞等大规模土石方工程，核算到分部分项工程，施工预算为考核工程成本的依据。在开工前局计划部门要按照图纸和预算定额、取费标准、材料预算价格编出施工图预算（或预算单价）。水电六局建立逐级成本分析制度，经常进行成本分析工作，水电六局按月进行简要分析，按季进行重点分析，半年召开一次成本分析会，工区（厂、队）按月按季着重进行成本升降原因分析。单位工程竣工后进行单位工程成本分析。施工队（车间）按月进行直接费的成本分析，按月召开成本分析会。班组每周或每旬进行节约工、料、机械台班的数量分析。

1999年，水电六局加强了成本费用的核算与管理。全局上下加大了对人工费用开支的控制力度，全年全局共压缩非生产人员400多人，在压缩非生产性开支方面，水电六局总部和二级单位都采取了各种措施，水电六局总部对机关各部门的交通费、办公费、电话费实行了核定指标、定额控制的办法，对小车队实行了核定费用指标和百公里耗油指标控制的办法，通过这些措施，全年机关管理费较上一年下降了30%。对基地后方单位费用指标核定的标准也在1998年的基础上压缩了50%。水电六局各分局和各项目部，在成本管理工作上成效也很显著。

2001年，水电六局对新上项目开展成本预测，在项目施工过程中考核预测目标成本的执行情况，实行管理责任制，减少了施工的随意性和费用开支的盲目性。

2002年，水电六局实行成本管理统一领导、分级管理，水电六局、分局二级核算，水电六局、分局、项目部三级管理考核。水电六局实行成本管理责任制，局长对全局成本管理负完全责任，分局长及项目经理对其所在的分局及项目部的成本管理负完全责任。局财务部负责全局的成本管理工作。成本管理采取归口分级控制方法，各单位无论采取内部承包还是外部分包等经营方式，都要抓住重点，及时纠正偏差，确保成本计划的完成。水电六局年终对目标利润进行考核，并结合《水电六局生产经营责任制考核管理暂行办法》有关考核指标，实行成本一票否决制度。2003年，水电六局成本指标管理试行办法中规定，成本指标与经济利益挂钩，本着奖勤罚懒的原则，成本节约多多奖，节约少少奖，没有节约不奖。成本指标的管理方法有检查、评比、总结。水电六局还制定了成本预测分析制度。进行成本预测，能克服财务工作事后算账，关门算账的被动局面。

成本预测分析采取期初预测，期中检查，期末总结分析的方法。成本预测分析按年、季、月进行，由主管领导主抓，财务部门组织，计划、技术、劳资、调度、机电、材料部门配合。月份成本进行一般分析，季度成本进行重点分析，半年和年度要进行全面的、综合的、单项的分析，总结其经验和问题。为了推动成本预测分析工作，水电六局把对成本预测分析工作列为财务系统同业务竞赛评比的重要内容和条件，作为衡量检验财务工作的尺度。

2003年，水电六局根据集团公司财务预算管理办法的要求，结合水电六局的实际情况制订了《水电六局财务预算管理办法》。单位负责人是本单位财务预算第一责任人，各单位建立预算管理委员会，人员由单位负责人、三总师及财务、计划合同、技术物资、劳资、质量、安全等部门负责人组成。财务预算的主要内容是：①现金预算。以营业预算和资本预算为基础，它反映各预算期的现金流入、流出情况；②预计财务报表。包括预计损益表、预计资产负债表等，从中可以总体把握企业盈利情况和财务状况等。

2006年底，水电六局制订了《工程项目评估办法》，按照合同标的、性质进行了权限划分，对部分新中标的项目在开工前进行成本测算，一些单位对部分在建项目进行成本测算。通过项目成本测算，减少了项目管理的盲目性，增强了项目管理的前瞻性，使项目授权经营责任更加明确。

财务干部实行动态管理。1999年7月，水电六局财务干部率先实行动态管理，这是水电六局干部制度改革的一个重要尝试。即水电六局一分局、机电安装分局、四分局、五分局、六分局、万家寨施工局、物管处等单位的财务科长交流使用。此次财务干部调整幅度较大，操作过程严谨，事先不谈话，不通气，直接由组织任命。这在水电六局还是第一次。财务科长交流使用，对于加强财务管理、提高财务人员素质，具有现实意义。这一做法一直延续至今。

第十二章　人力资源管理

第一节　机　　构

48年来，水电六局人力资源管理机构已有很大的变化。建局以来很长一段时间，水电六局劳动、人事分开管理，党委领导的人事科管理人事，行政领导的劳动工资科管理工人调配和工资。两个部门各负其责。1979年，水电六局重新调整组织机构，撤科建处，劳动工资科改为劳动工资处，人事科改为党委组织部。1988年，水电六局为了适应实行党政分开，即由党委统一领导转到局、处长负责制，水电六局机关行政机构重新设置，成立劳动工资处、干部处。1993年，水电六局机关机构调整，将劳动工资处、干部处部分业务人员合并组建劳动人事处。直到此时，劳动和人事才归属一个部门。2001年，水电六局机关机构调整，劳动人事处改为人力资源部，取消干部处。直到2006年末，人事管理中的干部任免管理业务仍然在党委工作部。

第二节　人事管理

一、制度改革

水电六局建局初期的干部人事工作主要是贯彻党的方针，重点抓干部教育和管理，根据生产工作需要和水电六局党政领导班子意见，办理副科级以上干部的提拔、任免及呈报手续，以及干部调配、考核、奖惩，做好“以工代干”人员的考核管理（1984年水电六局将“以工代干”人员转为正式干部，不再有“以工代干”人员），向上级有关部门申请下一年度需要的大中专毕业生的专业和数量。做好干部工资晋升，大中专毕业生及由干部部门办理的徒工转正定级以及干部离休退休工作。同时，配合政治运动，做“审查干部”工作。

20世纪80年代后，水电六局首先下放科、队级干部任免权。1984年，水电六局进行了干部管理体制改革，水电六局党委只管副处级以上干部，科级干部及施工队（车间）干部由各党委总支自行管理；其次，实行干部聘任制、招聘制，科、处级干部全部实行聘任制，各单位缺编的干部，可从工人中招聘合同干部，在试用期内能胜任其工作的可正式受聘。第三，精干管理干部。1985年以前，计划经济时期，水电六局机关是直接参与生产管理的，甚至要和生产一线人员一起三班倒。步入市场经济以后，水电六局划小了核算单位，机关人员越来越显得人浮于事，所以，1986～1994年，水电六局机关精干管理干部，人员减少了65%，减下来的人员都被充实到生产单位、经营单位和服务单位。第四，取消“干部”与“工人”称谓，1994年，水电六局根据上级“三项制度改革”有关精神，在人事制度方面又进行了深化改革：取消“干部”与“工人”称谓，统称“企业职工”，打破了“干部”和“工人”的身份界限。全局职工一律按岗位划分为管理人员、专业技术人员和生产人员三个类别。20世纪90年代，水电六局对科级以上领导人员进行民主评议，测评分“优秀”、“称职”、“基本称职”、“不称职”。如果连续3年“不称职”，就要降职使用，打破了干部能上不能下的终身制。2002年，水电六局为了加强用人上的民主监督，制定了领导干部任前公示的实施细则。将集体讨论拟提拔使用的干部的有关情况，通过一定的方式、在一定的范围和期限内进行公布，听取群众的反映和意见。

二、引进人才

水电六局建局初期，每年都有大中专毕业生被分配来水电六局工作。“文化大革命”中，知识分子不被重视，用非所学的现象普遍存在。水电六局从四川迁到东北以后，解决了知识分子用非所学的问题，并为知识分子解决其家属的“乡进城”、“农转非”和两地分居问题，在住房、医疗、吃细粮、买煤柴等生活问题上给予从优照顾。1984年，还为知识分子补助书报费。2000年以后，水电六局每年招聘大中专毕业生从100多人增加到200多人。2001年，水电六局专门为新分配来的大中专毕业生制定政策，提高他们的待遇。1995年实行岗位技能工资后，对国家计划统分的大中专毕业生，由原一年时间的见习期改为半年。见习期间除按国家规定发给临时工资外，另增加生活补贴，标准为：本科毕业生120元/月、专科毕业生100元/月、中专毕业生80元/月。

2005年，水电六局为了适应内部体制改革的需要，制订了《关于水电六局内部体制改革干部任用暂行规定》，对以往的干部管理办法作了重大调整。重新明确了局管干部范围：确定了改革后局属各单位班子成员职数；在具备条件的生产经营单位实行党政交叉任职，取消了现行的级别，一律以岗位名称作为职务区别，岗变薪变；明确了改革后新的生产经营单位班子成员的配备方式，明确在内部体制改革中由于单位班子成员职数限制未被聘用的原处级干部的使用和待遇。

三、实行竞聘制

水电六局党委坚持党管干部和党管人才的原则，以改进干部选拔任用和管理监督为重点，先后制定并完善了干部培养、选拔、任用的管理制度和措施。对管理干部范围、各级领导班子职数，干部能上能下具体措施，任、免、降程序做出了详细规定。2005 年和 2006 年，水电六局实施了中层领导岗位公开竞聘制，通过公开竞聘先后有近 60 名同志走上中层领导岗位，有 10 多名中层干部被降职或解除领导职务。2005 年建立了专业技术职务津贴，在集团公司专业带头人管理办法的基础上，水电六局制订了局、分局专业技术带头人管理办法，从物质和精神两方面激励人才。

四、培养人才

水电六局早在 20 世纪 80 年代初就鼓励管理干部在职学习，或送到大中专院校学习（带薪），或局自办电视大学、电视中专等，仅 1983 年、1984 年两年，水电六局就选送 405 名优秀青年职工到大中专院校学习。到 1990 年，通过自己培养、上级分配、自学成才、外部培训等渠道，水电六局干部队伍的文化知识结构发生根本变化。现在在岗的 45 岁以上的管理人员（包括部分局、处级领导）大部分是后续学历。

第三节　劳　务　管　理

1959 年，水电六局为了严格贯彻和执行国家劳动政策，履行国家统一调配制度，制订了《云峰水电工程局工人调配制度》。当时的职工队伍有固定工、临时工和从各单位借调来的各类人员。所有这些人员的招募与管理均属于水电六局劳动部门，水电六局其他区、厂以及各用人单位均无权对外联系或办理手续。各单位劳动力不足时可报局劳动部门平衡调配，各单位之间无权随意调配（临时借调互相支援列外）。1963 年起，水电六局开始招收水电六局子弟，据不完全统计，先后共有 3000 名水电六局子弟被充实到水电六局各个岗位上。凡属于固定工人自愿申请改变工种时，审核批准权在水电六局劳动部门。

1983 年，水电六局制订了《劳动力调配制度（初稿）》。对工人在局内调动的规定：二线单位的工人调往生产单位的由劳动工资处负责调整；生产单位工人调往二线的需经水电六局批准，由劳动工资处办理；生产单位或二线的生产工人调往服务性单位工作的在定编人数控制内需水电六局批准方可调动。对职工调出局外的规定：双职工都是工人的要求调出时经单位批准后报局，劳动工资处同意，局领导批准方可办理调出手续；一方在水电六局工作，一方在外单位工作，长期两地分居的，要求调出的需附有其爱人单位证明，单位批准，劳动工资处同意后办理调出手续。工人要求调出时必须具有调入县以上的劳动部门或企业劳动部门调入的函文。一方是干部，一方是工人的不管是调出调入，工人服从干部的调动（指往局外调动的），在干部没办理调动之前，工人不能调动。对职工调入局内的规定：根据水电部［82］71 号文件关于《逐步解决职工夫妻长期两地分居问题的通知》精神，对分居的双职工，一方在水电六局，一方在外地，生产岗位能离开的原则上调出不调入。对水电六局缺少的四级工以上的技术工人，年龄相当、身体健康、工种对口的，经局长批准可调入。

1994 年，水电六局制订《水电六局劳务管理办法》，以促进内部劳动力的合理流动和使用。建立水电六局劳务管理体系，打破单位、专业界限，工人、干部界限，促进劳动力的上岗下岗、应聘解聘、减员补员的动态运行。劳动人事处设劳务管理科，负责对劳务的供求双方沟通信息、牵线搭桥；各单位用工可以打破单位界限，在局内进行劳务交流，允许待岗职工和在本单位用非所学、用非所长的职工到工作需要、专业对口的单位务工。各单位对上岗职工实行合同管理：用工单位与专业技术管理人员签订《聘任合同》；用工单位与生产人员签订《岗位合同》；用工单位与劳务交流的职工签订《劳务合同》。合同内容主要有：合同期限、工作内容及工种岗位、劳动报酬、劳动纪律、劳动保险及福利、终止劳务条件等。职工因单位施工生产任务不足无法安排而待岗的，单位根据承受能力可发给本人最高70%标准工资（实行岗位工资后，技能工资部分）和各项政策性补贴。职工因年老体弱不能坚持工作而待岗的最高发给本人标准工资的60%和各项政策性补贴。职工不论上岗下岗，都必须按规定缴纳基本养老保险费。

1996年，劳动合同制在水电六局实施。8月27日，水电六局法人代表、局长郑应显与各二级单位领导签订了《劳动合同》。9月，全局8000多名职工由过去的全民固定工、全民合同工身份转变为劳动合同制职工。实行全员劳动合同制，使企业与员工在平等自愿、协商一致的基础上签订劳动合同，明确双方的责、权、利，以法律的形式确定企业与职工的劳动关系。从而形成依照合同进行法制管理的劳动用工制度。

20世纪80年代末90年代初，水电六局从计划经济走向市场经济之后，生产任务严重不足，于是，部分女职工、老弱病人员、没有一技之长的男职工下岗回家。有的人一待就是多年，每月拿70%的工资。有的职工自己做点小买卖，开小吃部、开理发店、摆水果摊、粮店、超市、蹬三轮……为了实行两条腿走路，水电六局除了主业外，开办多种经营。据1991年统计，下岗职工有1000多人，下岗后全部都在从事多种经营工作。1999年，下岗职工超过2000人。到2003年，下岗职工达2062人。

1998年7月，水电六局为了做好下岗职工再就业工作，成立了再就业服务中心（设在局劳动人事处），至此，职工下岗后不再发给工资，而是发给下岗职工生活费，生活费标准由当地政府规定。水电六局再就业服务中心主要负责办理下岗证件；负责对下岗职工的管理；发放下岗职工基本生活费；代缴养老、失业保险费；组织转岗培训；引导和帮助实现再就业；六大分局和两个基地设再就业服务站，其他单位设专人负责再就业服务工作。同时，水电六局成立再就业工作领导小组，负责贯彻政府有关下岗职工再就业的政策研究，解决再就业工作中的主要问题。

2003年，水电六局建立局内部离岗退养制度，对水电六局管理岗位上年龄偏大的科级以下干部实行离岗退养。退养的人员包括水电六局机关科级以下在岗的管理干部；各单位科级以下在岗的管理干部；其他属于管理岗位的科级以下在岗工作的干部。凡属于离岗退养范围的人员、年龄达到距法定退休年龄5年，即男年满55周岁、女年满50周岁时，均办理局内离岗退养。离岗退养人员向单位缴纳各项保险金、住房公积金以及其他费用。按月发给生活补助费，即离岗人员月标准工资收入（含岗位、技能、工龄工资、施工津贴及各种补贴等）的70%。

水电六局历年职工人数、年产值及劳动生产率详见表7-12-1。

表 7-12-1　　水电六局历年职工人数、年产值及劳动生产率

年份	职工人数	完成产值（万元）	劳动生产率［元/（人·年)］	年份	职工人数	完成产值（万元）	劳动生产率［元/（人·年)］
1958	278			1983	10195		4225
1959	3004		2319	1984	10021		5435
1960	5784		2261	1985	10002		5875
1961	5791		1336	1986	10013		6027
1962	5246		2533	1987	10008		7160
1963	5707		3442	1988	10065		8975
1964	6804		3584	1989	9900	6059	5649
1965	6006			1990	9350	9237	8464
1966	7292			1991	9798	9111	9063
1967	7157			1992	9440	10000	11589
1968	7216			1993	9147	15247	16699
1969	10110			1994	8994	24303	24347
1970	11759			1995	8622	29263	29343
1971	11435			1996	7945	32895	40172
1972	11594			1997	7626	29884	42083
1973	10499			1998	6999	27654	40142
1974	10347			1999	6971	27634	45148
1975	9001			2000	6827	32944	109595
1976	9713			2001	6620	34465	173360
1977	9515			2002	6476	49012	184506
1978	10305		3144	2003	6348	84903	215209
1979	10305		3081	2004	6384	104129	253312
1980	9539		2273	2005	6401	133000	185000
1981	9959		2007	2006	6230	139276	223600
1982	10234		2467				

第四节　工　资　管　理

一、工资计划

1983年以前，水电六局每年根据施工情况、职工人数和规章制度等因素确定年度工

资总额，在编制年度劳动计划时编报年度工资计划，经上级主管部门批准后执行。

1984 年，经水利电力部批准，水电六局实行万元产值工资含量包干办法，工资总额随完成施工产值上下浮动，水利水电建设总局核定水电六局的万元产值工资含量系数按23%包干试行（工资含量系数一年核定一次）。在核定包干含量范围内的工资总额可全部进入成本。这是一项根本性的改革，经过一年的实践，推行工资含量包干的成果显著：一是自行完成建安量比往年多；二是分配制度在较大范围体现了按劳分配的原则，打破了干多干少一个样，干与不干一个样的局面，职工人均超额工资和奖金与上一年的 140 元相比翻了一番；三是由于分配上拉开了档次，职工中平均主义思想得到克服。

1985 年，水电六局对各单位、部门的工资含量包干采取两种形式：一种是对有建安工作量或产值的生产单位，实行工资含量包干的办法；另一种是对无建安工作量或无产值的单位或部门，实行定员、定额工资总额包干的办法。此外，对南营修配厂、丹东办事处等单位实行了有条件的利润承包办法。

1991 年，随着国家对基本建设体制的改革，招投标方式代替了指令性计划，以往那种完全靠工资含量的办法对二级管理体下达建安工作量的做法有局限性。当时，水电六局实行人员分块管理，依据工作性质、工作地域、人员素质等将各施工处人员分为 6 块：外经项目施工人员；留守基地岗位人员；搞房建等工程人员；从事多种经营和第三产业人员；病残人员；待工人员。根据这一现状，水电六局在劳动工资管理上制订了人员“分块管理”、“分灶吃饭”的办法。对项目上的职工，结合全年计划完成的施工产值予以分配，同时考虑其长期在艰苦条件下工作的实际，在分配上优先考虑其正常工资，然后结合完成量和创收效益与上缴费用情况，明确超额计件和奖金的发放额度。对承建太平湾、水丰水电站尾工和基地房建人员，按定额、定量、定员的原则。改变那种“干与不干都吃饭”的照顾性的生产方式。对机关人员，合理、科学地进行定员、定编，富余人员从事第三产业或待业。对从事多种经营的人员和其他岗位人员，一般都没有奖金，为了引进激励机制，加强自我约束，要求把基本工资的 10%和施工津贴的 50%拿出来浮动，每月考核发放，在工资分配上彻底打破“保本吃饭”、“和平开资”这一做法。

实行“分块管理”、“分灶吃饭”，使工资收入形成台阶状结构，基本是以劳动者提供劳动量为尺度参与分配的，把国家、集体、个人三者利益有机结合起来了。

二、工资制度

水电六局在 1958 年刚组建时，职工是从四面八方 100 多个单位聚集而来，有煤矿的、铁矿的、金矿的、工厂的，还有政府机关的，工资标准五花八门。

计时工资：1959 年，云峰局制订的《职工工资支付实施办法》中规定：工人一律实行日工资制，其日工资计算以 25.5 天除月工资标准求得之；除工人外，其他人员一律实行月工资制。职工每日工作八小时，上下班所需路程时间，不得计算在八小时之内。

加班工资：1959 年云峰局规定，在法定的全民节日和公休假日内，因为生产上的特殊需要必须组织工人加班时，事后应尽量给工人同等时间的补休，补休不了的，实行计时工资者，按照本人计时工资标准的100%发给工资；实行计件工资制者，除按照工人所完成的劳动定额和计件单价计算发给工资外，春节三天再加发相当本人计时工资标准100%的工资。而职员和工程技术人员，不论在法定假、公休日加班或加点，均不发给加班加点工资，但在夜间加点工作到23时以后的，发给夜餐费0.40元。

津贴：建局以来，水电六局先后有停工津贴、冬季取暖补贴、副食品价格补贴、额外劳动消耗津贴、技术性津贴、保健津贴、施工津贴、工龄津贴、教师护士津贴、知识分子津贴、技师、高级技师津贴、洗理费、卫生费、粮油补贴等，这些津贴、补贴随着物价上涨在逐步调整。有的后来被取消。

奖金：水电六局实行奖金制度始于建局伊始，一直延续到现在，奖金的名目繁多，有超产奖、提前发电奖、劳动竞赛奖、赶工奖、节约材料奖、节约油料奖、实行经济责任考核奖、党风廉政建设奖、综合治理奖、计划生育奖、年终奖等，奖金额度按完成各项经济技术指标确定，分级负责考核计发。

岗位技能工资制：1995年1月，水电六局转换内部分配机制，实行岗位技能工资制，它由岗位工资、技能工资和辅助工资三部分组成，其中，岗位工资、技能工资为职工的基本工资。

水电六局的工作岗位分为生产岗位和管理岗位（管理、专业技术）两大类，其中，生产岗的岗位工资设12个岗级（1～12级）；专业技术岗位的岗位工资设18个岗级（1～18级）、管理岗位的岗位工资设22个岗级（1～22级）。

技能工资标准也分为两类：即生产人员的技能工资标准和管理、专业技术人员技能工资标准。

生产人员的技能工资标准发放分为28级。其中，初级技工为1～7级、中级技工为8～17级、高级技工为18～23级、技师为18～25级、高级技师为18～28级，非技术生产人员的技能工资标准为1～17级。

管理和专业技术人员技能工资标准分为3个层次：初级管理（专业技术）人员技能工资；中级管理（专业技术）人员技能工资；高级管理（专业技术）人员技能工资。

辅助工资包括各种津贴、补贴、奖金、工龄工资、浮动工资等。实行岗位工资执行试岗、上岗、下岗的动态管理制度。如复员转业军人的工资，复员转业军人报到后，实行半年的试用期，企业发试岗工资（即比相应岗位工资低二级），其技能工资暂按劳薪字[1992]34号文件执行，满半年后，根据培训和上岗考核情况，正式确定岗位工资和技能工资。新参加工作的职工（新招收的工人、技校学生、大中专院校毕业生）学徒期、见习期、试用期的工资待遇，按现行国家政策执行，其转正、定级、正式上岗后的工资，按其从事的不同岗位及技能考核情况确定相应的岗位技能工资。

三、假期制度

事假：1959年云峰局制定，工人请事假，一律不发给工资；职员、技术人员请事假时，在领导批准假期内工资照发，超过批准假期时其超过天数不发给工资。

生育（产）假：1959年云峰局制定，大产者给假56天，工资照发；难产或双生时加假14天，工资照发。怀孕不满7个月小产者，根据医生意见，给予30天以内假期，工资照发；合同工、季节工及试用女工，生育假期同上，但假期工资按本人工资的60%发给。1983年水电六局制订的《职工请假制度》规定：女工的生育假为75天，难产或双生时加假15天。晚婚、晚育、办理独生子女证的，可给120天产假；早婚、晚育、办理独生子女证的，可给100天产假；计划外生育（非婚生育和第二胎、第三胎生育）的产假期间不发工资。

婚假、丧假：1959年云峰局制定，在3天以内的，工资照发，超过3天时不发给工资。2002年，水电六局在《职工工资管理暂行规定》中规定：职工享有婚、丧假3天，死亡的直系亲属不在当地的可根据路程远近给予路程假。婚丧假和路程假期间，按照本人休假前1个月岗位技能工资和各项政策补贴计算。

探亲假：1959年云峰局制定，具备探亲假的职工，每年给探亲假12天，另加旅途往返时间，工资照发，各种津贴、奖金不发。2002年，水电六局在《职工工资管理暂行规定》中规定：职工享有探望配偶或父母的探亲假，已婚职工探望配偶的每年享有30天的假期。未婚职工探望父母的每年享有20天假期。已婚职工每四年享有一次探望父母的20天假期。享有探亲假的享有路程假，路程假期根据探亲路程远近确定。职工探亲假期间，按照本人休假时前一个月岗位技能工资和各项政策补贴计算。

病假：1959年云峰局制定，工人请病假的工资待遇按中华人民共和国劳动保险条例有关规定办理：工人疾病或非因公负伤停止工作连续医疗期在6个月以内者按以下标准支付工资：本企业工龄不满2年者为本人工资的60%；本企业工龄已满2年不满4年者为本人工资的70%；本企业工龄已满6年不满8年者，为本人工资的90%；本企业工龄已满8年及8年以上者，为本人工资的100%；工人疾病或非因公负伤停止工作连续医疗期超过6个月时，工资停发，改由劳动保险基金项下，按月付给救济费，其标准是：本企业工龄不满1年者为本人工资的40%；已满1年未满3年者为本人工资的50%；3年及以上者为本人工资的60%。

2002年，水电六局在《职工工资管理暂行规定》中规定：职工患病或非因工负伤应执行医疗期，享受病假工资或疾病救济费。医疗期在1个月以内的按本人岗位技能工资和国家规定的政策性补贴发给病假工资。不满3个月的按本人岗位技能工资和国家规定的政策性补贴的80%发给疾病救济费。不满6个月的按本人岗位技能工资和国家规定的政策性补贴的70%发给疾病救济费。医疗期超过6个月的按本人岗位技能工资和国家规定的政策性补贴的60%发给疾病救济费。疾病救济费最低不能低于当地最低生活困难补助标准的80%。医疗期不满6个月的疾病救济费不能超过局平均工资的150%，6个月以上的疾病救济费不能超过局平均工资的70%。职工因工负伤住院治疗期间至医疗终结前停发工资，发给工伤津贴、工伤津贴按伤前12个月岗位技能工资和国家规定的各项政策性补贴的平均数发给。职工因工负伤（含职业病）治疗终结后不能继续工作或评残1～6级以上的，发给本人岗位技能工资和各项政策性补贴的70%。

水电六局历年职工人数、工资情况与历次工资调整情况分别见表7-12-2、表7-12-3。

表 7-12-2 水电六局历年职工人数、工资情况

年份	职工人数	工资总额(千元)	人均工资(元)	年份	职工人数	工资总额(千元)	人均工资(元)
1958	278			1983	10195	10504	
1959	3004	1910	636	1984	10021	13428	
1960	5784	3719	643	1985	10002		
1961	5791	3785	655	1986	10013	15733	
1962	5246			1987	10008	20320	
1963	5707	4814	844	1988	10065	19801	
1964	6804			1989	9900	19540	
1965	6006			1990	9350	21365	
1966	7292			1991	9798	23303	
1967	7157			1992	9440	27688	
1968	7216			1993	9147	32001	
1969	10110			1994	8994	37196	340
1970	11759			1995	8622	46198	450
1971	11435			1996	7945	66803	490
1972	11594			1997	7626	75488	
1973	10499			1998	6999	60420	
1974	10347			1999	6971	57770	530
1975	9001			2000	6827	45955	
1976	9713			2001	6620	36502	
1977	9515			2002	6476	50031	635
1978	10305			2003	6348	60365	780
1979	10305	7901		2004	6384	70697	975
1980	9539	8575		2005	6401	82420	1074
1981	9959	9264		2006	6230	86968	1140
1982	10234	9569					

表 7-12-3 水电六局历次工资调整情况

执行时间	工资调整改革内容	调资人数	人均月增资（元）
1963-09-01	工资升级。全部职工人数的 37.9%	2359	7.29
1972	1958 年底及以前的二级工，1957 年底及以前的三级工均各涨一级，干部也与工人相应级别也各升一级		

续表

执行时间	工资调整改革内容	调资人数	人均月增资（元）
1977	1966年底前参加工作的二级工，1971年底前参加工作的18级及以下人员	4780	7
1983-10-01	1978年底以前工作的列入调资范围	7211	3.5
1986-01-01	1985年12月31日在册固定职工，参加工资改革。1982年6月30日以前参加工作的职工，可以套级和升级；1982年7月1日以后参加工作的职工，只套级不升级	10002	14
1990-07-01	增加一级标准工资	8923	13.3
1993-01-01	增加一级标准工资	9440	
1995-01-01	升一级标准工资	8994	
1996-10-01	技能工资起点标准由75元调整到100元		
1997-07-01	晋升职工技能工资，幅度为2级	7926	40
1998-08-01	调整职工岗位工资标准。岗位工资起点标准由100元调整到150元，岗差由10元调整到25元。同时冲销部分政策性补贴		
2002-01-01	调整职工岗位技能工资标准。岗位工资起点标准由现行150元调整到210元。岗差由25元调整到40元		
2003-04-01	调整职工岗位工资标准。岗位工资起点标准仍为210元，岗差由40元调整到60元		
2005-07-01	调整职工岗位工资兑现标准		

第五节　人　才　规　划

早在20世纪80年代初，水电六局就鼓励管理干部在职学习，或送到大中专院校学习（带薪），或局自办电视大学、电视中专。仅1983年、1984年两年，水电六局就选送405名优秀青年职工到大中专院校学习。到1990年，通过自己培养、上级分配、自学成才、外部培训等渠道，水电六局干部队伍的文化知识结构发生根本变化。现在在岗的45岁以上的管理人员（包括部分局、处级领导）大部分是后续学历。至2004年，水电六局有职工6384人，在管理岗位从事管理和专业技术工作的有1630人，生产岗位上有4754人（其中，高级技师15人、技师195人）。学历结构：本科及以上学历的有323人，占管理人员的20%；专科学历的有848人，占管理人员的52%；中专及以下学历占28%。年龄结构：管理人员中35周岁以下的有708人；36～50周岁的有801人；50周岁以上的有

121 人。生产岗位中从事专业技术工作的 35 周岁以下的有 852 人；36～50 周岁的有 1529 人；50 周岁以上的有 266 人。分析以上现状，水电六局人才队伍存在的主要问题是：人才总量不足；管理人员中的本科学历人数偏低，人才结构性矛盾比较突出。

为此，2005 年，水电六局实施人才战略发展规划（2005～2008 年），实施人才发展“3312”工程，即 30 名局级决策层管理人员；300 名部门主任、分局长及项目经理、高级工程师等高级管理人员；1000 名业务主任、专业技术骨干、技术带头人和 2000 名包括高级技师在内的技术操作能手。制订了人才选拔、培养、考核、引进的具体措施。2006 年，完成 26 个工种 546 人的职业培训与技能鉴定工作；与三峡大学签约实施工程硕士培养计划，录用工作业绩突出的优秀工程技术管理骨干 17 人，他们采取“进校不离岗”的方式，学习水利工程、建筑与土木工程、电气工程、机械工程和项目管理。2006 年录用大中专毕业生 179 人。

第十三章　信 息 化 管 理

第一节　信息化建设领导机构

为了提高各工程项目管理水平，水电六局于 2002 年 4 月下发了《关于建立工程项目信息管理系统的通知》，并选定尼尔基施工局作为实施项目，对厂房工程、砂石骨料工程、溢洪道工程建立信息管理系统。为了确保工程信息管理系统的顺利实施，水电六局成立信息化建设领导小组，组长由局长担任，副组长由主管副局长担任，成员由技术、工程管理、财务、办公室、工程开发、人事等机关部门负责人组成。办公室设在技术开发部，负责日常管理工作。水电六局各分局和尼尔基施工局成立工程项目信息管理领导小组，由各分局长担任组长，总工程师或主管副局长担任副组长，各分局信息管理领导小组办公室设在计划统计科或工程管理科。

第二节　局 域 网 建 设

一、局域网建设情况

机关内部局域网采取树型拓扑结构，拥有 2 台联想计算机作为网络服务器。Internet 百兆光纤接入并配有软件防火墙，IP 地址实现私有化，配备 3 台宽带路由器和 6 台 TPLINK交换机划分局域网。为了加强局域网的管理工作，使局域网及网内微机使用规范化和正常工作，水电六局于 2003 年制订了《水电六局关于局域网管理的暂行规定》和《信息系统数据备份与管理暂行规定》。

二、水电六局下属分局的网络情况

水电六局下属分局的网络情况参差不齐，经济状况较好的分局机关架设了各自的树型对等网络，其所属各部门均可通过局域网连接到 Internet。在资源共享情况下，分局机关各部门通过局域网可以相互调阅资料，可以通过 Internet 电子邮件实现信息资料的上传下达。经济状况较差的分局配备一定数量的电脑，基本实现了上报资料报表使用电子文本方式完成。然后通过 Internet 上传到局机关。水电六局机关内部为树型交换对等网，各部门分别通过局域网接入 Internet 并拥有各自的工作组，增加了各部门信息资源的安全性。

第三节　管理系统的开发和应用

一、项目信息管理系统

水电六局于 2002 年委托上海硅谷计算机有限公司研制开发了项目信息管理系统，开发费用总额为 49.6 万元。该系统是针对水利水电工程施工特点，为施工企业提供了一套“进度控制、投资控制、质量控制、合同管理、信息管理”的科学方法和手段。系统分 5 个模块，即合同管理、技术文档管理、质量评定、施工日报、物资管理。水电六局首选尼尔基施工局厂房项目部进行试点，到 2003 年底试点工作结束。2004 年度对应用中出现的一些问题加以改进，对系统版本进行了升级，并将该系统推广应用到溪洛渡施工局、街面项目部、宜兴项目部等项目中，效果较好。为配合项目信息管理系统的推广和应用，水电六局先后进行 20 多次大规模培训，1200 多人次参加培训。

二、办公自动化系统

水电六局于 2003 年委托上海硅谷计算机有限公司研制开发了自动化办公系统，开发费用 53.958 万元。该系统于 2004 年 11 月开发完毕，并在水电六局总部各管理层安装调试。目前该系统处于认识、模拟阶段。

三、财务管理信息系统

该系统是由水电集团公司统一购买的。应用用友软件进行核算、远光软件进行会计报表编制，全局全部脱离手工记账，资金中心利用建行网上银行系统进行管理，水电六局财务部 2004 年通过水电集团公司财务产权部计算机领导小组验收，水电六局二级单位通过局财务部验收。

第十四章　离退休职工管理

第一节　机　　构

1983 年 3 月 17 日，水电六局成立离退休老干部管理服务处。之前的离退老干部由党委组织部干部科指定一名同志兼管。1984 年 12 月，水电六局将离退休老干部管理服务处改称为离退休职工管理处，下设老干部科和退休科。1986 年 10 月 29 日，水电六局又成立了离退休职工管理委员会，负责领导退休职工管理及服务工作。管理委员会有委员 13 人，主任由水电六局主管副局长兼任，下设办公室（设在局离退休职工管理处）。

离退休职工管理处设在丹东市振安区太平湾，下设 3 个职能科室（离退休科、管理科、活动中心科）；在离退休人员集中的宽甸基地设离退休职工管理科（由离退休职工管理处与宽甸基地管理处共同管理），负责管理水电六局5127名离退休职工（其中离休职工57人）、800多户遗属、500多名工伤人员（其中矽肺病87人）、90名每年需复查的慢性病人。

第二节　制度和职责

水电六局离退休职工管理机构成立后，先后制订了《离退休职工管理办法》、《离退休职工管理细则》、《离退休职工服务守则》、《离退休职工殡葬管理办法》、《离退休职工党组织活动条例》、《驻外阜离退休职工管理办法》等一系列规章制度，完善了管理服务程序。

水电六局明确了离退休职工管理处主要工作职责：根据党和国家有关离退休工作的政策、规定，研究拟定水电六局离退休人员管理服务工作的制度和具体实施办法，并负责组织贯彻实施；加强与局有关部门和单位的联系与协作，按照政策规定，做好离退休人员政治、生活等方面各项待遇的落实工作；做好离退休人员的思想政治工作，组织学习和阅读文件及参加有关会议和政治活动，传达通报局有关生产经营情况；配合有关部门组织离退休人员承担力所能及的工作，继续发挥他们的作用；及时宣传、表扬离退休人员中的好人好事；利用现有条件，办好离退休人员活动中心，积极开展适合老年人特点的宣传教育、参观游览、医疗保健、文娱体育等健康有益的活动，组织重大节日的慰问活动，丰富离退休人员的精神文化生活；做好慰问和安抚工作，妥善处理离退休人员病逝后的有关事宜。特别是要关心离退休人员的思想和生活，接待处理来信来访，召开离退休人员座谈会，进行家访、谈心，及时听取和了解老同志的意见和要求，会同有关部门，合理解决他们的实际困难。

第三节　管理与服务

一、离退休职工状况（2006年12月）

水电六局离退休人员主要分布在太平湾、宽甸、丹东3个基地和全国24个省市自治区。分散在外埠的离退休人员多数集中在四川成都地区，设联络员管理。

水电六局离退休职工居住太平湾基地的有1612人，居住在宽甸基地的有783人，居住在丹东基地的有198人。其余2524人主要分布居住在川、京、辽、吉、冀、鲁、津、苏、豫、渝等24省市（居住在四川有1800人左右）。

水电六局离退休职工管理处党委管理的党员有459人，下辖9个离退休党支部。其中：太平湾基地有7个党支部（离休党支部1个，退休党支部6个），丹东桃园和馨园小区各有1个党支部。

宽甸离退休职工党组织归宽甸基地管理处党委管理，有党员240人。

为方便四川省离退休职工的联系，所在县市各设联络员1名。

二、养老统筹

1985年以前，水电六局离退休职工的养老保险支出均由水电六局承担。

1986年，水电六局根据水利电力部《直属企业离退休费用统筹试行办法》，自1月起，离退休职工费用纳入电力行业统筹，统筹对象为局内符合离退休条件的固定职工。统筹项目有离退休金、副食品补贴、粮（煤）补贴、冬季取暖补贴、生活补贴5项。这为当时有2159名离退休职工的水电六局这一老水电施工企业，减轻了部分负担。

1991年，水电六局按全局年工资总额8%计提，向所在地保险机构缴纳养老基金，统一列入地方养老保险。这一年，全局离退休职工费用支出406万元，由行业统筹弥补115万元，占全部费用的28%。其余部分由水电六局负担。

1992年，根据《国务院关于企业职工养老保险制度改革的决定》和能源部《电力企业职工个人缴纳基本养老保险费的暂行办法》等有关规定，水电六局实行个人缴纳基本养老保险费制度。水电六局从1992年10月1日～1993年12月31日由企业支付，从1994年1月1日起由个人缴纳。凡全民固定职工和劳动合同制职工，每月按当月工资总额的2%缴费。

1998年9月1日，水电六局按国务院的统一部署，将养老保险基金移交地方列入辽宁省统筹运作。到2000年8月，移交工作基本结束。辽宁省统筹项目核定后，水电六局4800名离退休人员，平均减少养老金110元。

三、解决看病难问题

对离休老干部各项待遇，水电六局除了在政治上关心他们的学习，在生活上及时为他们排忧解难外，对患病住院的老干部，都及时派人到医院看望慰问。定期为离休干部进行健康检查。在在岗职工医药费多年不能报销的情况下，也要尽量为离退休职工报销医药费。按照医疗保险政策规定，为居住外地的退休职工办理住院医保药费报销，为外地退休职工报销住院的医保药费，返还其医保个人门诊账户资金；组织丹东地区的55名退休职工参加工伤伤残等级鉴定。

四、为退休职工服好务

根据丹东市要求，水电六局离退休职工养老保险金由水电六局离退休职工管理处按月代发放，其他一些有关费用也需要离退休职工管理处代管代发，家住外埠离退休职工的养老保险金和各项费用，即时邮寄或打入个人银行卡里。离退休职工管理处还外聘营养学专家授课，举办多期健康营养知识讲座及义诊活动。

五、做好信访工作

水电六局离退休职工管理处把解决离退休职工的实际困难作为工作的出发点和落脚点。凡是符合政策要求的，千方百计去落实；不符合政策要求的，也做好解释工作，努力把矛盾化解在相互信任和沟通之中。每年要向外地职工发出慰问信及各类政策解答信件三四千封；接待大量的电话来访，回复索取各种证明的就有200多人次。对来信、来电或是登门上访者，耐心地做好接待工作，使他们得到满意的答复。

六、办好离退休职工管理服务网站

水电六局离退休职工管理处的具有人性化、网络化、系统化、规范化的服务网站开通，架起水电六局与离退休职工联系的桥梁，网站的栏目有“重要通知”、“服务指南”、“公告、慰问信”、“业务管理”、“岗位职责”、“友情链接”、“离退休生活动态”。凡离退休职工关心的事，服务网站上都有，方便了离退休职工。

七、创造条件让离退休职工老有所乐

水电六局离退休职工管理处把开展丰富多彩的文化娱乐活动，作为提高广大离退休职工自身素质、活跃文化生活的重要内容。为了使活动内容更广泛、健康，更富有活力，水电六局在三个基地建有近 1000 米^2 的老年活动室，室内设有各种报刊、台球、乒乓球、麻将、象棋等。组建了门球、台球、乒乓球、棋牌、健美、秧歌、毽球等活动小组，并组队参加了丹东市老年台球选拔赛。元旦、春节、九九重阳节等重大节日，都组织演唱、游戏、书画展等纪念活动。对太平湾健身中心（原机关食堂）进行维修改造，拆掉了间壁，粉刷了墙壁，对屋子顶棚漏水问题也做了防水处理。改建后的健身中心活动面积扩大了，室内宽敞明亮了，灯光设施也更加适合老年人活动特点。

第十五章　综　合　管　理

第一节　档　案　管　理

水电六局档案资料历来都是以部门管理为主，文书档案由办公室管理，人事档案由组织人事部管理，技术档案由技术部门管理，财务档案由财务部门管理，设备档案由机电部门管理，其他档案由有关业务部门保管。1988 年，水电六局成立了综合档案处，负责对全局的档案集中统一管理。

1989 年 8 月，水电六局颁发了《关于档案管理工作纳入经济责任制的通知》，明确规定了水电六局主管和各单位、各部门在档案工作方面的经济责任制。档案处刚成立时，面临保存大量档案需要库房的实际问题，水电六局将机关大楼有限的房屋让给档案处（其他处室搬出大楼）；水电六局在经济十分困难的情况下，给库房增添了“干湿计”、专用窗帘、档案密集架、风扇等。目前，水电六局的档案有文书档案、人事档案、科技档案、财务档案、设备档案、特种档案（声像、实物）、工伤档案、文教、卫生档案、多种经营档案等 10 多种。

水电六局档案处成立以后，其管理工作逐步实现了标准化和规范化，档案整理准确率达 100％：首先制定了各种规章制度。建立《档案保管制度》、《归档制度》、《对外经营项目的技术档案管理制度》、《工程技术文件（图纸）更改制度》、《档案统计、鉴定、销毁制度》、《档案借阅制度》等。二是在全局范围建立科技、设备、会计、文书、人事、特种等 7 个档案工作网。这些工作网覆盖全局各单位、各业务处室，有 90 多名兼职档案资料员。三是编制了适合水电六局实际的《档案档号编制规则》，它把所有档案分为 15 类，然后根据各类档案管理方式不同，分别制定不同的编号规则，使当时（1990 年）3 万多卷、件档案无重号。四是对所有档案进行重新鉴定、整理。将计划经济时期承建的 5 个电站的全部技术档案，重新进行整理、组卷、重新鉴定、重新组卷，又对近万张工程照片进行整理。对设备档案重新进行整理编号。文书档案从1958～1978年20年间的1373卷重新拆卷、鉴定组卷。成立档案处仅两年时间，共整理档案11万6千多卷、件；抢救档案12000多页。五是对过去应归档而没有归档的各种档案进行了补救工作。

档案的利用工作做到提供信息及时准确，尽量做好超前服务，当好用户的助手。档案处还开展了档案资料的编研工作，使信息资料更加系统化。1988～1996年，水电六局利用档案24041卷，7459人次。

20多年来，档案处坚持开发档案信息资源，配合工程部门参加了工程项目的投标工作；为基地楼房办房地产执照；为工程设计、房屋的维修与改造提供大量的原始资料，节省了设计工作量，提高了工作效率。在解决与有关单位和人员的经济纠纷中，以档案凭证材料作法律依据，索回几百万元的损失。利用档案资料，编写局史、画册，开展咨询服务，扩大水电六局在社会上的知名度。

第二节　保　密　工　作

1979年，水电六局党委下发了《关于建立“中共水电六局委员会保密委员会”的通知》。委员会由主任委员、副主任委员、委员7人组成。保密委员会下设办公室，配备若干工作人员分别在局办公室和保卫处办理保密委员会的日常工作。水电六局各局属单位建立保密领导小组。保密委员会主任由一名党委主要领导兼任。1982年，曾2次调整保密委员会成员。1999年，再次调整保密工作委员会成员。1982年，水电六局党委下发《保密工作暂行规定》。《规定》把属于水电六局的机密事项、秘密事项及其他保密事项一一列出。并要求各单位、各部门及个人都不可泄露。对秘密文件、材料、图纸，必须按保密要求，以单位和部门实行统一管理，存放在足以保密的设备内，收拆秘密信函一律由专人进行。保密委员会经常在法定节假日进行保密工作大检查，及时堵塞各种保密漏洞。保密工作按照“谁主管谁负责”的原则，做到一级抓一级，一级对一级负责。做到业务工作做到哪，保密工作就落实到哪，哪个部门出现问题就追究哪个部门的责任。各级领导干部做到不把文件带回家、不擅自复印密级文件、资料，所有文件交给办公室统一管理。

第三节　文　书　工　作

1960年，水电六局就对文书工作作出具体规定。水电六局党委办公室设专职文书，组织部和宣传部指定专人负责日常文书处理工作，并建立收发文、长途电话、会议记录、群众来访等台账。1980年，水电六局下发《文书处理暂行办法》，《办法》对办理文电、文书处理工作的基本内容，发文的处理办法，文电的拟稿、核稿、会签、签发、印刷、用印分发收文的处理办法等都提出具体要求。为了使公文写作更规范，水电六局办公室经常举办公文写作学习班，对公文的种类：决定、通报、批复、报告、请示、规定办法、通知、函、会议记录、计划协议书、合同、意见等进行讲座。使公文格式、行文规则、公文办理等更加规范。

第四节　信　访　工　作

水电六局的信访工作始于建局伊始，48年来从未间断。这项工作归口水电六局办公室，在接待中按照党和国家的方针政策，耐心细致地做好职工上访与来信的处理工作，1983年，水电六局推行经济责任制，水电六局办公室把信访与接待工作作为主要考核项目之一。2003年，水电六局制订了《水电六局信访工作制度》，群众来信按照"分级管理，归口办理"的原则，对应该转办的信件，及时转交有关单位或部门处理。对反映问题比较突出的信件，写请示件呈党政有关领导审批立案后落实处理。并制订7项制度：呈送领导批阅制；立案制；复信制；最小基层解决制；登记备案制；反馈信息制；追究责任制。

第五节　计　划　生　育

1974年，水电六局成立计划生育委员会。当时正处于太平哨水电站筹备期，在太平哨工地的职工有3000多人。1978年，水电六局对全局职工家属中的育龄夫妇进行了一次全面调查摸底工作，对计划生育工作做到有的放矢、心中有数。水电六局将计划生育指标落实到单位，节育措施落实到人头。水电六局计划生育办公室、家属基地管理处设专人负责此项工作。1983年，水电六局的计划生育率和晚婚率达到100%。从1984年1月1日起，对没有落实好可靠节育措施而怀孕流产的女职工，流产期间不给假，当月不得评奖，不得评先进。

1995年，水电六局所属各单位与水电六局签订计划生育《责任状》，年底经局计划生育委员会考核，凡全面完成计划生育考核指标的单位，依据《责任状》规定，奖励党政主要领导、计生委正副主任、各计划生育专职干部100元并授予集体奖。个人奖奖金由水电六局支付，集体奖奖金由二级单位支付（这项工作延续至今）。1995年水电六局被宽甸县政府授予1995年度计划生育先进单位。

1998年，水电六局制订了《计划生育有关费用报销标准》，凡生育一个孩子和符合计划生育政策生育二胎的，水电六局职工报销100%生育费（正常分娩报销500元，剖腹产报销1100元）；女方无经济收入的，生育费由男方所在单位按上述标准报销50%。同时核定了接受计划生育手术的报销标准：上节育环报销35元；取节育环报销30元；戴节育环人工流产的报销75元、引产的报销240元；输卵管结扎报销190元；输精管结扎报销150元；B超查节育环报销20元。孕期的检查费，女职工报销116元；女方是家属的，由男方单位报销50%。1998年，水电六局执行《辽宁省计划生育条例》，对独生子女父母的奖励费用在原来的每月5元的基础上每月再增加5元，从领证之月起至孩子14周岁止。对晚婚、晚育的职工也有规定：职工晚婚的，除国家规定的婚假外，增加婚假7天；职工晚育的给男方护理假7天；晚婚、晚育并领取《独生子女父母光荣证》的，产假在国家规定90天的基础上再增加60天；符合法定结婚年龄结婚，晚育并领取《独生子女父母光荣证》的，产假在90天的基础上再增加15天。难产者另增加产假15天。符合生育政策的，其生育费由职工所在单位100%报销；女方无经济收入的，由男方单位报销50%。

1999年，水电六局成立计划生育协会，2000年局属各单位、太平湾、宽甸北关街道、离退休职工管理处，均成立了计划生育协会。

2003年4月1日，水电六局下发《关于职工享受计划生育有关休假待遇的通知》，职工晚婚假增加7天；晚育并领取《独生子女父母光荣证》的，产假增加60天，男方护理假为15天。假期工资照发，福利待遇不变。实行计划生育手术职工享受2～30天不等的休假待遇。假期工资照发，福利待遇不变。2003年，水电六局下发《关于计划生育有关费用报销标准的通知》，其生育费的报销标准、产前检查报销标准、避孕措施的手术费报销标准，都较以前有所增加。

第八篇　科技　教育

第八篇　科技　教育

第一章　科　学　技　术

水电六局科学技术活动主要围绕着加快建设速度、节约工程成本、确保工程质量和安全这一目的而开展。水电六局建局迄今，科学技术研究工作长年不辍。在爆破开挖方面有光面爆破、预裂爆破、水底爆破；在水工建筑方面有滑模浇筑、潜孔钻在灌浆中的应用；围堰施工采取钢木围囹、中空填筑风化砂防渗技术；隧洞混凝土衬砌引进针梁模板施工技术，该技术的改进被专家誉为国内领先水平；在钢管制作方面可以做超大型高强度钢岔管现场整体组焊。

第一节　组织机构与管理制度

1983 年，水电六局成立科学技术协会，下设总工程师办公室(简称总工办)，负责施工技术和科技创新工作；2001 年，总工办更名为科技开发部；2006 年，科技开发部与工程管理部合并，组建工程管理科技部。

至 2006 年，水电六局共召开科技大会 2 次，每次会上都要表彰科技进步奖项目、科技进步先进单位、先进科技工作者和获奖科技论文。水电六局科技进步的各项管理制度与办法得到完善，制订了《水电六局科技管理工作制度》、《水电六局科技目标管理责任制》等十几部管理制度和办法。水电六局为了加强科技管理工作，建立了“水电六局、分局(施工局、公司)、项目”以总工程师为首、技术职能部室为主体的三级科技管理机构，不断加强科技工作的制度化建设。建立了科技工作的评价机制和激励机制，使水电六局的科技工作逐渐步入制度化、规范化。

水电六局还设立了科学技术专家委员会，作为水电六局技术决策的咨询机构和支持机构，在制定水电六局科技发展规划、科技项目立项及评审与技术决策等方面起到了重要的作用。

第二节　施　工　技　术

水电六局施工技术发展与国家经济发展是同步的。1958 年，水电六局承建云峰水电站时，是以人力为主，机械为辅。1966 年，水电六局建设渔子溪一级电站时，是以机械为主，人工配合。1973 年，水电六局建设太平哨水电站时，施工以机械为主，人工为辅。20 世纪 80 年代初，水电六局建设太平湾水电站时，是以较高的机械化水平进行施工的。到 2006 年，水电六局的施工设备不断更新，技术实力和技术管理能力逐年提高，逐渐向管理信息化、作业标准化、办公自动化转变。

随着科学技术发展，水电六局的生产力及生产效益不断提高，这从其发展史可见一斑。

土石方明挖。刚建局时，靠的是手风钻钻孔，放的是火炮，人工配合小型机具装渣，斗车矿车运渣，日产量只能达到1000米^3。至1962年才有了电瓶车。1983年修建太平湾水电站时，采用的是潜孔钻钻孔，非电毫秒深孔梯段挤扎压爆破，4方电铲及5.6米^{3}装载机装渣，12吨及32吨自卸汽车运渣，最高日产量达到3200米^3。

混凝土浇筑。建局初期是工人、皮带配料，土拌和楼供料，皮带、手推车运料进仓。最高月强度只有10000米^3。1983年修建太平湾水电站时，安装了自动化拌和楼，水泥输送机械化，采用钢模板和大型钢木组合模板，混凝土水平运输利用汽车和机关车，垂直运输利用门机和塔机，混凝土浇筑月强度达到72400米^3。

隧洞暗挖。建局初期是分块开挖，手风钻钻孔，放火炮，人工、棚架漏斗装载机装石渣，人工推斗车及电瓶机车牵引斗车出渣。到了20世纪80年代水丰水电站扩建时，采用架钻台车及多臂钻钻孔，全断面掘进，3方侧翻装载机装渣，12吨自卸车出渣。在尼泊尔马相迪电站隧洞开挖时，采用了激光定向，液压多臂钻钻孔，液压反铲清底，3方侧翻装载机装渣，12吨自卸车出渣。1000米^3/时的大型鼓风机强制通风，采用喷混凝土联合作业车和单臂、双臂机械手进行喷混凝土作业。由于采用了这些先进的机具和严格的施工管理，在复杂的地层中全面采用新奥法施工，创造了全断面月进尺219米的纪录。而在2005年进行世界第三大水电站——金沙江溪洛渡水电站导流洞中下层开挖时，采用了两侧预裂，中间梯段爆破的方法，变洞挖为明挖等一系列先进技术，创造了最大月洞挖强度27.1万米^3、最大月井挖强度3万米^{3}的国内同类工程施工速度新纪录。《特大断面导流洞开挖与衬砌》研究成果获水电集团公司科技成果一等奖。

隧洞混凝土衬砌。在云峰水电站建设时，采用木模排架，边、顶、底、拱分块浇筑，边、底用皮带手推车上料，顶、拱混凝土用人工甩锹封顶。而到2005年，水电六局在承建世界第三大水电站——金沙江溪洛渡水电站时，创下了最大月洞衬砌混凝土强度5.1万米^{3}的国内同类工程施工速度新纪录。

第三节 科 技 进 步

水电六局建局48年中，在科技进步方面有长足的进步，这些进步包括掌握了土坝施工技术、预应力锚索施工技术、碾压混凝土试验及施工技术、混凝土老坝修复技术、紧傍运行的水电站厂房扩建机组的施工技术、水下爆破技术、特大规模洞群开挖与衬砌技术、微机应用与管理及办公自动化技术、国外工程施工管理技术、与外商联营投标技术、水电工程投标技术以及计划管理技术、项目施工管理技术、项目索赔技术等。此外，水电六局在擅长的地下工程施工技术方面也有了新的进步。

第四节　新工艺、新技术、新材料应用

水电六局在承建工程中，坚持“以科技为先导，争速度，保质量、创信誉”的方针，为此，水电六局在各个项目中均采用了新工艺、新技术、新材料，使水电六局的施工技术水平不断提高。

20世纪60年代初，水电六局在云峰水电站施工时，部分洞段采用混凝土喷锚的新工艺，混凝土衬砌段采用钢模台车，混凝土浇筑质量经得起时间的考验，电站已运行40多年，冻融变化区混凝土至今无任何冻损痕迹。

水电六局在四川建渔子溪电站时，水电六局采用反井吊罐法，成功打通了近300米深的竖井，无一安全事故发生。接着又采用预压骨料混凝土成功完成了竖井的衬砌。水电六局设计队自行设计的沉沙池，由于计算准确，模拟试验成功，建筑质量好，沉沙效果理想，受到上级设计单位的嘉奖。水电六局在全国率先采用了按不同地质段，把8429米长的渔子溪一级引水隧洞划分为衬砌段、喷锚段、不喷不衬段，加快了进度，节省了资金。经过模型试验，水电六局在隧洞设计中首先使用了集石坑，经多年运行检查，实践与设计一致，集石效果好，后来被广泛采用。在四川建渔子溪电站时，水电六局还成功地对高压管道岔管进行了整体退火，消除焊接与铸造应力，解决了岔管焊接后不能整体返回德阳退火这一技术难题。

水电六局在进行太平哨水电站引水隧洞(10.2米×10.4米)，长1046米开挖中，采用光面爆破新技术，严格控制打孔、装药、放炮等各个环节，超挖工程量比一般方法减少2/3，由于洞子光滑、糙率小，全部隧洞减少50%的喷锚量，工期缩短3个月，节约投资243.45万元。1978年在全国科学大会上受到重奖，水电六局被称为“在中国科学技术工作中作出重大贡献者”。使水电六局洞挖技术水平在全国水电系统中小有名气。

水电六局在太平哨水电站大坝混凝土施工中，采用喷珍珠岩的新工艺进行防寒保温，有效地防止了因温差大引起的混凝土裂缝，效果显著。大坝混凝土溢流面施工采用滑模，反弧段使用拉模新技术，均达到速度快、质量好、节约木材的目的。在太平哨、太平湾水电站建设中，水电六局采用的激光观测、引张线观测大坝变形等新工艺，都收到很好的效果。

水电六局在太平湾电站重力坝帷幕灌浆中，用潜孔钻代替传统的岩芯钻造孔的新方法获得成功，在水电系统基础处理施工成果评审会上通过鉴定。大坝溢流面混凝土用滑模及反铲拉槽修筑围堰的两项新工艺，分别荣获1984年水电总公司科技成果三、四等奖。大坝消力池护坦混凝土采用软席真空作业，缩短了混凝土浇筑周期，提高了抗冲耐磨强度，仅水泥一项每年节约538吨。大坝廊道灌浆钻孔用冲击回旋式钻机和反修-100型钻机进行改造后，造孔效率比回旋式钻机提高7～14倍。大坝混凝土保温采用喷涂水泥膨胀珍珠岩新工艺，有效防止混凝土裂缝的发生，太平湾大坝是国内混凝土坝中裂缝最少的工程之一。

水电六局在云峰电站大坝补强工程的旧混凝土爆破施工中采用无声爆破剂技术，爆破

质量好，安全可靠。

1988 年，水电六局承建察尔森水库复建工程土坝时，采用了振动平碾和凸块碾，代替原计划使用的羊足碾和气胎碾进行碾压新工艺，黏土层铺厚度增加了 50%，碾压遍数减少 2/3，工效比原方案提高 2.5 倍，比计划工期提前 1 年达到拦洪高程。

1992 年，水电六局在北京十三陵抽水蓄能电站尾水隧洞混凝土衬砌施工时，引进国外先进技术，并结合实际设计了一套全断面针梁式钢模，该钢模 1 个月可以循环 10 次，月进尺 120 米，衬砌混凝土量约 3000 米。施工速度快，衬砌混凝土质量好。在厂房顶拱混凝土衬砌施工中，水电六局采用分体组合式的大跨度钢模台车，保证了进度和质量，仅用 22 个月就完成了整个地下厂房的开挖、支护及顶拱的混凝土衬砌。1994 年 4 月 1 日，水电总公司组织二十多位专家，对水电六局完成的电站地下厂房开挖及支护施工和针梁模板改进设计两个项目进行了技术鉴定，认为以上两项成果均达到国内领先水平。

水电六局在丰满水电站扩机工程(9、10 号机组)中采用了钢木围囹围堰木挡板内填防渗体的结构形式，具有断面小、抗冲刷能力强、施工方便等特点，获水电总公司科技成果奖。承建丰满水电站三期工程时，水电六局采用了沙石围堰高压喷射灌浆新工艺，防渗性能好，造价低廉。大坝补强工程中，大坝溢流面大面积采用滑模施工；在 21 米直径的调压井滑模施工中，80 米高差的井壁混凝土，仅用 18 天时间就顺利完成任务。

水电六局在万家寨水利枢纽施工中，广泛采用了新工艺和新技术，如：①发电厂房尾水肘管采用积木式整体组装木模，具有省工、速度快、易周转的特点。②钢筋冷挤压接头技术，其优点是不用电焊，通过套管将钢筋头挤压在一起，工效高、省费用。③采用承重骨架代替常规模板支撑，浇筑大跨距梁，其优点是将承重骨架置于梁内，省掉下部支撑。④在 140 米高的边坡上开挖，钻孔 34 米深，实行预裂爆破，边坡成形好，半孔率 95%以上。⑤厂房尾水反坡段采用无轨滑模新工艺。⑥喷锚支护，采用湿喷机喷射钢纤维混凝土新工艺。⑦预先绑扎“牛腿”钢筋和预先组装边墙柱体模板，然后整体吊装入位，提高工效 2～3 倍。

水电六局在小浪底水利枢纽施工中，运用胀壳锚杆施工；混凝土预应力箱型梁施工；倒挂井法开挖深井桩等新技术。

水电六局在国家“十五”重点工程——尼尔基水利枢纽工程施工中，在厂房混凝土高温季节施工时，采用冷却水管埋设温控新工艺，有效防止或减少因温度原因所产生的混凝土裂缝；厂房钢筋接头采用机械连接新工艺。2003 年，尼尔基厂房钢筋加工绑扎 4800 吨，采用焊接方法不能满足施工进度要求，采用机械连接钢筋接头即用滚轧直螺纹对接的方法，技术先进，操作方便，提高了工时工效；变人工凿锚为器械凿锚，传统的人工凿锚进度慢、质量差、危险系数大，采用器械凿锚是将小型气泵带动轻便型凿岩机和日立电锤，在对混凝土钻孔的同时自行对混凝土进行绞碎，劳动强度和危险系数大幅度下降；采用聚氯脂筛网保证混凝土生产，原来在成品骨料的生产过程中，使用的是不耐磨的钢筋和铁丝编制的筛网，筛网经常损坏，采用高耐磨的聚氯脂筛网，其寿命是钢筋和铁丝编制的筛网的 10 多倍，减震性能好，降低噪声 15～20 分贝，降低成本 22%；使用水泥仓料位测试装置，掌握仓内水泥储存量。过去水电六局没有在拌和楼使用水泥仓料位测试装置，要了解仓内水泥储存量，需要大量人员统计、计算才能获知；利用自行设计的组装模板简易提升系统，进行墩头圆弧模板支立，完全脱离门机，用手动葫芦提升，有利于组合模板的调试，减少了高空起吊的不安全因素，加快了施工进度，仅电费就节约 80 万元。

水电六局在大顶子山航电水利枢纽项目的闸墩双向大悬臂体(牛腿)模板施工，创新地采用了预埋钢筋混凝土柱双向斜拉悬吊的技术和工艺，缩短了工期，降低了成本。

水电六局在索风营项目采用的地下厂房岩壁梁岩台分序开挖施工和岩锚梁镜面混凝土施工技术，被评为水电集团公司企业级工法，并由水电集团公司推荐申报为国家级工法。

水电六局在丰满永庆反调节水库坝面施工中应用了悬臂多卡模板，并相继推广到尼尔基溢洪道、双沟厂房、石龙大坝等项目，不仅提高了混凝土外观质量，而且节省了工期和材料。

水电六局在大伙房一期项目首创的“盖帽法”灌浆工艺，有效地穿越了六河段突水突砂的世界级地质难题，其工程案例被行业内专家誉为“经典”。

水电六局宜兴抽水蓄能电站金属结构项目，引进了大批先进的钢管制作安装设备，其焊接工艺采用国际 ASME 标准，提升了水电六局的 600 兆帕级高强钢的焊接资质。

第五节　获　奖　情　况

水电六局在 48 年来承建的工程中，坚持“以科技为先导”，在科技进步方面不断前行，多次多项获奖，为水电六局创出地下工程品牌、持续健康成长，奠定了坚实的基础。

水电六局工程技术获奖情况详见表 8-1-1。

表 8-1-1　　　　水电六局工程技术获奖情况

获奖时间	获奖成果名称	授奖单位	获奖等级（成果鉴定）
1978	太平哨水工隧洞及大跨度地下洞室的光爆喷锚支护和衬砌技术	全国科学大会	奖状
1978	太平哨混凝土防渗墙技术	全国科学大会	奖状
1978	高吸程、大流道砂石泵	全国科学大会	奖状
1984	太平哨电站真空激光测坝变形观测系统的施工安装	水电部	四等奖
1984	太平哨电站大坝溢流面滑拉模施工	水电部	科技成果三等奖
1984	太平哨大坝水泥膨胀珍珠岩保温小结	水电部	科技成果三等奖
1984	太平湾电站低水围堰防渗体采用反铲挖槽填筑粘土的施工方法	水电部	科技成果四等奖
1986	太平湾水电站挡水坝	水利电力部水电建设总局	优质工程
1986	太平湾水电站 1 号机组安装	水利电力部水电建设总局	优质工程

续表

获奖时间	获奖成果名称	授奖单位	获奖等级（成果鉴定）
1991	丰满水电站扩机工程(9、10 号机组)尾水钢木围囹围堰施工	水电总公司	科技进步三等奖
1994	北京十三陵地下厂房开挖及支护施工	水电总公司	国内领先水平和国际水平
1994	十三陵全断面针梁式钢模的改进	水电总公司	国内领先水平和国际水平
1999	黑龙江莲花水电站机电安装工程	中国工程建设焊接协会	全国优秀焊接工程
2001	黑龙江莲花水电站工程	建设部	鲁班奖
2002	山西万家寨水利枢纽 5 号机组转子支架焊接	中国工程建设焊接协会	优秀焊接工程
2005	2005 年 8 月，溪洛渡水电站导流洞施工中，月石方洞挖 27.1 万米^3	中国企业联合会、中国企业家协会	创国内同类工程施工速度新纪录
2005	溪洛渡水电站导流洞闸室竖井段施工中，在Ⅲ—Ⅳ类围岩中同时进行 3 个相邻的最大跨度达 34 米特大断面洞室开挖与支护施工	中国企业联合会、中国企业家协会	创国内同类工程施工速度新纪录
2005	万家寨水利枢纽工程	中国水利工程协会	中国水利工程优质奖
2006	万家寨水利枢纽工程	水电集团公司	优质工程奖
2006	安徽临淮岗洪水控制工程主坝姜南段	水电集团公司	优质工程奖
2006	尼尔基水利枢纽(厂房)工程	水电集团公司	优质工程奖
2006	尼尔基水利枢纽机电安装工程	水电集团公司	优质工程奖
2006	丰满水电站三期扩建永庆反调节水库右岸土建工程	水电集团公司	优质工程奖
2006	安徽临淮岗洪水控制工程主坝姜南段	建设部	鲁班奖

第二章　教　　育

第一节　教育机构与学校

一、教育管理机构

1959 年 1 月，水电六局组建人事处(下设干部科、教育科、劳动工资科)。1959 年 6 月，水电六局决定教育科、干部科合并为人事科。1964 年 1 月，水电六局设教育科，同年 4 月撤销了教育科。1979 年 10 月，水电六局组建教育处。2001 年 8 月，水电六局对机关机构进行较大的调整，撤销了教育处，原教育处职能划归人力资源部。

二、学校

1960年2月，水电六局在云峰水电站工地建立第一所职工子弟小学。1961年，水电六局第一所中心校在云峰水电站工地建立。1964年7月，成立技工学校。1974年，水电六局由四川迁移到辽宁宽甸县，此后共办过6所学校：水电六局第一子弟学校(校址在太平湾，1988年后初中与小学分离，初中独立建校成为水电六局一中，2006年12月26日移交给丹东市振安区地方政府)；水电六局第二子弟学校(校址在宽甸，2001年移交给宽甸县地方政府)；水电六局第三子弟学校(校址在宽甸南营，1987年撤销)；水电六局第一中学(校址在太平湾，2006年12月划归地方政府)；水电六局高级中学(校址在太平湾，1999年并入水电六局第一中学，2006年12月26日移交给丹东市振安区地方政府)；水电六局技工学校(2000年改为水电六局职工培训中心)。

第二节　普　通　教　育

1960年2月25日，水电六局职工子弟小学在云峰正式成立。有学生113名，分为6个班。1961年，水电六局第一所中心校在云峰水电站工地建立。教育体制是初中、小学一贯制，在石青办小学分校。1963年增加了高中班和技校班。水电部对教育十分重视，把一批大中专毕业生统配到水电六局云峰子弟学校，以保证教育质量。

1966年，水电六局进入四川，水电六局小学生便借读于二台山下的农村小学；初中生借读灌口镇(都江堰市)中学。1967年入川学生日渐增多，水电六局便在二台山、土建队等地开办复式班，即不同年级的学生就读同一个教室。

1969年夏天，教师和职工自己建设的第一栋灰楼交付使用，侧面的两栋红楼也相继拔地而起。至此，一个中间操场，四周高楼，颇具规模的校园形成了。教师的组成既有原来的云峰中心校的部分教师，也有水电部和四川省教育厅统配的大中专毕业生，还有“文化大革命”初期下放到水电六局的水科院、北京水利勘察设计院的工程师及其夫人们，他们原大多数是北京重点学校的教师以及工人教师。全校100余名教师，30岁以下教师占全校教师80%以上。高峰时，学生达3000多人。中心校是技校、初中、小学一贯制，在二大队和砂石料厂设小学分校。

1975年，水电六局由四川迁移到辽宁省宽甸县太平哨公社，建在太平哨水电站工地的子弟中心学校是高中、初中、小学一贯制，在动力队、一工区、二工区分别设立小学分校。在宽甸县水电六局家属基地建有第二子弟学校，高中、初中、小学一贯制。在宽甸县石湖沟乡刘家村(也称南营家属基地)建有第三子弟学校，初中、小学一贯制(1980年高中撤销)。

1982年，水电六局到太平湾水电站施工，在此期间共办过6所学校：水电六局第一子弟学校(校址在太平湾)：初中、小学一贯制(1988年后初中与小学分离，初中独立建校成为水电六局一中)，小学最多时有学生1280多人，2006年12月26日移交给丹东市振安区地方政府；水电六局第二子弟学校(校址在宽甸)：高中、初中、小学一贯制，1993

年高中独立建校(校址在太平湾)，2001 年，第二子弟学校移交给宽甸县地方政府；水电六局第三子弟学校(校址在宽甸南营)，初中、小学一贯制，1987 年学校被水电六局撤销，教工被分配到局属各单位；水电六局第一中学：1988 年从子弟学校与小学分离正式建校，2006 年 12 月划归地方政府；水电六局高级中学：1993 年，高中从宽甸第二子弟学校分离后，在太平湾办学至 1999 年并入六局第一中学，使一中成为六年制完中，2006 年 12 月 26 日移交给丹东市振安区地方政府；水电六局技工学校：1981 年 9 月，技校从太平哨的山沟里搬到宽甸县城，从简易房搬进了楼房，教学条件明显改善，学校占地面积 20000 米^2，教学楼和校舍楼建筑面积 3000 米^2，2000 年技校停办，原机构改为水电六局职工培训中心。

早在 1997 年，水电六局在太平湾承办的中、小学校教育教学业务已由振安区教育局统筹管理。1999 年 12 月，太平湾地区划归振安区管辖。当时，一所中学(完中)高中部 6 个班型建制，有学生 231 名；初中部 12 个班型建制，有学生 636 名。一所小学，21 个班型建制，有学生 855 名。

党的十一届三中全会以后，水电六局中小学教育实现了由乱到治的根本转变，各校制定了“发展教育，开发智力，进一步开创六局教育工作新局面”规划，普教工作取得了可喜的成效：

(1)体现在师资队伍的建设上。1975 年水电六局由四川迁移到辽宁省宽甸县时，一些经验丰富的教师(包括部分统配大中专毕业生、水利勘察设计院工程师们等)纷纷调离或回原单位，造成师资力量严重不足，便招收部分无大中专学历的同志充实到教师岗位上来。到 1982 年，水电六局中小学教师共 156 人，其中有 103 人达不到相应的学历标准，达标率仅占 28%。到 1988 年，154 名教师，只有 40 人达不到学历标准，达标率为 79%；其余的教师经过考核后，有 15%获得县教育部门颁发的教材教法合格证书，基本适应了教学需要。教学水平逐年提高，中小学教学水平列宽甸县和振安区前茅。到 20 世纪 90 年代中后期，教师通过在职学习加上每年调入大中专毕业生，教师学历达标率达到 100%。

(2)体现在教学质量上。1982 年，水电六局高中第一批毕业生考入大学，实现水电六局高考零的突破。1984 年高考，水电六局考生林晓红在全市考生中一举夺魁，被上海复旦大学录取；1986 年，张伟在高考中夺取宽甸县第一，被山东大学录取。1989 年，马靖海在高考中名列宽甸县榜首。1992 年，马靖红在高考中名列宽甸县榜首。2000 年，苑忠磊在高考中以 630 分成为宽甸县理科状元，被上海复旦大学录取。2004 年杨帆以 658 分成为宽甸县高考状元。1997 年，水电六局一小在参加一年一度的六年级尖子生双科竞赛中，一举夺得宽甸县六个第一的三个状元头衔，25 人次进入单科百名榜。高中在 1997 年可以算辉煌的一年，高考升学率达到了辽宁省平均水平。1998 年中考时，水电六局一中在宽甸县 28 所学校中名列榜首。小学教育教学质量明显提高，1997～1999 年连续 3 年获宽甸县六年级尖子生竞赛团体总分第一。教学业务划归振安区后，参加区四年级语文监测获团体第二；在六年级语文尖子生综合竞赛中获团体第二；在三年级语文、数学监测中获团体第一；在丹东市小学英语教师全能竞赛中荣获一等奖。水电六局中学 2000 年以后连续 4 年在丹东市振安区中考中名列前茅。2000 年中考，有 2 人居丹东市振安区榜首；12

人分数超过600分，5人达到省重点高中——丹东二中免费录取线并被录取；3人达到丹东一中免费录取线并被录取。2000年高考，上线率高达92.6%。200C～2004年，高中部共有103人考入本科院校，初中部有43人被省重点高中——丹东二中公费录取。2002年，学校被评为丹东市振安区教育教学工作先进单位。

(3)体现在办特色学校方面。小学在作文阅读、写作和英语教学方面，早已形成自身优势。学校定期组织学生开展读书、演讲、作文竞赛；各班学生自办班报；学校比教学大纲增加1倍的作文篇数；定期组织教师写范文，提高教师教学水平和指导能力。2001年5月，丹东市振安区教育局在水电六局小学召开作文教学现场会，参加会的有市教育局的领导、市教师进修学校、市教研室的领导及振安区各小学的教师100多人，学生在课堂上讲读作文、互评习作的方法受到一致好评。水电六局小学在参加振安区小学生作文竞赛中，有10多名学生获一等奖；有多名学生在全国、省、市作文竞赛中取得优异成绩。英语教学从三年级开始，学校比教学大纲每周多安排一节英语课，在教学方面注重情景教学，重点突出听、说、读并辅助于写，注重搞实物图片教学。每节课用几分钟时间开展游戏教学，寓教于乐，提高学生学英语的兴趣。每天早晨利用10分钟读英语；办英语广播，办英语板报，开办英语活动角。这些特色教学，使第一小学英语教学进步很快。2001年5月25日，丹东市举办小学生英语口语和听力竞赛，水电六局小学参赛的5名学生全部获得一等奖，并以总平均93分获团体第一。2001年，水电六局小学被评为丹东市英语示范学校(这是丹东市振安区唯一入选学校)。学校有多名教师在英语教学方面被评为省、市级优质课；有多篇英语教学论文被评为国家、省、市级优秀论文。

第三节　技　工　学　校

水电六局技工学校于1964年7月建校。40多年来，技工学校伴随水电六局南征北战逐渐发展。相继开设了汽车驾驶、内燃机修理、机电、金工、计算机等12个专业，为水电六局培养了2905名中技人员，储备了后备力量。大部分毕业生成为水电建设事业的骨干，部分毕业生走上了水电六局各级领导岗位。

技校发展分为四个阶段：

第一阶段(1964年7月～1969年7月)：1964年技工学校创建时，校址在吉林省集安县，与子弟学校合用校舍。共开设汽驾、汽修、电工、车工、刨工等专业。办了3届，共计109名学生，学校于1969年8月停办。

第二阶段(1973年9月～1975年5月)：1973年9月技校恢复办学时，校址在四川省汶川县，与子弟校合用校舍。只办了1届，4个班，160名学生，专业有汽驾、汽修、钳工、金工。

第三阶段(1975年5月～1981年9月)：1975年5月，水电六局从四川迁移到辽宁太平哨后，技工学校设在太平哨水电站工地，七五、七六两届学生，大部分是丹东及所属4个县的下乡知青，由于没有住所和教室，学生们住铁皮房，住帐篷，自己建校舍。真正学习的时间并不多。这期间共办6届，18个班，720名学生。开设汽驾、汽修、电工、钳工、金工、机械等专业。

第四阶段(1981年9月～2000年1月)：1981年9月，技校从山沟里搬到宽甸县城，从简易房搬进了楼房。学校占地面积20000米^2，3000米^{2}的教学楼和校舍楼。学校设有教务科、学生科、实习科、总务科、办公室和团委等，教职工最多时达130多人，后因退休、下岗、分流，至2000年停办时有教职员工24人。

至2000年，水电六局技工学校共招收学生19届，50个班，1916名学生。其中有4届(1996～1999年)241个学生未分配工作。这个阶段开设的课程有汽驾、汽修、电工、钳工、金工、机械、电焊工、水工、测量和机电安装等专业。

2000年1月，水电六局技校停止招收全日制学生，成立水电六局职工培训中心暨辽宁省水电建设国家职业技能鉴定站，为丹东市14家国家职业技能鉴定所之一。培训中心下设3个部门：技能鉴定(兼培训)部，综合管理部，汽驾培训部(驾校)。

水电六局职工培训中心有员工20人，承担着职工培训和国家水电建设46个行业及国家通用8个职种的初、中、高级职业技能鉴定任务。职业技能鉴定站除了在培训中心和太平湾基地进行职业技能鉴定外，还派出工作人员到全国各地7个省的工程项目上进行了钢筋工、木模工、混凝土工、电工、汽车驾驶员、重机工、汽车修理工、电焊工等30多个职种的职业技能鉴定。截至2005年，职业技能鉴定站先后进行了9批次职业技能鉴定，累计鉴定技师、高级工、中级工、高级技师1854人。

第四节　职　工　教　育

一、文化教育和技术补课

云峰局建局初期，职工文化水平普遍较低，很多是农民转为工人。长期以来，水电六局坚持边施工、边提高职工文化素质。粉碎“四人帮”后，职工教育又逢生机。据1981年统计：水电六局有固定职工9445人，其中干部1271人、工人8174人。工人的文化状况：文盲占9.37%，初中以下文化程度占80%；从工人的技术级别组成看，3级工以下的工人占74%，4～6级工占25.67%，7～8级工占0.33%；从干部的文化技术业务状况看：初中以下文化程度的占63.09%，大部分干部没受过专业知识的训练；管理干部中，初中以下文化程度的占87.6%，没受过专业知识训练的占89.19%，尤其缺少财务、统计、材料供应专业干部。工程技术人员数量不足，全局只有244人，占职工总数2.6%。1981年，党中央、国务院《关于加强职工教育工作的决定》下达，为此，水电六局提出了“大打教育翻身仗”的目标。经过10年的奋战，到1988年，全局万名职工参加文化补课的有2231人，参加技术补课的有1393人，参加中级培训的有866人，送往各大中专院校代培的有527人，参加函授、电大、全国自学考试的有161人，1980～1988年，水电六局为开发智力约投资346万元。

截至1988年，工人平均技术等级由1978年人均3级提高到4级半；工程技术人员由1978年的288人增加到456人；中小学教师学历达标率由1982年的28%提高到74%；职工文化、技术素质的提高，为掌握新技术、新工艺，降低工程成本，提高工程质量，加快施工进度，起到了促进作用，为水电六局今后发展奠定了基础。

1978年以前，水电六局未独立安装过水轮发电机组。经过培训后，1989年安装太平哨第二台机组至今，所有承担的机电安装工程，全是水电六局施工队伍独立完成的，合格率达到了100%，优良率达到95.7%，其中太平湾1号机组安装工程被水电总局评为二级优质工程。通过中级电焊工的培训后，水电六局已能承担焊接难度大的高压管道施工任务。

二、教育管理

(1)充实教育人员。调整教育委员会，进一步明确工作责任；把教育处变成全能的教育机构，管理全局职工的政治、文化和技术教育，全局从上到下建立了完善的教育机构，基层单位建立教育科或教育组，充实了人员，配备专职教师32名，专职干部14名，兼职教师39名。在办脱产班时，水电六局还抽调近40人担任“双补”兼职教师。同时聘请32名地方离退休教师来水电六局进行“双补”。

(2)教育指标与生产指标同时下达，同时检查评比、同时奖励。由教育处按季度下达教育指标，完成者奖，完不成者扣奖；把职工教育纳入局《竞赛方案》，即教育指标与经济技术指标一样，完成有奖，完不成扣奖。1984年以后，水电六局推行方针目标管理，局领导与各级领导签订《责任状》时，把教育指标作为硬指标列入《责任状》中。

(3)开展同业务竞赛。1982年，为促进职工教育的开展，水电六局职工教育委员会决定在全局范围内开展职工教育先进集体、优秀个人的评比活动，在职工教育系统开展同业务竞赛活动，在全局掀起职工学习的热潮。

(4)坚持两条腿走路。一方面积极多方办学。1980年夏季，水电六局与4个兄弟工程局联办职工大学(由水电五局主办)，设水工和施工机械2个专业，学制3年，开办业余中专，对水电六局已具有初中文化水平的关键岗位上的青壮年职工，特别是机械化工种的青工进行再教育。1984年2月，丹东市党政干部电视进修大学水电六局分校正式开学，学员有50多人，学制3年，授课时间1200学时，除了用录像授课外，主要是自学。与此同时，水电六局还办电大和《共产党员》刊授党校两个分校。另一方面创造条件选送有培养前途的青年外出培训。1983年和1984年，水电六局择优选送426人到全国27所大中专院校(40多个专业)学习。1984年，水电六局被丹东市政府评为“职工教育先进单位”。2005年，水电六局与三峡大学联合举办攻读工程硕士学位班，录用179名业绩突出的优秀工程技术或工程管理骨干(具有大中专毕业文凭)，学习内容有水利工程、建筑与土木工程、电气工程、机械工程和项目管理。采取“进校不离岗”的学习方式，攻读学位期限一般为2.5～3年。

(5)建立职工文化档案。水电六局建立了青工文化档案，为其今后的调资、晋级、提干提供依据。

第九篇　后　勤　工　作

第九篇　后　勤　工　作

第一章　基地建设与管理

第一节　概　　述

新中国成立以来，从事水电建设的各工程局大都是野外作业的流动大军，工程结束，人走家搬。水电六局在1958年组建时是在鸭绿江畔建设云峰水电站。当时国家处于经济困难时期，职工家属的粮油短缺，住宿和交通条件差，领导和职工们都住在用油毡纸或石棉瓦作屋顶、用稻草和黄泥抹的墙面的干打垒房子，或没有门窗的旧房，或老百姓的储藏库、苞米仓或帐篷里。

1966年6月25日，根据三线建设要抓紧的要求，水电总局下令水电六局从东北南下四川承建渔子溪一级水电站。该水电站建设从始至终都是在“文化大革命”中进行的，生产、生活都受到严重影响，职工住宅非常简陋。

1973年，水电六局先遣人员由四川登程，前往辽宁省宽甸县太平哨公社的浑江岸边，做太平哨水电站筹建工作。没有房子，他们散住在农家或农社场院。没有电灯，工人们用手提油灯，日出而作，日落而息。冒着零下30摄氏度的严寒做筹建工作。当时一人一天一钱油，天天吃的是窝窝头，蔬菜只有白菜、萝卜、酸菜。这对刚从天府之国四川而来的水电六局人，是很难适应的。1974年，水电六局开始盖房子、架桥、修路，施工区接通了电，开通了长途电话。1975年，水电六局从四川迁到太平哨水电站工地的职工7200人，占全局职工87%。在当时先生产后生活的指导思想下，水电六局接收了距电站工地80千米的宽甸县城北的部队营房和宽甸县城南的部队营房(被称为北营、南营)作为安置家属的基地，形成了宽甸基地的雏形(2001年，根据南营基地的实际情况，水电六局决定撤销南营基地，在北营基地实施安居工程)。

20世纪80年代初，水电六局承建太平湾水电站的同时，于1982年拉开了基地建设的序幕。投资修建楼房等永久生活设施，结束了水电六局人没住过永久性住房的历史。

第二节　基　地　建　设

水电六局20世纪70年代在宽甸部队营房安置家属，80年代兴建太平湾(属地为宽甸县古楼子乡望江村)基地、建设宽甸基地。1985年2月，购置丹东迎宾大楼(占地总面积20.9亩，当年暂征11.9亩，1989年补征余下的9亩)，1997年水电六局机关迁入丹东市内。水电六局机关工作人员、各分局处级以上领导、专业技术人员在丹东购房。水电六局的基地在100公里内形成了宽甸县—太平湾—丹东市这样的基地格局。从此水电六局人结束了三年一小迁、五年一大迁的日子。

水电六局现有职工6230人，离退休职工5127人。至1997年末统计：基地总占地面积2366亩(太平湾1045亩，长甸87亩，宽甸1211亩，丹东23亩)。

职工住宅楼105栋，29万多米^2；永久平房30栋，7000多米^2，永久住宅户近5000户。1995年8月8日，太平湾基地遭遇历史上罕见的特大洪水袭击，最大洪水流量达到23100米^3/秒，使太平湾基地一片汪洋，90%的基地面积被淹，71%的楼房进水，566户住平房的职工住宅被冲毁，公共设施被淹，供电系统、供暖系统、上下水系统、通信系统、生活区公路全部遭到破坏。直接经济损失达3977.22万元。灾后，电力工业部拨救灾款1200万元、水利部拨救灾款100万元、水电六局受灾职工集资800万元，计2100万元，翻修平房23栋、简易楼9栋，约360户；临建平房201栋，1000多户。之后又修建永久住宅楼12栋(宽甸2栋)28000米^2，有效地解决了受灾职工的安置问题。

太平湾、宽甸基地分布4所学校、2所医院、变电站、净水厂、液化气站、浴池、锅炉房、托儿所、公寓、办公楼；丹东基地有职工住宅楼、办公大楼、迎宾酒楼、桃源水电招待所等。

第三节　基　地　管　理

水电六局太平湾和宽甸基地管理工作分别由太平湾和宽甸基地管理处承担，丹东基地管理工作由丹东基地管理部管理，主要工作为供水、供暖、供电、通信、有线电视、环境卫生、房地产管理、上下水维修、绿化、液化气供应及托儿所、浴池、食堂、职工公寓管理等。1995年，水电六局在资金十分困难的情况下，多方筹集资金1000万元，投入基地基础设施建设，一年完成8项改扩建工程：宽甸北营医院搬迁；重建北营浴池；建240户家属住宅楼；宽甸基地平房区安装闭路电视；局电视台设备改造；太平湾加油站改造；宽甸和太平湾基地楼房供电线路改造；宽甸供水系统改造。这8个项目的竣工，在很大程度上解决了多年来职工群众吃水难、看病难、洗澡难、住平房职工看电视难以及住房难等问题。2003年，水电六局投资810万元，用于基地建设和管理。2004年水电六局投入1127万元，用于基地建设和管理；2005年，水电六局又投入1003万元，对基本生活设施进行建设、维修和改造，保证3个基地的运行。

在计划经济时期，基地管理工作是“福利型”、“统包统管”、“平均主义”、“大锅饭”的模式，后方职工习惯于“吃皇粮”，工作方式习惯于行政手段管理。为了改变这种落后局面，适应新形势，水电六局在基地管理工作中进行一系列新的尝试。

首先，理顺管理机构。于1992年9月取消原行政管理机构，组建基地管理处，对基地管理处在明确职责和达到目标的基础上实行“核定费用、包干使用、节约分成、逐年递减”的办法，对大宗的费用支出如供暖、供水、供电等进行单项考核；托儿所、液化气供应等，水电六局控制收费标准，核定费用，差额补贴，基本做到项项明确费用指标，实行指标考核。

其次，由无偿服务向有偿服务过渡。由单一为水电六局服务逐步向社会服务转变，在基地管理工作中逐步引入市场机制和竞争机制。1992 年以来，基地管理处职工原则上只出不进，部分岗位和供暖期间用工、卫生清洁、房屋维修等岗位保留少数骨干，大部分改为临时用工。

1992 年，太平湾和宽甸两个基地在岗人数 700 余人，5 年中两个基地逐步减员 380 多人，后方费用支出得到了有效控制。1998 年，太平湾基地管理处对职工浴池和液化气站等服务单位实行“断奶”，使其成为集体承包、独立经营、交足费用、节奖超罚的经济实体。2000 年，太平湾基地管理处实行了“精兵简政”，大刀阔斧地合并机构，将原来的 17 个科室队合并为 7 个科室队，全处人员由原来的 240 人缩减到 176 人。同时，太平湾基地管理处转变经营机制，扩大了分项承包范围，实行承包的有幼儿园、浴池、液化气站、垃圾清运队和印刷厂等。

1992 年，水电六局被评为电力系统生活后勤工作先进单位。

1999 年 12 月，太平湾地区划归丹东市振安区管辖。

最后，实施模拟物业化管理。2001 年 7 月，太平湾基地管理处对管理处组织机构进行了全面调整，机关设综合办公室，撤销材料科组建经营科，实行自负盈亏。开始实施模拟物业化管理，出台了一系列与之配套的政策和措施。对基地各类人员的工资、各项材料费、维修费、水电及供暖费都进行了预算和核定；率先在全局推行干部聘任制，有 10 名优秀工人被提拔为科队长，5 名科级干部落选。房产科从 2002 年 1 月对各项费用进行核定，全科室由基地管理处给付 2 个人的工资，其余人员的工资从收费中提出。对各队上缴费用标准进行了核定。幼儿园、液化气站、浴池、印刷厂等处直属项目实行自负盈亏，管理处不再给予补助。改革的深化和模拟物业化管理的推行，仅半年时间各项成本就得到了有效控制，2001 年冬季供暖购煤费用，合同购煤金额 165 万元，与上一年同期相比减少 45 万元；电费收缴率达 99%；电视收费率达 100%。由水电六局核定给基地管理处的全年费用指标，与往年相比减少 200 多万元。

2005 年 8 月，水电六局丹东基地综合楼竣工，该综合楼第 1 层至第 3 层为水电六局总部办公楼层，面积为 4700 米^2。第 4 层及以上为职工住宅，面积为 17000 米^2。自此，丹东生活基地有 2 个小区(馨园小区、桃园小区)共 370 户住户。由于住户增多，2005 年 7 月成立了丹东基地管理部，对丹东住宅区实施模拟物业化管理，投入 80 多万元，逐步理顺了供电、供水、供暖、维修、绿化、保洁、保安等工作关系，各岗位人员配备到位，工作职责明确。

第四节　住　房　管　理

水电六局住房管理大体经历了三个阶段：

第一阶段(1982～1991 年)：沿用计划经济模式，职工住宅由水电六局统建、统分、统管，兴建永久住宅约 3600 套，职工基本是无偿使用住房。

第二阶段(1992～1994 年)：1992 年 3 月 31 日，水电六局实施《房改工作方案》。改革的主要内容：小步提租，超标加租，新房新制，完善管理。小步提租的基本原则是租金一律按住房的使用面积计收，房租提到 0.28 元/米²，租金从职工工资中扣除；关于超标加租，原则上按人均住房 12 米²，每户再加 5 米² 为各住户的标准面积，对超过标准的面积按使用面积 1.34 元/米² 计收月租金。对尚未分配的住户采取新房新制度，除按月交租金外，同时按使用面积交纳住房押金 40 元/米²(待分配的旧房折减 10%)，抵押期限 5 年，在期限内退房，一次返还押金。然而，全局一年收取的 10 万元租金，只能作为一年部分房屋维修费，对水电六局的基地建设和正常维护形成了恶性循环。1993 年，太平湾 36 号楼的建房资金改为由水电六局和职工共同分担，打破了建房资金全部由国家和水电六局统包的历史。

第三阶段(1995～2006 年)：1995 年 5 月，水电六局本着"售房为主，提高房租，租买自愿"的原则，制订了《水电六局住房制度改革实施细则》，在全局推行住房制度改革，逐步向住房商品化过渡。长期以来，职工在住房问题上形成了"等、靠、要"和"不要白不要"的思想，企业既管建房又管修房。这次住房制度改革，售价为 600 元/米²，职工要从自己腰包掏钱购房，这对职工心理承受能力和经济承受能力是个考验。为了做好这项工作，水电六局专门成立了房改办公室，做了大量的宣传解释工作，使房改得以顺利进行。全局 3600 多永久住户，98%认购了现住房，得到了住房使用权和部分房产权。水电六局终止了沿用多年的分房制。1998 年，水电六局按照"新房新体制，老房老办法"的原则，出台了《关于加快六局公有住房全部产权出售的决定》，水电六局为宽甸、太平湾、丹东 3 个基地的 4465 户住楼户办理了产权证。

从 2003 年 5 月 1 日起，按照国家政策规定，水电六局为全局职工(与局签订《劳动合同》的职工)建立了住房公积金。

第五节　积极创收　减少投入

水电六局宽甸，太平湾 2 个基地管理处在做好各项管理工作的同时，积极创收，降低"吃皇粮"的比例。

一是面向社会就近承揽工程。如 1992 年，丹东邮电局兴建丹东至宽甸光缆工程，要求受益单位投资，水电六局太平湾基地管理处以施工抵投入，承担了 49.5 千米的光缆施工任务，当年开通程控电话，邮局免费为水电六局提供 100 门程控电话，结束了水电六局通信落后的局面。2002 年，水电六局太平湾基地管理处下发了《关于对外承揽工程的奖励办法》：对外承揽工程的原则是，谁承揽谁负责施工，对承揽的工程项目，处里组织人进行评估预算，决定是否施工。施工过程中发生的所有费用由本工程费用承担。工程竣工后创造的利润，二八分成，管理处得 80%，承包者得 20%。

二是积极承揽局内施工任务，尽量做到肥水不外流。过去，建楼的上下水、供暖等配套工程、屋面大维修、锅炉检修一般由局外施工单位承担。1994 年，水电六局液化气站供暖系统改造，从设计、部分设备制造到土建工程施工，全部由太平湾基地管理处自行组织完成。1996～1997 年，水电六局机关迁至丹东市内，部分配套工程及闭路电视线路均由基地管理处施工队伍完成。

三是利用公用设施为社会提供有偿服务。如水电六局宽甸基地处为地方单位提供供暖，收取联网费、取暖费，缓解自身供暖费用紧张的状况。宽甸基地管理处对托儿所、浴池、学校，制定了不同的供暖收费标准，为社会提供有偿服务。

第二章　职　工　生　活

第一节　生　活　服　务

水电六局从建局初期至20世纪90年代中期的近40年里，长期远离城市，职工的住宿、洗浴、吃饭、理发等都要自身解决。1959年，在水电六局制订的各项制度有《食堂管理暂行办法》、《职工宿舍管理办法》、《招待所暂行管理制度》、《理发室管理制度》、《浴池管理制度》、《托儿所暂行管理办法》。招待所住宿费最高标准每天为0.80元。职工理发每次收费0.20元，家属及外人收费0.25元。职工洗澡收费0.10元，非职工收费0.15元。职工子女入托收费3岁以下的每月收费5元；3岁以上、7岁以下的每月收费4元。除此之外，行政处还要做好职工煤柴、蔬菜供应工作；做好住房分配和各项维修工作；搞好职工串休接送工作。职工家属生活中的供电、供水、供暖问题成为重中之重。1983年，水电六局成立生活服务公司(后改为行政处、基地管理处)，以保障对职工的生活服务。

一、供电管理

过去除居民用电一户一表外，所有公用设施均无用电计量，一户一表也由于分散管理，丢表现象普遍。为了加强用电管理，1993年，水电六局投入20万元，对平房居民供电进行改造，实行集中封闭表箱；1994年，水电六局对所有公用用电单位安装电表，计量考核与费用挂钩；1997年又与工资挂钩。所有的经营用电单位单独装表，计量收费。1995年，太平湾发生水灾之后，又对楼房分散电表全部改成集中表箱。两次居民用电改造，初步统计每年节电50万元以上。

2001年12月26日，水电六局太平湾基地管理处供电系统移交振安区农电局管理，水电六局在太平湾的住户电费由农电局直接抄表收费。

二、供水管理

1991年，水电六局在《关于财务管理工作的若干规定》中规定：各单位用水，由供水单位，按单位管辖区安装水表，以实际用水量和供水成本每月收取水费，以解决供水单位的开支。职工用水，每月每户收1.50元水费，外单位职工按宽甸县城标准收费。

职工家属生活用水长期处于无水表计量，长流水十分普遍，楼房高层住户用水无法保证。1995年，水电六局投资16万元，为太平湾住户安装水表，按量收费后节水效果显著，太平湾水厂运行水泵变过去双台运行为单台运行，且满足了高层住户生活用水。太平湾住户虽然比上一年增加540户，但日供水量下降60%。全年供水费用降低约20万元。宽甸基地供水量由过去1个月用水28396米^{3}下降到3807米^3。1995年以前，住户用水每户每月收取1.50元水费；1996年1月1日起，太平湾住户每户每月用水定额为6米^3。定额以内用水，按每户每月1.50元收水费；定额以外用水，按0.50元/米^{3}计收。暂未安装水表的住户，每月收1.50元水费。局内各单位用水按0.50元/米^{3}收费。2001年底，职工、单位用水全部市场化，收费标准与丹东同步，水电六局不再给予补贴。丹东基地的水电六局职工用水由丹东自来水公司抄表收费。

三、供暖管理

职工冬季取暖费用，长期以来由水电六局承担。1991年，水电六局制定管理办法规定：公用房屋取暖费，由受益单位承担，住永久住宅楼的职工家属，取暖费由所在单位承担。夫妻均为职工者并在两个单位工作的，由各自单位承担50%。外部单位借用和购买的永久房，应由职工或所在单位承担。取暖费收费标准，按建筑面积12元/米^{2}计收。从1992年起，水电六局对两个基地供暖工作实行责任承包，按供暖面积核定耗煤量，收到明显效果，过去每年费用在400万元，仅购煤一项就达280万元。2005年，丹东基地(馨园小区)供暖工作移交地方。

四、社会职能移交

随着改革的深入发展，企业办社会的职能逐渐萎缩。

2003年，宽甸基地管理处将有线电视网络管理工作移交宽甸县管理。

2003年，太平湾基地管理处(太平湾发电厂)将垃圾清运工作委托给丹东市环境卫生管理处，实行有偿清运至丹东市指定的同兴垃圾处理场。水电六局出资19.4万元购置垃圾清运车一辆(使用年限为10年)，水电六局每年付清运费7.6万元。

2005年，宽甸基地管理处将垃圾清运、干路巷路保洁工作、公厕维修移交宽甸县环卫处管理。

2005年，建筑工程公司将集体所有制退休职工个人档案全部移交丹东市社会保障管理局档案管理中心。按照“费随事转”的原则，相应的工作经费，也一次性缴纳完成。建筑工程公司成为丹东市首批企业退休人员社会化管理服务的单位。

水电六局本部不设食堂，在工程项目上和下属单位自设食堂，食堂采取福利补贴、保本经营、自负赢亏、服务一线的经营办法。

第二节　家　属　工　作

水电六局的家属管理工作由水电六局两个基地管理处负责，下设家属委员会(后来改称家属科、家属办公室)。家属委员会成员对居民楼或平房住户进行分片管理，每一栋居民楼、每一栋平房设一个居民组长。

家属办公室承担的主要工作：①协管计划生育工作，重点要掌握外来人口信息。②2003年之前，家属的信件、包裹都寄到家属办，由家属办分别转送。③邻里发生矛盾，由家属办的同志和居民组长进行调解。④解决困难职工家属的困难。如1976年，水电六局在宽甸基地建立“五七”大队，以少量职工为骨干，组织家属参加劳动，自负盈亏。安排特别困难的家属做清扫大街的工作等。帮助困难家属办理最低生活保障工作，目前已办理80多户。⑤开展文明小区创建活动。对评出的“和谐家庭”、“文明公民”、“和谐楼院”进行表彰。

2004年，宽甸基地管理处将北关街道移交地方。与此相关的计划生育、居民最低生活保障工作、社区综合治理工作、文明楼院建设工作、老人后事料理工作也同时划归地方管理。

第三节　休　　假

水电六局职工享有各种休假权利。分为事假、生育(产)假、婚假、丧假、探亲假、病假、有薪假等。这些休假都有明确的规定，而这些规定都是在国家有关法律和规定的范围内制定的。另外，对工人疾病或非因公负伤停止工作连续医疗期在6个月以内及以上、工人因公负伤等情况，也都有详尽的规定。

第四节　劳动保护

水电六局职工个人享有劳动保护的权利，其劳动保护用品都是依据国家规定和生产实际需要配给。计划经济时期，水电六局劳动保护用品由水电六局统一采购发放；市场经济时期，劳动保护用品由各二级单位自行采购发放，标准也不完全相同。20世纪80年代末，随着机关、文教卫生及后勤人员不再围绕生产施工服务，这部分人的防寒服、防寒鞋等劳动保护用品也停止配发。

第三章　医疗卫生

第一节　卫生管理机构

1959年9月，云峰局成立职工医院。1979年10月，水电六局组建卫生处，下设防疫科、财务科、医政科、行政科。1983年，卫生处所属防疫科改名为卫生防疫站。1988年5月，水电六局将卫生处确定为水电六局二级单位，不属于水电六局机关序列。1998年8月，成立水电六局太平湾医院、宽甸水电医院，宽甸水电医院挂靠太平湾医院资质。随着体制改革的深入，水电六局取消卫生处，太平湾医院更名水电六局中心医院(含宽甸水电医院)，行使卫生处职能。

第二节　医　　疗

1958年11月1日云峰局建局时，按照以公有制为主体、多形式、多渠道办医的方针，根据水电六局生产任务的需要，水电六局建立卫生所。所内有10多个医务人员，主要为职工及家属服务。以后，随着云峰局队伍不断扩大，卫生所逐年增加投入，调人员，添设备，1959年9月正式成立了云峰局职工医院，担负起全局的医疗保健、卫生防疫、职业病防治等职责。

48年来，水电六局职工医院跟随水电六局转战南北。水电六局中心医院(宽甸水电医院)职工，均属于全民所有制职工，具有《医疗机构职业许可证》、《行政事业性收费证》等相关资质。两所医院是设有相当规模的内、外、妇、儿科病房，预防保健站，计划生育，传染病房的的综合医院。水电六局中心医院有职能科室21个，职工85人，房屋建筑总面积3599米^2；宽甸水电医院有职能科室10个，职工48人，房屋建筑总面积2550米^2。

水电六局医院的管理模式和企业报销标准，随着计划经济向市场经济转变也在不断地变化：

1988年12月31日前(计划经济时期)，职工看病、治病免费，家属半费。1990年4月1日前，职工医药费报销90%，家属半费。1998年3月1日前，补贴职工部分药费，职工医药费报销70%，家属半费。

2001年1月1日前，职工医疗采取“费用包干，小病自理，超支自负，节约归己，大病分担，适当补助”。对19大病种(国家8种，水电六局11种)报销90%，并制定最高限额。家属医疗费用自费。2001年11月30日前，水电六局11大病种被取缔，只对国家8大病种报销90%。

2001年12月1日至今，水电六局参加了丹东市职工基本医疗保险，终止执行《水电六局职工医疗费用管理办法》。

1987年以前，水电六局职工医院的管理模式，以职工医院为核心，根据工程需要外派医务人员，组建医疗服务站或卫生所。

1987年，水电六局将设在宽甸家属基地的卫生所更名扩建为宽甸水电医院，隶属水电六局职工医院。1998年，水电六局根据医疗市场变化及医院经营需要，将职工医院固定资产进行清产划分，职工医院一分为二，形成中心医院(位于太平湾)和宽甸水电医院各自独立经营的格局。两所医院均属于非盈利性医疗机构，民办非企业医院。两所医院业务范围：水电六局职工家属医疗、预防、保健。两所医院诊疗科目：内科、外科、妇产科、儿科(门诊)、五官科、口腔科、中医科(门诊)、传染科、康复医疗科、麻醉科、医疗检验科、医学影像科(X线诊断、心电诊断、超声诊断专业)。医院机构：办公室、医政科、财务科、行政科、防疫站、门诊部、医保办、药剂科。水电六局中心医院1995年被评为一级甲等医院，1998年被评定为爱婴医院。

2000年，两所医院在水电六局压缩经费投入的情况下，采取减员增效、内部改制的办法，推行定额核算管理模式，打破原有的工资框架，发挥分配制度的激励作用，提高了医疗技术水平，保证了职工收入。

2001年1月，两所医院与水电六局实施了分立，水电六局不再为两所医院拨付经费。它们各自独立核算、自主经营、自负盈亏，医院与水电六局建立资本纽带关系，并按国家的相关规定注册为非盈利性医疗机构。水电六局对医院的管理由过去的行政管理转变为经济管理，对医院的人事任免权转变为按资本所占比例行使人事变动的表决权。

2001年，水电六局两所医院被认定为丹东市职工医疗保险定点医疗机构，宽甸水电医院挂靠中心医院资质。

2006年12月，宽甸水电医院移交宽甸县政府。

第三节　卫　生　防　疫

1983年，水电六局卫生处所属的防疫科，改名为卫生防疫站。人员2人，归属太平湾医院管理。防疫站的工作职能是：

(1) 食品卫生。根据国家食品卫生法对水电六局食品行业、饮食行业、食堂的食品原料、加工、包装、储存、销售等环节进行卫生监督与监测。负责对食品从业人员的卫生常识培训工作，负责组织食品从业人员的健康检查等。

(2) 环境卫生。负责对生活基地环境卫生、污水处理、垃圾清运等进行无害化处理；对太平湾生活饮用水进行管理，开展水质检测工作；对公共场所开展卫生检查、验收，发放卫生许可证等。

(3) 少儿卫生。调查少儿的健康发育情况，研究多发病、常见病规律及影响健康的因素，提出防治措施；组织少儿一年一次的健康检查等。

(4) 劳动卫生。对发生的职业危害、职业中毒进行现场调查，供水电六局上级领导参考；组织有毒有害从业人员体检；负责矽肺病人会诊等。

(5) 流行病。负责传染病爆发流行的调查工作，参与疫区处理；监督指导传染病房的消毒和隔离工作；监督指导肠道门诊的工作等。

(6) 计划免疫。负责水电六局计划免疫所需的领苗、发苗；负责组织临时应急接种等。

(7) 防疫、消毒。负责组织水电六局疫情、防疫、消毒的培训工作；完成疫区、疫点的消毒等。

(8) 爱委会工作。组织和参与水电六局的卫生检查、评比，组织和落实水电六局的绿化工作；负责太平湾的树木病虫害防治工作，监督检查指导卫生队清洁卫生工作等。

(9) 防疫站档案管理。存档资料包括生命统计、传染病报告卡、性病报告卡、出生报告单、死亡通知单、儿童体检报告、疫情简报、食品从业人员体检登记表、生活饮用水水质档案等。

第四节　矽肺病预防与治疗

水电六局主要工种是开挖、凿岩、爆破和混凝土浇筑等，这些工序都会产生大量粉尘。1977年，水电六局在矽肺普查时统计，全局从事接尘职工3885人，查出患矽肺的职工30人(其中，Ⅰ期20名，Ⅱ期10名)，患病率7.7‰。水电六局对查出的矽肺病人确诊后，均脱离接尘，从事二线或后勤工作。1975～1976年，水电六局从四川往辽宁搬迁时，在四川的矽肺病人被分期分批安排半年或3个月疗养治疗，到丹东时，因丹东地区没有职业病疗养院，矽肺病人只能在水电六局医院进行治疗。20 世纪 80 年代初，水电六局在防尘方面也采取了一些措施，如洞挖时采取湿式钻岩撒水、混凝土拌和采取隔离室、对运输距离进行控制和安装吸尘罩等，但是距离国家规定的卫生标准还很大。1980 年以前，按年平均合格率计算刚达到国家规定标准的 13.9%，测点数平均合格率为国家规定标准的 12.5%。由此可见水电六局 1980 年以前施工作业场所的粉尘浓度之高。从 1958 年建局到 1981 年，水电六局确诊患矽肺病的职工有 93 人，已死亡 12 人，转走及退休 22 人。矽肺病死亡人数与因工死亡人数相差无几。矽肺病是慢性病、是杀人不见血的杀手，一般从事开挖、凿岩、爆破和混凝土浇筑这些粉尘大的工作 8～10 年，就可能患矽肺病，如果无防护措施，短期内也可能发病。另外，有的接尘人员虽然脱离粉尘作业，但经过若干年后，仍然可能发展成为矽肺病。

为了从根本上消除尘毒危害，为广大职工创造一个良好的施工环境，保证职工的安全和健康。1981 年开始，水电六局制订了以下防尘措施：

一、加强对防尘防毒工作的领导

成立防毒、防尘领导小组，由卫生处、技术、质量、安全、工会等组织负责技术指导，解决疑难问题。

所有工程在开工前都要把防尘、防毒措施写进施工措施，否则不予开工，卫生、安监部门有权制止生产，工人有权拒绝操作。

二、防止粉尘的危害

(1) 明挖工程采取湿式钻岩、喷雾、洒水、冲洗帮顶、加强通风等综合措施，爆破采用水封爆破法。

(2) 水泥运输装卸采用集装、封闭、散装运输的办法，混凝土拌和采用密闭隔离、吸尘、通风自动化控制等。

(3) 破碎采用密闭、湿式等防尘方法；筛分坚持湿式筛选冲洗；地垅运输采用静电除尘器。

三、防止有毒物质的危害

(1) 以无毒、低毒涂料和溶剂代替有毒涂料和溶剂。

(2) 进行铅、充电、热处理、强酸、强碱、印刷、电焊、沥青等作业，要加强通风和其他有效防护措施。

(3) 对噪声及射线等危害采取隔、吸等防护措施。

(4) 尽可能以现代化技术、机械化和自动化代替手工操作，减轻劳动强度。

(5) 加强监测工作，定期测定粉尘有毒有害物质的浓度和噪声。

(6) 对接尘工人做到一年一检，早发现早治疗。

四、矽肺病人的治疗

1980 年，水电六局下发文件，要求水电六局职工医院加强对患有矽肺病职工的保健工作。从 1989 年 7 月开始由卫生防疫站进行专科治疗。为了定期总结疗效、观察病情，每隔 2 个月(1～4 日)对矽肺病人按疗程进行治疗，主要治疗药物是抗矽—14 号，加其他辅助治疗，路费、住宿费由单位报销。

第四章　安　全　保　卫

第一节　公　　安

水电六局公安处的前身是水电六局保卫处，成立于1958年11月。保卫处下设治安科、现场科警察队、消防队。保卫处的工作职能是边境管理、社会治安、内保消防。

1984年，根据公安部关于加强企业保卫工作的指示精神，经省、市的批准，水电六局保卫处改变机制，成立丹东市公安局水电六局公安处，编制60人，水电六局公安处受水电六局党委和丹东市公安局双重领导，业务以丹东市公安局为主，履行区、县公安局职能。公安处下设刑侦科、治安科、预审科、政工科、经保科(经警队)、办公室。

1992年，公安处增加了交通科。这一年，根据公安部《关于授予机关团体、企业、事业单位从事公安保卫工作30年以上的干部荣誉章的规定》，水电六局的曲景远等7名同志获得保卫干部荣誉奖章。

经丹东市编委同意，1999年4月，由辽宁省公安厅批准授予公安处42名干警警衔。同时，成立振安区公安分局太平湾派出所。

2003年3月，根据公安部关于企业公安队伍分离出企业的文件精神，水电六局公安处正式划归丹东市公安局。

第二节　内　　保

1958年11月，云峰局保卫处成立，保卫处下设治安科、现场科警察队、消防队。保卫处的工作职能是边境管理、社会治安、内保消防。

1966年，云峰水电站竣工，水电六局迁入四川映秀湾，保卫处下设政保科、治安科、现场户籍科、消防队。1968年实行军事管制期间，保卫处改为保卫组。1971年，军管会撤销，保卫组改称为保卫科，同年又改称保卫处。

1974年，水电六局从四川迁到辽宁宽甸太平哨，保卫处职能有内保、社会治安、户籍、消防。

1981年，太平湾水电站开始筹建，保卫处下设机构有：政工科、刑侦科、户籍办公室、消防队、经济警察队。

1984年，根据公安部关于加强企业保卫工作的指示精神，保卫处变制为丹东市公安局水电六局公安处，同时承担内保职责。

2003年3月，水电六局公安处正式划归丹东市公安局。水电六局重新成立保卫处。保卫处下设内保、消防队。保卫工作由原来的打击、预防犯罪变为以预防为主。主要实施对局内的保卫、警卫业务进行指导与管理，管理消防队并负责防火安全检查等工作。保卫处为局属事业性管理单位，与武装部、综合治理办公室合署办公。

1959 年，水电六局对各部门制定了职责范围，其中对保卫处制定的职责是：在施工现场保卫方面，协同有关部门防止发生影响工程施工的各种事故；协同有关部门对职工进行安全生产教育；带领职工群众做好“四防”工作，及时检举、揭发坏人、坏事。在治安方面，办理所辖范围内所有居民户口和布票的发放，职工婚姻登记工作，办理区内车辆牌照，维护施工区内和社会安全秩序，防范与打击流氓、盗窃、贩毒、走私及各种刑事犯罪分子的活动，调解民事纠纷和交通管理工作及开展消防工作等。

1983 年，水电六局在全局推行经济责任制，保卫处的职责是：负责太平湾地区治安秩序、治安案件的查处；负责施工现场和全局要害部位、要害目标的保卫并负责案件的查处；负责太平湾及长甸转运站的防范和刑事案件的查处；负责全局的政保工作和案件的查处；负责太平湾基地、宽甸基地、长甸转运站、设备库的防火工作及火警、火灾的查处；负责太平湾工地和中心公路、宽太公路交通防范和交通事故的查处；负责基地及工地的消防工作。同时对政治、刑事、治安、现场案件、火警、火灾、交通事故等制定了发案率和破案率，并与经济挂钩。

1991 年，为了保障局内公共财产和人身安全，维护内部治安秩序，水电六局制订了《水电六局内部治安保卫工作实施细则》。当时，除了工贸公司、行政处、医院、学校未设公安保卫机构，其他单位都设置了保卫机构，保卫机构受单位党政和公安处双重领导。公安保卫机构的设立和撤销，领导骨干的任免与调动，需经水电六局组织干部部门和公安处同意，并报丹东市公安局审批备案。各单位都建立健全了治安保卫委员会，设立了经济民警队，建立了义务消防队、护卫队和治安巡逻队等治安保卫组织。对治安保卫工作责任、治安保卫工作措施、监督检查、奖励与惩罚作出了明确规定。

第三节　消　　防

1958 年 11 月，云峰局成立消防队，全称叫云峰水电工程局保卫处消防队，有消防人员 20 名，当时没有消防车，只设电站工地消防值班人员。

1963 年，云峰厂房发生一场大火后，水电六局为消防队配备了 1 台消防车。

1967 年，水电六局从吉林迁到四川，消防工作业务上受阿坝州军分区派驻的军管会保卫组领导，配备消防车 2 台、消防人员 20 多名。

1974 年，水电六局从四川迁入辽宁宽甸太平哨，有消防车 3 台，人员没有变化。

1980 年，水电六局迁入太平湾，消防人员增到 40 多人。

1995 年，消防车由 3 辆减少到 2 辆，人员由 40 人减少到 20 人。

2003 年 3 月～2006 年底，水电六局公安处撤销后，消防队归保卫处领导，有人员 20 名、消防车 2 台。

水电六局于 1985 年 12 月下发《关于急需重建施工现场要害部位防火安全责任制的意见》。水电六局成立施工现场防火安全指挥部，局长任总指挥。在施工现场生产的局属各工程处，都建立由处领导负责的防火领导小组。施工现场建立了义务消防队。建立健全了厂房防火安全生产岗位责任制。

1991年，水电六局落实消防工作“谁主管、谁负责”的原则，制定逐级消防安全工作责任制。对局长、副局长、处长、副处长、防火安全委员会、队长、公安科、义务消防负责人、专兼职防火员、职工都确立了消防安全工作职责。水电六局把消防工作纳入经营管理工作之中，做到计划、布置、检查、总结、评比“五同时”。普及防火知识，培训重点工种人员，制定用火用电管理制度及门卫和夜间巡逻制度。义务消防员及专兼职防火安全员做到“三懂”(懂得本岗位生产过程中的火灾危险性，懂得预防火灾措施，懂得扑救火灾的方法)、“三会”(会报警，会使用灭火器材，会扑救初期火灾)。

水电六局公安处在重大节日期间成立检查组，对两个基地及各单位的生产、生活用火、用电、规章制度、更值人员等进行全面检查，重点检查油库、液化气站、炸药库、物资仓库、化工库，对查出的隐患提出整改措施限期整改。

2005年，水电六局制订《消防安全管理制度》，水电六局成立消防安全委员会，设置消防安全委员会办公室；局属二级单位成立消防安全领导小组，并确定本单位消防安全主管部门，各单位主要负责人为本单位消防安全第一负责人，分管生产安全的领导为本单位消防安全主管责任人。各分局、项目部至少每季度进行一次防火检查，班组实行日巡查。各单位对存在的火灾隐患，应及时消除。对不能当场改正的火灾隐患，消防安全主管部门应及时将存在的隐患向本单位的消防安全主管负责人或消防安全第一责任人报告，确定整改措施、期限、人员、资金等。涉及公众聚集场所的单位，对员工的消防安全培训至少每半年进行一次。

第四节　武　装　部

水电六局武装部组建于1960年2月，全称为云峰水电工程局人民武装部。与云峰局保卫处合署办公，有工作人员2人。当时的主要工作是：民兵训练，国防教育和征兵工作。武装部的主管上级是通化市军分区。

1964年，武装部从保卫处分离出来，成为独立部门，主管上级是集安县人民武装部。

1966年，武装部随水电六局迁入四川。“文化大革命”开始后武装部被撤销，后期恢复成立武装部后，主管上级改为汶川县人民武装部，后又转入灌县人民武装部。

1974年，水电六局迁入辽宁省宽甸县，武装部有工作人员4人，工作职能是：民兵训练、国防教育和征兵工作。主管上级是宽甸县人民武装部。

1991年10月，武装部有工作人员2人。1995～1998年，水电六局所属六个工程处及宽甸基地管理处、综企公司先后设立了武装部机构，任命了兼职武装部长，为民兵工作的开展奠定了基础。

2001年，水电六局机关机构改革，武装部并入公安处，纳入局直属事业单位管理，不在机关序列，有工作人员1人。此后武装部的工作职能是：社会治安综合治理、民兵训练、国防教育、征兵工作及边境信息工作。主管上级是丹东市振安区人民武装部和宽甸县人民武装部。

2002年3月，水电六局公安处被撤销，太平湾派出所划入地方，水电六局成立保卫处。武装部、保卫处和综合治理办公室合署办公，有 4 名工作人员。主管上级是丹东市振安区人民武装部和宽甸县人民武装部。此机构延续至今。

2001～2004 年，水电六局武装部连续 4 年被丹东市振安区人民武装部和丹东军分区评为先进基层人民武装部。

第十篇　党 群 工 作

第十篇　党　群　工　作

第一章　中 国 共 产 党

第一节　组　织　机　构

1959年2月，水电六局（云峰局）建立了党委，党委下设组织部、宣传部2个职能部门；1964年6月，根据水电总局的指示精神，成立云峰局政治部，政治部下设1室4处，即党委办公室、组织处、宣教处、干部处、保卫处；1966年，党委下设政治部（含办公室、组织处、宣教处、干部处）、武装部、监委；"文化大革命"时期，党委工作受到冲击，组织工作一度瘫痪。

1980～1987年，水电六局党委职能部门设置为：党委办公室、组织部、宣传部、纪律检查委员会。在基层二级单位建立健全了党委、总支和直属支部。

1992年，水电六局党委下设办公室、组织部、宣传部、纪检监察部。

2001年以前，水电六局党委下设组织部、宣传部、办公室（两办合一）、纪检监察部。

2001年底，水电六局机关机构调整，水电六局党委设党委工作部（含组织、宣传、机关党委、团委）、纪检监察部至今。

第二节　组　织　工　作

一、党组织的建立与发展

水电六局党组织一直为党委建制，始称云峰水电工程局党委，1959年2月由中共吉林省委工业部批准成立，钟鼎兴为党委书记，孔祥林为副书记。云峰局党委下设职能部门2个、党支部17个，共有党员291人。1962年3月，白山、云峰两局合并，党委领导班子进行调整。1959年2月～1966年8月（即云峰水电站建设时期），隶属于吉林省通化地委。1966年6月，水电六局奉命入川承担四川映秀湾渔子溪一级水电站建设任务。1966年7月13日，水电部批文，孙英任党委代理书记。1968年企业实行军管建立革委会以后，部分工作由革委会代替，但党的建设仍处于停顿状态。1971年全局有党员1355人，10月水电六局召开第三次党代会，党组织工作开始步入轨道。1973年10月25日，温地函［73］92号批准孙英任水电六局党委书记、革委会主任职务，宋青山、于宽任副书记，党的组织建设工作开始转入正常化。1966年9月～1975年10月（即渔子溪水电站建设时期），水电六局党委先后隶属于中共四川省成都市委和温江地委。1969年12月18日，云峰局更名为水利电力部第六工程局，水电六局党委同时更名为中共水利电力部第六工程局委员会。

1973年8月，水电六局奉调从西南返回东北，承建辽宁省境内太平哨水电站。1975年，水电六局党委由四川迁至辽宁省太平哨。1981年，水电六局又转战太平湾，承建太平湾水电站的建设任务。从1975年起至今（即太平哨电站开始建设后），隶属中共辽宁省丹东市委。1976年，随着搬迁和太平哨工程筹建工作的基本结束，水电六局党委对修配厂、砂石料厂、安装队等部分机构和基层领导班子人员进行了调整。1987年整党时已建立局直属单位党组织16个，基层党支部91个，党员1559人。1987年以后，随着施工项目的增多和经营格局的改变，对基层组织机构进行了适当的调整。1992年10月，水电六局党委组织机构下设办公室、组织部、宣传部、纪检监察部；下属10个基层党委，3个党总支，117个党支部，党员1837人。1993年，成立实业总公司党总支；1999年，将离退休党总支改建为党委；2001年，工程公司（由实业总公司改称）改称为七分局，其党总支改建为党委。

水电六局自建立党委以来至2006年，先后召开了9次党代表大会。2006年底，全局共有基层党委11个，直属支部2个，基层党支部105个。

二、中国共产党水电六局历次代表大会

第一次代表大会。1962年1月22～24日在吉林云峰召开，会议代表163人，实到会140人，列席24人。会议讨论通过了钟鼎兴作的《高举三面红旗，鼓足革命干劲，全面完成和超额完成今年的施工任务，为实现一九六三年发电而奋斗》工作报告；大会选举出云峰局党委委员16人，钟鼎兴为云峰局党委书记。

第二次代表大会。1963年4月5～7日在吉林云峰召开，会议代表221人，列席代表30人。会议讨论通过了邢俊良作的《继续贯彻八届十中全会精神，高举三面红旗，全面完成六三年施工任务，为实现“五好”企业，确保六四年发电而奋斗》工作报告。大会选举出云峰局党委委员16人，邢俊良为云峰局党委书记，孙英为副书记。

第三次代表大会。1971年10月25～28日在四川映秀召开，会议代表269人。会议讨论通过了牛广义作的《高举“九大”团结胜利的旗帜，沿着毛主席的革命路线奋勇前进》工作报告。大会选举出水电六局党委委员33人，常委11人，牛广义为党委书记，孙英、高连志为副书记。

第四次代表大会。1980年8月28～29日在辽宁宽甸太平哨召开，会议代表285人。会议讨论通过了于宽作的《加强和改善党的领导，加快电站建设，为“四化”建设做出新贡献》工作报告；听取了《水电六局纪律检查委员会筹备情况的报告》。大会选举出水电六局党委委员31人，常委11人，于宽为党委书记，朴齐元、高连志、张兴臣为副书记。纪律检查委员会书记由朴齐元兼任。

第五次代表大会。1984年1月24～25日在辽宁宽甸太平湾召开，会议代表299人。会议讨论通过了金起河作的《搞好全面整党，创建“六好”企业，为太平湾电站一九八五年发电而奋斗》工作报告；听取和审议《局纪律检查委员会工作报告》、《关于党费收缴、使用情况的报告》；讨论通过了《关于认真学习〈中共中央关于整党的决定〉，加强党员教育，迎接全面整党的决定》。大会选举出水电六局党委委员25人，常委7人，金起河为党委书记、汪恕诚为副书记。纪律检查委员会委员7人，汪恕诚为纪律检查委员会书记。

第六次代表大会。1987 年 7 月 11～12 日在辽宁宽甸太平湾召开，会议代表 300 人。会议讨论通过了金起河作的《认真贯彻党的“三中”全会路线，励精图治，增强活力，为振兴六局而奋斗》工作报告；听取和审议《局纪律检查委员会工作报告》、《关于党费收缴、使用情况的报告》。大会选举出水电六局党委委员 25 人，常委 9 人，金起河为党委书记，贺安钛为副书记。纪律检查委员会委员 7 人，陈保明为纪律检查委员会书记。

第七次代表大会。1992 年 11 月 25～26 日在辽宁宽甸太平湾召开，会议代表 201 人，到会 197 人。会议讨论通过了陈保明作的《认真贯彻党的十四大精神加快改革和经济发展的步伐，为实现三年摆脱困境振兴六局而奋斗》工作报告；听取和审议了《中共水电六局纪律检查委员会工作报告》、《关于党费收缴管理、使用情况的说明》。大会选举出水电六局党委委员 25 人，常委 6 人，陈保明为党委书记，张鸿飞为副书记。纪律检查委员会委员 9 人，祁万恒为纪律检查委员会书记。

第八次代表大会。1997 年 12 月 22～23 日在辽宁丹东召开，会议代表 182 人，到会代表 159 人。会议讨论通过了陈保明作的《高举邓小平理论伟大旗帜，团结一致，坚定信心，为我局的振兴和发展而奋斗》工作报告；听取和审议了《纪律检查委员会工作报告》、《党费收缴、使用的说明》。大会选举出水电六局党委委员 25 人，常委 9 人，陈保明为党委书记，张鸿飞、李维科为副书记。纪律检查委员会委员 7 人，张鸿飞为纪律检查委员会书记。

第九次代表大会。2001 年 12 月 28～29 日在辽宁丹东召开，会议代表 121 人。会议讨论通过了林玉杰作的《贯彻三个代表重要思想，抓住机遇，迎接挑战，努力开创六局发展新局面》工作报告；听取和审议了《中共水电六局纪律检查委员会工作报告》、《党费收缴、使用情况报告》。大会选举出水电六局党委委员 23 人，常委 7 人，林玉杰为党委书记，马英怀为副书记。纪律检查委员会委员 7 人，马英怀为纪律检查委员会书记。

三、党的建设工作

1. 党支部建设

1959 年起，在党支部建设上，重点实行了党课教育制。各支部每月至少讲一次党课，并建立健全党课教育辅导员队伍。水电六局党委每季度研究一次支部建设工作，年内召开 2～3 次党支部工作会议，总结工作，交流经验。对党小组长、党支部委员采取工作会议或短训班的方法进行系统培训。

1963～1966 年，在党的各级组织尤其是基层支部中，组织学习了中组部制定的《中国共产党国营工业企业基层组织工作条例（试行）草案》，在重点试行和普遍学习的基础上全面推开，进一步健全了党总支、党支部正常工作秩序。

1973～1978 年，水电六局党委下发了《关于加强党支部建设的意见》，进行批林整风，开展了思想和政治路线教育；开展了阶级斗争和路线斗争教育；进行了政策教育。1978 年水电六局党委恢复成立了“轮训班”，对党员和干部进行培训。

1979～1986 年，水电六局各级党组织普遍进行了改选工作。组织党员干部学习《关于党内政治生活的若干准则》和《党章修改草案》，恢复和建立党员定期向党组织汇报的制度等。党的十一届三中全会以后，各级党组织进一步加强了“三会一课”制度，健全了民主生活会制度，组织广大党员学习十二大文件和新党章，进行了“十个必须明确”的教育。

1987～1991年，开展了“支部升级”、“党员责任区”、“民主评议党员、民主评议支部”的活动。在党委和基层支部，层层推行了党建目标责任制，建立并完善了以目标管理为主要内容的党内各项制度。

1992～1996年，抓党支部建设。及时调整、建立项目部的党组织，做到项目部建到哪，党支部就建到哪。党支部书记的选拔和配备上，注重把有一定专业知识的中青年党员选拔到党支部书记岗位上来，不适合做党务工作的及时进行调整。党支部书记上岗前，经过党校岗前培训。落实《基层支部工作条例》，开展了“支部达标升级活动”。

1997～2006年。继续坚持“三会一课”制度，开展党支部达标创优活动，围绕急、难、险、重任务，开展立项攻关等。

2. 组织整顿

1971年4月，水电六局用半年的时间开展了整党建党工作。水电六局62个支部，有57个进行了整顿，建立了新的党支部委员会，建立党总支5个，5个大队全部建立党委，有1179名党员恢复组织生活。

1983年3～5月，根据中央和省、市委的部署，对水电六局党组织和党员队伍的状况进行了全面的调查摸底，进一步掌握了全局党组织和党员队伍的基本情况。

1986年，根据《中共中央关于整党的决定》和丹东市委第二期整党的统一部署，从3月20日开始开展了整党工作。1986年5月，又用一段时间在全局开展了巩固和发展整党成果的工作，进行了整党工作“回头看”，重点帮助个别单位进行整党补课。整党中，予以登记的党员1356人，占应登记党员总数的98.55%；受党纪处分的9人，缓期登记的16人，不予以登记的3人，问题没查清仍挂起来的1人；预备党员中，取消预备期的1人，延长预备期的1人；整党中受组织处理的党员共计30人，占全局党员总数的2.2%；清除出党的4人，占全局党员总数的0.27%。为巩固整党成果，水电六局党委制订了《关于端正党风的若干规定》、《关于建立健全党风责任制的规定》。1986年12月，水电六局整党工作由丹东市委整党办通过验收。

3. 组织发展

1958年，水电六局组建时有党员291人，到1962年1月第一次党代会召开时发展至482人。1963年，党员已增至679人，其中预备党员28人。党员中1958年以后入党的有268人，占总数的40.2%。1958～1966年，党员发展的重点是一线上的生产、技术、业务骨干，既看个人出身，又看政治和现实表现，强调突出政治，又红又专。

“文化大革命”中，组织发展工作受到了极左思潮的严重干扰。期间入党627人。

1973～1979年，水电六局新发展党员223人，其中工程技术人员、知识分子有38人，占17%，生产一线党员有所增加。党的十一届三中全会以后，根据党中央“发展党员要坚持积极慎重的方针”的指示，在发展党员中，严格掌握入党标准，确保党员质量，将在生产和工作中涌现出来的先进分子不失时机地吸收到党内来。

1980～1983年，水电六局共发展党员209人，其中知识分子党员50人，占发展总数的24%。到1984年底，水电六局共有党员1365人。

1984～1987年，新发展党员407人，其中知识分子党员108人，35岁以下的年轻党员164人。

1987年以后，认真执行“坚持标准、保证质量、改善结构、慎重发展”的原则，进一步做好发展新党员工作。特别是积极做好在知识分子和生产一线优秀青年工人中发展党员。建立了非党积极分子队伍，分批进行系统培训。

1987～1992年，水电六局发展党员197人，其中知识分子党员136人，35岁及以下青年党员135人，一线工人党员92人。

1993年，水电六局共有党员1824人。

1992～1997年，除了继续做好在知识分子中发展党员外，还把发展党员的主要注意力放在生产一线，制定中、短期发展计划，力争经过3年的努力，使较大的生产班组都有党员。5年中，水电六局举办非党积极分子培训班32期，共发展党员234人，其中知识分子199人，占发展总数的85%；35岁及以下青年166人，占发展总数的71%；一线职工185人，占发展总数的79%。

1998～2006年，强调发展党员要保证质量，改善党员队伍分布情况，提高党员队伍整体素质，逐步减少“空白班组”，一线生产班组和青年党员要占发展总数的70%以上。到2001年，水电六局共发展党员208人。2004年，水电六局党委下发了《水电六局关于进一步加强入党积极分子培养教育的规定》，明确基层党组织要制定本单位入党积极分子培养目标；对积极分子队伍进行一次清理整顿；确定培养重点，加强在知识分子、青年职工、一线工人骨干中培养积极分子等，以确保发展质量。到2006年底，全局共有党员1875人。

4. 争先创优活动

水电六局党委根据各个时期的中心工作，开展了不同形式的争先创优活动。1959～1964年，结合“增产节约”和“五反”运动，组织开展了创建“五好”支部竞赛活动。党的十一届三中全会以后，年年坚持开展“两先一优”（先进党支部、先进党小组、优秀共产党员）竞赛活动，年初作出部署，年底进行表彰。1990年以后，开展了“三先两优”（先进党委、先进党支部、先进党小组和优秀党员、优秀党务工作者）竞赛活动。1992～2006年，“三先两优”活动又注入新内容，围绕生产经营中的急、难、险、重任务，开展适合基层党组织特点的“立项攻关”、“建功立业”活动、党员“双工程”活动、“党员责任区”活动、“党内达标创优活动”、“共产党员工程”活动、党员“双学”活动，在机关后勤岗位开展了“共产党员先锋岗”活动等。1998年以来，水电六局连续被丹东市委评为先进企业党委、党建工作达标先进单位。

第三节　宣　传　工　作

一、形势任务教育

1959～1963年，云峰局党委开展了社会主义教育活动。贯彻“工业七十条”和“调整、巩固、充实、提高”的八字方针。1961年下发了《关于在职工中开展社会主义教育运动的意见》，进行系统的社会主义教育。1962年，贯彻党的八届十中全会精神，开展了国际主义、爱国主义和社会主义教育。1963年，利用两个半月的时间，解决职工中出现的主人翁意识淡薄、劳动纪律松懈等问题，宣传1963年发电的意义等。

1964～1966年，云峰局党委进行了“学习党的基本政策，坚定水电建设事业心的教育”活动，广泛宣传了李春、张西杰等同志的先进事迹。

1976～1982年，水电六局党委开展了揭批“四人帮”和实事求是、解放思想的群众运动。学习贯彻了党的十一届三中全会、四中全会和五中全会精神；组织了真理标准的学习讨论；学习贯彻了党的十一届六中全会通过的《关于建国以来党的若干历史问题的决议》。建立了报告员队伍。

1983～1985年，水电六局党委组织职工学习中共中央《关于经济体制改革的决定》和党的十二大文件、五届人大五次会议文件。

1990年2月，水电六局党委下发《关于进一步开展形势政策任务教育的通知》，编写了局“形势教育宣传提纲”。脱产、半脱产学习人数达2085人，人均40课时。建立局、处两级报告员队伍，在人员、任务、工作内容和定期报告以及培训制度等方面予以规定。

1998～2006年，水电六局党委组织职工学习邓小平理论和党的十五大精神，学习《江泽民在全国抗洪抢险总结表彰大会上的讲话》；开展了“形势任务教育报告评选活动”，开展了“振兴六局，奋战2000年形势任务宣传”；组织干部职工学习江泽民“三个代表”重要思想，学习贯彻《江泽民同志在庆祝中国共产党成立八十周年大会上的讲话》，学习贯彻党的十五届六中全会、党的十六大精神。

二、思想政治工作

1960年，云峰局党委召开了学习毛主席著作广播大会。1961年结合局党委开展的“保粮保钢增产节约运动”，进行了深入的思想调查，提出了今后的工作意见。1962年，在白山、云峰两局合并时，针对职工思想混乱等问题进行了当前形势与任务的宣传教育和思想工作。

1976～1985年，水电六局党委抓好日常的思想政治工作和后进面的转化，逐步把工作的重点和主要精力转移到施工生产上来。开展了革命传统和艰苦奋斗的教育。1982年，水电六局建立健全宣传网，直属单位有宣传干事，施工队党支部设宣传委员，班组有宣传员。1985年，水电六局党委贯彻落实中共中央批转的《国营企业职工思想政治工作纲要(试行)》，召开了思想政治工作座谈会，就水电六局思想政治工作的状况，思想政治工作的基本内容和方法，政工队伍的建设和任务等开展了讨论，统一了认识。组织开展了“保五百万千瓦，保一号机组发电”的大讨论。印发了《思想政治工作信息反馈竞赛方案》，评选优秀宣传员、信息员。自1985年起，宣传部创办《宣传动态》，每月一期，总结推广好的做法和经验。

1986～1988年，水电六局党委下发了《思想政治工作方针目标管理方案》、《关于建立健全思想政治工作制度的通知》等。1987年，以水电六局党委［87］26号文印发了《关于加强外出施工队伍的组织建设与思想政治工作座谈会纪要》。针对座谈中反映出的问题，提出了具体的意见和措施。下发了《关于进一步开展坚持四项基本原则，开展正面教育的意见》。在全局范围内征集并确立了“六局精神”；举办了“六局精神”演讲和“爱我岗位爱我企业系列演讲”、“职业道德演讲”、“爱我岗位征文大赛”等。面对思想政治工作的新形势，在调查研究的基础上，宣传部总结推广了第五工程处、第二工程处的做法。1988年，水电六局党委印发了《八八年思想政治工作方针目标管理方案》。以局党委[88] 32号文下发了《关于加强对外承包工程职工思想政治工作的意见》。开展了“国情、局情、六局精神”的宣传。

1989～1990年，1989年北京政治风波发后，水电六局党委始终与党中央保持一致。从7月开始，对职工进行系统的教育培训。组织政工干部到项目部了解职工思想情况。先后写出《关于职工学习四中全会文件及中央领导讲话后的思想反映》、《当前职工的思想状况》、《我局职工对目前东欧局势的看法》以及《职工思想情况问卷调查》等7份书面和会议汇报材料。

1991～1994年，水电六局党委积极探索新形势下思想政治工作的新路子，注重基础建设，建立健全了一套比较可行的工作制度。如每月一次的思想政治工作例会制度；职工思想状况调查分析、信息反馈制度；思想政治工作目标管理、检查考核评比制度；思想政治工作研究会制度等。开展了学习张子祥、赖宁的活动，宣传树立了一批先进典型。

1995～1997年，水电六局党委提出思想政治工作应紧紧围绕经济工作中心，配合水电六局各项重大决策做好宣传舆论工作，及时化解改革中出现的各种矛盾，保证改革平稳发展。

1996～1997年，水电六局连续2年被评为丹东市思想政治工作先进单位。

1998～2006年，水电六局党委围绕局生产经营和改革、改制的各项工作，深入基层调查了解情况，解决问题；同时突出做好下岗职工、离退职工及困难职工的思想政治工作。开展扶贫送温暖活动等。

三、普法工作

1979年开展社会主义法制宣传教育，培训骨干760多人，组织开展了“法制宣传月活动”。1986～1996年，相继开展了“一五”、“二五”普法。水电六局成立了普法领导小组。各单位由党委副书记担任组长，与文明单位评选挂钩。宣传部、党校共举办培训班26期，为基层单位培训理论骨干743人。各单位采取讲座、理论辅导、知识竞赛、组织职工自学等方式学习法律常识。至1996年全局普及人数9742人，培训面达96.6%。经丹东市普法办考试验收，及格9505人，及格率达97.5%，验收合格。1997年，水电六局被评为丹东市“二五”普法先进单位。1998～2006年，水电六局相继成立了“三五”、“四五”普法领导小组，下发《普法规划》，分别制订了详尽的普法计划，普法工作扎实有效的开展下去，连续获得辽宁省、丹东市“三五”、“四五”“普法先进单位”称号。

四、理论培训

1960年，云峰局党委下发《关于加强党的理论工作，组织干部工人学习毛主席著作》的通知。全局形成一支理论队伍，党委有理论工作小组，建立了政治夜校，配备专职教员负责教学工作，围绕党的中心工作，经常开展理论学习。云峰局党委下发《关于加强党的理论工作的意见》，明确理论工作的任务。培训了367名党员和103名科以上干部。

1961～1966年，云峰局党委开展反对修正主义的理论学习，提高了广大党员干部理论水平和思想觉悟。

1964～1966年，云峰局党委开展了阶级斗争教育和社会主义思想教育。

1976年10月～1979年上半年，水电六局党委用两年多时间，组织干部群众，澄清思想，拨乱反正，开展了“两清查”和“两打”运动。1978年，水电六局党委恢复了党员培训班。水电六局党委下发了《关于切实加强党员教育的意见》，抓党的基础知识、优良传统作风、党的纪律三个方面的教育。1978年组织职工学习《毛泽东选集（第五卷）》和党的十一大文件。制定《一九七八年在职干部和工人理论学习计划》，贯彻中央关于轮训干部的决定，学习材料是《党的生活的几个问题》、《社会主义建设的几个问题》、《反对修正主义几个问题》。

1980～1984年，水电六局党委组织党员干部，学习邓小平同志关于《目前形势和任务》的报告、《党章修改草案》、《叶剑英同志在国庆三十周年讲话》等。水电六局党训班分批轮训党支部书记以上干部，各直属单位也分期轮训本单位的党员。从1983年7月开始，在每个职工每年半个月脱产“双补”轮训中，进行了系统的理论教育，用3年时间学完《科学社会主义常识》、《中国工人阶级》、《中国近代史》。1983年举办4期有处、科级领导参加的领导干部读书班，学习《邓小平文选》、《陈云文选》、《三中全会以来重要文件选编》。

1984年配合整党，水电六局党委组织全体党员学习了《中央关于整党的决定》和整党文件。举办科以上党员领导干部学习班17期，279人参加学习；举办一般党员轮训班37期，有955人参加培训。1984年2月，组建丹东市电大分校（在党委宣传部），104人在读。

1985～1987年，1985年成立党政干部进修大学水电六局分校。水电六局党委下发[85] 16号文《关于实行干部马列主义理论正规化教育的安排意见》，对干部培训进行了规划。1986年，利用冬季施工淡季职工放假的机会，对全局干部进行正规化理论教育和对青年职工进行脱产轮训。局党校先期办班，培训师资力量。1987年，组织各级干部学习《建设有中国特色社会主义》、《坚持四项基本原则，反对资产阶级自由化》两本书，深入进行两个基本点的教育。水电六局党委举办5期培训班，150名局、处级领导干部参加轮训，每期15天。对职工的教育采取播放录像、辅导员集中辅导等形式。为配合学习，组织召开理论讨论会2次，局、处两级开展知识竞赛6次。

1988～1989年，水电六局党委结合学习党的十三大文件，在全局集中进行了社会主义初级阶段理论和党的基本路线教育。全局及各单位办班38期，95名处级干部、1282名干部工人参加了脱产培训。1989年下发了《水电六局八九年冬季政治培训安排》，学习《江泽民总书记在庆祝中华人民共和国成立四十周年大会上的讲话》等。局党校举办了为期7天的辅导员学习班。对基层干部、工人，采取脱产和半脱产的形式进行培训。培训率工人为85%，干部为100%。

1990～1992年，在职干部学习邓小平《建设有中国特色社会主义》一书，729人参加培训和考试，培训率为95%。对领导干部侧重组织学习党建理论和马克思主义哲学。处级干部和辅导员在局党校轮训，每期15天。从2月份起，利用冬季放假，组织职工集中学习《中共中央关于进一步治理整顿和深化改革的决定》、《关于社会主义若干问题纲要》和宣传部编写的《五中全会精神宣传教育提纲》等。

1993年起，水电六局党委的干部职工理论学习培训，逐步转到重点抓各级领导班子中心组理论学习上。

第四节　统　战　工　作

自1958年建局起，水电六局就在上级党委、政府的领导下开展统战工作，其主要任务是落实上级交办的工作任务。具体的工作部门是政治部、党委宣传部。水电六局未设专门的统战工作机构、领导机构和拟定具体的工作安排等。

20世纪70年代以后，水电六局的统战工作，除继续按上级党委、政府的要求开展相应的工作外，重点是做好局内少数民族、非党知识分子、民主党派、宗教信仰人士、归侨侨眷和港、澳、台属、台胞的工作，宣传落实党的政策。1980年以后，水电六局党委宣传部建有档案和名册，每年底向市统战部报表和汇报工作开展情况。1987年、1996年，水电六局党委宣传部荣获丹东市统战工作先进集体。1995年底，“九三学社”丹东总社在水电六局成立支社，其成员由水电六局和太平湾发电厂两部分组成，共6人（水电六局4人），其中有1人是支社的负责人，还有1人是“九三学社”成员和中国共产党党员双重身份。水电六局的归侨大部分是朝侨。积极落实党的有关政策，如少数民族和归侨的子女，有考试加分的优惠；非党知识分子，在局内分配住房等方面，给予适当照顾；接待归侨侨眷等。1990年，一位台湾人士林先生来水电六局探望亲属，按有关政策认真做好接待工作，受到了宽甸县统战部的好评。2000年以后，统战工作逐步减少。

第五节　纪 律 检 查 工 作

1963～1978年，水电六局党的纪律检查工作，未设独立的工作机构，主要工作由水电六局监察委员会兼管。1979年，水电六局党委成立了纪律检查委员会筹备组，之后建立了相应的机构。1980年，水电六局第四次党代表大会选举产生了水电六局党的纪律检查委员会。至此，党的纪律检查组织和纪检工作走向规范化。

一、宣传教育

1981～1983年，组织党员学习贯彻《关于党内政治生活若干准则》，在党校举办培训班，培训党员干部。1985年进行“党纪党风党性教育”，认真纠正在整党学习中边学边犯的问题。

1988～1991年，进行了“党规党法”和“党的政治、组织、人事等八大纪律教育”。水电六局18个单位，全部讲完了规定的16讲党课，共讲党课213次，党员受教育面达97%。1991年，举办了“党纪知识百题电视大赛”，开展了电化教育。在全局党员干部中，开展了“三无”（无违纪、无违章、无事故）竞赛活动，并将其作为党内“三先两优”评比的基础条件。

1992～1994年，贯彻中纪委二次、三次会议精神，广泛开展了反腐倡廉宣传。编发了《反腐败参考资料》，组织党员干部观看了《新中国第一大案》，水电六局电视台播放了反腐倡廉录像教育片。

1995～1997年，结合闽江工程局特大受贿案，先后2次组织水电六局党政领导和党群部门负责人进行学习座谈。播放《百万元大案》等反腐倡廉的电教片和典型案例片12部，共34场次，收看人数6673人次，其中党员干部收看率达95%以上。以“党性、党纪、党的宗旨教育”为内容的党课50多次。全面贯彻中纪委五次、六次全会精神，抓好党风廉政教育。

2001～2004年，连续3年坚持开展了“党性、党风、党纪教育”宣传。遴选了17份党纪政纪条规，编印《党纪政纪条规合订本》，分发到水电六局每个领导干部手中。

2005～2006年，认真学习宣传《国有企业领导人员廉洁从业若干规定》。征订了《廉洁从业条文解说》100本，发给水电六局领导班子成员和项目经理。2005年4～10月，在全局领导干部中开展了“四个一”（读一本廉政书籍，看一部廉政教育片，参加一场警示教育现场会，写一篇拒腐防变体会文章）专项活动。7月，组织开展了《实施纲要》和《学习纲要》竞答活动，1257人参加活动，其中处以上领导干部参赛率达100%，优秀率为97%。在这项活动中，全局各级领导写出体会文章130余篇。8月，举办《廉洁从业若干规定》知识竞答活动，全局科级以上干部有666人，参加竞答的有662人，参答率为99.4%。7～8月，在水电六局3个基地巡回展出《廉洁从业若干规定》、《中国共产党纪律处分条例》等4种挂图图片。10月，举办了“反腐倡廉警示教育报告会”。

二、制度建设

1985年，制订了《关于加强水电六局纪检机构组织建设的报告》、《关于水电六局局属处、队领导班子建设的意见》。要求凡建有党组织的二级单位，都设纪检机构和纪检委员会，未设纪检委员会的单位，必须配备一名专职纪委书记，一名专职纪检干事，健全纪律检查机构。

1987年，制订了《关于处分违反党纪的党员批准权限的具体规定》、《中共水电六局纪律检查委员会关于加强自身建设的规定》、《印发中纪委关于对党员干部加强党内纪律监督的若干规定和局纪委贯彻执行若干规定的补充办法的通知》、《关于进一步端正党风工作实现党风根本好转的意见》。对处级纪委书记参加同级党的民主生活会以及工作任务、内容、接待群众来信来访等作了明确规定。制订了《水电六局党风建设规划》，并完善了党风责任制。制定年度工作要点，明确做好7件事，提出1987年端正党风6项工作内容。

1988年，制订了《关于禁止在局内用公款请客送礼的决定》、《关于严禁赌博的规定》，对党员干部的廉洁自律行为作出规定。

1993～1994年，结合本单位实际，制订了《水电六局局处级领导干部保持勤政廉洁的若干规定》。基层18个单位，也分别制订了《水电六局党政干部廉洁自律若干规定》。

1995～1996年，1995年水电六局党委2号文，对水电六局机关工作人员制订了《不准接受可能对公正执行公务有影响的宴请和不准参加用公款支付的营业性歌厅、舞厅、夜总会等娱乐活动》的具体规定。1996年印发了《水电六局贯彻中央纪委党内监督有关制度实施办法的通知》。发动党员干部对违法违纪和腐败行为举报，要求各级纪委切实做好来信来访的接待和初查的落实。

1998～1999年，为推动案件的查办和有利于工作的开展，1998年制订了《中共水电六局纪律检查委员会、水电六局监察处奖励举报和办案有功人员的暂行办法》。1999年制订了《水电六局实行党风廉政建设责任制的规定》，对水电六局党委书记、局长、党委副书记、行政领导班子其他成员的责任内容与责任范围、责任考核与组织措施做了明确规定。

2000～2001年，印发了《党风廉政建设主要目标责任考核细则》。2001年，为做好《党风廉政建设责任状》的签订和落实，规定如果党风廉政建设工作没达标，将对单位整体工作实行“一票否决”。设立了“局党风廉政建设专项奖励基金”和“第一责任人缴纳廉政保证金”制度。制订了《水电六局领导班子在党风廉政建设中的责任内容和责任范围的具体规定》、《党风廉政建设责任追究实施细则》、《水电六局2001年党风廉政建设责任目标奖罚办法》及《考核细则》。4月，召开了全局党风廉政建设工作的专题会议。11月，对全局党风廉政建设工作进行了检查考评。全局17个单位，优秀11个，良好5个，达标1个。

2002～2004年，2002年印发了《水电六局2002年度党风廉政建设责任目标奖罚办法》、《水电六局局机关部门党风廉政建设责任目标考核细则》、《关于将厂务公开纳入到党风廉政建设责任目标中予以考核的通知》。各单位签订《保廉合同》，签订率达70%以上。健全并完善了副处级及以上领导干部廉政档案，全局118名副处级及以上干部、二级单位357名科级干部建立了廉政档案，并作为业绩、评估、奖惩、提拔使用的重要参考。认真执行“三重一大”民主决策程序，制定并执行工程分包和设备物资采购的管理规定。印发了《关于分包工程要签订保廉合同的通知》。规定各单位分包工程，在签订分包合同的同时，签订保廉合同。2002年，水电六局党委同所属的17个单位、局机关14个部门，全部签订了《党风廉政建设责任状》。2002年9月，下发了《关于对纪检监察部门办案人员发放补贴的通知》。2003年，扩大了签订《保廉合同》的范围。二级单位凡签订有工作协作关系、存在经济利益的合同，均应签订《保廉合同》。2003年2月，制订了《水电六局“三重一大”民主决策程序实施办法》。

2005年，先后修订了《水电六局设备对外处理管理规定》、《水电六局领导干部公开选聘暂行办法》、《水电六局项目经理班子成员聘任及管理暂行办法》、《水电六局市场开发有关费用标准的规定》、《水电六局劳务分包管理试行管理办法》。在《保廉合同》管理方面，对百万元以上的分包工程，签订了《保廉合同》，签订率100%。建立并落实领导干部廉洁承诺制度。局、处两级班子，分别在职代会上作出廉洁承诺并公示，接受群众监督和年底评议。

2006年，转发了《水电集团公司企业领导人员违纪违规行为纪律处分暂行规定》、转发《中共中央办公厅印发〈关于领导干部报告个人有关事项的规定〉的通知》。

三、信访及违纪案件查处

1981～1983年，集中力量复查处理了“文化大革命”中的冤假错案和历史遗留问题，按照党的政策进行妥善安置。清理了领导班子中的“三种人”（造反起家的人、帮派思想严重的人和打、砸、抢分子）。排查出“文革”中发生的7起事件，确定12名重点核查对象，其中处级1人、科级3人、一般干部1人、党员5人、工人7人。其中有5人受到处分。1983年处理党员干部（科级）违纪案一起（1人），给予党内警告处分。

1984年，对群众来信来访中较为严重的问题进行认真的调查、核实、澄清和处理。检查处理9件比较严重的问题，其中有7件是中层干部所为，对5人给予了纪律处分，其中3人是科以上干部。打击经济领域犯罪，9月以后，开展了“三清四查”工作，抓疑难案件的深入调查。年底，全局揭发122件经济问题大部查清。其中14起较大案件，结案10起，占立案数的71.4%；收缴赃款12957.93元。涉及的110人中有党员7人，科级干部5人。其中2人受党纪处分，2人受行政处分，1人被刑事拘留。

1985年，查处了党员违纪案件6件，违纪人员分别受留党察看和党内严重警告处分。受理来信54件，转其他部门11件，办理完结的37件。受理来访16件（次），4件（次）转其他部门，纪检自己办理9件（次）。

1986年10月～1987年7月，受理来信来访73件（次）。其中，来信33件，来访40件（次）。属局纪委范围的案件数22件，已结案21件，当年结案率为95.45%，按期结案率为95.2%。领导主办6件，占查处案件数27.27%。1986年对一名违纪副处级领导干部给予党内警告处分。建立健全信访制度，检查指导催办及结案制度等，均落到实处。注意信访信息反馈、监督，认真处理信访案件。

1987～1992年，立案查处案件21件，结案21件，结案率为100%；处分党员14名，其中开除3人、撤销党内职务1人、严重警告4人、警告6人；在处分的14名党员中，有科级干部8人、一般党员6人。5年中接待来信来访242件（次）。其中来信117件、来访125件（次）。除不属纪委范围的135件（次）转交有关部门处理外，属纪委范围的107件（次）已结案104件（次），结案率为97.2%。受理重信重访5件（次），越级信访4件（次），已全部处理完。水电六局纪委连续5年被丹东市纪委评为纪检信访先进单位。

1993～1994年，下力气抓了大案要案的查处。1994年，党员违法案件有4起，其中党员处级有2起、一般党员有2起。涉及金额3.9万元。

1995～1996年，全年受理举报44次，查结35次，占总量的85%。属严重违法违纪的案件有4起，正式立案查处。1995年，共立案6起（属大案要案的有5起），查结4起。全年挽回经济损失17万余元。1996年，发生一起领导干部受贿案，其受到刑事处罚，水电六局党委、水电六局对其给予开除党籍、撤销党支部书记职务、开除局籍留局查看处分。

2001～2006年，收到群众各类举报累计41件（次），其中重复的有11件（次），经济类6件。涉及处及以上干部20人，科级党员干部10人。立案5件，办结案5件（含遗留的1件）。违法违纪6起（属局管干部1人，科级干部2人，一般干部3人），开除党籍1人，其余都做了相应的处理。来信来访26件（次），全部办结，没有不良影响。2006

年，发生2起诉讼案，1起调解结案，1起已经审理。

第六节　领导班子思想作风建设

1959～1963年，在“五反”运动的基础上，云峰局党委对各级领导班子进行了思想作风整顿。组织党政领导干部学习“三大纪律八项注意”，“党员权利与义务”，自觉纠正不良作风，克服特权思想；各级领导干部深入基层，和工人“同吃、同住、同劳动”，做群众的表率，带领群众战胜困难。1963年，在树立群众观念，转变工作作风方面作出明确规定，其重点是加强调查研究总结经验，克服心中无数、指挥不切实际和官僚主义作风。云峰局成立了现场指挥部，领导干部参加值班，现场办公，解决问题。

1964～1966年，云峰局党委在领导班子民主作风建设方面作出规定：一是健全党内组织生活，用批评和辩论的方法，充分发扬党内民主，对待不同意见和不正确的意见，达到思想、组织、行动上的团结一致。二是按照民主集中制的原则办事，定期召开党的代表大会。三是继续完善集体领导和分工负责的制度，一切重大问题都要经过集体讨论决定。主要权利应集中于党委的集体，反对个人独断和分散主义。四是健全委员会的会议制度，不能由常委会、常委扩大会代替。

1971～1977年，1971年在水电六局第三次党代表大会的《工作报告》中，对党的作风建设提出要求：“要进一步加强民主集中制教育，增强党性和党的观念，加强党的一元化领导，反对各搞一套、分散主义和无组织无纪律的现象。加强团结，不搞家长作风，反对一言堂。”1976年4月，水电六局党委下发了《关于健全党委、总支、直属支部中心组，认真抓好中心组学习的意见》。同年6月，水电六局党委又下发了《关于以阶级斗争为纲，搞好领导班子“小整风”和基本路线教育的安排》，重点解决领导班子思想作风软、懒、散的问题。1977年10月，制订了《水电六局党委中心组学习规划》，水电六局党委正、副书记担任学习组长。

1978～1980年，水电六局党委坚持思想整顿为主，组织整顿为辅的方针，对局、队、连（车间）三级领导班子逐步进行了不同程度的调整、充实和加强。水电六局党委常委和局属各单位党委，实行双重组织生活会制度。水电六局党委常委除按照所在支部规定定期参加组织生活外，至少每半年召开一次常委自身的生活会。各直属单位至少每年召开一次生活会，生活会记录报送水电六局党委。

1981～1984年，1981年水电六局党委制订了《贯彻〈准则〉实施规定》，并制订了局、处两级领导班子民主生活会制度。规定局党委每半年，各直属单位每季度，基层支部每双月安排一次民主生活会。基层民主生活会要邀请上级纪委派人参加。1983年制订了《水电六局党委改进领导作风的规定》。对水电六局党委常委在加强学习、执行民主集中制、联系群众、党政分工、精简会议、带头执行《党章》和《准则》等方面作出具体规定。1983年初，严肃处理了水电六局在落户、招工中个别领导以权谋私的问题。1984年第四季度，按照省、市委的要求，利用4个月的时间，进行了党风、党纪大检查。

1985～1986年，1985年水电六局党委14号文《关于印发党风工作安排与责任制的通知》中，作出了《关于端正党风的若干规定》、《关于建立健全党风责任制的规定》。这一年在端正党风方面：纠正并退回局级领导干部重复得奖1270元，并通报全局，公开检查；纠正1984年领导干部晋级面过大的问题，清退了98名。其中局级2名、处级56名、科级40名。1986年10月，下发26号文《关于局属各级党组织领导班子成员参加所在党支部、党小组组织生活会的安排意见》。年底召开了党内民主生活会，主要内容为端正党风、加强领导班子团结等。

1987年，水电六局党委下发了《关于进一步加强端正党风工作，实现党风根本好转的意见》。1987年7月，下发了《关于加强水电六局党委常委班子思想作风建设的若干意见》、《印发〈关于水电六局党委常委民主生活会情况通报〉的通知》。同年8月，召开了以反对官僚主义为中心议题的民主生活会，制订了《水电六局党风廉政规划》，并完善了党风责任制。在年度工作要点中，提出了"1987年端正党风六项任务"。局纪发［87］12号《关于转发企业党委"紧密结合双增双节运动，抓好端正党风工作"的通知》，重点狠刹铺张浪费、公款吃喝、请客送礼、索贿受贿、中饱私囊等不良作风。1987年，水电六局被评为丹东市端正党风工作先进集体。

1988～1989年，水电六局党委制订了《关于一九八八年进一步加强党风建设的意见》，提出在教育的同时从严治党，对各级领导机关、领导干部要严，抓好违纪案件的查处。水电六局党委发［89］37号《关于水电六局党委常委和局级党员领导干部保持廉洁的几项规定》，在领导干部去基层工作就餐、乘车、请客送礼、分管责任等7方面作了具体规定。水电六局党委46号文《关于领导干部回避制度的暂行规定》，对领导干部作出12项规定。

1990～1996年，1990年水电六局党委制订了《水电六局干部考察工作方案》，对全局正、副处级领导干部进行德、能、勤、绩4个方面的考察。重点是看对"动乱"的思想认识和实际表现，考察政治立场和政治倾向。水电六局中心组学习坚持经常化，基本每月一次，并建立记录。中心组学习记录和局领导班子成员的学习笔记，由丹东市委宣传部每年调阅检查。水电六局二级单位中心组学习，坚持每周半天集体学习。由水电六局党委组织部和宣传部检查调阅。1994年，水电六局党委针对闽江工程局特大受贿案，组织局、处级党政领导干部进行学习、讨论，从思想上提高认识。并以此为专题，局、处两级分别召开了专题民主生活会。1996年，成立水电六局领导干部廉洁自律工作领导小组，水电六局二级单位也建立了相应的机构。

1997～2002年，1997年，召开廉洁自律专题民主生活会，落实"三十一个不准"，进行自查自纠。制订了《水电六局处以上领导干部收入申报制度和工作人员收受礼品登记制度》、《水电六局关于领导干部报告个人重大事项的实施办法》、《关于各级领导干部接受和赠送现金、有价证券和支付凭证的处分规定》。做好领导干部收入和礼品登记工作，副处级以上领导干部均能做到每年申报一次。2000年6月，水电六局成立党风廉政建设领导小组。2001年，水电六局在职的副处级及以上干部，重大事项报告率为97%。决策民主方面，"三重一大"（重大事项、重要干部任免、重要项目安排，大额资金使用），均经班子集体讨论决定。全局参加述廉评廉民主生活会的87名处级党政领导班子成员，其中评廉满意率为100%的有84人，为90%的有2人。民主评议干部，局、处级干部优秀和称职的占参评总数的98%。

2003～2005年，从2003年开始，水电六局选拔任用副处级及以上领导干部，均按民主程序进行民主推荐、组织考核、会议讨论、向群众公示。在会议讨论前，组织部门均征求纪委意见，聘用前由纪委进行廉洁教育谈话，建立廉洁档案。2003年初，水电六局制订下发了《党纪政绩条规学习教育安排意见》。同年7月，组织全局131个副处级及以上干部参加"党员领导干部廉洁从政知识测试"，参加率为100%。2000年以来，局、处级领导班子民主生活会更加制度化、程序化，其程序是：每年会前，向丹东市委和水电集团公司上报"关于召开领导班子民主生活会的请示"；然后根据批示下发通知，进行布置，分级召开；生活会结束后再向丹东市委和水电集团公司写出报告。2003年，水电六局党委被评为丹东市先进党委。

2006年，水电六局调整了党风廉政建设领导小组，保证廉政建设工作领导到位。结合保持党员先进性教育，组织副处级及以上干部学习贯彻《建立健全教育、制度、监督并重的惩治和预防体系实施纲要》。在副处级及以上领导干部中，开展反腐倡廉"四个一"教育活动。局级领导班子围绕企业"转轨变型，科学发展"和创建"四好班子"的要求，对照《国有企业领导干部廉政从业若干规定》，召开民主生活会，开展批评和自我批评，提出今后努力方向。

第二章　工会、职工代表大会

第一节　组　织　机　构

一、组织机构

水电六局工会委员会成立于1959年8月4日，最初称为云峰水力发电工程局工会，赵景云为工会主席。水电六局工会下设组宣部、女工部和5个基层分工会。1962年4月，通化地委批准任命高金山为局工会副主席，主持工会工作。1964年，基层分工会增加到8个，工会设宣传部和女工部。1979年，水电六局工会设立宣传部、生产部、劳保福利部。1988年，水电六局工会下设办公室、宣传部、生产部、生活部4个部门，17个基层分工会。1998年，水电六局工会将各部室缩减为组宣部、劳动生活部、办公室。2006年底，水电六局工会机关共有工作人员5人。

水电六局工会委员会现受全国水电总工会和丹东市总工会双重领导。有基层分工会89个，专职工会干部21人，会员6011人。截至2006年，水电六局已召开14届职工代表大会、9次会员代表大会。

二、组织建设

1. 加强自身建设、健全各项制度

1982年，水电六局工会转发了省总工会《工会小组工作条例》。1983年，制订了《关于加强科室工会工作意见》。1985年，制订了《关于工会干部考核办法》、《开展争当职工之友活动》、《工会积极分子评选办法》。从1986年4月开始，开展了工会创建文明单位活动。1992年，水电六局党委批转局工会《关于贯彻落实全心全意依靠工人阶级的几点意见》、《关于加强和改善党对工会和共青团工作的领导的意见》。《意见》中对工会组织机构和干部的配备作出规定。1996年4月，制订下发了《工会工作百分制考核办法》。1997年，制订下发了《工会干部星期六义务走访安排意见》，1998年，制订下发了《水电六局工会关于转变作风，实行承诺服务的几项规定》。2000年，下发了《关于开展工会组织整顿建设的几点意见》。2001年5月，下发了《水电六局工会系统廉政建设几点要求》等。

2. 加强组织建设，健全各级组织

1959～1966年，水电六局工会组织健全，各项工作能有序健康地开展。“文革”期间(1967～1972年)，工会组织基本瘫痪。

1973年5月，用近2个月的时间，对水电六局工会组织进行整顿和健全。包括：核实登记工会会员；发展新工会会员；筹备并召开第二届工会会员代表大会。

1982年，加强对工会小组的建设与管理，贯彻执行《工会小组实施条例》。组织职工参加班组民主管理和搞好“四互助”。1982年5月，对基层工会进行了改选。1982～2006年，基层工会每3～4年改选换届1次；水电六局工会每4～5年改选换届1次。

1989～1992年，水电六局工会用3年时间对工会干部进行培训，有28名工会干部获得《岗位培训合格证书》。1992年，全局共有会员9736名，建立15个基层工会，95个分工会，739个工会小组。

1998年5月～2006年，针对水电六局项目部多、人员流动频繁、退休和调进调出人员增加的实际情况，水电六局工会进行了会员会籍登记清理工作，加强会员会籍的管理。2000年，进行了工会组织整顿建设，按标准配齐工会干部：水电六局工会主席从建局起至2006年，一直按同级党政副职配备；副主席按县团级正职（处级）配备；工会各部室的正职，1988年以前按科级配备，1988年以后按副处级配备；基层单位（县团级）工会主席按副处级配备。

3. 工会会员代表大会

自建局以来，水电六局共召开9届工会会员代表大会。会议是以与水电六局职代会合并召开或独立召开的形式进行。

（1）首届工会会员代表大会。1959年云峰局建立工会委员会，至1962年4月，召开了第一届工会会员代表大会。选举赵景云为工会主席，高金山、王永华为工会副主席。

（2）第二届工会会员代表大会。本届大会于1973年7月在四川映秀召开，选举出常委17人。宋青山为工会主任，李祥、安仲春（女）、范学禹、徐美琴（女）、张高楼为工会副主任。

（3）第三届工会会员代表大会。本届大会于1981年3月12～14日与五届职代会一次会议一起在辽宁宽甸太平哨召开。选举出委员29人，常委7人。张兴臣为工会主席，范学禹、康伟为工会副主席。

（4）第四届工会会员代表大会。本届大会于1984年11月29～30日在辽宁宽甸太平湾召开。选举出委员 36 人，张西杰为工会主席，陈兵、张春雨、李春光为工会副主席。

（5）第五届工会会员代表大会。本届大会于 1987 年 1 月 17～18 日在辽宁宽甸太平湾召开。选举出委员 35 人，常委 9 人。张西杰为工会主席，陈兵、李春光为工会副主席。1987 年 12 月 30 日，丹东市总工会丹工发［87］85 号“同意水电六局工会五届全委扩大会，补选刘荣波为工会主席”。

（6）第六届工会会员代表大会。本届大会于 1992 年 1 月在辽宁宽甸太平湾召开。选举出委员 33 人，常委 7 人。刘荣波为工会主席，王兴臣为工会副主席。

（7）第七届工会会员代表大会。本届大会于 1997 年 4 月 5～6 日在辽宁丹东召开。选举出委员 25 人，常委 7 人。王学庆为工会主席，宋玉环为工会副主席。

（8）第八届工会会员大表大会。本届大会于 2002 年 3 月在辽宁丹东召开。选举出委员 23 人，常委 5 人。陈兵为工会主席，宋玉环为工会副主席。

三、工会建家活动

1983～1993 年，水电六局开展了工会建家活动。

第一阶段，1983～1986 年，水电六局工会和部分基层工会建成先进职工之家。1985 年，水电六局工会建成合格职工之家。1986 年，水电六局工会大会表彰了 7 个先进职工之家、14 个先进基层分工会、38 个先进工会小组、15 名职工之友、524 名优秀工会积极分子。1986 年，水电六局工会被丹东市总工会授予先进职工之家。

第二阶段，1987～1993 年，开展争当“模范职工之家”活动。1991 年，参加丹东市总工会“职工之家升级赛”。水电六局工会制订了《开展工会建家工作达标竞赛方案》。1991 年，全局建成 2 个模范职工之家，3 个先进职工之家，其余为合格职二之家。1992 年 4 月，下发了《水电六局工会开展“争先创优”活动实施方案》，召开了水电六局工会建设模范职工之家成果发布会。1993 年，下发了《工会建家工作考核标准和考核申报办法》。1993 年底，经单位申报，水电六局工会验收，建立局级模范职工之家 1 个、先进职工之家 4 个。当年，水电六局工会被辽宁省授予模范职工之家。

2003 年 2 月 27 日，在中华全国总工会十四大闭幕式上，王兆国主席向水电六局工会主席颁发了全国模范职工之家牌匾。2006 年，水电六局工会被全国能源化学工会表彰为先进工会。

第二节　组　织　活　动

一、维护职工合法权益

1986 年，建立了工会法律顾问委员会，负责群众信访工作。1996 年，对水电六局劳动争议调解委员会成员进行了调整，在基层组建了劳动争议调解小组。同时下发《劳动争议调解委员会（小组）工作职责》。为了建立企业和谐的劳动关系，深入贯彻《劳动法》，1997 年，制订了《水电六局关于建立平等协商制度签订集体合同的实施意见》，主持起草了《水电六局集体合同》。在水电六局第十一届职代会上，水电六局工会与水电六局签订《水电六局集体合同》，并在市劳动局备案，维护职工的合法权益。

二、劳动保护

1985年，印发了《关于建立基层（车间）工会劳动保护监督检查委员会及工会小组劳动保护检查员的通知》。建立了安全生产群众监督检查委员会。结合企业各个时期的工作，经常开展安全监督检查，参与重大事故的调查处理。加强劳动保护工作，减少职业病危害。对工伤和接触粉尘职工进行体检，分别不同病情安排（1992年以前）疗养。2001年6月，组织安全生产群众监督检查委员会，重点对施工项目部、有毒有害和易燃易爆作业场所进行安全大检查。2003年，水电六局五分局索风营项目部工会开展了“安全隐患跟踪监督”，会同行政组织对施工现场、生活区进行检查，实行“事故隐患送达”。工会主动向施工队伍询问劳动保护品发放情况，开通“劳动保护绿色通道”，及时发现问题，向行政组织反馈，予以妥善解决。2004年11月，水电六局工会开展了以安全生产群众监督检查为主要内容的“关爱职工生命和健康特别行动”，重点检查《工会法》、《劳动法》、《安全生产法》、《职业病防治法》等法律法规中安全生产条款贯彻落实情况和安全生产责任制建立、完善、落实情况。

三、劳动、技能竞赛活动

1. “五好”竞赛

1964年开展以攻克“双十万方”大会战，确保1964年发电为目标的“五好”竞赛。竞赛分不同层次，在职工、班组、工段、施工队、科室中进行。重点是赛任务、质量、安全、成本、节约五项。1965年，又开展以“五好”为目标的比、学、赶、帮增产节约运动。

2. 红旗班组和短距离、“五小”竞赛

1980年，在水电六局开展红旗班组竞赛。重点考核内容为：工作主动性、安全生产、劳动纪律、政治文化、团结协作五项。竞赛推动了班组的管理和各项工作，严格贯彻了“三项制度”（两长五大员责任制度、班组工作活动制度、班组记事簿每日记事制度）等。1987年，围绕水电六局年初提出的太平湾和水丰电站，“一创、二争、三保”的奋斗目标，5月份开展了“大干红五月”劳动竞赛，6月份又开展了“抢面貌、保度汛、创优质、增效益竞赛”。1998年，围绕当年生产、工作任务，本着立足本职、小型多样，以发挥职工爱岗敬业无私奉献精神，广泛开展了“保目标、争效益、作贡献竞赛”。该活动以短、小、快为主，赛方案、赛深度、赛成果。带动小发明、小创造、小改革、小建议等“五小”活动的开展。

3. 岗位立功和生产能手竞赛

1991年开展了“学雷锋、做主人、闯难关、比贡献”竞赛。1997年开展了“创一流、争最佳、岗位建功勋”竞赛。2001～2005年，按照丹东市“十五”创新活动安排，开展了以“十五”创新工程为主题的立功竞赛活动。水电六局及各基层单位都成立了竞赛领导小组。2004年，开展了“生产能手”竞赛。2003～2005年，水电六局工会连续3年获丹东市总工会“创新杯”优秀成果奖。

四、参政议政，民主管理

1983年7月，水电六局党委以党群字［83］4号文转发了《关于职代会民主评议干部

试行办法》。1985 年，印发了《关于工会参政议政的几点意见》，制订了《水电六局各级工会参政议政实施细则》。对参政议政的指导思想、范围、内容、渠道和形式作出明确规定。充分利用职代会在参政议政、审议、决策方面发挥民主管理作用。水电六局自建局起已召开了 14 届职工代表大会。水电六局职代会设立 4 个专门委员会，即生产经营委员会、规章制度劳动工资委员会、民主评议监督干部委员会、生活福利委员会。这 4 个委员会的主任均由水电六局工会主席或副主席担任。在职代会闭会期间，专门委员会各自都开展了活动。自 1985 年起，各专门委员会每年活动 2～3 次，分别对划小核算单位、劳动工资管理、升晋级、奖金和福利费使用、楼房分配、对外经营、民主评议领导干部工作，进行审议和讨论决定。1990 年以来，坚持每年开展民主评议干部工作，职工评议面不低于 95%，行使好监督评议权。

五、女工工作

从建局起，水电六局工会就设立女工部。1964 年以后，女工部工作由女工委员会接替，全局建立了局、处两级女工委员会。水电六局工会设专职或专责女工干事。女工委员会改选换届与工会委员会换届同期进行。1981 年，转发了全国总工会女工部《基层工会女工工作委员会工作条例》，并进行了认真的贯彻落实。20 世纪 60～70 年代，女工工作重点围绕施工生产任务，开展了“三八”红旗手竞赛，全局涌现出一大批女劳模、女标兵、女能手和“三八”红旗手。80～90 年代，在女工中开展了“闯三关”、“闯新三关”（思想素质、文化、技术业务）竞赛，“五好家庭”竞赛。开展了“四自”（自立、自强、自尊、自爱）教育活动，对女职工进行了文化补课、技术培训和普法教育等。1997 年以后，在女工中开展了“爱岗敬业下岗再就业双十能手”竞赛，在全局树立了 20 名“岗位能手”和“再就业标兵”。2000 年，开展了“巾帼‘四新’双文明立功”竞赛。2002 年开展了“‘四新’双文明创新工程”竞赛等。对竞赛中的“岗位能手”进行表彰，并召开经验交流会进行推广和宣传。认真贯彻执行《妇女儿童权益保护法》，1988 年，水电六局工会、水电六局下发了《关于保护女职工权益的暂行规定》。在男女平等、同工同酬、婚姻自由、女干部培养选拔、女职工保健工作 5 个方面予以明确规定。关心女职工特殊保护问题，女职工的“四期”保护得到落实。水电六局每两年为女职工进行一次健康体检。凡水电六局制定和研究有关涉及女工的政策、方案时，都能征求女工组织的意见。

六、职工生活福利

计划经济时期，工会组织积极主动地协助和督促行政组织搞好职工生活，维护职工的利益，替职工说话办事。如抓住宅建设，缓解职工住房难的问题；与行政组织协商由食堂供应职工蔬菜，解决吃菜难的问题；对特殊困难职工进行摸底，进行重点补助。

1981 年 4 月，下发了《职工困难补助费管理办法》。1988 年，制订了《八八年度职工集体福利费使用方法》。狠抓集体食堂、托儿所、浴室、宿舍等集体福利事业，并开展了各种形式的竞赛。改革开放以后，对职工生活方面，更多的是转向扶助和服务。针对下岗职工增多，在调查的基础上，水电六局工会建立了“特困职工登记卡”，每年对特困职工进行审核认定，发放“特困职工优惠证”，在水电费、电视收视费等方面给予优惠；建立了帮困服务责任制，工会干部对特困职工，进行包户服务和定期定点走访，帮助解决实际困难。1996年以后，每年春节期间，水电六局、水电六局工会筹集10多万元，慰问伤病和困难职工。2001年，局发［54］号文《水电六局2001年特困职工扶助办法》中规定，采用资金扶助方式，帮助特困职工缓解基本生活困难。对其子女在就学和考上中专、大学的给予适当资金补助。2006年，水电六局工会对此方案作出调整，在原有的基础上提高了1倍的补助标准。同时开展下岗再就业竞赛活动，开展各种培训，组织下岗职工学技术、学业务，促进职工自谋职业实现再就业。

七、文体宣传活动、职工业余教育

1986年，开展了“四有职工”达标竞赛。水电六局建立了职工读书指导委员会，基层共有读书指导小组11个，读书辅导员68人，演讲员39人。全局共建立读书小组230个，参加活动的有2400人，占职工总数的24.4%。组织青工学《中国工人阶级》一书，参学人数占总人数的82.3%。开设英语、项目经理、技术培训、科学管理等17个专业培训班，对工会干部和职工进行专业技术培训。上电大的有56人，函授自学成才的有181人。

开展丰富多彩的职工文艺活动。1960年7月，云峰局成立了由40人组成的文工团，宣传党的方针政策，深入工地，面向工人进行宣传。1985年，水电六局成立职工艺术团。1987年10月，职工艺术团改名为银光歌舞团。除在局内演出外，艺术团还到黑河西沟水电站、锦西化工厂、青海龙羊峡水电站等地慰问演出。1985年，在全国水电系统汇演中，有5个节目获得了优秀节目奖。

开展形式多样的职工体育活动。1992年以前，水电六局职工体育活动开展得比较广泛。1983年，承办了全国水电系统东北、华北赛区的篮球赛全部竞赛工作。1984年，成立了水电六局体育协会，并制订了《水电六局体育协会章程》。1985年，水电六局被国家体育运动委员会和全国总工会授予全国职工体育工作先进单位。1986年以前，水电六局成功地举办了4届职工运动会。1992年以后，全局性的群众文体活动，水电六局工会每年都坚持开展，并围绕一些重大事件开展系列文体娱乐活动，且形成了传统风格。如1997年香港回归，1999年澳门回归，建国50周年，建党80周年等，都设计组织了大型的庆祝活动。具有传统风格的活动有：每年的春季体育锻炼，“五一”、“十一”、“元旦”期间，水电六局工会和基层分工会分别组织开展的小型多样的文体系列活动；“七一”组织的歌咏比赛；春节期间开展的秧歌比赛等。水电六局从建局起便建立电影队、广播站和图书馆。1989年，水电六局图书馆藏书3万多册，报纸、杂志190多种。在宣传党的方针政策、丰富职工的业余文化生活方面发挥了不可替代的作用。水电六局电影队、图书馆、广播站于1996年前后逐渐停办。

第三节　经　费　管　理

一、工会会费的使用与管理

1959年，云峰局工会下发《关于工会经费和劳保基金的管理办法》，对工会的经费使用和管理作出了明确规定，包括：用款计划、审查批准、报销程序、经费控制使用；困难职工救济金审批程序，款项的支出；工会财产清查、登记、使用办法、保管等；文化事业的收入；工会会计的职责及对年度计划和各种报表的要求等方面的具体规定。1981 年，水电六局工会第三届会员代表大会选举产生了第一届经费审查委员会，到 2006 年已产生 6 届。经费审查委员会，在每届会员代表大会期间，都负责对工会经费进行审计，并向大会报告工作。1985 年，工发［85］11 号《关于试行工会会费回拨的通知》，对工会会费的回拨事宜作出规定，包括：①拉开距离，鼓励先进，分开档次。“先进职工之家”会费收缴率在 99%以上的，按 70%回拨；达到“建家”标准，会费收缴率在 95%以上的，按 60%回拨；没达到和欠缴的，不回拨。②会费上缴日期。③回拨会费的使用范围。④对 6 个月以上不缴会费会员的处理。2000 年局工办字［2000］9 号《关于会员会费收缴有关问题的通知》，对在岗职工、待岗职工、下岗职工、办理内退手续的职工，会费收缴标准作出了统一规定。

二、工会会费的清理

2001 年 12 月，工办字［2001］13 号文《关于认真清理 2001 年工会会费收缴，经费使用情况的通知》，决定结合年终检查对工会会费的收缴和使用情况进行清理和检查。

三、会费、经费使用情况通报

2002～2004 年，工会连续下文，分别以工发［2002］4 号、工办字［2003］4 号、工发［2004］4 号文，对 2001 年度基层会费收缴、经费使用情况，2002 年度基层工会会费收缴、经费使用情况，2003 年度基层工会会费收缴、使用情况进行了通报。

第四节　职工技术协作委员会

1959 年，云峰局成立了“技术协作小组”，开展了技术革新和合理化建议竞赛。技术革新和合理化建议 199 项，被采纳 123 项，提高劳动生产率 13%。1960 年，召开“技术革新、技术革命交流大会”，2 个月实现 540 件技术革新项目，如 2 条生产自动线、8 条生产连续线、7 台单机自动台等，机械化、半机械化程度提高到 45%。

1986 年，水电六局成立了职工技术协作委员会，由 23 人组成，下设 8 个分会，协会总人数为 107 人。在全局广泛开展了合理化建议、技术攻关活动。征集合理化建议 393 条，被采纳 57 条，实施 38 条，实现技术攻关成果 18 项，年增产节约价值 329.3 万元。1987 年，在全局开展了“挖潜力、反浪费、作贡献、增产节支、合理化建议活动”。基本实现成本比上一年下降 1%，承担外部工程成本降低 3.8%，全年完成建安量 6000 万元、节约成本 200 万元的目标。

自 1995 年开始，每 1～2 年开展一次征集合理化建议活动，召开合理化建议和创新成果发布会，其优秀成果在局内表彰，再向市总工会推荐。2001 年，李璞胜和卢金辉的《自行设计安装台车运输钢衬替代“铁鞋”运输钢衬》、《大型稳定端铣机床自制》，2002 年，于忠金的《双河二级电站混凝土重力坝溢流坝段加强段施工导流方案修改》，2003 年，管祖金和裴利民的《高喷灌浆与粘土墙复合围堰》等专业技术论文分别获丹东市合理化建议二、三等奖。2001～2003 年，在开展的“十五”创新立功竞赛和征集合理化建议 3

次活动中，全局有280多人提出合理化建议208件，被采纳111件，其中落实的108件，节约价值500多万元。技术改造16项，创造价值92万元；修旧利废44项，节约55万元。

第五节 职工代表大会

一、第一届职工代表大会共召开3次会议

一届职代会一次会议于1959年5月14～15日在云峰召开，出席会议的代表有279人，大会主席团23人，会议讨论通过了云峰局党委书记钟鼎兴作的《关于提高劳动生产率，节约原材料，降低成本，大力开展技术革命和技术革新运动》的工作报告。局长和工会主席传达了水利电力部先进生产者代表会议精神；一届职代会二次会议资料在“文化大革命”期间丢失；一届职代会三次会议于1960年1月在吉林云峰召开，局长涂国林作了《认清大好形势，总结跃进经验，彻底反击右倾，鼓足革命干劲，为实现明年第一季度生产的更大跃进而奋斗》的工作报告。

二、第二届职工代表大会共召开2次会议

二届职代会一次会议资料在“文化大革命”期间丢失；二届职代会二次会议于1962年5月26～29日在吉林云峰召开，会议讨论通过了局长李铮作的《全体职工动员起来，在党委领导下，深入开展增产节约运动，迅速扭转我局亏本局面，为确保完成六月份和第三季度国家计划而奋斗》的工作报告和《水利电力部云峰水电工程局职工代表大会工作条例》。

三、第三届职工代表大会

本届职代会于1963年在吉林云峰召开，会议资料在“文化大革命”期间丢失。

四、第四届职工代表大会共召开4次会议

四届职代会一次会议于1963年在吉林云峰召开，会议讨论通过了代局长陈赓仪作的《行政工作报告》；四届职代会二次会议于1964年在吉林云峰召开；高金山作的《工会工作报告》和《工会财务工作报告》；四届职代会三次会议于1965年3月30日在吉林云峰召开，代局长陈赓仪作了《关于1964年行政工作基本总结和1965年任务的报告》，大会讨论和审议了《云峰局施工队、工段、车间、班组民主管理制度方案》；四届职代会四次会议于1965年12月27日在吉林云峰召开，会议听取了局党委书记邢俊良代表局党委作的《关于党委集体领导的检查》。对“四清”运动中，党委领导、各单位、个别干部等存在的问题进行剖析和检查。

五、第五届职工代表大会共召开4次会议

五届职代会一次会议暨局工会第三次会员代表大会于1981年3月12～14日在辽宁太平哨召开，大会主席团34人，会议讨论并通过了局长于宽作的《行政工作报告》和局工会作的《工会工作报告》；五届职代会二次会议暨工会三届二次会员代表大会于1982年3月1～3日在辽宁太平湾召开，大会主席团45人，会议讨论并通过了局长于宽作的《鼓足干劲、奋发图强、迎接大开工、夺取新胜利》的工作报告、财务处作的《关于1982年财务决算和1983年财务计划的报告》、局工会作的《工会工作报告》；五届职代会三次会议暨工会三届三次会员代表大会于1983年3月3～4日在辽宁太平湾召开，大会主席团45

人，会议讨论并通过了局长高连志作的《以改革精神抓好整顿，开创电站建设新局面，为力争太平湾电站1985年发电而奋斗》的工作报告、财务处作的《关于1982年财务决算和1983年财务计划的报告》、局工会作的《工会工作报告》；五届职代会四次会议于1983年8月18～19日在辽宁太平湾召开，与会代表听取和审议通过了局长高连志作的《保度汛、保截流、保开挖、抓整顿、抓效益、抓进度，为全面完成年度生产计划而努力奋斗》的工作报告，大会审议了《关于职代会民主评议干部试行办法》。

六、第六届职工代表大会共召开了3次会议

六届职代会一次会议于1984年2月28～29日在辽宁太平湾召开，大会主席团39人，会议讨论并通过了局长高连志作的《团结奋斗抓“两保”，乘胜前进创“六好”，为太平湾电站八五年发电而奋斗》的工作报告和《水利电力部第六工程局创建“六好”企业规划》；六届职代会二次会议于1984年11月15～16日在辽宁太平湾召开，会议讨论和通过了局长高连志作的《在六届职代会第二次会议上的工作报告》、财务处《关于1984年财务计划执行情况和企业奖励基金使用安排意见的报告》；六届职代会三次会议于1985年3月4～5日在辽宁太平湾召开，会议讨论并通过了局长高连志作的《在局六届三次职代会上的工作报告》、财务处关于《1984年财务决算和1985年财务计划的报告》。

七、第七届职工代表大会共召开2次会议

七届职代会一次会议于1986年3月25～26日在辽宁太平湾召开，大会主席团57人，会议讨论并通过了局长高连志作的《行政工作报告》、财务处作的《关于1985年财务决算和1986年财务计划的报告》，审议了《水电六局职工代表大会实施细则》；七届职代会二次会议于1987年3月12～13日辽宁太平湾召开，会议讨论并通过了局长高连志作的《行政工作报告》、财务处作的《关于1986年财务决算和1987年财务预算的报告》。

八、第八届职工代表大会共召开2次会议

八届职代会一次会议于1988年3月23～24日在辽宁太平湾召开，大会主席团52人，会议讨论并通过了局长高连志作的《行政工作报告》、财务处作的《关于1987年财务决算和1988年财务预算的报告》，审议了《水利电力部第六工程局贯彻〈全民所有制工业企业厂长工作条例〉实施细则》、《水电六局八届职工代表大会专门委员会工作条例》；八届职代会二次会议于1989年3月2～3日在辽宁太平湾召开，大会主席团46人，会议讨论并通过了局长高连志作的《行政工作报告》、总会计师作的《关于1988年财务决算和1989年财务预算的报告》。

九、第九届职工代表大会共召开3次会议

九届职代会一次会议于1990年3月13～14日在辽宁太平湾召开，大会主席团44人，会议讨论并通过了局长高连志作的《行政工作报告》、总会计师作的《1989年财务决算和1990年财务预算的报告》，会议还审议了水电六局《在企业管理方面进行治理整顿工作的意见》；九届职代会二次会议于1991年4月1～2日在辽宁太平湾召开，会议讨论并通过了局长周玉文作的《行政工作报告》、总会计师作的《财务工作报告》；九届职代会三次会议于1992年2月29日～3月1日辽宁太平湾召开，会议讨论并通过了局长周玉文作的《工作报告》、总会计师作的《财务工作报告》。

十、第十届职工代表大会共召开4次会议

十届职代会一次会议于1993年2月9～10日在辽宁太平湾召开，会议讨论和通过了局长郑应显作的《同心协力、抓紧抓实、加快步伐，坚决打好实现三年奋斗目标的第一仗》的工作报告、总会计师作的《财务工作报告》，与会代表还审议了《关于加快我局多种经营发展的暂行规定》、《水电六局干部制度改革方案》、《承包工程划块费用核算办法》、《调整职工工资工作的实施意见》；十届职代会二次会议于1994年2月28日～3月1日在辽宁太平湾召开，会议讨论并通过了局长郑应显作的《同心协力、全局一盘棋，为实现三年扭亏为盈目标而奋斗》的工作报告、总会计师作的《1993年财务决算及1994年财务预算的报告》，会议还讨论了《水电六局1994年施工生产计划》、《承包工程费用和利润核算办法》、《1994年上缴利费奖罚办法》；十届职代会三次会议于1995年3月23～24日在辽宁太平湾召开，会议讨论并通过了局长郑应显作的《认清形势，深化改革，促进发展，为开创我局生产经营新局面而奋斗》的工作报告、总会计师作的《1994年财务决算和1995年财务预算的报告》，会议还讨论了《九五年施工产值计划安排》、《承包工程费用和利润核算办法》、《缴纳费用和利润的奖罚办法》；十届职代会四次会议于1996年3月14～15日在辽宁太平湾召开，会议讨论并通过了局长郑应显作的《解放思想，深化改革，转换机制，群策群力，为我局的发展迈上新台阶而奋斗》的工作报告、总会计师作的《九五年财务决算和九六年财务预算的报告》。

十一、第十一届职工代表大会共召开2次会议

十一届职代会一次会议于1997年4月5～6日在辽宁太平湾召开，会议讨论并通过了局长郑应显作的《统一思想，强化管理，全局一盘棋，为提高经济效益而奋斗》的工作报告、总会计师作的《九六年财务决算和九七年财务预算的报告》；十一届职代会二次会议于1998年2月27日～3月1日在辽宁丹东召开，会议讨论并通过了局长郑应显作的《统一思想、找出差距、强化管理、为提高全局经济效益而奋斗》工作报告、总会计师作的《九七年财务决算和九八年财务预算报告》，会议听取了工会作的《关于水电六局集体合同起草情况的说明》，审议并通过了《中国水利水电第六工程局集体合同》。局长与工会主席在大会上签订了集体合同。

十二、第十二届职工代表大会共召开3次会议

十二届职代会一次会议于2000年2月23～24日在辽宁丹东召开，会议讨论并通过了局长李维科作的《锐意改革、励精图治、为水电六局的振兴发展而努力奋斗》的工作报告、总会计师作的《九九年财务决算和2000年财务预算的报告》，会议讨论了《中国水利水电第六工程局职工代表大会实施细则》、《水电六局厂务公开制度实施办法》；十二届职代会二次会议于2001年2月15～16日在辽宁丹东召开，会议讨论并通过了局长李维科作的《深化改革、强化管理、开拓市场、稳步发展》的工作报告、总会计师作的《2000年财务决算和2001年财务预算的报告》，审议了《关于实施厂务公开落实责任部门的意见》；十二届职代会三次会议于2002年2月28日～3月1日在辽宁丹东召开，会议讨论并通过了局长孙洪水作的《抓住机遇、励精图治、为实现六局经济形势好转而努力奋斗》的工作报告、总会计师作的《2001年财务决算和2002年财务预算的报告》。

十三、第十三届职工代表大会共召开3次会议

十三届职代会一次会议于2003年2月20～21日在辽宁丹东召开，会议讨论并通过了局长孙洪水作的《抓住机遇、乘胜前进、努力实现六局经济形势持续好转，进一步提高全局职工生活水平》的工作报告、总会计师作的《2002年财务决算和2003年财务预算的报告》，审议了《水电六局下岗职工向失业保险并轨实施办法》、《水电六局关于建立职工住房公积金的实施办法》；十三届职代会二次会议于2004年2月17～18日在辽宁丹东总部召开，会议讨论并通过了局长孙洪水作的《抓住战略机遇、推进企业改革、为实现我局持续快速发展而努力奋斗》的工作报告、总会计师作的《2003年财务决算和2004年财务预算的报告》；十三届职代会三次会议于2005年2月20～21日在辽宁丹东召开，会议讨论并通过了局长林玉杰作的《转变增长方式，提高经济效益，全力推进我局持续健康发展》的工作报告、总会计师作的《财务工作报告》。

十四、第十四届职工代表大会

十四届职代会一次会议于2006年3月28日在辽宁丹东召开，会议讨论并通过了局长林玉杰作的《求真务实，强化管理，全力提高企业经济效益》的工作报告、总会计师作的《财务工作报告》。

第三章　共产主义青年团

第一节　组织机构

1959年4月17日，成立共青团云峰水电工程局委员会（简称云峰局团委），金起河为云峰局团委副书记（1959年4～10月）。1959年6月1日，吉林省通化团地委文件决定“云峰局团委划归通化团地委直接领导”。1959年10月，刘庆生代理局团委副书记。1960年6月7～9日，云峰局召开第一次团员代表大会，云峰局党委书记钟鼎兴在大会上作了《目前形势和任务》的讲话。1960年6月～2006年，水电六局团组织共召开了11届团员代表大会。1960年，全局共有团员500名，基层团组织9个。至2006年全局共有团员530名，直属团委5个、总支4个、团支部1个，专兼职团干部102人，基层团支部39个。

第二节　组织活动

一、组织建设

1962年4月、1963年2月云峰局团委先后下发了《一九六二年组织建设计划》、《一九六三年组织建设计划》。1963年2月，建立健全业余团校。1978年6月，恢复少先队组织。1979年5月，开始恢复团训班。1983年，下发了《八三年组织发展计划》。1987年11月，利用冬春生产淡季对团干部进行系统培训。1995年，下发了《关于新形势下进一步做好推荐优秀团员、先进青年作党的发展对象的工作意见》。2000 年，印发《加强和改进基层团组织工作的意见》。2001 年，开展了共青团工作督查专报。为推动团的组织建设，水电六局团委在各级团组织中，坚持每年开展“两先两优”（先进团委、先进团支部、优秀团员、优秀团干部）和“五四”红旗团委评选活动。

二、共青团员代表大会

第一次团员代表大会于 1960 年 6 月 7～9 日在吉林云峰召开。刘庆生当选为团委副书记。

第二次团员代表大会于 1962 年 2 月在吉林云峰召开。刘庆生当选为团委副书记（主持工作）。

第三次团员代表大会于 1963 年 5 月 12 日在吉林云峰召开。刘庆生当选为团委副书记（主持工作）。全局共有团员 1134 人，基层团组织 14 个。

第四次团员代表大会于 1964 年 10 月 22 日在吉林云峰召开。刘庆生当选为团委副书记（主持工作）（1966 年 6 月，云峰局党委任命王兴臣、刘东顺为团委副书记）。全局共有团员 1260 人，基层团组织 15 个。

第五次团员代表大会于 1972 年 11 月 12 日在四川映秀召开。秦平当选为团委书记，刘东顺、巫才明为团委副书记。全局共有团员 2405 人，基层团组织 18 个。

第六次团员代表大会于 1981 年 1 月 5 日在辽宁太平哨召开。选举出团委委员 21 人，常委 5 人，贺安铁当选为团委书记，周朝敏、王学庆为团委副书记。全局共有团员 2506 人，基层团组织 18 个。

第七次团员代表大会于 1983 年 4 月 15 日在辽宁太平湾召开。选举出团委委员 23 人，常委 7 人，陈兵当选为团委书记，王学庆、宋玉环为团委副书记。全局共有团员 1969 人，基层团组织 16 个。

第八次团员代表大会于 1986 年 9 月 12～13 日在辽宁太平湾召开。选举出团委委员 27 人，常委 7 人，林玉杰、李维科当选为团委副书记。全局共有团员 2206 人，基层团组织 16 个。

第九次团员代表大会于 1991 年 11 月 13～14 日在辽宁太平湾召开。选举出团委委员 25 人，常委 7 人，陈雷当选为团委书记。全局共有团员 1780 人，基层团组织 16 个。

第十次团员代表大会于 1999 年 12 月 14～15 日在辽宁丹东召开。到会代表 90 人，选举出团委委员 17 人，常委 5 人，魏立军当选为团委书记。全局共有团员 1100 人，基层组织 18 个。

第十一次团员代表大会于 2006 年 1 月 14～15 日在辽宁丹东召开。大会代表 55 人，选举出委员 9 人，高天山当选为团委副书记。

第三节 劳 动 竞 赛

1959 年 6 月 7 日～1960 年 2 月，云峰局团委先后召开了 4 次青年积极分子大会。1959 年，表彰并连续宣传了“突破难关，完成任务的李青春红旗突击队”、“黄春贵青年突击队”、“勇往直前的电器青年突击队”等。1960年，表彰命名了红旗突击队、红旗标兵、红旗突击手。1962年在团内开展了“向雷锋同志学习”活动和“五好”青年运动。1973～1978年，团委在全局开展学雷锋活动，表彰了学雷锋先进个人和先进集体。1979年，开展了“增产节约青年突击队、突击手”活动。1983年，开展了“青工技术能手”活动，表彰了新长征突击手、突击手标兵和大干六十天抢开挖、保截流、保攻关，夺红旗竞赛优胜单位、青年先锋突击队。1984年，开展了“优胜红旗单位、最佳青年号集体、青年突击手标兵竞赛”活动。1991年，在全局青工中开展“爱岗创优比贡献生产竞赛”活动。1993年，开展了“艰苦创业、岗位建功”活动。1995年，三峡项目部孙金龙青年突击队以科学施工、擅长开挖、职业道德好、岗位能手多、工程质量好而闻名于整个三峡工程，被入选全国青年文明号示范单位。1996年，广泛开展了“组建青年突击队，争创‘青年文明号’，争当‘青年岗位能手’”活动。1997年，第五工程处高泗忠青年突击队在小浪底水利枢纽工程施工中，作为首批国家重点工程青年文明号创建单位，受团中央命名表彰，并且作为水利部及小浪底工程中的唯一代表，在北京人民大会堂召开的全国重点建设工程青年文明号推进大会上，向全国青年突击队介绍经验。2003年，团委组织全局广大青年认真学习宣传贯彻党的十六大精神，在全局团组织中掀起了学习贯彻“三个代表”重要思想高潮。2003～2004年，开展了“优秀青年突击队”、“十佳青年岗位能手”、“青年文明号”竞赛活动，开展了“创优创效优秀成果活动”和“导师带徒活动”等。

第四章　协会　研究会

第一节　科学技术协会

1983年8月18～19日，水电六局召开“水电六局科学技术协会成立暨第一次会员大会”，水电六局科学技术协会正式成立。会议选举产生了第一届委员会，孙霭人当选为主任委员。水电六局科协自成立以来，共召开2届会员大会。科协办公室设在水电六局总工程师办公室（工程管理科技部）。1987年，水电六局召开1986年度优秀科技工作者、科协积极分子表彰大会。评比出优秀科技工作者45人、科协活动积极分子9人。1987年3月11日，水电六局科协召开第二次会员代表大会，选举产生了水电六局科协第二届委员会。1997年以后，水电六局科协每1～3年召开一次工作会，进行优秀论文评比、先进表彰、科技成果推广等。

2003年，水电六局在上海硅谷计算机科技有限公司配合下，在尼尔基施工局积极应用项目信息管理系统，取得了显著成效。

1997～2006年，水电六局先后召开了1997年优秀科技论文表彰暨工程技术干部座谈会、2003年度科技论文表彰暨项目信息管理系统应用成果汇报会、2004年优秀科技论文表彰暨项目信息管理应用成果汇报会、2006年水电六局科技年会暨知识分子座谈会等。几次会议共评出获奖论文71篇，其中一等奖11篇、二等奖18篇、三等奖42篇。

2003 年，进行了 P_3 软件技术培训。

2004 年，表彰奖励了科技进步单位、优秀科技成果、优秀科技论文等。一分局的《大坝防渗墙施工技术》、溪洛渡《特大断面导流洞开挖研究》获科技一等奖。

于 1980 年创刊的《施工技术》(20 世纪 90 年代改为《水电工程技术》)作为协会会刊，至 2006 年末已出版 45 期，共发表局内、外科技人员专业技术论文近 800 篇。

2005 年，水电六局科协重新修订了《科技工作管理办法》，设立了科技奖励基金，确定了年度科技开发项目计划，申报了科技项目成果。在项目的信息管理和办公自动化等方面取得成果。1978～2006 年，水电六局共获集团公司及以上奖励 27 项。

第二节　思想政治工作研究会

水电六局思想政治工作研究会于 1985 年 7 月 20 日成立，成立大会上通过了《水电六局职工思想政治工作研究会章程》。研究会第一届理事会共有成员 68 名，金起河任会长，刘荣波任秘书长，有常务理事 55 人。1987 年，转发了辽宁省《企业思想政治工作研究会工作的若干问题》，在水电六局基层单位成立了 10 个研究分会。1988～1991 年，召开了第二、第三、第四届思想政治工作研究会年会。1990 年，水电六局党委宣传部下发［90］2 号《关于加强理论研究会工作的通知》，对加强理论研究会工作，发挥理论研究会对宣传工作的指导作用，提高解决某些重大问题的能力，促进双文明建设和提高职工队伍素质发挥了作用；要求各基层单位都要成立研究会，由单位领导兼职，建立骨干队伍，定期开展活动。1990 年，召开了 2 次理论研究会论文发布会，发表论文 53 篇，评出优秀论文 15 篇。1991 年、1995 年、2001 年，由于工作变动，对研究会成员先后 3 次作出调整。2001 年，水电六局重新修改制订了《水电六局职工思想政治工作研究会章程》。2004 年，水电六局召开思想政治工作研究会暨企业文化建设专题研讨会，会议传达了水电集团公司党建工作会暨思研会精神，部分优秀论文在会上作了交流，围绕企业文化建设进行了积极探讨。

第三节　文学艺术协会

水电六局文学艺术协会成立于 1987 年 4 月 18 日。该协会主席由党委书记金起河兼任，张再新、张西杰、刘荣波(兼秘书长)任副主席，有理事 30 多人。该协会办公室设在党委宣传部宣传科。

文学艺术协会设有章程。其下设有 4 个部：文学部、摄影部、书画部、文艺部。《鸭绿江之声》是该协会会刊。

文学艺术协会培养和锻炼了一大批有理想、有抱负的青年和职工。

文学艺术协会成立后坚持每年制定工作计划，在水电六局党委、水电六局领导和水电六局工会大力支持下，广泛开展各种活动。

第一，以节日和大型纪念活动为契机，举办群众性文化娱乐活动。文艺部每年与局有关部门配合，在“五一”、“十一”、元旦、春节等节日期间，开展群众性活动，如文艺汇演、家庭演唱会、青年业余歌手大奖赛、秧歌比赛、歌咏比赛、职工文化夜市、街头演唱会、交谊舞比赛、卡拉OK比赛等。

第二，广泛开展群众性的业余文学创作活动。文学部多次组织召开文学创作笔会，邀请丹东市的作家、编辑进行讲课、点评；组织人员到项目上蹲点采访和写作。组织故事会、演讲会。1991～1996年，文学部以报刊为主要阵地，共发表作品517篇（首），其中在公开发行的报刊上发表作品100多篇。创作歌曲30多首，编辑歌曲集一部。据1994年统计，有20多人的作品在水电系统和省、市获奖，有10多篇在全国性报刊刊载，有1名文学爱好者成为丹东市作家协会会员。

第三，摄影创作。摄影部组织摄影创作培训班，举办摄影展20多次，摄制电视短剧1部，录制电视音乐片3部、电视专题片10多部。有4名摄影爱好者成为丹东市摄影家协会会员，其中1人成为中国摄影家协会会员。他们的作品在丹东市摄影展中多次获奖，有的作品在国家级摄影刊物《摄影世界》上刊登。刘涛的摄影作品《效率》、《细雨》在辽宁省第三届文化艺术节和《大众摄影》月赛中均获三等奖，另有作品入选为第18届中国摄影展。

第四，书法绘画创作。书画部多次举办书法、绘画展，展出作品400余幅。有2名书法爱好者成为丹东市书法家协会会员。有多人的作品获奖，有的作品在水电集团公司办的《水利水电工程报》上发表。退休职工吴传岳的国画、书法、篆刻作品先后在县、市、省及国家级报刊上发表数百幅（方），多次在全国和国际书法、篆刻大赛中入选并获奖，一些篆刻精品被日本、加拿大、新加坡等外国艺术馆收藏。

第五，文艺创作演出。水电六局银光歌舞团的成立，丰富了职工业余文化生活。演员们把欢歌笑语送到远离家乡的各个项目上，让远离亲人的职工感受到家的温暖。艺术团还把欢歌笑语送到黑龙江的黑河市、吉林的长春和吉林市、内蒙古的兴安盟、辽宁的本溪观音阁水库和丹东市等地，受到欢迎和好评。

第十一篇　精神文明与企业文化建设

第十一篇　精神文明与企业文化建设

第一章　企　业　精　神

水电六局企业精神最早提出是在1987年水电六局党委五届七次全委会上。水电六局领导和有关部门提出初稿，交会议讨论，确定为“团结拼搏、艰苦创业、勤俭求实、爱局如家、开拓进取、争创一流”24个字。全委会报告对这24个字的“六局精神”作了全面解释。1989年，水电六局六届五次全委会对24字“六局精神”进一步提炼为：“团结拼搏、艰苦创业、勤俭求实、争创一流”16个字。这16字的“六局精神”，一直应用到2003年。2004年，随着企业文化建设的进一步深入，水电六局党委、水电六局认为原“六局精神”已经不完全适应企业发展的需要。为了提炼出新的“六局精神”，水电六局党委在全局开展了“六局精神”征集活动，广泛发动群众提炼“六局精神”。在广大职工积极参与的基础上，经思想政治工作研究会多次研讨和水电六局领导班子反复研究，最终确定“六局精神”为：“秉承传统，追求卓越”8个字。

第二章　优　良　传　统

水电六局转战南北，攻坚克难，伴随着共和国政治经济的发展和水电事业的昌盛不断发展壮大。48年江河春秋，水电六局见证了祖国近半个世纪水利水电事业发展新成就。作为中国水电事业的见证者和建设者，水电六局人情牵水电，魂系江河，几代人积聚的优良传统，不断地激励着水电人不懈努力，执著追求着水电事业的辉煌。水电六局职工为水利水电事业的发展呕心沥血，成绩卓著。新的“六局精神”，是对原“六局精神”的提炼、提高和升华。秉承传统：就是继承和发扬中华民族的优良传统，继承和发扬大禹精神，继承水电人48年积淀下来的艰苦奋斗、吃苦耐劳、团结拼搏、诚实守信的传统和崇高精神。追求卓越：是指对优秀永无止境的追求，是一种超越精神和高品位的劳动品质，是一种驱动力，也是一种发展目标、发展趋向，是一种企业境界，它的内涵是不断创新。同时提出的“以信誉求市场、以管理求效益、以人和求兴旺、以创新求发展”的经营理念，是水电六局多年光荣传统的总结和传承，也为企业发展不断地注入了新的活力。

第三章　文明单位创建活动

第一节　机构和规定

1982年，水电六局成立了“五讲四美三热爱活动委员会”，负责开展“五讲四美三热爱活动”。

1983年，下发了《开展五讲四美三热爱活动方案》。

1986年，制订了《水电六局加强社会主义精神文明建设实施方案》和《文明单位创建规划》。

1987年8月11日，水电六局党委将“五讲四美三热爱委员会”更名为“双文明建设委员会”，领导开展文明单位创建活动。

1996年，制订了《水电六局1996～1999年精神文明建设规划》。

第二节　文明单位创建活动

1983年3月，在全国第二个全民文明礼貌月到来之前，水电六局党委宣传部联合总部机关七个部门，在全局广泛开展了“五讲四美三热爱活动”。从治理脏、乱、差入手，开展文明礼貌、优质服务、优良秩序、优美环境和学雷锋活动。1983年6月，在全局开展“两个文明”建设竞赛，制订了先进集体和先进个人条件。

1984年，制订了文明处、文明队、文明班组、文明宿舍竞赛条件。把“五讲四美三热爱活动”引向深入。1984年，对文明单位的命名和牌匾的制作作出规定。

1985～1986年，水电六局党委、水电六局连续3年将“五讲四美三热爱活动”和“双文明单位”创建活动结合起来，同时开展。每年进行评比表彰局、处两级文明单位。1986年，在文明单位创建方面，增加了“职工读书活动”和“文明施工”的内容，制订了《水电六局加强社会主义精神文明建设实施方案》和《文明单位创建规划》。各基层单位也分别制定了本单位的规划和方案。

从1987年起，水电六局党政主要领导签订“工作责任状”，做到责任明确、任务落实。水电六局各主管部门各有侧重，互相配合，月考核，月评比，季检查，年总评。

1988～1991年，为推进活动的开展，相继在开展了“四杯”竞赛，“文明单位升级夺杯竞赛”、双文明建设“质量百分达标”、“三杯”（新风杯、优质杯、优美杯）竞赛等。开展了“文明单位复查整顿”工作。在文明单位检查考核上，采取系统考核，块块管理；考核分生产任务、思想工作、“两德”教育、综合治理、文明生产、文明施工5个项目47款；分别由水电六局各主管部门按系统逐月考核，并将主要指标列入领导责任状中，与评先进和经济挂钩。1989年，提出了文明单位与思想政治工作目标管理相结合一起考核，防止两层皮。1990年以后，水电六局和各单位每年都有规划、有目标、有措施、有检查考核。全局各单位还进行了文明单位创建意识教育和“两德”教育。

1992～2006年，文明单位建设做到领导重视，组织落实，制度健全，措施得力。1998年，提出了外树企业形象，内增队伍素质，以班组为单位，开展文明单位“细胞工程”建设。1996年，制订了《水电六局1996～1999年精神文明建设规划》。《规划》中对未达到局级文明单位标准的单位，主要领导不可以参加评各类先进，出现否决条件损害文明单位声誉，影响局进入省市级文明单位的单位，撤销其文明单位称号，通报收回奖牌，罚款2000～5000元。2003年，水电六局把文明单位建设作为双文明建设的龙头项目，以争先创优、逐步升级的竞赛形式，激活各层次细胞，调动各方面积极性，促进工作协调发展。

第三节 文明单位创建荣誉

1987～1989年，每年评选出15名水电六局局级精神文明标兵。

1988～1991年，水电六局建成省级文明单位1个，市级文明单位4个。

1993年以来，水电六局连续四届荣获辽宁省文明单位，有2个局属单位荣获国家电力公司文明单位、11个单位荣获水电集团公司文明单位。至2006年，水电六局连续5年保持省级文明标兵单位，二级单位每年有4～5个单位被命名为丹东市或水电总公司级文明单位。

第四章 文化载体

第一节 报纸

1960年3月1日，云峰局正式创办报纸《云峰工地》，报纸为四开四版，每周出一期，每期发行500份。“文化大革命”开始后停刊。

1980年12月31日，在水电六局党委的支持下，水电六局报试刊号《水电工地》与职工见面。试刊出版8期后，于1981年7月1日正式创刊，报名为《鸭绿江水电》(四开四版)，1984年5月1日定名为《鸭绿江水电报》。由于当时编辑部在太平湾，水电六局印刷厂在宽甸，照片制版在丹东，十分不便，1981～1983年，报纸为不定期出版。为了提高办报质量，水电六局党委于1983年下发了《关于保证〈鸭绿江水电报〉正常出刊的几项规定》，对报纸的内容、出报的时间、印刷、排版、校对质量等作出具体规定，并将《鸭绿江水电报》正式定为周报。报纸编辑部隶属于党委宣传部，首任总编由党委常委、党委宣传部长刘荣波兼任。编辑部开始有2人，最多时6人。《鸭绿江水电报》每期1500份，免费发到水电六局各单位及部门，免费赠送各兄弟单位及上级有关部门。

水电六局在办报费用上给予保证，报纸印刷质量逐年提高。1988年以前，报纸是铅字印刷，报纸编排技术手段落后，照片清晰度很差，报纸版面设计很难突破。1990年报纸更换字号，由老五号换成新五号。1991年新上楷体字。1997年，水电六局机关迁到丹东，4月24日，报纸彻底告别铅字印刷改为激光照排，报纸的信息量增大了，清晰度增强了，质量明显提高。1991年3月，《鸭绿江水电报》参加全国首届企业报展，在有十几个行业、近400家企业报的展评比中获三等奖。1992年，在全国电力报刊协会举办的好版面评比中获得一等奖；有一人荣登全国企业报新闻工作者百优榜。2002年度，《鸭绿江水电报》编辑部作为水电集团公司的记者站，被评为水电集团公司先进记者站，有3人被评为优秀记者。在丹东地区、在全国水电系统内版面设计评比中多次获奖；记者、通讯员的文章获奖达100余篇。1994年，丹东市首次进行文化市场整顿，《鸭绿江水电报》因“质量好、有特色”被保留 。1997年，在丹东市文化市场整顿中，全市44家内部报刊压缩一半，水电六局报纸因内容健康充实、版式新颖、符合水电六局发展需要，再次被保留。当时根据国家有关企业办报刊的规定，按市有关部门的建议，将《鸭绿江水电报》更名为《鸭绿江水电》(仍为四开四版)，作为“内部资料”保留至今。

为了有充足的稿源，编辑部在局属各单位成立记者站，建立健全通讯员队伍，举办有奖征文比赛等。各单位党委书记或副书记挂帅担任记者站站长，负责组织本单位通讯员写稿。每年年底，水电六局表彰优秀记者站站长、优秀通讯员及优秀作品。为了鼓励职工对外宣传水电六局，于1995年制订了《对外宣传奖励政策》，凡是宣传水电六局的稿件，在市级以上报刊上发表，水电六局党委、水电六局及局属各单位均出资加倍予以奖励。每年有近百篇稿件在国家、省市级报刊上发表。建局以来，全局有90多名作者在《工人日报》、《中国青年报》、《辽宁日报》、《中国水利报》、《中国电力报》等中央、省、市级以上报纸上发稿1000余篇，为提高企业在社会上的知名度起到积极作用。

2006年6月12日，水电六局将局报编辑部、内部电视台、局域网络三家重组合并，正式成立水电六局新闻中心，归口党委工作部管理。

第二节　刊　　物

水电六局职工思想政治工作研究会、文学艺术协会的会刊——《鸭绿江之声》，创刊于1987年11月。作为“两会”的会刊，《鸭绿江之声》分两大部分三方面内容：思想政治工作与社会科学论坛、文苑风采。实行“三三制”，即1/3理论性文章，1/3文学作品，1/3宣传水电六局的文章。《鸭绿江之声》集思想性、实用性、指导性和文学性于一身，深受局内外读者的喜爱。1990年，获辽宁省内部期刊统一刊号；1991年，被丹东市新闻出版局评为优秀期刊；1992年，被评为辽宁省思想政治工作研究会优秀会刊；1997年，在丹东市45家报刊年检评审工作中，以最高分被评为优秀期刊；并在水利部文协会议上得到部领导的表扬，成为在水电系统具有相当影响的综合性刊物。1997年，丹东市进行报刊压编，水电六局报纸和刊物只能保留一个，最后停办《鸭绿江之声》。10年间，《鸭绿江之声》共出刊33期。

第三节 电 视 台

水电六局电视台成立于1984年，隶属于水电六局党委宣传部，电视台的主要任务是：差转、一周播一次新闻。1985年，电视台运转步入正规化，除保证一周一次新闻外，还开办生活栏目、点歌台、播放自录的专题片等。在太平湾工程建设高峰期，每周播放3次新闻。20世纪90年代初，电视台划归水电六局工会管理。1997年，水电六局机关减员，电视台从水电六局机关划归太平湾基地处，其任务是有线电路维护和有线电视转播。2002年8月，电视台电视新闻制作归水电六局新闻中心，原电视台则负责太平湾地区闭路电视系统的维护和电视节目的转播等。电视台成立20多年来，制作了很多好新闻、好专题片和好电视文艺片，如《希望之光》、《创业者之歌》、《在逆境中奋起》、《三峡工地一家人》、《小浪底前期工程开工》等，多部作品获全国水利水电声像“江河奖”和有线电视奖。2006年，电视台制作专题片5部，电视新闻34期，同时制作大量投标所需图像资料。

第四节 网 络

2005年6月6日，水电六局网站正式建成开通。网站主要刊载水电六局概况、工程开发、工程管理、科技进步、党群工作、水电六局新闻、离退休职工情况、局属各单位情况以及人才招聘、物资设备采购等。网站的建成开通，对水电六局的市场开发、对外宣传和交流、提高水电六局的知名度，起到了积极作用。使水电六局的信息化建设迈上了一个新台阶。

第十二篇　企 业 监 督

第十二篇　企　业　监　督

水电六局企业监督主要包括企业审计、内部监督和效能监察。企业监督是企业管理的重要组成部分，也是企业管理的再管理，监督的再监督，对企业持续健康地发展有着极其重要的促进作用。

第一章　企　业　审　计

水电六局企业审计在水电六局经营管理中处于极其重要而又特殊的地位，它是内部控制系统的重要组成部分，也是监督与评价内部控制其他部分的主要力量，内部审计的作用不仅在于监督和评价公司内部控制活动，还在于帮助组织进行“软控制”环境的营造，成为内部控制过程设计的顾问，因而其在强化内部控制方面应当发挥不可替代的积极的作用。

第一节　审　计　机　构

水电六局审计机构随着企业机构设施的不断变化而变化。1983 年在财务处建立财务监督组；1985 年独立成立审计处；1988 年审计职能同监察职能合署，成立审计监察处；1993 年企业监察职能同纪委合署，审计职能独立，审计监察处更名为审计处；2001 年审计职能同纪检、监察职能合署，建立纪检监察审计部；2002 年审计职能又从纪检监察审计部分离出来，成立审计部。

第二节　审　计　制　度

1983 年水电六局制定财务监督制度，由财务监督组履行财务监督职责；1985 年以局发［1985］48 号文件下发了《关于颁发〈内部审计试行办法〉的通知》；1987 年以局审字［1987］72 号文件下发了《关于颁发〈内部审计工作办法〉的通知》；2002 年以局发［2002］133 号文件下发了《关于印发〈中国水利水电第六工程局内部审计工作办法〉的通知》；2006 年下发了《中国水利水电第六工程局内部审计工作管理规定》及一系列配套规定。至此，水电六局审计制度日趋完善，审计工作步入有制可依、有章可循的规范化管理轨道。

第三节　内　部　审　计

20 多年来，水电六局进行了多种形式、全方位的审计工作，有效地保证了企业健康有序地开展各项经营活动。

(1) 单位财务收支审计。水电六局审计以财经法规、规定和财务管理制度为依据，对所属长甸转运站、宽甸职工医院、太平湾职工医院等多个单位进行了财务收支审计。对各经营期的财务收支项目的合规性、合法性进行了检查；对资产负债真实性、考核指标完成情况进行了分析查验。通过对审计意见的落实，严格了物品保管、出库手续，规范了物品的管理工作，对欠缴费用进行了清理。

(2) 领导干部离任审计。为客观公正、实事求是的反映单位主要负责人任期的经营业绩，划清领导者的任期责任，水电六局对所有离任的二级单位主要行政领导都进行了离任审计。主要审查其在任期的产值指标完成、对外承揽工程、上缴各项费用以及企业管理方面的内控制度建设与执行情况。

(3) 经济效益状况审计。水电六局完成了对所属建筑工程公司、大顶子山施工局、丰满项目部、莲花项目部、街面项目部、索风营项目部、黑河项目部、金哨项目部、机电安装分局重庆项目部、江口项目部、紫坪铺项目部、宽甸基地房建队、工贸总公司、工业用布厂、太平湾宾馆、丹东迎宾大楼、丹东招待所、宁波项目部等 60 多个单位和项目的经济效益状况审计。在对经营收入、成本支出、经营成果真实性进行审计的同时，又根据这些单位不同的经营特点，有针对性地提出了改进意见。

(4) 内部控制审计。水电六局为检验工程项目风险防范意识，验证对水电集团公司、水电六局各项规章制度的执行情况，完成了对所属三分局大伙房输水二期工程项目部等 30 多个单位的内部控制审计。重点关注了项目部内部控制制度的建设和执行情况，检查了内控制度的全面性、严谨性和有效性，特别是对该项目在分包队伍的确定、分包队伍管理和分包队伍风险控制等方面进行了全面了解。

(5) 单位专项审计。水电六局根据责任状规定，对所属构皮滩项目部、思林项目部、董箐项目部等单位经营管理现状和损益真实性进行了专项审计。审计中对项目部前后经理的经营业绩进行了界定，重点审查了项目经营结果的真实性、工程项目管理过程的合规性、有效性。

(6) 配合水电集团公司完成离任审计。水电六局配合水电集团公司完成了水电六局历任局长的离任审计；派人参加了水电集团公司对水电一局、二局、四局、五局、七局、十局、十三局、夹江水工厂、富春江水工厂、深圳百业达公司等单位的有关审计。

(7) 群众反映问题审计。根据水电六局指示，对群众反映的众多热点问题和热点项目，如水电六局宽甸基地住宅楼房价问题、宽甸医院领导财务管理问题、金刚砂厂人员报销问题、部分单位的债权债务等几十个问题和项目进行了审计。通过审计，查清了问题，明确了责任，促使问题得到较圆满的解决。

(8) 审计后续审计。为充分体现审计工作的执行力，将审计成果落到实处，水电六局对所属太平湾基地管理处、宽甸基地管理处、职工医院、综合企业公司等单位进行了审计意见落实情况的后续审计。

(9) 购置固定资产审计。水电六局针对部分单位购置的固定资产情况，进行了多次的专项审计。经过审计，了解了事实、查清了情况，针对查出的问题，完善了制度。

20 多年来，水电六局审计部门共完成审计项目 300 余项，提出审计问题千余条，对审计意见的落实都提出了回复期限。在对经济责任的审计中，达到了水电集团公司提出的："纳入审计范围的资产总量不少于被审计单位资产总量的 70％，审计项目不低于被审企业总户数 50％"的要求。

第二章　企　业　监　察

企业监察是保证企业政令畅通、维护行政纪律、促进廉政建设、改善行政管理、提高行政效能的重要途径之一。水电六局纪检监察部负责对水电六局、局属各单位及其员工执行国家法律、法规、政策、决定、命令的情况及违法、违纪行为进行监察，是水电六局行使监察职能的主要部门。

第一节　监　察　机　构

水电六局监察机构随着企业机构设施的变化在不断地变化。建局初期（云峰局）设立监察员；1960 年 4 月成立监察委员会；1985 年成立监察处；1988 年监察职能和审计职能合署，成立审计监察处；1993 年监察同审计职能分离，重新成立监察处，此时的监察处同纪委合署办公；2001 年审计职能同纪检职能、监察职能合署，建立纪检监察审计部；2002 年审计职能又从纪检监察审计部分离出去，更名为纪检监察部，纪检和监察合署至今。

第二节　监　察　制　度

自水电六局组建初期，建立起雏形的监察制度起，监察制度在执行过程中，特别是在 1981 年之后，得到了不断的充实和完善，现在已经基本形成了较为完整的监察制度系列。建局初期制订了《云峰局监察工作办法》；1982 年制订水电六局《关于党纪监察处分批准权限的暂行规定》；1983 年制订水电六局《关于加强干部监察工作的暂行规定》；1985 年下发水电六局《关于抓好党内监督和责任制的安排意见》；1987 年制订水电六局《关于党纪监察处分批准权限的具体规定》；1988 年制订水电六局《关于严禁赌博的规定》和水电六局《关于禁止在局内用公款请客送礼的规定》；1995 年制订水电六局《关于局机关工作人员严禁接受宴请和不准参加用公款支付的营业性歌厅、舞厅、夜总会等娱乐活动的具体规定》；1996 年下发水电六局《关于贯彻党内监督有关制度的实施办法》；1997 年制订水电六局《关于处级以上领导干部收入申报制度和工作人员收受礼品登记制度》、《关于党政机关厉行节约制止奢侈浪费行为的若干规定》；1998 年下发水电六局《关于奖励举报和办案有功人员的暂行办法》；2000 年制订水电六局《关于奖励举报和办案有功人员的暂行办法》；2001 年下发水电六局《关于对分包工程项目开展自查自检实施效能监察的通知》；

2002 年下发水电六局《机关领导干部及管理人员廉政规定》、《关于分包工程要签订〈保廉合同〉的通知》、《关于进一步加强效能监察工作的意见》；2003 年制订《水电六局效能监察实施办法》；2004 年下发《水电六局机关管理暂行办法》、转发《集团公司效能监察暂行办法》；2005 年制订《水电六局领导人员廉洁谈话制度》；2006 年下发《水电六局规范职务消费工作方案》、《关于建立领导班子、领导人员述廉议廉制度的实施方案》、《关于进一步规范党员干部自身行为的通知》等。

第三节 内 部 监 督

48 年来，水电六局采取多种形式加强内部监督工作，有效地遏制了集团或职务违纪、犯罪，确保水电六局能有序健康地发展。

(1) 坚持落实党风廉政责任制。制定了有关规定，形成党风廉政责任体系，把党风廉政责任制提到同完成生产经营目标、安全生产目标的高度来落实和执行，全局上下坚持年年签订“党风廉政责任状”。

(2) 坚持廉洁自律约束。加强学习，开展教育，健全制度，规范行为，形成较为完整的行为自律和监督制约体系。

(3) 加大查处案件力度。拓宽信访渠道，加强来访接待，做到不推不拖不积压、件件有着落。共受理来信来访近千次，查处行政违纪案件近百次。

(4) 加强民主监督。实行厂务公开制度，发行《厂务公开简报》，坚持民主评议，把领导干部置于群众的有效监督之下。

(5) 开展治理商业贿赂专项活动。对全局范围内的工程分包、设备物资采购、工程投标、施工决算、计量及竣工验收和医药采购等方面进行了检查和摸底，进行了专项整治。

(6) 坚持责任追究制度。本着“谁主管、谁负责，一级抓一级”的原则，无论是谁出现问题就必须严格追究查处。凡因责任问题查出的责任人都给予行政处分，构成违纪和犯罪的都依据有关规定给予处理。截至 2006 年，已有 22 人分别受到不同程度的行政处分和刑事处罚。

第四节 效 能 监 察

企业效能监察是指企业监察部门对其监察对象履行职责情况所进行的监察活动。即对企业管理组织和管理人员在管理活动中的行为能力、运转状态及产生的作用、效果和经济效益、社会效益等进行监察。主要从管理入手，围绕安全、质量、效益、效率等方面的重大问题，重点监督检查监察对象违反职责和行政法规、制度以及指令、工作程序，并造成严重影响或重大经济损失的错误管理行为，以保证企业内部政令畅通，提高管理效率，增加经济效益。水电六局从 2001 年开始进行效能监察工作，建立健全了各项规章制度，采取了多种监察形式，收到了较好的效果。

(1) 加强效能监察的建制工作。按照效能监督的要求，逐步完善了各项制度，规定了经营管理者行为的管理程序、业务流程和技术规范，依此进行效能监察。

（2）完善效能监察体系。现已建立运转良好的在企业党政领导下，由主要管理者负责，监察机构组织协调和实施，相关部门密切配合，群众积极参与的效能监察工作领导机制和工作机制。

（3）做好科学选题立项。选题立项是决定效能监察方向和成败的关键，水电六局结合实际情况，针对管理的重要环节、关键环节、薄弱环节、工作难点及群众关心的热点等问题。主要采取3种确立监察项目：①采取调研选题的方法对基础管理工作立项；②采取在信访举报线索中确立的方法对群众关注的热点问题立项；③采取领导指示立项的方法对领导关注的管理问题立项。

（4）掌控效能监察全过程。监察中做到“四清楚”，即清楚立项监察内容、清楚项目起止时间、清楚项目负责人、清楚项目实施计划，重点监察“不作为”、“违章行为”和“拖延作为”的行为，把效能监察同业务和效益考核有机地结合起来，促进管理体系自我完善。

（5）积极参与安全执法监察。监察部人员进入企业安全生产委员会，参与重大安全生产事故的调查处理，参与安全生产检查考核，参与安全生产监察的全过程，安全部门对涉及安全生产方面的重大事项及时通报监察部。

（6）开展全方位效能监察。效能监察的项目，涉及水电六局包括各个二级单位的工程分包、物资设备采购、成本管理、工程款决算、追讨债款、岗位履职等生产经营管理中的各个领域。自实行效能监察以来，共立项116项，完成116项，完成率为100%，挽回经济损失354.65万元，避免经济损失461.727万元，提出监察建议123条，被采纳92条；完善和建章立制14项。

第十三篇 人　　物

第十三篇　人　　物

第一章　全国劳动模范简历

姜洪飞　男，汉族，1960年10月出生，辽宁省宽甸县人。富春江水电职工大学毕业，大专学历，水利水电施工专业，高级工程师，现任水电六局副总工程师兼水电六局工程开发部副主任。1981年1月参加工作，先后参加了辽宁太平湾水电站、长甸水电站、十三陵抽水蓄能电站、重庆江口水电站、宜兴抽水蓄能电站、金沙江溪洛渡水电站等大型工程建设。历任工程项目部技术科长、总工程师、项目副经理，六分局技术科长、总工程师，工程开发部技术一处处长、工程开发部主任，水电六局副总工程师等职。多次被评为水电六局优秀中青年专业技术标兵、劳动模范，多次荣获集团公司技术标兵、劳动模范，2005年4月被评为全国劳动模范。

第二章　全国人大代表简历

张英祥　男，汉族，1934年10月出生，河北省无极县人，中共党员，1958年6月参加工作。先后参加了北京永定河水库、北京密云水库、吉林云峰水电站、四川渔子溪水电站、辽宁太平哨水电站、辽宁太平湾水电站和辽宁水丰水电站的工程施工。历任永定河工程局开挖队排长、密云工程一团三连副连长、云峰工程局二挖队连长、水电六局一大队段长和副主任、水电六局一工区副主任和行政科副科长、水电六局水丰分局行政科科长等职。连续多年被评为所在企业先进工作者。1975年1月～1978年2月当选为第四届全国人大代表，1978年3月～1983年5月当选为第五届全国人大代表。1995年1月退休。

聂　勤　男，汉族，1933年10月出生，北京市通县人，中共党员，1958年6月参加工作。先后参加了北京密云水库、吉林云峰水电站、四川渔子溪水电站、辽宁太平哨水电站和辽宁太平湾水电站的工程施工。历任密云工程二团二连副连长、云峰工程二大队二区队连长、水电六局一工区五大队和二大队队长、水电六局钢木加工厂副厂长、水电六局第四工程处行政科副科长等职。连续多年被评为所在企业先进工作者，1977年、1979年、1980年、1982年、1984年被丹东市政府授予劳动模范，1979年被水利电力部授予劳动模范，1977年、1978年、1980年、1982年被辽宁省政府授予劳动模范。1983年6月～1988年3月，当选为第六届全国人大代表。1987年9月因病退休。

第三章　省(市)、部级劳动模范名录

曲景远　1959年被授予全国公检法先进工作者。

任洪远　1959年被北京市政府授予劳动模范。

张西杰　1959年被北京市政府授予劳动模范。

吴连旺　1959年被北京市政府授予劳动模范。

魏振富　1959年被北京市政府授予劳动模范。

刘志忠　1960年被吉林省政府授予劳动模范。

童佰洲　1960年被吉林省政府授予劳动模范。

王世友　1960年被吉林省政府授予劳动模范。

张淑琴　1960年被吉林省政府授予劳动模范。

宋振生　1960年被吉林省政府授予劳动模范。

李　明　1960年被吉林省政府授予劳动模范。

李　春　1963年被吉林省政府授予劳动模范。

韩志家　1963年被吉林省政府授予劳动模范。

聂　勤　1979年被水利电力部授予劳动模范；1978年、1980年、1982年被辽宁省政府授予劳动模范。

何　义　1984年、1987年被辽宁省政府授予劳动模范；1989年被能源部授予全国能源工业劳动模范。

刘元甫　1984年被水利电力部授予劳动模范；1987年被水利电力部授予劳动模范。

彭文斗　1984年被水利电力部授予劳动模范。

杨生敏　1987年被全国总工会授予优秀科技工作者，1987年被全国总工会授予“五一”劳动奖章。

张长生　1989年被辽宁省政府授予劳动模范。

包兴文　1989年被能源部授予全国能源工业劳动模范。

任全锡　1992年被辽宁省政府授予劳动模范。

刘进才　1994年被电力工业部授予全国电力工业劳动模范。

郭东林　1994年被电力工业部授予全国电力工业劳动模范。

张建峰　1999年被国家电力公司授予劳动模范。

陈　兵　2004年被授予辽宁省“五一”劳动奖章。

杨成文　2006年被辽宁省委、省政府授予劳动模范。

第四章　享受政府特殊津贴人员名录

刘元甫　1992年人事部人专发［1992］22号文件批准享受政府特殊津贴。时任水电六局副总工程师。

李秀卿　1994年人事部人专发［1994］1号文件批准享受政府特殊津贴。时任水电六局总工程师。

第五章　高级专业技术职务任职资格人员名录

第一节　高级工程技术管理人员

1. 教授级高级工程师（49人）

郭奉祖	梁宇轲	李朝忠	李秀卿	付济时	梁远强	王荫增	陈守耕	谢成泰
宋雅化	刘元甫	陆华兴	黄文正	周玉文	路昌瑾	曾德宽	周　瑛	高文惠
沈燧林	俞彬彬	李阳庚	刘云祥	郑应显	张再新	陈贵如	黄永陆	陈志彦
蒋宗民	陈妙娴	孙洪水	郭惠民	汪振君	高振山	林玉杰	丛树梓	刘　宝
戴占强	姜明廷	李　国	白英贵	厉建平	杨成文	王金田	宫照燕	高福强
刘化才	尹顺平	李璞盛	马玉杰					

2. 高级工程师（228人）

邓儒庆	刘蒙梁	卜崇禹	王鸿章	朱振宇	黄立康	刘明礼	沈洪年	杨友琴
石华琴	徐文超	崔润庆	郭书德	王瑞卿	杨生敏	蹇家会	唐希贤	杜宏宽
赵培志	周学刚	王泰平	刘成汉	杨　富	徐美琴	李文元	金诚铭	李高翔
甄志强	石正杰	许本礼	郑启元	李尚荣	张灼章	崔其瑗	马雨田	张兴德
龚锡铭	林国庆	马世忠	何广义	郭云昌	祁普松	郭长荣	赵汝琪	刘永录
李墨林	张誉勤	梁振宝	张守江	孔庆和	李志忠	简先信	于景晨	陈述林
华树春	张竞武	张淑月	邱家栋	王京广	李克勤	邓长江	张浩臣	王云芳
叶惠东	刘宝海	赵亮起	李文山	赵祖炎	吕春和	冯振林	李跃勤	杨树鑫
姚新坡	高源涛	杜修设	王玉环	黄庆选	华慧娟	邱凤琴	刘占佐	高敬东
刘瑞河	王洪博	周明滋	徐　冬	董国恩	王兴朝	张汉臣	王凤全	郑有志
万忠仁	戴淑贤	李文峰	王宝森	李振祥	闵庆霞	王　彦	赵庆文	李富韩
刘从国	贾茂让	刘　寅	张德显	李维科	伊　军	尹殿臣	张世金	宋长恩
黄瑞秀	陈保明	陈玉山	陈广保	朱世江	韩永祥	卢泽军	秦晓东	黄淑芳
刘东明	郭云秋	姜再云	李文厚	袁吉华	刘海军	赵忠新	蹇令芬	张乃荣
华　威	吕福文	任连起	胡增学	宋洪良	朱培喜	张彦杰	毕士忱	曾广斌

刘　彬 董树金 姜洪飞 马广平 申淑敏 孙　琦 孙文林 程绍利 于　龙
李　强 韩　敏 王建华 袁　洋 孙春茂 章琦云 刘宏伟 杨树峰 张连元
关雅鸿 王希成 高泗忠 付洪斌 杨开伟 赵鸣镝 吴慎滨 姜春明 金　杰
舒晓东 孟海波 张永江 于　洋 傅春光 要宝忠 管祖金 牛丽静 张国才
张晓波 王艳玲 侯　勇 丛振民 彭殿元 费吉军 姜新春 孙金龙 洪　超
杜广恩 段明华 樊福朝 潘玉辉 刘　丽 张同港 王　洁 苏子博 吕岩峰
田贵明 马玉梅 李宏图 孙　冰 杜功宝 付　瑛 邢亚习 姜作艳 张秀丽
王　勇 叶　明 张洪仁 杨　哲 李　艳 赵正佐 胡忠英 孙连平 金宝双
田良昌 邸春林 陈永春 刘延科 宋　俊 洪　澎 卜江辉 郑吉清 李晓明
魏东明 孙　亮 付瑞川 张国存 卞广利 门　红 赵正辉 景德文 李淑娟
王　军 李生峰 宁伟立

3. 高级经济师（24 人）

张再新 高景春 马念祖 赵同业 赵淑琴 牛占峰 姜连臣 马雨峰 李敬愉
马东湘 张　利 苏秀华 王书宝 马云峰 张　平 林　巍 姜德军 姜忠玉
王永利 林　波 沈占宏 丁凤萍 纪　晗 侯振华

4. 高级统计师（1 人）

田　丰

5. 高级会计师（19 人）

王克友 赵立彬 匡永芳 雷耀华 谢孝志 孙　杰 张桂芬 陈帮惠 侯向东
胡景兰 陈启新 孙联合 李玉芬 周淑荣 于庆波 苗　雷 马玉琴 李秀兰
张　艳

第二节　高级政工师

陈宝明 贺安铁 张鸿飞 张德显 吴琴澄 范垂辉 阎　祥 陈广保 祁万恒
刘克勤 吴积华 曲景远 山庆福 刘东顺 宋雅化 李兆仁 鲍　力 金起河
刘树林 王兴臣 夏青山 夏广洲 袁　涛 张殿杰 宋玉环 张百程 王　宏
朱宝和 赵中枢 金奉顺 武士才 高　峰 梁玉才 周连生 蹇令琦 刘景梅
杨旭东 宋　岩 林玉杰 王学庆 陈　兵 张志信 单庆斌 董　英 张善武
史新华 马玉生 宋玉峰 王瑞林 李玉文 马淑军 姜代斌 徐荣科 陈　雷
尤俊宝 陈怀平 梁彩凤 邹荣春 艾　森 马英怀 彭少清 刘玉琴 陈毅善
赵树明 李　忠 杨春山 程　庆 高　波 曹庆保 张晓东 孙贵祥 史新治
刘文善 周景芳 贾庆云 苑光正 蹇令奎 刘家玉 董　勤 赵景林 唐淑芝
周锋刚 李　峰 段丰继 张为民 程茂盛 张晓宁 徐　达 唐悦亮 王秀玲
何连科 谢桂君 李景华 乔桂芳 解淑清 张玉珍 苏秀华 尤俊梅 李恩华
毕可亮 刘贵林 阎本林 刘海波 付瑞川 陆　罡 姜德军 韦淑英 徐贵森
张明军 刘慧明 郑美玲 高玉琴 马骁原 李凤仙 何宏伟 张雪华 徐　兰

徐汶川

第三节　高级医疗卫生人员

1. 主任医师（2人）

袁聿修　孙根成

2. 副主任医师（23人）

蔡长海　金润学　周雯芳　宗松岩　董宸恩　杨茂文　杨茹芳　杨宏新　王德胜
周振武　马爱民　李艳荣　石　岚　任　杰　于凤华　孙秀英　王安娜　张　莉
高淑华　李永涛　刘金峰　张玉军　汪永新

3. 副主任药师（2人）

张金荣　申淑娥

4. 副主任护师（1人）

鲁晓芳

第四节　高级文化教育人员

1. 中学高级教师（53人）

李增蔚　鲍　力　吕景周　殷天成　秦德超　张春雷　纪成日　侯国兰　赵　勤
林　东　齐淑琴　王秀雯　马惠芳　包兴文　王　铎　杨景元　赵　文　王伟光
常　军　刘云海　王利文　张玉萍　单雅兰　李兆仁　王　彦　艾　森　包　敏
高云琴　徐　杰　楚雪银　任庆芬　李庆林　孟繁盛　杨本玉　于振波　郑宝明
钱艳荣　郎少波　曾庆梁　郑丽昕　付玉华　王贵璠　张世杰　赵梦娟　邹荣春
臧俊杰　付宝山　于杰荣　蔡云霞　王淑荣　沙桂芬　张桂萍　于久红

2. 高级讲师（16人）

东　风　李永江　宋　岩　刘文铎　叶泽君　梁彩凤　徐建平　卜昭明　宋庆运
于连洋　钱东辉　金尚民　王守仁　张兴明　张福森　赵秀香

3. 主任编辑（3人）

刘荣波　胡学成　韩庆福

4. 副研究馆员（2人）

阚泽琼　吕文化

附　　录

一、水电六局更名及党委归属文件

1. 中共吉林省委工业部《关于同意钟鼎兴为云峰水电工程局党委书记的通知》

关于同意钟鼎兴为云峰水电工程局党委书记的通知

总号［59］20

云峰水电工程局党委：

省委同意：钟鼎兴、孔祥林、涂国林、俞紫珊、王湘等五同志为云峰水电工程局党委委员；钟鼎兴为党委书记、孔祥林为党委副书记。

中共吉林省委工业部（章）
1959年2月16日

2. 中国共产党通化地方委员会《关于云峰水电工程局党委由通化地委领导的通知》

关于云峰水电工程局党委由通化地委领导的通知

总号［59］034

接省委通知：经省委决定，云峰水电工程局党委由通化地委领导。

中国共产党通化地方委员会（章）
1959年3月7日

3. 中共四川省委工业交通政治部《关于云峰水电工程局党委由成都市委领导的意见》

关于云峰水电工程局党委由成都市委领导的意见

工交政组［66］34

成都市委：

现将水电部党委《关于云峰水电工程局党委的领导关系问题》一文转给你们，我们建议该局党委的领导关系由成都市委领导。

附件：中国共产党水利电力部委员会《建议将云峰水电工程局党委关系由吉林省委转往四川省委的通知》（节选）

中共四川省委工交政治部（章）
1966年7月27日

附件

建议将云峰水电工程局党委关系由吉林省委转往四川省委的通知（节选）

［66］水电党字 127 号

中共吉林、四川省委：

渔子溪工程，国家已批准列入今年项目，施工任务确定由云峰水电工程局承担。为保密起见，该工程对外仍用“水利电力部云峰水电工程局”名称。……建议即将云峰水电工程局党委的关系由吉林省委转往四川省委。……并仍由孙英同志代理党委书记。

中国共产党水利电力部委员会（章）
1966 年 7 月 13 日

4. 中共成都市委基本建设政治部《关于云峰水电工程局党委由市委基本建设政治部管理的通知》

关于云峰水电工程局党委由市委基本建设政治部管理的通知

总号［59］22

接省委工交政治部通知：水利电力部云峰水电工程局已由吉林迁往四川。党的领导关系由成都市委领导。市委责成市委基本建设政治部管理。

中共成都市委基本建设政治部（章）
1966 年 8 月 5 日

5. 中国人民解放军水利电力部军事管制委员会《关于改变水利电力部直属水利水电工程单位名称的通知》（节选）

关于改变水利电力部直属水利水电工程单位名称的通知（节选）

［69］水电军生办字第 154

最高指示

备战、备荒、为人民。

提高警惕，保卫祖国。准备打仗。

为更好地贯彻执行伟大领袖毛主席“备战、备荒、为人民”伟大战略方针，有利于水电队伍的转移和执行新的任务，经与有关单位交换意见，现决定将我部直属水利水电工程单位，统一按序列改名如下：

……

五一六工程指挥部改名为水利电力部第六工程局；

……

中国人民解放军水利电力部军事管制委员会（章）
1969年12月18日

6. 四川省革命委员会《关于中央水电部第六工程局领导关系的通知》（批复）

关于中央水电部第六工程局领导关系的通知

川革函［71］100号

最高指示

抓革命，促生产，促工作，促战备。

温江、阿坝地（州）革委并水电部第六工程局革委会：

省革委同意省军区支左领导小组《关于中央水电部第六工程局领导关系的请示报告》，现转发给你们，请即执行。

附件：关于中央水电部第六工程局领导关系的请示报告（节选）

四川省革命委员会（章）
1971年4月8日

附件

关于中央水电部第六工程局领导关系的请示报告（节选）

四川省革命委员会：

中央水电部第六工程局现在阿坝藏族自治州汶川县映秀地区担负着渔子溪水电站施工任务。……我们建议该局党的核心小组和革命委员会也随之划归温江地区党的核心小组和革命委员会领导。如同意，请分别通知温江、阿坝和第六工程局革命委员会。

以上报告当否，请指示。

四川省军区支左领导小组（章）
1971年4月8日

7. 中共丹东市委组织部文件《关于组成中国共产党电力部第六水电二程局第四届委员会的批复》（节选）

关于组成中国共产党电力部第六水电工程局第四届委员会的批复（节选）

中共电力部第六水电工程局委员会：

……（略）。市委同意：

书记：于宽，副书记：朴齐元、高连志、张兴臣。

中共丹东市委组织部（章）
1980年9月19日

8. 水利电力部文件《关于更改直属单位名称的通知》（节选）

关于更改直属单位名称的通知（节选）

［82］水电劳字第12号

部直属单位：

水利、电力两部合并后，部直属单位的名称相应作了更改（详见附件），现通知你们，以便工作联系。

附件：水利电力部直属单位名称（节选）

水利电力部（章）
1982年4月30日

附件

水利电力部直属单位名称（节选）

……

三、水利水电施工企业

……

原电力部第六工程局改为水利电力部第六工程局；

……

9. 中国水利水电工程总公司文件《关于变更水利水电企业名称的通知》（节选）

关于变更水利水电企业名称的通知（节选）

中水电劳［1992］60号

各工程局、公司、厂：

中国水利水电工程总公司经全国清理整顿公司领导小组同意予以保留，其所属的十九个企业名称经部同意，报请国家工商行政管理部门核定如下：

原核定名称　　　　现核定名称

……

水利电力部第六工程局　　中国水利水电第六工程局

……

请各直属企业持国家工商行政管理局关于全国性公司所属分支机构清理整顿核转通知函，到企业所在省工商行政管理局办理重新登记注册手续。

附件：全国性公司所属分支机构清理整顿核转通知函（略）

中国水利水电工程总公司（章）

1992年8月3日

二、历次中共水电六局党员代表大会提出的奋斗目标

第一次代表大会　1962年1月22～24日在吉林云峰召开，会议提出“高举三面红旗，鼓足革命干劲，全面完成和超额完成施工任务，实现1963年发电”的奋斗目标。

第二次代表大会　1963年4月5～7日在吉林云峰召开，会议提出“继续贯彻八届十中全会精神，高举三面红旗，全面完成施工任务，为实现‘五好’企业，确保64年发电”的奋斗目标。

第三次代表大会　1971年10月25～28日在四川映秀召开，会议提出了“高举‘九大’团结胜利的旗帜，沿着毛主席的革命路线奋勇前进，为确保渔子溪水电站1972年10月1日、力争7月1日发电”的奋斗目标。

第四次代表大会　1980年8月28～29日在辽宁太平哨召开，会议提出了“加强和改善党的领导，加快电站建设，确保太平哨水电站3号机组10月15日发电，4号机组12月15日发电，并要力争提前发电，为‘四化’建设作出新贡献”的奋斗目标。

第五次代表大会　1984年1月24～25日在辽宁太平湾召开，会议提出的奋斗目标是：以党的十二大和二中全会精神为指导，“两个文明”一起抓，认真贯彻胡耀邦同志关于发展电力工业做好“第二篇文章”的批示，团结全局党员、工人、干部，奋发图强，开拓前进，搞好全面整党，创建“六好”企业，创水电六局主要经济技术指标历史最好水平，确保太平湾水电站1985年发电。

第六次代表大会　1987年7月11～12日在辽宁太平湾召开，会议提出了三个奋斗目标：一是搞好水电六局内部配套改革，基本完成转轨变型任务，使各项工作适应新的形

势，走上新的轨道；二是加强职工队伍建设，实现“一专多能”，把水电六局职工队伍由水电专业施工队伍培养成综合性的建筑安装施工队伍；三是加强经营管理，提高经济效益，保证职工收入逐步提高。

指导思想是：坚决贯彻党的十一届三中全会以来的路线、方针和政策，坚持四项基本原则，坚持改革、开发、搞活，加快改革步伐，提高领导素质，提高管理素质，提高技术素质，提高队伍素质；全面打开“一专多营”的局面，创出水电六局信誉，3年承揽对外经营3亿元以上，完成建安量2亿元以上；抓紧搞好基地办厂，大力发展第三产业和集体经济，搞好基地建设，解决后顾之忧；坚持“两个文明”一起抓的方针，加强精神文明建设和思想政治工作，“两个文明”同结硕果，为振兴水电六局而奋斗！

第七次代表大会　1992年11月25～26日在辽宁太平湾召开，会议提出的奋斗目标是：①提高建筑市场竞争能力，全面推行项目施工法，更多更好地完成对外承包任务，3年完成施工产值5亿元。②全员参与竞争，发展多种经营和第三产业，3年完成多种经营产值1亿元。③加强经营管理，提高经济效益，用3～4年时间实现全局财务收支平衡，略有结余。④加快改革步伐，转换经营机制。搞好机构改革，转变机关职能。⑤适应市场需要，加强职工队伍建设。⑥搞好基地建设，多方渠道筹集资金，逐步解决职工住房问题。

指导思想是：以党的十四大精神为指针，解放思想，深化改革；转换机制，理顺关系；从严治局，强化管理；扭亏为盈，走向振兴，为把水电六局建成自主经营、自负盈亏、自我发展、自我约束、文明进步、繁荣兴旺、竞争力强的社会主义新型企业而奋斗！

第八次代表大会　1997年12月22～23日在辽宁丹东召开，会议提出的今后4年工作的指导思想和奋斗目标是：认真学习贯彻党的十五大精神，高举邓小平理论伟大旗帜，进一步解放思想，深化改革，以生产经营为中心，全面搞好各项工作，争取4年内建立起比现在更加完善的适应市场经济的企业运行机制；企业综合实力明显增强；到2001年，年总产值超过6亿元，人均劳动生产率达到10万元，职工人均收入超万元，确保国有资产保值增值，精神文明建设不断加强，力争进入省、部级文明单位。

第九次代表大会　2001年12月28～29日在辽宁丹东召开，会议提出的奋斗目标是：①到2005年，实现企业年总产值比2001年产值翻一番，力争达到7亿元。其中2002年产值保4亿争5亿。2003年保5亿争6亿。从2002年起不亏损，2003年以后逐年提高盈利水平。到2005年实现资产增值10%。②继续推进企业改革改制工作。按照水电总公司的总体部署和水电六局实际，基本完成剥离企业办社会职能，即后勤和服务职能实现分离和物业化管理，自主经营，自负盈亏。积极参与和完善基本养老、医疗、失业等社会保险机制。水电六局在组织机构、资本结构、产业结构、用工用人机制、分配机制、内部管理等方面的调整有较大突破。初步建成管理和技术密集型的、建筑业为主综合性的、抗风险能力和经济效益处于国内同行中等偏上的现代化企业。③不断提高职工收入水平和生活水平，以2001年职工平均收入水平为基数，到2005年平均每年提高10%左右，争取在岗职工达到1.5万元/（年·人），生活基地、工程项目营地的生活条件有明显改善，职工家属的生活质量有较大提高。④精神文明建设得到进一步发展。深入开展文明单位创建活动，水电六局要保持省级文明单位，争创水电总公司和国家电力公司文明单位。全面落实中央关于《公民道德建设实施纲要》，职工队伍素质明显提高。⑤全面加强党的建设。坚持“三严一表率”的方针，重点抓好各级领导班子建设，抓好基层党支部建设，抓好党员教育管理，抓好党风廉政建设，使各级党组织凝聚力、战斗力明显增强，党员的先锋模范作用整体突出。

指导思想是：认真贯彻江泽民“七一”重要讲话和党的十五届四中、六中全会精神；以水电六局发展为主题，以多承揽工程为基础，以加强企业管理为主线，以企业内部改革和技术进步为动力，以壮大企业实力、提高职工生活水平为根本出发点，努力实现水电六局经济运行跨越式发展；坚持“两手抓，两手都要硬”的方针，加强精神文明建设和职工群众道德建设，处理好改革、发展、稳定的关系；全面加强党的建设，为实现水电六局的跨越式发展提供坚实的思想、政治和组织保证。

编　后　记

根据水电集团公司《编修中国水利水电集团公司志实施方案》的精神，按照水电集团公司史志办公室的具体要求，在公司史志编辑委员会的领导下，在全体编辑人员的精心编写和工作人员的勤奋努力下，经过编纂初稿和修改完善两个阶段，中国水利水电建设集团公司志《中国水利水电第六工程局卷》（1958～2006）（简称《水电六局分志卷》）终于在2009年7月编纂完成。

一

2005年1月，遵照水电集团公司关于收集史志资料的文件精神，在时任水电六局党委书记兼局长林玉杰的倡导下，水电六局决定进行史志资料收集工作。此项工作由水电六局党委副书记马英怀总负责，聘请前水电六局党委副书记张鸿飞牵头，赵中枢、黄瑞波、马玉生等人参与，进行史志原始资料的收集工作。具体任务是布置、审核、把关、分类和装订成册。原始资料由水电六局机关各部门和后勤单位按照各自分管范围，负责收集、复印和提供。2005年8月上旬，经过7个月的努力工作，按照水电集团公司史志资料分类要求，史志原始资料收集复印完成并分类装订成册。8月中旬，装订成册的史志原始资料送达水电集团公司史志办公室。至此，史志原始资料收集工作结束。

由于收集阶段时间紧，也由于48年来公司几度搬迁和“文化大革命”期间部分资料丢失，此次收集的原始资料缺少整个多种经营部分和绝大部分工程项目，其他篇目也有相当一部分缺失。

二

2006年10月，根据水电集团公司修志的需要，水电六局史志办公室正式成立，由蹇令琦同志担任主任。2008年正值水电六局建局50周年，在局长厉建平的提议下，参照水电集团公司修志要求，决定结合水电六局50周年局庆，编纂《江河春秋·中国水电六局50年》（简称《江河春秋》）一书，同时此书既作为水电六局50年局史也作为《水电六局分志卷》的初稿。随后，水电六局《江河春秋》编辑委员会成立，由局长厉建平、党委书记戴占强担任编辑委员会主任，党委副书记马英怀担任副主任，其他局领导担任委员。

本卷初稿编纂阶段正式启动。

自2007年1月起，由蹇令琦负责《水电六局分志卷》编纂的具体工作，并开始编纂《江河春秋》。蹇令琦编写大事记和第一、第十二篇；韩庆福编写概述和第二、第三、第四、第六篇；董英编写第七、第八、第九篇。2008年4月，水电六局改制并更名为中国水利水电第六工程局有限公司（简称水电六局有限公司）。自2008年5月开始，由赵树明编写第五、第十一篇，宋玉环编写第十篇。《江河春秋》中除工程建设和多种经营篇外，其他篇目的大部分资料采用2005年收集成册的史志原始资料。对大量遗缺的资料，编者们又进行了多次的查找、走访、核实。经过5位编者的艰苦查证、辛勤编写，《江河春秋》于2008年9月编纂完成。同年10月，在水电六局有限公司50周年庆祝日前夕，《江河春秋》正式发行。至此，《水电六局分志卷》初稿编纂阶段结束。

《江河春秋》编纂完成发行后，公司领导和一些同志指出《江河春秋》中人物部分有缺失和编误。据此，在公司党委工作部、人力资源部的大力协助下，蹇令琦、赵树明又对《江河春秋》人物部分进行了新的查证，并依据查证的结果进行了添加和完善。

三

2009年1月，水电六局有限公司《江河春秋》编辑委员会更名为水电六局有限公司史志编辑委员会，由水电六局有限公司执行董事、总经理厉建平和党委书记耿金富担任编辑委员会主任，党委副书记马英怀担任副主任，公司其他领导为委员。赵树明（此时就任水电六局有限公司史志办公室主任）负责和承担《水电六局分志卷》的修改、完善工作。

自此，《水电六局分志卷》进入了修改完善阶段。

按照中水电史［2008］7号《关于印发编修〈集团公司志·局（厂）卷〉工作指导意见的通知》文件精神，《江河春秋》作为本卷初稿，要从“史”改写成“志”，需做较大幅度的修改、增加和完善，才能达到修志的基本要求。为此用了3个多月的时间，对本卷初稿进行了细致的查证、修改和完善。首先，将本卷初稿中的第十篇分出第十一篇，原第十一篇和第十二篇分别改为第十二篇和第十三篇；其次，在本卷初稿共54章163节的基础上，又编写、增加了6章53节及附录，修订成共13篇62章216节及附录；再次，按照水电集团公司［2008］7号文件要求，对本卷初稿保留的其他章节内容又作了修改和完善。

经过三改初稿、二审卷稿，并经水电六局有限公司史志编辑委员会审定，于2009年4月完成《水电六局分志卷》第一次送审稿。5月，第一次送审稿报水电集团公司史志办公室送交专家审改。6月下旬，根据专家审改意见，又对《水电六局分志卷》第一次送审稿进行了修改和完善，形成第二次送审稿（共13篇62章207节及附录）并报水电集团公司史志办公室终审。7月，根据水电集团公司史志办公室的终审意见再次完善（本卷结构未变），本卷最终完稿。

四

本卷在搜集、编纂、审稿过程中，得到了水电集团公司史志办公室，水电六局各级领导、总部机关各部门、下属各二级单位的大力支持。特别是水电六局档案室的同志们，为本卷资料的搜集、查寻提供了极大的支持和方便。水电六局离退休老领导和部分员工十分关心本卷的编写工作，对本卷的编写提出了很多、很好的意见和建议。在此，向所有关心、帮助本卷编写、为本卷提供收集资料和对本卷编写提出宝贵意见及建议的领导和同志们表示衷心的感谢和崇高的敬意！

水电六局成立48年来，南北转战，又经过几次大的搬迁，特别是在“文化大革命”时期，致使许多宝贵的历史资料遗失，这些资料已经无法找回，给本卷的编写带来了极大的困难。在此情况下，又由于编写时间太紧、跨度太大、人员较少、新手编志、水平有限等诸多原因，编者虽竭尽全力，也难免有遗漏、错误和不足之处，敬请广大领导、员工和读者们给予谅解、批评和指正。

编者

2009年7月15日

中国水利水电建设集团公司志
《中国水利水电第六工程局卷》
编 辑 出 版 人 员

总体策划　仙文杰

责任编辑　罗翠兰　陈琛才

彩图设计　杨晓东

版式设计　车　平

责任校对　焦秀玲

出版印制　黄鹏飞

联系电话　(010)68316496

图书在版编目（CIP）数据

中国水利水电建设集团公司志．中国水利水电第六工程局卷：1958～2006/中国水利水电建设集团公司史志编辑委员会编著．—北京：中国电力出版社，2009.12
ISBN 978-7-5083-9501-2

Ⅰ．①中… Ⅱ．①中… Ⅲ．①水利工程-工业企业-概况-中国-1958～2006 ②水力发电工程-工业企业-概况-中国-1958～2006 Ⅳ．①F426.9

中国版本图书馆 CIP 数据核字（2009）第 182157 号

中国电力出版社出版、发行
（北京三里河路 6 号 100044 http://www.cepp.com.cn）
北京盛通印刷股份有限公司印刷
各地新华书店经售
*
2009 年 12 月第一版 2009 年 12 月北京第一次印刷
787 毫米×1092 毫米 16 开本 24 印张 539 千字 16 插页
定价 **177.20** 元